DIREITOS FUNDAMENTAIS SOCIAIS

Considerações acerca da legitimidade política e processual do Ministério Público e do sistema de justiça para sua tutela

P853d   Porto, Pedro Rui da Fontoura
        Direitos fundamentais sociais: considerações acerca da legitimidade política e processual do Ministério Público e do sistema de justiça para sua tutela / Pedro Rui da Fontoura Porto. – Porto Alegre: Livraria do Advogado Ed., 2006.
        275 p.; 23 cm

        ISBN 85-7348-432-2

        1. Direitos e garantias individuais. 2. Direitos humanos. 3. Ministério Público I. Título.

CDU - 342.7

Índices para o catálogo sistemático:

Direitos e garantias individuais
Direitos humanos
Ministério Público

(Bibliotecária responsável: Marta Roberto, CRB-10/652)

Pedro Rui da Fontoura Porto

DIREITOS FUNDAMENTAIS SOCIAIS

Considerações acerca da legitimidade política e processual do Ministério Público e do sistema de justiça para sua tutela

Porto Alegre, 2006

© Pedro Rui da Fontoura Porto, 2006

Capa, projeto gráfico e diagramaçãp de
Livraria do Advogado Editora

Revisão
Rosane Marques Borba

Direitos desta edição reservados por
Livraria do Advogado Editora Ltda.
Rua Riachuelo, 1338
90010-273 Porto Alegre RS
Fone/fax: 0800-51-7522
editora@livrariadoadvogado.com.br
www.doadvogado.com.br

Impresso no Brasil / Printed in Brazil

Dedicatória

À minha querida esposa, Eliana, pelo apoio decisivo dado a este empreendimento cultural, compartilhando alegrias e entusiasmos, dúvidas e incertezas, tornando mais suaves os dias de estudo e reflexão, amenizados por sua dedicação e carinho inesgotáveis. Aos meus filhos, Thiago e Priscila, pela compreensão diante da privação de minha companhia. À minha mãe, Laura, por não medir esforços em lançar-me na busca do conhecimento. Dedico-lhes, pois, essa conquista como sinal de eterna gratidão.

Agradecimentos

Ao Professor Lenio Luiz Streck, pela dedicação e pela paciência, e, especialmente, pelas orientações luminares que contribuíram decisivamente para o aprimoramento deste trabalho.

Mais cedo ou mais tarde, no entanto, (...) os juízes deverão aceitar a realidade da transformada concepção do direito e da nova função do Estado, do qual constituem também, afinal de contas, um "ramo". E então será difícil para eles não dar a própria contribuição à tentativa do Estado de tornar efetivos tais programas, de não contribuir, assim, para fornecer, em concreto, conteúdo àquelas "finalidades e princípios"; o que eles podem fazer controlando e exigindo o cumprimento do dever do Estado de intervir ativamente na esfera social, um dever que, por ser prescrito legislativamente, cabe exatamente aos juízes fazer respeitar.

MAURO CAPPELLETTI – *Juízes Legisladores?*

Prefácio

Já no longínquo ano de 1945, o jurista Werner Kägi clamava: *Sage mir Deine Einstellung zur Verfassungsgerichtsbarkeit und ich sage Dir, man für einen Verfassungsbegriff Du hast*. A assertiva de Kägi, "condicionando" o sentido da Constituição – e, portanto, de suas condições eficaciais - ao que pensamos sobre o papel da jurisdição constitucional, encontra ainda hoje ressonância quando se pretende discutir a problemática referente à (in)efetividade da Constituição, mormente em países de modernidade tardia como o Brasil.

Do mesmo modo, é possível indagar a comunidade jurídica sobre o que pensa da Constituição nesta quadra da história. Da resposta, certamente teremos um diagnóstico acerca da (in)efetividade dos direitos fundamentais sociais. Afinal, a Constituição é simplesmente a lei maior, aferida piramidalmente, tendo por função o controle das formalidades legais e os limites dos Poderes do Estado, ou é um texto constituidor, dirigente e vinculante, voltado à transformação das relações sociais?

No Brasil, os principais componentes do Estado Democrático de Direito, nascidos do processo constituinte de 1986-88, ainda estão no aguardo de sua implementação. Velhos paradigmas de direito provocam desvios na compreensão do sentido de Constituição e do papel da jurisdição constitucional. Antigas teorias acerca da Constituição e da legislação ainda povoam o imaginário dos juristas, a partir da divisão entre "jurisdição constitucional" e "jurisdição ordinária", entre "constitucionalidade" e "legalidade", como se fossem "mundos distintos", metafisicamente cindíveis. Essa mesma separação metafísica denuncia, em certa medida, o modelo frágil de jurisdição constitucional que praticamos no Brasil, *o que inexoravelmente redunda em um conceito frágil de Constituição*, fenômeno que não é difícil de constatar a partir de uma análise acerca do grau de (in)efetividade do texto constitucional em vigor.

Afinal, passados mais de três lustros desde a promulgação da Constituição, parcela expressiva das regras e princípios nela previstos continuam *ineficazes*. Essa inefetividade põe em xeque, já de início e sobremodo, o próprio artigo 1º da Constituição, que prevê *a dignidade da pessoa humana como um dos fundamentos da República* brasileira, que, segundo o mesmo dispositivo, constitui-se em um Estado Democrático de Direito.

É por demais evidente que se pode caracterizar a Constituição brasileira de 1988 como uma "Constituição social, dirigente e compromissória", alinhando-a com as Constituições européias do segundo pós-guerra. *Mas isto não é suficiente.* Textos jurídicos ineficazes, mais do que apontar para a resolução de problemas, podem transformar a Constituição em uma "Constituição simbólica", para usar as palavras de Marcelo Neves.

Daí que a eficácia das normas constitucionais exige um redimensionamento do papel do jurista e do aparelho judiciário nesse complexo jogo de forças, na medida em que se coloca o seguinte paradoxo: uma Constituição rica em direitos (individuais, coletivos e sociais) e uma prática jurídico-judiciária que, reiteradamente, (só)nega a aplicação de tais direitos.

É nesse contexto que se insere o livro *Direitos Fundamentais Sociais: Considerações acerca da legitimidade política e processual do Ministério Público e do sistema de justiça para sua tutela,* de Pedro Rui da Fontoura Porto, preocupado com a perda do substrato social do direito a partir do perigo representado pela inefetividade do texto constitucional. Não há dúvida de que, no Brasil, naquilo que se entende por Estado Democrático de Direito – *em que o direito deve ser visto como instrumento de transformação social –,* ocorre uma desfuncionalidade do direito e das Instituições encarregadas de aplicar a lei. O direito brasileiro e a dogmática jurídica (de cariz tradicional) que o instrumentaliza está assentado em um paradigma (ou modelo de direito) liberal-individualista que sustenta essa desfuncionalidade, que, paradoxalmente, vem a ser a sua própria funcionalidade! Ou seja, não houve ainda, no plano hermenêutico, a devida filtragem – em face da emergência de um novo modelo de direito representado pelo Estado Democrático de Direito – desse (velho/defasado) direito, produto de um modelo liberal-individualista-normativista de direito.

Pedro Rui responde com firmeza à pergunta acerca do papel da Constituição em *terrae brasilis.* Para ele, a Constituição dirige; constitui. E aposta sobremodo na jurisdição constitucional, reservando um relevantíssimo papel ao Ministério Público. Mais do que isso, aposta em um Ministério Público (cons)ciente da função do Estado nesta quadra da história. Ou seja, o Estado, de tradicional "inimigo dos direitos fundamentais", passa a ser seu protetor, a partir dessa sua nova face: a de promovedor dos direitos fundamentais sociais.

Para essa compreensão, a obra aprofunda a discussão acerca da trajetória do Estado e do direito, possibilitando uma visão do ambiente histórico que forjou o novo Ministério Público pós-constituinte de 1988. De agente do Rei e de defensor dos interesses das camadas dominantes, o Ministério Público recebe a tarefa de defender o próprio regime democrático. Sem dúvida – e o livro mostra isso muito bem –, o Ministério Público passou por uma verdadeira *revolução copernicana*, que talhou a Instituição na esteira da transformação pela qual passou o direito a partir do novo constitucionalismo, com a publicização do direito privado. Para tanto, colocou a disposição dessa (nova) Instituição um leque de instrumentos, como a ação civil pública e os demais mecanismos de controle da constitucionalidade das leis.

Nesse sentido, sabe Pedro Rui que o problema eficacial do texto constitucional passa, fundamentalmente ou também, pelo tipo de justiça constitucional praticado em cada país e pelo redimensionamento do papel dos operadores do direito, mormente o Ministério Público, pelas garantias que possui e pela extensão da legitimidade de suas ações. E tem presente igualmente que, no Estado Democrático de Direito, em face do caráter compromissório dos textos constitucionais e da noção de *força normativa* da Constituição, ocorre, por vezes, um sensível deslocamento do centro de decisões do Legislativo e do Executivo para o plano da jurisdição constitucional. Isto porque, se com o advento do Estado Social e o papel fortemente intervencionista do Estado o foco de poder/tensão passou para o Poder Executivo, no Estado Democrático de Direito há, em maior ou menor intensidade, uma modificação desse perfil. Para ser mais claro: inércias do Poder Executivo e a falta de atuação do Poder Legislativo podem/devem ser supridas pela atuação do Poder Judiciário, mediante a utilização dos mecanismos jurídicos previstos na Constituição que estabeleceu o Estado Democrático de Direito.

Mudou o Estado, mudou o direito. E, com isso, houve profundas transformações no direito penal, no direito processual, na teoria do bem jurídico. Parece óbvio, portanto, que o Ministério Público, nesse contexto político-normativo, não pode mais ser visualizado do alto – e de longe – da tradição jurídica que se estabeleceu no Brasil nas últimas seis décadas. Trata-se, em síntese, de compreender o problema sob um olhar pós-iluminista, afastando velhas dicotomias que serodiamente separam Estado e Sociedade, como se o indivíduo fosse um débil a ser protegido contra a maldade do *Leviatã*.

Na medida em que o Estado e o Direito assumem, nesse novo paradigma instituído pelo Estado Democrático de Direito, um viés potencialmente transformador da Sociedade, incorporam-se novas características ao modelo tradicional. E o Ministério Público, alçado à condição análoga a de um poder de Estado, figura, em face das responsabilidades que lhe foram acometidas, no epicentro dessa transformação do tradicional papel do Estado e do Direito. Os princípios e as funções institucionais que lhe dão vida afiguram-se consagrados em uma Constituição democrática, a qual, afastando-o do Poder Executivo, tornou-lhe, em uma consideração pragmática, *esperança social*. Mas esse novo deve ser olhado com os olhos do novo, até porque os ditames constitucionais – quando ineficazes – produzem retrocesso. E isso não é difícil de ocorrer. Todas essas preocupações aparecem na obra de Pedro Rui. Trata-se, em síntese, de uma sofisticada – e não dogmática – análise da função transformadora do Ministério Público em um país de modernidade tardia como o Brasil.

Porto Alegre, verão de 2006.

Prof. Dr. Lenio Luiz Streck

Sumário

Introdução 15

1. Direitos fundamentais e sua evolução: das concepções filosóficas aos direitos transindividuais 21

1.1. No princípio eram os "deveres humanos" 25

1.2. Filosofia: o berçário dos direitos humanos 28

1.2.1. Teses Jusnaturalistas dos Direito Humanos 29

1.2.2. Teses Juspositivistas dos Direitos Humanos 30

1.2.3. Teses Realistas dos Direitos Humanos 31

1.2.4. As razões para fundamentar os direitos humanos 35

1.2.5. Direitos humanos na antiguidade clássica e no medievo 40

1.2.6. O contributo da Revolução Francesa 45

1.2.7. Direitos humanos e Cristianismo 49

1.3. A Positivação dos Direitos Humanos: a evolução do Estado Liberal ao Estado Democrático de Direito e as dimensões de direitos humanos 50

1.3.1. A primeira dimensão de direitos humanos e o Estado Liberal 54

1.3.2. A segunda dimensão de direitos humanos e o Estado Social 56

1.3.3. A terceira dimensão de direitos humanos, o Estado Democrático (e Social) de Direito e a Sociedade de Risco 58

1.4. Os esforços para a universalização dos Direitos Humanos. 63

1.5. A necessária concretização do texto constitucional de 1988 como pressuposto de realização do novo paradigma do Estado Democrático de Direito 67

1.5.1. A Crítica Lassaliana à Constituição formal 68

1.5.2. A Teoria da Força Normativa da Constituição e o neoconstitucionalismo: premissas do Estado Democrático de Direito 71

1.5.3. Streck e a nova Crítica do Direito: a proposta do desvelamento do novo paradigma constitucional 83

1.5.4. A Fenomenologia Heideggariana 86

1.5.5. A Hermenêutica Filosófica de Gadamer 91

2. Interesse público, interesses transindividuais e sociedade 103

2.1. Rousseau e Syeyès: a Revolução Francesa contra os "Corpos Intermediários" . 105

2.2. Uma aproximação às concepções clássicas de sociedade 108

2.3. A concepção sistêmica luhmanniana da sociedade 111

2.3.1. Críticas à concepção sistêmica de Luhmann 119

2.4. A superação da *Summa Divisio* Público – Privado 125

2.5. Os Interesses Transindividuais 132

2.5.1. Interesses difusos 134

2.5.2. Interesses coletivos 137

2.5.3. Interesses individuais homogêneos 138

3. Ministério Público no Brasil: escorço histórico e vocação institucional 143

3.1. Da genealogia institucional do Ministério Público 143

3.2. O limiar da atuação institucional na esfera não-criminal: a tutela do interesse público 152

3.3. A transposição institucional do Ministério Público da "Sociedade Política" para a "Sociedade Civil" 159

3.4 A positivação jurídica dos direitos difusos e coletivos no Brasil e sua tutela mediante a ação civil pública: as razões de uma disputa por legitimidade processual e política 165

3.5. A inserção constitucional do Ministério Público na Carta de 1988 169

4. Legitimidade do Ministério Público: alguns parâmetros para sua delimitação no plano político e processual e os reflexos no sistema de justiça e suas interconexões 177

4.1. O acesso ao Sistema de Justiça como possibilidade de exercício de poder pela sociedade civil, diante da insuficiência da democracia representativa na pós-modernidade 181

4.1.1. O problema da garantia meramente formal de acesso à Justiça 188

4.1.2. A garantia de acesso à Justiça na Constituição brasileira de 1988 190

4.1.3. Alguns obstáculos ao acesso à Justiça no Brasil 193

4.1.4. As três "ondas" sugeridas por Mauro Cappelletti como recursos de ampliação do acesso à justiça 196

4.2. Da legitimidade política do Sistema de Justiça 206

4.2.1. O protagonismo político dos operadores jurídicos 208

4.2.2. O neoconstitucionalismo pós-positivista e a concepção principial do Direito 212

4.2.3. O neoconstitucionalismo e a "criação" do Direito pelos Tribunais na era do Estado Democrático e Social de Direito 219

4.2.4. Implementação dos direitos fundamentais e juridicização da Política: as razões da legitimidade política do Sistema de Justiça 228

4.3. A legitimação do Ministério Público para a defesa dos interesses transindividuais e individuais homogêneos 236

4.3.1. A tese da ampla legitimidade do Ministério Público para a tutela de interesses transindividuais e individuais homogêneos 241

4.3.2. A tese da legitimação restrita aos interesses difusos e coletivos 243

4.3.3. A tese da legitimação ampla, mas condicionada à verificação da pertinência do interesse frente à destinação institucional do Ministério Público Público 247

4.4. Ministério Público e sociedade civil: propostas para uma crescente aproximação 253

Considerações finais 259

Referências bibliográficas 269

Introdução

Ao projetar-se a pesquisa que ora se introduz, aceitou-se um desafio: relacionar Estado, sociedade, direitos fundamentais, Ministério Público e Sistema de Justiça, buscando estabelecer alguns parâmetros básicos e flexíveis para determinar a legitimidade política e processual dos operadores do Sistema Judicial, modo especial, do Ministério Público, para a defesa de direitos fundamentais, especialmente os de caráter social, no âmbito inovador do Estado Democrático de Direito. Trata-se de uma proposta ousada, mas que entusiasma a quem se vê imerso em desafios cotidianos que, na jovem nação brasileira, como em quase todo o mundo ocidental, vem contrapondo as instituições administrativas, legislativas e judiciais, mercê de confrontos sistêmicos, decorrentes, sobretudo, do incremento de poder político dos sistemas de justiça e da regulamentação crescente da vida social.

Neste contexto, ganham relevância instituições como o Ministério Público, especialmente, o brasileiro, que, no afã de adquirir uma personalidade na quadratura do Estado contemporâneo, vem assumindo funções intermediárias, servindo como elo de transmissão entre os poderes tradicionais. A instituição vem se notabilizando no Brasil como ímpar no mundo inteiro, e, por isso mesmo, sua atuação é seriamente questionada. Este livro é, pois, uma contribuição a mais, dentre tantas outras, acerca do problema da destinação institucional do Ministério Público e sua identidade constitucional, sem pretender esgotar ou concluir o extenso campo de questões que a matéria suscita.

Mas não se trata de uma obra apenas sobre o Ministério Público brasileiro. Mais do que isto, buscar-se-á adentrar a problemática questão dos direitos humanos, individuais e sociais, e sua defesa no âmbito do Sistema de Justiça (aqui englobadas a constelação de instituições que operam diretamente a aplicação do direito).

Resulta evidente, destarte, que antes de ingressar-se propriamente em uma análise da instituição do Ministério Público ou da operacionalidade social do Sistema de Justiça, longo caminho há de ser trilhado para fixarem-se conceitos prévios, dir-se-ia "pré-compreensões", preparatórias das teses que serão sustentadas ao final. Sem um entendi-

Direitos Fundamentais Sociais

mento sobre conceitos básicos, a comunicação entre autor e leitor seria prejudicada, daí por que se optou por iniciar este livro abordando um tema aparentemente distante do seu objeto primacial, mas que, na verdade, guarda com ele íntimas conexões: a *teoria dos direitos fundamentais*.

Neste escopo, o *capítulo primeiro* versará, resumidamente, sobre a evolução dos direitos humanos desde as formulações filosóficas até a positivação em textos nacionais, que lhes conferem o estatuto de direitos fundamentais. Ao tratar-se da Filosofia como berçário dos direitos fundamentais, demonstrar-se-á a importância de justificá-los filosoficamente como mecanismo de naturalização da Filosofia no ambiente do Direito, humanizando-o e possibilitando a crítica construtiva de suas finalidades, bem como representando contraponto à propaganda anticonstitucional que fomenta a crise do Direito e do Estado.

Com respeito ao processo de positivação dos direitos humanos, após breve escorço acerca do período clássico e medieval, será abordado o tema da *Revolução Francesa*, resumindo algumas considerações sobre seu contributo para a positivação dos direitos humanos, sobretudo os de primeira dimensão que engendraram o Estado de Direito Liberal, gérmen das formas estatais posteriores.

Em seguida, ainda na seção respectiva à positivação dos direitos humanos, será avaliado o *desenvolvimento progressivo do Estado de Direito, desde o modelo liberal até o pós-moderno Estado Democrático de Direito*. Demonstrar-se-á o quanto esta progressão acompanha, lado a lado, a evolução do Direito, desde os direitos de primeira dimensão, próprios do Estado Liberal, até aqueles de terceira geração, relativos à melhoria da qualidade geral de vida e proteção difusa do gênero humano, que se tornam mais visíveis no paradigma do Estado Democrático de Direito, sem neutralizar, entretanto, as dimensões anteriores, a exemplo das liberdades públicas e dos esforços redistributivos e intervencionistas, peculiares, respectivamente, à primeira e à segunda gerações de direitos humanos.

Na seqüência, e ainda no primeiro capítulo, será analisada a vocação universalista dos direitos humanos, revelada em tratados e convenções internacionais, incorporados, posteriormente, pelas nações, sob a forma de legislação e políticas públicas, garantidoras dos direitos fundamentais. A universalização dos direitos humanos, propósito do moderno Direito Internacional Público, ainda se desdobra no fenômeno de especialização destes direitos em benefício de diferentes atores sociais, como as legislações tutelares da criança e do adolescente, do idoso, do portador de necessidades especiais.

Como conseqüência desta evolução que descortina, ao final, o princípio do Estado Democrático de Direito, insculpido na Carta de

1988, será enfatizada a necessidade premente e inadiável da concretização deste novo modelo estatal, como solução para a crise de paradigmas que atinge o Estado brasileiro e, por conseguinte, o Direito pátrio. Parte-se do pressuposto de que a implementação dos direitos sociais determinados em 1988 exige uma nova hermenêutica, capaz de estabelecer pré-compreensões autênticas nos aplicadores do Direito. Nesse ponto, serão aportados os contributos da fenomenologia hermenêutica heideggeriana-gadameriana que sublinham a historicidade como elemento determinante da compreensão e, destarte, da aplicação das normas jurídicas, afastando a crise paradigmática decorrente da antinomia entre o modelo democrático-social da Constituição de 1988 e a práxis político-econômica liberal, que tem predominado no Brasil, sobretudo nas últimas décadas.

O *capítulo segundo* já se aproxima mais do tema objeto deste livro em um processo de estreitamento temático em direção aos aspectos mais específicos da pesquisa. Ali serão tecidas considerações sobre o conceito de interesse público e as transformações que ele vem sofrendo na contemporaneidade. Mais uma vez a hermenêutica filosófica é invocada para explicar como conceitos aparentemente imutáveis podem sofrer novas atribuições de sentido na linha do tempo. Assim, dentro da linguagem própria de um momento histórico em que a sociedade cresce para além do Estado, o conceito de interesse público também rompe as fronteiras impostas anteriormente pela noção de interesse da administração pública, para permitir-se uma atribuição significativa que abranja os denominados direitos transindividuais, a partir do potencial ampliativo ínsito à expressão "relevância social".

Inicialmente, será retomado o tema da Revolução Francesa, nascedouro do Estado de Direito, atentando-se para as arremetidas de Rousseau e Sieyès contra os interesses corporativos, quando os corifeus do pensamento revolucionário colimavam anatematizar os chamados direitos coletivos, forçando a bipolarização entre interesse público e privado. Em seguida, após ligeira incursão sobre os conceitos mais usuais de sociedade, desde os filósofos contratualistas até a noção gramsciana, será levada a efeito uma breve incursão na *teoria dos sistemas* como instrumento teórico para compreensão da sociedade complexa e massificada da pós-modernidade.

Na seqüência, o estudo volta-se à *dicotomia "público – privado"* e seu rompimento na contemporaneidade, em face das diversas conexões entre as duas esferas. Desta interconexão, resultaram zonas intermédias, onde situados os interesses transindividuais, que serão classificados em difusos e coletivos, levando em consideração dispositivos legais e a doutrina acerca do tema. Será ainda conceituada a categoria dos "interesses individuais homogêneos", normalmente não reputados

Direitos Fundamentais Sociais

transindividuais propriamente ditos, muito embora interessem aos objetivos deste trabalho, por admitirem tutela coletiva, inclusive pelo Ministério Público.

O *capítulo terceiro* foi reservado a uma análise do próprio Ministério Público brasileiro, relatando aspectos da história mais recente da instituição, sobretudo no período de redemocratização, com o objetivo de revelar sua vocação institucional e seus desafios para o futuro. Assim, inicia por uma abordagem acerca da genealogia da instituição no Brasil e seus esforços para ocupar espaços no âmbito da justiça não-penal, especialmente, na tutela do interesse público. Deste modo, ver-se-á que, depois do regime militar, com a alteração significativa do próprio interesse público em face das desconfianças da sociedade para com o Governo, o Ministério Público, embora continuasse Estado, efetuou uma transposição do âmbito da sociedade política para a sociedade civil. Conceitos como interesse público, indisponibilidade de direitos em face da natureza da lide ou da qualidade pública da parte, que inicialmente justificavam a intervenção como *custos legis* no processo civil em garantia dos interesses do Estado-administração, sofreram modificação no curso da história e, com a redemocratização do país e a formação de um sociedade de massa, que antagoniza grupos sociais e poderosos interesses políticos e econômicos, passaram a significar interesse da coletividade, indisponibilidade dos direitos sociais em face da hipossuficiência da sociedade civil, justificando uma nova função tutelar do Ministério Público, que acabou conquistando o *status* de *ombudsman* da sociedade brasileira, na Carta de 1988.

No *quarto e último capítulo* deste trabalho abordar-se-á a intrincada questão da legitimidade do Ministério Público e, conseqüentemente, do Poder Judiciário em face destes novos interesses ditos transindividuais. De início, a pesquisa versará sobre o tema do *acesso à justiça*, destacando o problema da acessibilidade meramente formal, própria do paradigma liberal-individualista; a garantia de acesso pleno inaugurado pela Carta de 1988 e peculiar ao Estado Democrático de Direito; os obstáculos ao acesso à justiça no Brasil e as ondas de superação destes obstáculos sugeridas, especialmente, nos estudos de Mauro Cappelletti. A partir destas reflexões, o problema da legitimidade institucional será dividido em dois: 1°) *a legitimidade política*, que diz respeito ao "teto superior", isto é, ao enfrentamento de questões de grande relevância social, tradicionalmente entendidas como "questões políticas" e, portanto, classicamente vedadas ao Sistema de Justiça, obrigatoriamente neutro no paradigma liberal; 2°) *a legitimidade processual*, assim designada, porque não é usualmente contestada com argumentos de ordem política, mas de natureza processual, especificamente, relativos à regra da legitimação ordinária e do caráter excepcional da substituição processual, próprios do processo civil clássico.

O instigante tema da legitimidade política do Sistema Judicial e, especialmente, do Ministério Público, tão discutível quanto apaixonante, iniciará pela polêmica questão do *protagonismo político dos operadores jurídicos*, decorrência natural do novo paradigma do Estado Democrático de Direito. Propõe-se, nesta pesquisa, demonstrar que os aportes do *neoconstitucionalismo pós-positivista*, sediados nas novas teorias da Constituição, na ampliação do controle de constitucionalidade, reforçado pela hermenêutica concretizadora, pela concepção principial do Direito e pela criatividade jurisprudencial, vêm contribuindo, decisivamente, para a judicialização da política e, conseqüentemente, para a implementação dos direitos fundamentais, transformando-se o Poder Judiciário, seja através da jurisdição constitucional concentrada, seja através do controle difuso, em um novo espaço para o exercício de uma soberania complexa que congrega a representação política de origem eleitoral, com a representação funcional, de base normativa.

Já no tocante ao tema da *legitimação processual do Ministério Público* em face da tríplice classificação dos direitos – difusos, coletivos e individuais e homogêneos – serão apresentadas três hipóteses – restritiva, ampliativa e eclética – assumindo-se esta última como a que efetivamente melhor atende à vontade constitucional, pois condiciona a legitimidade do Ministério Público à tutela de interesses que guardem pertinência com sua destinação institucional, pautada tal verificação pelas circunstâncias históricas e geográficas do promotor de justiça e procurador da república, independentemente da classificação destes direitos, se difusos, coletivos ou individuais homogêneos.

Por fim, ainda, na seqüência dos temas anteriores, a última seção concerne a meditações para um futuro de aproximação entre o Ministério Público e a sociedade civil, o que já vem ocorrendo através das organizações não-governamentais, tratando-se de experiência de emancipação e resistência contra novos mecanismos de dominação. Sugere-se, nesta derradeira quadra, uma atuação institucional voltada ao propósito de inserir solidariedade no meio social, incentivando a organização comunitária no rumo de uma maior independência em relação aos processos colonizadores oriundos do mercado e do poder econômico.

Direitos Fundamentais Sociais

1. Direitos fundamentais e sua evolução: das concepções filosóficas aos direitos transindividuais

O empenho pelo reconhecimento universal e implementação dos direitos humanos situa-se entre as maiores inquietações do ideário político-jurídico contemporâneo. Como "direitos humanos" ou "direitos fundamentais",[1] individuais ou sociais, pretende-se, neste capítulo, avaliar sua lenta e gradual evolução, desde sua formulação filosófica, passando pela positivação intranacional, até seu recente processo de universalização e especialização, abrindo caminho a uma crítica sobre as possibilidades de concretização na pós-modernidade. Após uma primeira abordagem desse itinerário dos direitos humanos – concepção filosófica, positivação nacional e internacional – passar-se-á a uma análise da evolução do Estado, iniciando pelo modelo liberal até a moderna concepção do Estado Democrático de Direito, destinado à consecução da Justiça Social, cotejando os diferentes paradigmas com o surgimento das chamadas dimensões de direitos fundamentais. Por fim, no presente capítulo, e tendo em conta o paradigma do Estado Democrático de Direito, defender-se-á um projeto de hermenêutica jurídica capaz de reforçar a efetividade das normas fundamentais, revelando a Constituição de 1988 como um existencial, e não como simples objeto ou instrumento a ser ou não utilizado na interpretação das normas infraconstitucionais.[2]

---

[1] É interessante a distinção entre direitos humanos e direitos fundamentais: *droits fondamentaux* é expressão que surge na França no final do Séc. XVIII no seio do movimento que conduziu à Declaração Universal de Direitos do Homem e do Cidadão de 1789. Alcançou relevo em Alemanha sob o título *Grundrechte*, articulando o sistema de relações entre indivíduo e Estado, como fundamento da ordem jurídico-política. Antonio Henrique Perez Luño enfatiza: "de ahí que gran parte de la doctrina entienda que los derechos fundamentales son aquellos derechos humanos positivados en las constituciones estatales". E cita Gregorio Peces-Barba, mencionando que este renomado autor lobriga nos direitos fundamentais uma natureza ambivalente, posto resultante das exigências da filosofia dos direitos humanos com sua sedimentação normativa no ordenamento positivo. Por fim, conclui que "en todo caso, se puede advertir una cierta tendencia (...) a reservar la denominación 'derechos fundamentales' para designar los derechos humanos positivados a nivel interno, en tanto que la fórmula 'derechos humanos' es la más usual en el plano de las declaraciones y convenciones internacionales" (PEREZ LUÑO, Antonio Henrique. *Derechos Humanos, Estado de Derecho y Constitución*, Madrid: Tecnos. Ano 1995. p. 31).

[2] Lenio Streck sustenta que a hermenêutica de cariz filosófico pressupõe uma estrutura pré-compreensiva, um *a priori* de formação de sentido, dado pela condição de ser-no-mundo do sujeito

Direitos Fundamentais Sociais

O recurso à análise histórica dos direitos humanos permite um estudo preliminar dos fenômenos jurídicos pelo prisma das relações entre o Direito e o tempo. Este, o tempo, é visto como uma instituição social antes de ser fenômeno físico e experiência psíquica e, muito embora possa ser subjetivamente experimentado, ele "temporaliza-se" como uma questão de poder, uma exigência ética e um objeto jurídico. O conceito de "temporalização" dos fenômenos sociais retira do tempo a noção de contentor vazio, tornando-o partícipe da realidade, pois o tempo já não é concebido como tempo cronométrico, mas como construção social e projeção mental de valores.[3]

Uma investigação acerca da evolução histórica dos direitos humanos e de suas garantias respectivas permite inscrevê-los em um tempo de longa duração, que lhes outorga um título de legitimidade, revelando-os como uma ordem objetiva de valores substanciais, conquistados, gloriosamente, na disputa dialogal dos embates ideológicos, nos enfrentamentos políticos e jurídicos, e até nos combates de sangue. O reforço de importância histórica acrescenta novo vigor a esta ordem de valores, outorgando-lhe maior imunidade contra o perigo, sempre presente, de recuos na sua implementação e manutenção, porquanto as mesmas forças que, no passado, foram vencidas, continuam à espreita, por vezes, assumindo outras formas, até mais sedutoras, aguardando o momento oportuno para ensejarem retrocessos sociais.

Não se trata de advogar uma visão maniqueísta das forças que disputam o poder nas sociedades contemporâneas, o que poderia soar pueril quando o próprio texto constitucional eleva o pluralismo políti-

---

que interpreta. Porém, ao criticar a metafísica objetivista, este autor nega um fundamento último ou qualquer fundamentação objetivista do Direito, admitindo, em sentido oposto, um plano referencial vinculado a um modo prático de ser-no-mundo que desde sempre opera sobre nossa compreensão, legitimando qualquer discurso no contexto da subjetividade ou intersubjetividade. A Constituição, de sua vez, tem um caráter discursivo como produto da intersubjetividade, donde resulta não poder ser objetificada para ser reconhecida como um fundamento último, mas sim como um existencial circundante, um fundamento que não tem fundo, "porque não é uma categoria ou uma hipótese a partir da qual se possam fazer deduções". Para o professor gaúcho, "a Constituição é um paradoxo, na medida em que temos de colocar um ponto de partida (por isso é *als ob*, onde o 'como se' deve ser entendido 'como se apanhasse o todo da interação humana no mundo jurídico'), *mas ao mesmo tempo ela frustra essa pretensão de ser o começo, já que esse se dá sempre de novo e de várias formas na antecipação de sentido, a partir do modo prático de ser no mundo do intérprete"* (In: STRECK, Lenio Luiz. *Jurisdição Constitucional e Hermenêutica.* Rio de Janeiro: Forense, 2004, p. 122-7, grifo no original). Ao tecer tais considerações, Streck demonstra o esgotamento do esquema sujeito-objeto pelo advento da Hermenêutica Gadameriana, base teórica de sua crítica ao paradigma dominante, ainda pré-Constituição de 1988. Ao negar à Constituição o estatuto de mero objeto, declarando-a um existencial, sustenta-se não ser possível ter a opção de abandoná-la ou ignorá-la, pois, para a Nova Crítica do Direito, a Constituição não existe apenas no plano fático, onde eventualmente ela adquire uma existência física em folhas de papel, mas, antes e para além disso, a Constituição deve ter um sentido transcendente, imaterial, dominando os pré-juízos do intérprete que a ela sempre retorna, buscando antecipações de sentido no âmbito, eternamente renovado, da espiral hermenêutica. A proposta da Nova Crítica do Direito será melhor analisada na última seção deste capítulo.

[3] OST, François. *O Tempo do Direito.* Lisboa: Instituto Piaget, [s. d.], p. 12-3.

co, exercido mediante o diálogo entre todas as correntes de pensamento, à altaneira condição de fundamento da República (art. 1º, inc. V, da Constituição Federal). Cuida-se, porém, de sustentar a necessidade de um permanente exercício de memória social e de revitalização das tradições, capaz de preservar a fundamentação teórica dos direitos humanos e sua permanente revalidação em face da evolução histórica. François Ost resume, com propriedade, esta relação entre Direito e tradição: "mais do que qualquer outra disciplina, o Direito é tradição: ele constitui-se por sedimentações sucessivas de soluções, e as próprias novidades que ele produz derivam de forma genealógica de argumentos e de razões dignos de crédito num outro momento do passado", mas "tal como a memória não era o simples receptáculo de lembranças acumuladas, também a tradição não é a soma exacta de todos os passados. Uma tradição viva, como uma língua viva, é incessantemente actualizada e transformada".[4]

Impõe-se, ainda, manter vigília contra o totalitarismo, que, no passado recente, tal como Jano, apresentou-se com duas faces: na vertente capitalista, comportou o nazismo; e, na socialista, o stalinismo. Sob qualquer destas modalidades, o totalitarismo assenta-se na concepção do homem como descartável e supérfluo em benefício da comunidade total e em oposição aos valores do Direito e da Justiça que, avocados pela modernidade, inauguravam uma visão individualista do ser humano, desde uma perspectiva *ex parte populi*. Estas formas totalitárias romperam com a tradição ocidental, que tinha a pessoa humana como valor-fonte da experiência ético-jurídica, ocasionando um hiato entre o passado de tradição humanista, e o futuro que, em tal realidade sociopolítica, permaneceu incerto.[5] Foi com o propósito de um rápido retorno ao humanismo que, no pós-guerra, proclamaram-se declarações internacionais de direitos humanos,[6] e intentou-se, em diversas nações, direcionar o Estado para um papel intervencionista e redistribuicionista dos lucros, nominado Estado Social, como forma de

---

[4] OST, François. *O Tempo do Direito*, p. 64. Neste ponto, há que se registrar que, se para François Ost, no contexto histórico europeu, a tradição democrática, reanimada em fatos históricos relevantes, encontra uma duração legitimadora e pedagógica, entre nós, infelizmente, a tradição político-jurídica não se assenta nos mesmos qualificativos, porque nossa experiência democrática é curta e descontínua, intercalando longos períodos de autoritarismo na vida política nacional, com curtas democracias, dissimuladas em quadros de cidadania de baixa intensidade. Todavia, é preciso construir uma tradição mesmo a partir de um mosaico de pequenas conquistas, dentre as quais o processo redemocratizador da década de 1980 é um dos mais recentes marcos simbólicos.

[5] LAFER, Celso. *A Reconstrução dos Direitos Humanos*. Um diálogo com o pensamento de Hannah Arendt. São Paulo: Companhia das Letras, 1998. p. 15, cap. IV.

[6] Dentre as quais insta salientar a Declaração Universal dos Direitos Humanos, a Convenção para a Prevenção e Repressão ao Genocídio, ambas de 1948; as Convenções de Genebra sobre a Proteção das Vítimas de Conflitos Bélicos, de 1949; a Convenção Européia de Direitos Humanos de 1950; os Pactos Internacionais de Direitos Humanos de 1966 e a Convenção Americana de Direitos Humanos de 1969.

mitigar os efeitos da guerra, do capitalismo desorganizado e fazer frente ao crescimento do socialismo marxista.

No presente, não há como se negar que a crise do Estado Social também põe em risco os direitos humanos, pois apresenta, como alternativa, uma adequação passiva à "turboglobalização"[7] que, no seu extremo, também se insinua com duas faces simultâneas e antagônicas: para uns, a minoria beneficiada pelo modelo econômico de livre-mercado e pela política do ajuste fiscal permanente, trata-se de um verdadeiro Estado de Bem-Estar; para outros, o vasto conjunto de excluídos e de pessoas de integração precária assume a face de um Estado punitivo-repressivo que vitimiza por ação ou omissão.[8]

Ademais, a crise ideológica dos direitos fundamentais, especialmente os de caráter prestacional, é resultante dos esforços pela deslegitimação do Direito, sobretudo quanto ao seu potencial garantista contra retrocessos sociais e sua capacidade metamórfica da realidade social periférica, plena de instabilidade. Dentre os argumentos mais comuns contra a implementação dos direitos sociais, está aquele segundo o qual os novos textos legais sustentam uma amplitude de direitos de cidadania ao lado de uma concomitante redução de deveres dos cidadãos para com o Estado e, nos tempos hodiernos, para com o sistema econômico globalizado que, mais do que aquele, também cobra seus tributos. Um tal argumento tem efeito deletério contra os fundamentos filosóficos dos direitos humanos, engendrando uma constelação de forças nocivas, frente às quais se torna cada vez mais difícil sustentá-los. Eis a missão do jurista democrático e engajado às causas sociais: revolver o solo das teorias filosóficas, das matérias propedêuticas e correlacionadas, como a Ciência Política, a Sociologia, a Economia, permitindo novos aportes de conteúdo crítico e criativo à Teoria do Direito, laborando, diuturnamente, no escopo de possibilitar que

---

[7] Expressão cunhada por Friedrich Muller para apontar a face nefasta da globalização. Nesse sentido, o artigo "O Futuro do Estado-nação e a nossa luta contra a turboglobalização". In: PETERSEN, Nikolai; SOUZA, Draiton Gonzaga de (orgs). *Globalização e Justiça*. Porto Alegre: Edipuc, 2002, p. 27-81.

[8] Comentando as mudanças geoeconômicas que os novos modelos desenvolvimentistas vêm desenhando, integrando diversos segmentos econômicos ao redor do planeta em um sistema interdependente que funciona em tempo real, favorecendo novas economias, sobretudo no Pacífico asiático, e transformando a Rússia e áreas de influência da extinta União Soviética em economias de mercado, Manuel Castells constata que estas tendências revelam uma acentuação de desigualdade em termos de desenvolvimento que agora já não se dá tanto entre o Sul e o Norte, mas entre segmentos e territórios dinâmicos de qualquer sociedade e aqueloutros que correm o risco de tornarem-se excluídos sob a perspectiva do sistema econômico, como se fossem "buracos negros" de miséria e violência em meio a constelações de prosperidade (CASTELLS, Manuel. *A Sociedade em Rede*. 6ª ed. São Paulo, Rio de Janeiro: Paz e Terra, 2002, p. 40). Entre nós, é fácil perceber que ao lado de áreas de intenso progresso econômico, situam-se favelas, agrupamentos de sem-teto ou sem-terra. Nas vizinhanças de grandes conglomerados empresariais, crescem vilarejos de desempregados.

um movimento de *"retorno ao Direito"*[9] possa servir de baluarte contra os aspectos mais sinistros da globalização, garantindo que as promessas da modernidade liberal – liberdade, igualdade e fraternidade – não sejam, de pronto, solapadas pelas ameaças de um projeto puramente neoliberal. É com tal propósito que se dá início a uma viagem histórica ao tempo passado dos deveres, objetivando revelar que direitos ou deveres sempre existiram reciprocamente, importa é saber sob qual perspectiva se os observa.

1.1. No princípio eram os "Deveres Humanos"

Inquestionável a premissa: direitos e deveres não existem sem seus correspondentes inversos. Pertencem a uma lógica binária e oposta, de modo que, se alguém tem direitos, é forçoso que outrem tenha deveres, tudo depende do ponto de vista com que a questão é vislumbrada, isto é, se ela é apreendida sob ótica do cidadão e do grupo social *(ex parte populi)* ou do soberano *(ex parte principis)*.

Outro ponto de partida para esta análise é a distinção, já efetuada por Aristóteles, das diferentes formas de justiça, classificadas em "justiça comutativa", como aquela que se dá entre iguais, própria do Direito Privado; "justiça distributiva", referente aos direitos do cidadão ou grupos sociais em face do Estado, e "justiça legal", que seria o inverso da justiça distributiva, pois se refere aos deveres do cidadão e dos grupos sociais para com o Estado.[10]

---

[9] Gisele Cittadino, em sua tese de doutoramento, utiliza a expressão "retorno ao Direito", indicando ser Pierre Bouretz, no livro *La Force du Droit*, que se refere a este movimento que, segundo a tesista, "parece estar intimamente vinculado, por um lado, à derrocada da grande utopia igualitarista e, por outro lado, ao reconhecimento de que em sociedades democráticas o pluralismo é não apenas inevitável, como desejado. Conseqüentemente, o retorno ao Direito é a via através da qual se evita a violência, dada a inexorabilidade do pluralismo e do conflito nas democracias contemporâneas". Para Cittadino, a força legitimadora do Direito moderno trilha dois diferentes caminhos: de um lado, na perspectiva positivista, lastreia-se em uma racionalidade autônoma, que lhe é imanente e desprovida de moralidade produtora de um Direito puramente instrumental. Por outra trilha, o direito positivo deve submeter-se, como no passado, a uma espécie de transcendência heteronômica, que lhe outorgue fundamento, servindo de alternativa à perda de sentido que um certo "desencantamento" do mundo vem propiciando, quando se sustenta o "fim da história" e o triunfo da "democracia de mercado". A autora filia-se a esta segunda corrente, para ela, o anúncio do "fim da história", como resultado do triunfo das democracias liberais, é uma visão equivocada que a própria história está desmentindo quando se verifica o crescente número de conflitos étnicos, nacionalistas, religiosos, as violações de direitos humanos, a derrocada do Estado Social, etc. Deste modo, esta segunda via legitimadora do Direito contemporâneo anseia por dar-lhe um sentido que transcenda o positivismo, cuja marca fundamental é um ceticismo ético associado à idéia de "desencantamento" do mundo. O movimento de "retorno ao Direito", deste modo, colima encontrar um fundamento ético para a crescente juridificação das relações sociais, que ultrapasse o sentido meramente sistêmico-instrumental do positivismo jurídico. (*Pluralismo, Direito e Justiça Distributiva*. Rio de Janeiro: Lúmen Júris, 2000, p. 141-3).

[10] ARISTÓTELES. *Ética a Nicômacos*. Brasília: UnB, 1985-1999. Vale frisar que, modernamente, vem-se defendendo uma diluição da *summa divisio* entre direito público e privado, reconhecen-

---

Direitos Fundamentais Sociais

Retrocedendo na história em direção à antiguidade e ao medievo, sem atentar a situações excepcionais, a regra geral sempre foi a imposição de deveres aos súditos em contrapartida aos direitos dos soberanos. Acentuava Bobbio que, na Grécia e na Roma antigas glorificavam-se os grandes legisladores pela constante imposição de deveres aos cidadãos. O Direito nasce, pois, exclusivamente destinado à sua função mais tradicional: controlar as comunidades. Tal situação persistiu na Idade Média, posto remanescente uma concepção orgânica de sociedade, que não atribuía ao indivíduo nenhum direito, apenas, eventualmente, à sua comunidade. Mesmo mais tarde, já no Iluminismo, Montesquieu sustentara que, embora nascido para viver em sociedade, o homem pode esquecer seus semelhantes e "com as leis políticas e civis, os legisladores os restituíram aos seus deveres".[11] Donde conclui, o jusfilósofo e senador italiano que a função primitiva da lei foi "a de comprimir, não a de liberar; a de restringir, não a de ampliar, os espaços de liberdade; a de corrigir a árvore torta, não a de deixá-la crescer selvagemente".[12]

Uma tal situação, além de derivar das crenças mitológicas que associavam os soberanos à divindade e da alienação ideológica dos súditos, que impedia um questionamento da ordem pressuposta, deriva, ainda, e, sobretudo, de uma visão pessimista da natureza humana. Com efeito, para jusfilósofos antigos, como Lucrécio e Cícero e mais tarde, com muito mais ênfase para Hobbes, sendo o homem naturalmente mau, a civilização é que deveria preponderar sobre sua individualidade com o escopo de corrigi-lo e conter seus apetites violentos.[13] Neste caso, o

---

do-se uma zona *gris* entre as duas esferas, pontos de interseção e de contato, decorrentes da privatização de relações de direito público e publicização de negócios privados, tal como ocorre, por exemplo, com a privatização dos serviços públicos de um lado e, de outro, com a intervenção do Estado na economia e nos contratos. Isto pode ocasionar, por conseguinte, um esmaecimento também da classificação acima apontada, que, todavia, continua servindo para efeitos didáticos.

[11] MONTESQUIEU. O Espírito das Leis. In: MORRIS, Clarence (org.). *Os Grandes Filósofos do Direito*. São Paulo: Martins Fontes, 2002. Livro I, cap. I, p. 159.

[12] BOBBIO, Norberto. *A Era dos Direitos*. Traduzido por Carlos Nelson Coutinho. 15. tir. Rio de Janeiro: Campus, 1992, p. 56.

[13] É conhecida a filosofia de Hobbes acerca da natureza humana e do poder controlador do Estado. Sua obra foi base filosófica à reconquista do poder diluído entre os senhores feudais, restabelecendo o Estado absolutista. Muitas das observações de Hobbes sobre a natureza humana, por certo, não levavam em conta o homem comum de seu tempo, mas a própria aristocracia e sua sede de poder e glória. Diante disso, escreveu que "os homens não têm nenhum prazer na companhia dos outros (mas, pelo contrário, um enorme desprazer), quando não existe um poder capaz de inspirar respeito a todos. Porque todo homem espera que seu companheiro lhe atribua o mesmo valor que ele se atribui (...). De modo que todo homem encontramos na natureza do homem três causas principais de discórdia. Primeiro, a competição; segundo, a desconfiança; terceiro, a glória. A primeira leva os homens a atacarem por lucro; a segunda, por segurança; a terceira, por reputação (...) Com isso é evidente que, durante o tempo em que os homens vivem sem um poder comum capaz de inspirar respeito a todos, eles estão naquela condição a que se chama guerra; e uma guerra que é de todos contra todos ..." (HOBBES, Thomas. Leviatã. In: MORRIS, Clarence (org.). *Os Grandes Filósofos do Direito*. São Paulo: Martins Fontes, 2002, p. 105).

homem era naturalmente auto-interessado e tendia à violência; o Estado é que tinha a missão de civilizá-lo, e o faria através da imposição de deveres. Os soberanos, consagrados no poder, só tinham deveres para com as divindades, não assim para com o povo. Concluindo Bobbio que a figura deôntica originária foi o dever, e não o direito.[14]

Esta concepção priorizadora dos deveres somente começou a ser revisada com os contratualistas do Iluminismo: Rousseau, Locke e Kant, para citar os principais. A filosofia por eles produzida reconhecia direitos naturais ao homem, inerentes à sua condição humana, e já a ela incorporados no chamado "estado de natureza". Deste modo, na perspectiva *ex parte populi*, teve início a conquista de direitos em face do Estado; já não havia mais apenas obrigações, mas possibilidade de aspirações de justiça distributiva e exercício embrionário das liberdades públicas.

É nesse giro que os direitos humanos assumem maior relevância em um mundo em que o individual era submisso ao coletivo. Como se verá na seqüência, e servindo as considerações antes aludidas à guisa de introdução, a evolução dos direitos humanos parte de formulações filosóficas, passa pela positivação constitucional e infraconstitucional, segue em direção à universalização nas declarações de direitos até a atual fase de especialização e implementação.

Por primeiro, cumpre destacar o nascedouro dos direitos humanos gerados no seio das doutrinas filosóficas, que abriram canais dialógicos do sistema jurídico com áreas afins de conhecimento. Nesta quadra, cumpre destacar os esforços filosóficos para a positivação de direitos não declarados e para a identificação de novas aspirações sociais. Mesmo após a inserção textual dos direitos humanos no seio de normas jurídicas, conferindo-lhes o estatuto de "direitos fundamentais" – individuais ou sociais – a teoria jurídica não se despede de sua missão de estabelecer o alcance e a atualização dos princípios positivados no moderno constitucionalismo democrático. Sendo o Direito, como a Filosofia, ciência do espírito, pode-se afirmar que há uma imanência relacional entre ambos. Assim, um Direito que não se submeta ao universo das especulações filosóficas, é um Direito fechado em si mesmo, que não se comunica com seu tempo e com as peculiaridades contingenciais de seus aplicadores, situados historicamente. Trata-se de um Direito pretensamente imune à evolução do seu entorno social e, portanto, sujeito a principiar situações de crise e rupturas injurídicas. Daí por que é premissa deste trabalho sustentar a necessidade de um permanente intercâmbio entre Direito e Filosofia, naturalizando esta no mundo jurídico, como condição para a continui-

---

[14] BOBBIO, Norberto. *Op. cit.*, p. 56.

dade dos fenômenos de positivação dos interesses sociais e desenvolvimento de teorias críticas que possibilitem o permanente requestionamento das normas jurídicas.

A passagem da formulação filosófica para a inserção legal dos direitos humanos dá-se em três dimensões, como círculos concêntricos crescentes, desde uma dimensão individual até aquela mais difusa. A evolução do processo de positivação destas dimensões de direitos será cotejada com a evolução do próprio Estado desde seu feitio liberal até o Estado Democrático de Direito, revelando que o Direito não pode ser refratário às mudanças paradigmáticas do Estado, sob pena de ensejar situações de crise que colocam ambos em risco.

Ademais, ainda neste capítulo, far-se-á ligeira incursão na temática da universalização dos direitos humanos, mediante tratados internacionais, que aspiram transformar-se em *hard law* internacional, impondo-se na forma de um constitucionalismo cosmopolita. A importância da universalização dos direitos humanos reflete-se no surgimento de um ramo do Direito Internacional Público, nominado Direito Internacional dos Direitos Humanos, dedicado ao estudo das fontes do Direito Internacional Humanitário e dos mecanismos de incorporação dos tratados internacionais nas legislações nacionais. Como desdobramento do processo de internacionalização dos direitos humanos, observa-se sua tendência atual à especialização, como decorrência de sucessivas diferenciações em atenção às particularidades de cada sujeito de direito, *v. g.*, as crianças e os adolescentes, os idosos, os refugiados, os apátridas etc.

1.2. Filosofia: o berçário dos Direitos Humanos

Este trabalho parte da premissa de que todo o processo de positivação dos direitos humanos inicia na Filosofia, especialmente, na Filosofia do Direito e seus questionamentos resumidos na Teoria dos Direitos Fundamentais. Frise-se, por oportuno, que "processo de positivação" dos direitos não confunde com "positivismo jurídico".[15] Em nossa tradição jurídica, a positivação é um processo necessário e garantista, tratando-se de um método para criação de normas legais; a interpretação do direito, porém, não necessita e, segundo se crê, nem pode, ser positivista, no sentido, usualmente empregado, de se extrair

---

[15] Pois, enquanto aquele consiste na opção histórica do direito europeu continental, notadamente a partir das revoluções liberais, por plasmar as regras jurídicas em textos escritos oriundos do Poder Legislativo, o positivismo jurídico (que também não se confunde com o positivismo sociológico de Augusto Comte) é uma teoria do direito, de matriz analítica, que sustenta estar todo o Direito contido na lei escrita, negando as teses do direito natural e restringindo o diálogo da ciência jurídica com ciências correlatas.

o sentido da norma, como se ele, o sentido, existisse por si mesmo. Deste modo, o sentido é construído sempre a partir do diálogo entre o texto e o intérprete; a interpretação é, destarte, um processo dialético, e tanto mais rico e produtivo será, quanto mais racionalidade estiver presente nas pré-compreensões do intérprete.

A *questão doutrinário-filosófica dos direitos humanos*, portanto, se insere no secular dilema jusnaturalismo-juspositivismo. Enquanto aquele pressupõe uma ordem natural e transcendente dos direitos e, portanto, direciona-se a uma compreensão metafísica que exclui a contextualização histórica; este, o pensamento positivista, tende a considerar exclusivamente o caráter positivo e empírico dos direitos humanos e, neste caso, excluem-se critérios extrajurídicos para julgar as regras positivadas em face dos valores civilizatórios mutáveis no curso do tempo. Há um paradoxo entre as duas teses: pois se os direitos humanos são naturais e eternos, torna-se dispensável sua positivação, por outra, se esta é necessária para poder-se falar em direitos fundamentais, então, não se justifica qualificá-los como naturais e necessários.[16] Pragmaticamente falando, jusnaturalismo e positivismo jurídico se complementam e se auto-limitam. O confronto se dá muito mais no plano ideológico, porquanto aqueles que combatem determinada ordem jurídica pressuposta, fazem-no com base em argumentos de ordem jusnaturalista, já os que defendem a ordem jurídica positiva, se não puderem legitimá-la em argumentação suprajurídica, o farão com base nos dogmas positivistas. Mais recentemente, como uma terceira via entre o jusnaturalismo e o juspositivismo, surge uma visão realista, cuja preocupação centra-se preponderantemente nas garantias processuais dos direitos humanos e na sua implementação no seio social.

1.2.1. Teses Jusnaturalistas dos Direito Humanos

As *teses jusnaturalistas* constituem um conjunto de doutrinas heterogêneas e até contraditórias, visto existirem vários jusnaturalismos (mitológico, teológico, racionalista), que têm em comum admitir a existência de postulados jurídicos anteriores e justificadores do direito positivo. Trata-se de reconhecer alguns direitos como pertencentes à essência do ser humano, portanto naturais. Desde essa perspectiva, desenvolvida especialmente nos séculos XVII e XVIII, o processo de positivação dos direitos humanos *não é constitutivo, mas declarativo* de exigências prévias peculiares à natureza humana. Neste sentido, os direitos humanos existem independentemente do reconhecimento estatal. A idéia de *declarações de direitos*, própria do Século XVIII, traz em si

---

[16] PEREZ LUÑO, Antonio Henrique. *Op. cit.*, p. 53.

Direitos Fundamentais Sociais

29

esta dimensão meramente declarativa, presidida por inspirações jusnaturalistas.

1.2.2. *Teses Juspositivistas dos Direitos Humanos*

Para as *teses positivistas*, a juridicidade se identifica com o direito positivo, de sorte que, onde não há leis positivas ou o Estado, não há Direito. Para os positivistas, a crença em direitos objetivamente válidos anteriores ao direito positivo é metafísica e inaceitável e excita ou mantém resistências e insurreições contra o Estado. Para Benthan, "as razões pelas quais se deseja que existam os direitos, não os constituem por si sós, como a fome não produz sozinha o pão". De sorte que "direitos naturais" constituem *nonsense upon stilts*.[17]

Dentre as teses positivistas, ganha realce a doutrina dos *direitos públicos subjetivos*, surgida na Alemanha no final do Século XIX, em franca justaposição ao Estado Liberal. Tal categoria buscava situar a teoria dos direitos humanos dentro do marco positivo, afastado de qualquer contaminação jusnaturalista. Deste modo, os direitos humanos positivados legalmente não seriam o resultado de um ato declarativo, mas sim de um ato constitutivo, antes do qual existiam meras expectativas de direito. Adverte Perez Luño que "los derechos públicos subjetivos surgieron como una alternativa pretendidamente técnica y aséptica a la noción de los *derechos naturales* que, como se ha expuesto, eran considerados por el positivismo jurídico como una categoría abiertamente ideológica".[18]

Foi amparado na tese dos *direitos públicos subjetivos* que Jellinek desenvolveu na sua teoria dos quatro *status* jurídicos do cidadão enquanto pertencente ao Estado, a saber:

1°) *Status subjectionis:* não faz surgir direitos subjetivos, mas importa em uma situação passiva de sujeição ao ordenamento jurídico estatal, que impõe, internamente, sua soberania, projetando-se como única fonte material do direito positivo.

2°) *Status libertatis:* reconhece-se um âmbito de autonomia, de não-ingerência do poder na esfera de atividade dos indivíduos. Comporta uma situação negativa contra a intromissão do Estado na vida privada em relação a dadas matérias. Neste *status* situam-se especialmente os direitos de primeira dimensão, concernentes à noção genérica de liberdades públicas (liberdade de locomoção, opinião, imprensa, reunião etc.).

3°) *Status Civitatis:* permite ao cidadão exigir do Estado um comportamento positivo em algumas matérias, constituindo-se na

---

[17] *Apud* PEREZ LUÑO, Antonio Enrique. *Op. cit.* p. 56.

[18] *Op. cit.* p. 58.

gênese dos direitos humanos. Neste instante já surgem os direitos públicos subjetivos, enquanto direitos civis.

4º) *Status activae civitatis:* o cidadão desfruta de direitos políticos participando da formação do Estado como integrante da comunidade política.[19]

Porém, a noção de *direitos públicos subjetivos* guardava simetria com o modelo do Estado liberal, porquanto engendrada com predominância da noção de liberdades públicas e representação política. Com a passagem ao Estado social, revelou-se insuficiente em face dos novos pressupostos decorrentes dos avanços sociais e econômicos, que impunham ao Estado, ações intervencionistas que, em benefício da homogeneidade social, restringiam liberdades individuais. Nesse sentido, obtemperou com precisão Perez Luño que "de esta forma la categoría de los derechos públicos subjetivos, entendidos como autolimitación estatal en benefício de determinadas esferas de interés privado, pierde su sentido al hallarse superada por la propia dinámica económico social de nuestro tiempo, en el que el disfrute de cualquier derecho fundamental exige una política jurídica ativa (y en la mayor parte de las ocasiones también económica) por parte de los poderes públicos".[20]

1.2.3. Teses Realistas dos Direitos Humanos

Em uma terceira posição, situam-se as *teses realistas*, as quais avançam em relação às teses jusnaturalistas e positivistas, pois não se detêm em averiguar se o processo de positivação dos direitos humanos tem uma função declarativa ou constitutiva dos direitos humanos. Para os realistas, a positivação não é o fim de um processo, mas o seu início, tratando-se de condição para que se permita o efetivo desfrute dos direitos humanos, que, no entanto, mais do que a simples sedimentação em textos legais, exige a presença de condições político-socioeconômicas capazes de implementá-los. Deste modo, representa uma visão crítica às fundamentações metafísicas, próprias do jusnaturalismo, ou meramente formais-procedimentais típicas do positivismo jurídico, calcando-se em outro campo: o da implementação dos direitos humanos.

Neste âmbito, ganha importância o pensamento marxista acerca da emancipação humana que ocorre com a fusão do homem e do cidadão, capaz de organizar-se socialmente e constituir uma liberdade real, fundada em condições materiais e tangíveis, e não meramente formal. Para Marx e Engels, a emancipação política e o reconhecimento dos direitos fundamentais são dois atos que se condicionam reciproca-

---

[19] Id. Ibid.

[20] PEREZ LUÑO, Antonio Henrique. *Op. cit.*, p. 34.

Direitos Fundamentais Sociais

mente. Com os realistas, ainda ganha ênfase a proteção processual dos direitos humanos, de sorte que estes valem o mesmo que suas garantias. Nesse sentido, Gregorio Peces-Barba adverte que "toda norma de derecho positivo realmente existente necesita de los tribunales de justicia para que su titular pueda acudir en demanda de protección en caso de desconocimiento por un tercero. Los derechos fundamentales no son una excepción a esta regla. Si un derecho fundamental no puede ser alegado, pretendiendo su protección, se puede decir que no existe".[21]

Mas talvez o melhor exemplo de uma visão realista dos direitos humanos conste das reflexões de Norberto Bobbio. O saudoso senador italiano critica a busca de um fundamento absoluto dos direitos humanos, dizendo tratar-se de tarefa impossível e sustentando que, mesmo se fosse possível encontrar um fundamento absoluto dos direitos humanos, ele não seria desejável, pois o fundamento absoluto importa no poder absoluto. Por isso Bobbio proclama o consenso positivado nas declarações universais de direitos humanos como seu fundamento e sustenta, ao final, que o verdadeiro problema dos direitos humanos em nossa época não é tanto o de justificá-los, mas o de protegê-los e efetivá-los, transportando-os da solenidade dos textos para o agir pragmático cotidiano.[22]

Mais explicitamente, Norberto Bobbio assegura que o *problema do fundamento* diferencia-se em duas situações diversas: *direito que se tem* e *direito que se gostaria de ter*. Quanto ao primeiro, basta uma verificação no ordenamento jurídico para se chegar a uma conclusão se o direito existe ou não. Quanto ao segundo, há que se sustentar racionalmente sua legitimidade e buscar dela convencer o maior número de pessoas para obter o seu reconhecimento legislativo, ou seja, alcançar o consenso. Para ele, esse seria o espaço da filosofia: sustentar discursivamente as novas aspirações que o curso perene da história indica devam ser positivadas. O direito é, pois, constituído positivamente, mas antes disso foi sustentado como necessário com base em argumentos racionais, porém nunca absolutos.

Para Bobbio, foi da busca de um fundamento filosófico para justificar esses novos interesses ainda não positivados que nasceu a ilusão do *fundamento absoluto*. Cultuada no passado, tal criação cerebrina servia também à justificação de um poder absoluto: um e outro, fundamento e poder absoluto, não podiam ser questionados e quem o fizesse se colocava fora da comunidade de pessoas racionais, justas e boas.

---

[21] *Apud* PEREZ LUÑO, Antonio Henrque. *Op. cit.* p. 61.

[22] *A Era dos Direitos. Op. cit.*, p. 24.

32

Pedro Rui da Fontoura Porto

Contra esta perigosa ilusão do fundamento absoluto que sustentou (e sustenta) as mais abomináveis tiranias, Bobbio levanta *quatro dificuldades* em face do primeiro dogma do racionalismo ético (e do jusnaturalismo, uma de suas expressões históricas mais respeitáveis), que é o *dogma da demonstrabilidade dos valores últimos* (fundamentos absolutos) a embasar os direitos humanos:

a) *Dificuldade de conceituação da expressão "direitos do homem"*, que se eleva de fórmulas excessivamente genéricas ("direitos do homem são os que cabem ao homem enquanto homem") para a introdução de termos exemplificativos de conteúdos, cuja interpretação é diversa de acordo com a ideologia do intérprete, gerando polêmicas que só são acertadas, por recíprocas concessões, as quais novamente redundam em fórmula genérica, "que oculta e não resolve a contradição", a qual reaparece "quando se passa do momento da enunciação puramente verbal para o da aplicação".[23]

b) *Modificação dos direitos do homem no curso da história*, posto que "os direitos do homem constituem uma classe variável, como a história desses últimos séculos demonstra suficientemente". O tempo histórico altera constantemente o elenco dos direitos do homem. Destarte, as carências da população, as diferentes constelações de forças no poder, os meios disponíveis para a implementação desses direitos, as transformações técnicas etc., ditam a evolução permanente dos direitos humanos, o que prova que não existem direitos fundamentais por natureza.[24]

c) *Heterogeneidade dos direitos humanos*, que se apresentam sob formas diversas entre si e, às vezes, contraditórias. Assim, os direitos humanos não podem ter um fundamento, mas diversos fundamentos. Há direitos que valem para todos indistintamente e estes não podem ser limitados, nem excepcionados por outros direitos nem mesmo frente a categorias humanas (direito aos recursos públicos de saúde, educação, devido processo legal, direito de não ser escravizado ou torturado etc.). Mas "são bem poucos os direitos considerados fundamentais que não entram em concorrência com outros direitos também considerados fundamentais, e que, portanto, não imponham, em certas situações e em relação a determinadas categorias de sujeitos, uma opção". Assim, "temos de concluir que direitos que têm eficácia tão

---

[23] BOBBIO, Norberto. *Op. cit.*, p. 18. Também Antonio Henrique Perez Luño, enfatizando as dificuldades para a conceituação dos direitos humanos, relaciona três tipos de definições: a) *tautológicas* – são definições "circulares", pois voltam sempre ao mesmo ponto sem avançar em direção a razões novas, como "os direitos do homem correpondem-lhe enquanto tal"; b) *formais* – não especificam o conteúdo, mas apenas algumas de suas características (pertencem a todos, sem que a nenhum se possa privar) ou localização estatutária e c) *teleológicas* – aponta a valores últimos, como a imprescindibilidade dos DH para o aperfeiçoamento da pessoa humana, o progresso social, etc. Para o jurista espanhol resulta certo que nenhuma delas permite elaborar uma noção de DH com limites precisos e significativos (*Op. cit.*, p. 25).

[24] BOBBIO, Norberto. *Op. cit.*, p. 18-9.

Direitos Fundamentais Sociais

diversa não podem ter o mesmo fundamento e, sobretudo, que os direitos do segundo tipo – fundamentais, sim, mas sujeitos a restrições – não podem ter um fundamento absoluto, que não permitisse dar uma justificação válida para a sua restrição".[25]

d) *Conflitos de direitos humanos:* Para o professor de Turim, "todas as declarações recentes dos direitos do homem compreendem, além dos direitos tradicionais, que consistem em *liberdades*, também os chamados direitos sociais, que consistem em *poderes"*. Os primeiros importam em obrigações negativas, e os segundos, obrigações positivas do Estado perante os indivíduos. Os fundamentos invocados para defender um deles mostram-se irrelevantes ou impróprios para defender os outros. De regra, o crescimento de um desses direitos, importa no decréscimo dos outros. Por exemplo, a crença (kantiana inclusive) de que "quanto maior for a liberdade de um indivíduo, maior será seu progresso moral e também o progresso material da sociedade", base do Estado liberal, mostrou-se imprópria para justificar o aumento dos direitos sociais, no alvorecer do Estado social. E acentua, com propriedade, que,

> historicamente, a ilusão do fundamento absoluto de alguns direitos estabelecidos foi um obstáculo à introdução de novos direitos, total ou parcialmente incompatíveis com aqueles. Basta pensar nos empecilhos colocados ao progresso da legislação social pela teoria jusnaturalista do fundamento absoluto da propriedade: a oposição quase secular contra a introdução dos direitos sociais foi feita em nome do fundamento absoluto dos direitos de liberdade. O fundamento absoluto não é apenas uma ilusão; em alguns casos, é também um pretexto para defender posições conservadoras.[26]

Para Bobbio, estas são as quatro dificuldades que enfrenta o primeiro dogma do racionalismo ético, consistente na pretensão à demonstrabilidade dos fundamentos absolutos, que assegura a *potência* da razão. Mas há ainda um *segundo dogma jusnaturalista* ainda mais pretensioso, que assegura o *primado* da razão, posto que a *simples identificação do fundamento absoluto é causa necessária e suficiente para sua realização,* dogma este que, segundo o jusfilósofo, vem sendo historicamente desmentido, por três argumentos:

a) Na época em que os eruditos acreditaram haver encontrado o fundamento último: o de que os direitos humanos derivavam da essência ou da natureza do homem, nem por isso os direitos humanos foram mais respeitados.

---

[25] Idem, p. 20-1. Importa salientar que o conflito de direitos fundamentais dá-se no plano dos valores, e não no plano da validade. Assim, o afastamento de um direito fundamental em detrimento de outro só pode ocorrer diante de situações concretas, e não abstratamente, de sorte que nesta esfera ambos permanecem válidos. Ademais, a prevalência de um direito social em face de outro em caso determinado, não nega validade ao direito preterido, que continua válido para aplicação em outras situações concretas em que se afigurar mais apropriado.

[26] Idem p. 22.

b) Com a Declaração Universal dos Direitos Humanos, a busca do fundamento último restou inócua, pois *o problema que se coloca não é o de buscar um fundamento, mas o de realizar os direitos humanos*, cujo fundamento é esta declaração firmada por boa parte das nações do mundo.

c) Assumindo uma posição realista, e sobrepondo-se à clássica discussão teórica, Bobbio proclama que "o problema fundamental em relação aos direitos do homem, hoje, não é tanto o de *justificá-los*, mas o de *protegê-los*. Trata-se de um problema não filosófico, mas político". "Nossa tarefa, hoje, é muito mais modesta, embora também mais difícil". Mesmo a busca dos *fundamentos possíveis* "não terá nenhuma importância histórica se não for acompanhada pelo estudo das condições, dos meios e das situações nas quais este ou aquele direito pode ser realizado".[27]

Eis, pois, um resumo breve das três grandes vertentes teóricas dos direitos humanos. Longe de excluírem-se mutuamente, as três teorias – jusnaturalista, juspositivista e realista – complementam-se reciprocamente, pois todas elas, de um modo ou outro, contribuíram e contribuem para o reconhecimento e a concretização dos direitos humanos. Advogando uma harmonização entre elas, Perez Luño termina por concluir:

> Como resumen de lo expuesto puede advertir-se que, mientras el jusnaturalismo sitúa el problema de la positivación de los derechos humanos en el plano filosófico y el positivismo en el jurídico, para el realismo se inserta en el terreno político, aunque también, como se ha visto, otorgue una importancia decisiva a las garantias jurídico-procesales de tales derechos. Es evidente que, en el plano práctico, estas tres instancias se condicionam mutuamente, siendo todas ellas necesarias para el desarrollo positivo de los derechos fundamentales. Que al estudar el proceso de positivación deba insistirse más en su significación jurídica no significa que sobre la misma no estén gravitando determinadas concepciones filosóficas que, en ultima instancia, forman su suporte ideológico; ni que el problema de la positivación pueda quedar totalmente desvinculado de los factores sociales y las técnicas jurídicas que determinan su garantía.[28]

1.2.4. As razões para fundamentar os direitos humanos

Deste modo, pode-se concluir que todas as teses – jusnaturalistas, juspositivas e realistas – têm, a seu favor, razões defensáveis e respeitáveis, mas nenhuma está exclusivamente completa. Norberto Bobbio, que sustenta predominantemente uma visão realista, até proclamou que, no tocante aos direitos humanos já positivados, seria estéril dedicar-se à investigação de seu fundamento, pois ele residiria no consenso revelado no processo legislativo ou mesmo nas declarações internacionais de direitos humanos. Daí por que concluiu que o problema atual dos direitos humanos, não é o de fundamentá-los, mas

---

[27] Idem, p. 24.

[28] Idem, p. 62.

Direitos Fundamentais Sociais

35

sim o de protegê-los e implementá-los, tarefa que se lhe apresenta ainda mais hercúlea.[29] Propõe-se este livro a sustentar uma visão predominantemente realista dos direitos fundamentais focada precipuamente no estudo de suas garantias e métodos de implementação. Como se verá na seqüência, a politização do sistema de justiça é resultado necessário de *enforcements* pela realização dos direitos fundamentais, viabilizados nos instrumentos processuais de garantia, existencializados na ação dos legitimados à canalização de questões coletivas ao Poder Judiciário.

Todavia, é forçoso reconhecer que na sociedade de risco aflorada com a crise do Estado Social, a legislação criada a partir dos procedimentos constitucionais e do consenso não aparenta ser garantia suficiente dos direitos humanos, na medida em que os parlamentos, muitas vezes, apenas homologam decisões tomadas por outros poderes e sob pressões diversas e irresistíveis, o que o próprio Bobbio soube observar[30] e a história do Brasil, inclusive recentes episódios, infelizmente, estão a dar trágico testemunho. Por tal razão, os limites substanciais à criação legislativa, resumidos nas cláusulas pétreas da Constituição, a impedir o retrocesso e impor o avanço social, permanecem à guisa de fortalezas contra investidas de dominação e proposições legislativas tendentes a recuos sociais.

Como pondera Gregório Robles, corrigindo Bobbio nesse particular, o problema prático dos direitos humanos é o de sua implementação, mas persiste como imprescindível o esforço teórico na sua fundamentação, porque, a circunstância de tratar-se de um problema difícil de solucionar não autoriza seja ele abandonado ou qualificado como pseudoproblema. Não tem sentido defender valores sem poder justificá-los, pois, em um mundo plural e democrático, a passagem dos direitos da solenidade dos textos para a realização prática tem, por condição, a possibilidade de sua justificação, mediante razões de ordem: a) moral; b) lógica; c) teórica e d) pragmática.[31]

Para Robles, a *razão moral dos direitos fundamentais* é evidente e resulta de sua bondade intrínseca[32] e da convicção de que sua realiza-

---

[29] BOBBIO, Norberto. *A Era dos Direitos, passim.*

[30] Idem, p. 151.

[31] ROBLES, Gregório. *Los Derechos Fundamentales y la Ética en la Sociedad Actual.* Madrid: Civitas, 1992.

[32] Em filosofia, costuma-se fazer uma distinção entre *bondade intrínseca* e *bondade instrumental.* Algo será instrumentalmente bom sempre que conduzir a coisas boas. Já será intrinsecamente bom quando, por si só, têm valor. Assim, a liberdade de locomoção, de opinião, de reunião, o direito a um meio ambiente hígido, o direito à saúde e educação são direitos intrinsecamente bons. Mas, no caso dos direitos humanos, há que se salientar que, a evolução da teoria dos direitos fundamentais descortinou a necessidade de instrumentos processuais com função garantidora dos direitos humanos. Trata-se, por exemplo, das ações constitucionais (mandado de segurança individual e coletivo, ação popular, *habeas corpus, habeas data* e mandado de injunção)

ção contribui para fazer melhor a sociedade humana, tornando-a mais justa e igualitária.

A *razão lógica* impõe que, com a expressão "direitos humanos" ou "direitos fundamentais", tem-se que defender não qualquer idéia por vezes veiculada em palavras sonantes e elegantes, mas sim conteúdos materialmente definidos e com objetivos bem especificados. Pode-se afirmar que o fundamento delimita substancialmente o conteúdo dos direitos fundamentais, porquanto guarda com ele uma relação lógica bem especificada. Não raro é possível ver, por exemplo, plataformas políticas de partidos que professam ideologias antagônicas, contendo os mesmos princípios de defesa de direitos fundamentais, pois que estes podem ser veiculados em magnífica retórica, porém vazia de sentido. Deste modo, somente se pode falar que tais agremiações políticas estão de acordo realmente quanto a estes direitos humanos, se este acordo se estende ao "porquê" dos princípios de que são signatárias. O acordo quanto ao "que", pressupõe, necessariamente, o acordo quanto ao "porquê".

Além dessas, a *razão teórica dos direitos fundamentais* está na resposta às seguintes questões: Com que direito pode-se exigir que se acredite na justiça dos valores, se não há meios para fundamentá-los? Que classe de teóricos seremos se nossas teorias sobre direitos são apresentadas vazias de fundamento? Gregório Robles responde, asseverando que "no hay realización sin fundamentación, como no hay práctica colectiva eficaz sin ideas elaboradas y colectivamente asumidas". A função do teórico é fundamentar, como necessidade vital de orientação, no afã de indagar para onde vamos e o que queremos, "por eso, una auténtica teoría de los derechos humanos sólo puede presentar-se como englobada en una teoría más amplia de la sociedad justa, es decir, en el marco de una teoría de la justicia".[33]

Por último e igualmente relevante, está a *razão prática da fundamentação dos direitos humanos,* que pode ser dessumida da singela constatação de que carece de sentido lutar sem saber por quê. Colimando,

---

e das demais garantias constitucionais (desapropriação, ação civil pública, punição das discriminações e do racismo, etc.). Muitos desses instrumentos de realização de outros direitos não têm uma bondade intrínseca, mas sim um valor instrumental, enquanto e desde que conduzam à implementação de direitos fundamentais intrinsecamente bons. É claro, todavia, que em um sentido amplo, mesmo aqueles direitos que têm função garantidora dos demais e, nesse ponto, são direitos instrumentalmente bons, possuem, também, um valor inerente, na medida em que estão disponíveis como canais de exercício da cidadania e se prestam a uma função pedagógica, posto que apenas sua potencialidade já serve ao propósito de facilitar o respeito aos direitos fundamentais. Assim, a só previsão do direito abstrato ao mandado de segurança (Art. 5º, LXIX, da CF) já tem a eficácia positiva de evitar arremetidas do Poder Público contra direito líquido e certo do cidadão. A previsão hipotética do *habeas corpus* (Art. 5º, LXVIII) já constitui desestímulo ao cerceamento injusto à liberdade de locomoção (Art. 5º, XV). A previsão de tipos penais incriminadores do racismo (Art. 5º, XLII) previne discriminações atentatórias aos direitos fundamentais, vedadas constitucionalmente (Art. 5º, XLI).

[33] ROBLES, Gregório. *Los Derechos Fundamentales y la Ética en la Sociedad Actual*, p. 14-5.

Direitos Fundamentais Sociais

destarte, justificar uma razão prática em fundamentar os direitos humanos, Robles inicia por criticar a estética da ação como valor em si mesmo, tão exaltada no Século XX, que conduz a uma celebração do poder desligado de seu fundamento moral, do poder como razão de si mesmo, que a concepção procedimentalista da democracia veio enaltecer. Nas palavras plásticas do próprio autor:

> Si la democracia es tan sólo un procedimiento entonces lo importante es el número de votos, el poder cuantitativamente considerado, no el peso de las razones imposibles de medir. Y quizá gana quien mejor mente. En este contexto las sagradas palabras (democracia, derechos humanos, justicia) pueden convertirse en instrumentos de poder cínicamente instrumentalizados, de hecho, así sucede en ocasiones y, en gran parte, de manera estructural y permanente. Por ello, si algún día hemos de salir de esta situación para conquistar una concepción moral de la democracia, habremos de abandonar la estética de la acción y sustituirla por la estética de las concepciones morales.[34]

Deste modo, os direitos humanos não têm base apenas no consenso, mas também no valor que eles veiculam, *consenso e valor* constituem os dois sustentáculos dos direitos humanos, donde concluir-se, pese em contrário as ponderações de Bobbio, que permanece relevante fundamentá-los, sobretudo em um momento em que passam eles por conhecida crise ideológica.[35] Esta constatação é relevantíssima para o último capítulo deste livro, onde serão analisados os fundamentos da legitimidade política do sistema de justiça nas operações tendentes à implementação dos direitos fundamentais, operações estas menos baseadas no consenso do que no valor intrínseco das decisões tomadas neste âmbito, pois, não raro vão de encontro à pretensões majoritárias.

Por ora, é relevante enfatizar a tarefa a que se propõe a Filosofia do Direito: reforçar o poder regulatório do Direito legislado e ensejar a implementação de novas exigências a partir dos princípios já declarados, explícita ou implicitamente, nos textos fundamentais. Se a Filosofia alavancou muitas das instituições jurídicas hoje em ação, este processo não se encerra em algum momento do passado, devendo ser constantemente renovado, mediante a liberação perene das forças instituintes em meio às formas instituídas. Assim, obtém-se a restauração cotidiana dos antigos institutos, sediando-os nas quadras temporais históricas, como novas telas em velhas molduras, ou novos arranjos sobre antigas melodias. Na sua proposta construtivista, os argumentos racionais, abertos cognitivamente a outras áreas do conhe-

---

[34] Idem, p. 15-6.

[35] Jose Luis Bolzan de Morais identifica muito claramente uma crise ideológica dos direitos fundamentais, individuais e sociais, decorrente do paradoxo entre democratização do acesso e burocratização do atendimento. A crise se agudiza na medida em que a lógica político-democrática, como poder ascendente, vai de encontro à lógica da decisão tecnoburocrática, caracterizada por uma verticalidade descendente. Ou seja, constantemente a demanda política se vê frustrada pela 'resposta' técnica (MORAIS, Jose Luis Bolzan de. Revisitando o Estado. In: *Anuário do Programa de Pós-Graduação em Direito – Unisinos*. São Leopoldo: EdUnisinos, 2000, p. 84).

cimento, podem auxiliar o Direito na obtenção de resultados, que transcendem uma obediência cega e autômata à norma escrita que se pretende fora do tempo. Os constructos filosóficos, que legitimam logicamente a norma através da argumentação racional, ensejam uma generalizada conscientização sobre a importância e a necessidade de seu acolhimento, como ocorre, por exemplo, no tangente à proteção do meio ambiente, direito do trabalho e do consumidor, onde soluções negociadas têm sido eficazes para solução de problemas de alta conflituosidade.[36]

Vale realçar que quando se afirma terem os direitos humanos *nascido* como teorias filosóficas, o verbo *nascer*, usado no passado, poderia sugerir uma cronologia temporal, útil à compreensão didática do tema, mas imprecisa quando indica uma possível superposição das gerações. Com efeito, alguns direitos humanos individuais e elementares tiveram origem filosófica e, acrescente-se, até religiosa, no passado, no tempo distante das fundações do Direito, mas é preciso salientar que este nascedouro filosófico é perene, como se a Filosofia estivesse sempre a intermediar a relação entre o homem, de um lado, e suas necessidades sociais, decorrentes dos avanços tecnológicos, que sugerem incrementos na qualidade de vida, resguardando-o, ainda, contra novos modos de escravização.

A Filosofia e a Teoria do Direito têm aqui uma função sempre renovada: atualizar a estrutura jurídica positiva, pela crítica incessante de suas insuficiências, fazendo da hermenêutica um meio de contextualização histórica dos textos legais, trazendo-os, pois, ao momento presente. Elas desempenham esta função de conexão entre o Direito e as ciências afins e operam como aberturas cognitivas do sistema jurídico ao seu entorno, a fim de dar-lhe sobrevida, de modo que, omitir-se ao estudo crítico do Direito, equivale a permitir o seu definhamento pela inexorável entropia a que fica submetido, quando se fecha em um círculo sistêmico, descurando-se de uma imprescindível recontextualização histórico-geográfica. Vale ressaltar a advertência de Norberto Bobbio de que "os direitos não nascem todos de uma

---

[36] Nesse sentido, é de realçar-se o trabalho, dentre outras instituições públicas e privadas, do Ministério Público que, no seio do inquérito civil, instrumento investigatório de que dispõe para a tutela de interesses transindividuais e individuais indisponíveis, tem obtido compromissos de ajustamento às normas legais. Os ditos "termos de ajustamento de conduta" são soluções construtivistas, pois conseguem uma adesão voluntária (embora não necessariamente espontânea) daquele que agrediu ou ameaçou interesses daquelas categorias. Em muitos casos, o infrator é persuadido, racionalmente, de que, firmando e cumprindo o acordo, está contribuindo para um mundo melhor, do qual ele e sua descendência irão beneficiar-se, o que contribui para a dimensão educativa da cidadania. No direito do trabalho, há mais tempo, as soluções negociadas são praticadas através dos dissídios coletivos de trabalho. No direito consumerista, há a previsão legal de convenções coletivas de consumo previstas no art. 107 do Código de Defesa do Consumidor.

Direitos Fundamentais Sociais

vez. Nascem quando devem ou podem nascer. Nascem quando o aumento do poder do homem sobre o homem (...) ou cria novas ameaças à liberdade do indivíduo, ou permite novos remédios para suas indigências".[37] O parto perene do Direito dá-se no âmbito da hermenêutica e, conforme a estrutura pré-cognitiva do intérprete, tanto se prestará a ocultar quanto a desvelar seu conteúdo positivamente transformador.

Destarte, mesmo apreciada na perspectiva histórico-cronológica e retrocedendo às origens do pensamento jurídico, não há dúvidas de que a Filosofia abriu caminho para a positivação dos direitos humanos e vem se esforçando pela contínua crítica do direito positivo, oportuni-zando seu aperfeiçoamento, pelo que, isolá-la do Direito, equivale a torná-lo refém do automatismo, facilitando sua redução de poderoso instrumento de garantia e transformação social em mero instrumento de dominação.

1.2.5. Direitos humanos na antiguidade clássica e no medievo

É preciso ter uma cautela muito grande ao analisar um passado tão distante como o limiar da humanidade esclarecida. Há uma arma-dilha muito comum na qual insistimos em cair: olhar o passado com os olhos do presente. Na verdade, como adverte Fustel de Coulanges, a aurora da humanidade ocidental, ocorrida nas instituições da antiga Grécia e de Roma, apresenta-se-nos inimitável, pois aquelas primevas sociedades tinham características muito peculiares e diversas dos tempos modernos.[38]

De início, é preciso dizer que governo e religião confundiam-se, de sorte que o governante reunia as funções de comando civil e militar e de sacerdócio. Assim, entre os antigos, as leis eram uma parte da religião, que se apresentava como algo muito antigo e imutável, "tão velhas quanto a própria cidade, foi o fundador que as estabeleceu". O direito antigo não nasce da consciência do homem, mas das tradições imemoriais, dos mitos transmitidos de geração em geração. O homem vivia atormentado por crenças míticas e, profundamente supersticioso, temia às leis tanto quanto aos deuses.[39]

Era compreensível que, em sociedades míticas, pouco complexas, e sem grande modificação econômica, política ou social, o Direito tivesse uma forte tendência a repetir-se no moroso leito da tradição oral. A sociedade não mudava, o Direito também não e vice-versa. Mas, à medida que o conflito de classes foi se tornando cada vez mais

---

[37] BOBBIO, Norberto. *A Era dos Direitos*, p. 6.

[38] COULANGES, Fustel de. *A Cidade Antiga*. 2ª ed. São Paulo: Edipro, p. 14.

[39] Idem, p. 160 e segs.

evidente, as instituições jurídicas, ainda que calcadas nos dogmas religiosos, passaram a sofrer invectivas cada vez mais preocupantes àqueles que se beneficiavam das estruturas vigentes.

Talvez por isso, na *antiguidade greco-romana* teve início a noção de cidadania, ou seja, consciente da condição humana, o homem antigo sustentou-se titular de direitos em face dos outros homens e de seus soberanos. Há inúmeros exemplos de que, no despertar da humanidade, a idéia de direitos inerentes ao homem já aflorava, ainda que de modo incipiente. Descabe, no âmbito restrito deste trabalho, uma análise extensa, mas é preciso acentuar que, no mundo helênico e, posteriormente, romano, doutrinas filosóficas importantes como estoicismo preconizavam uma sociedade universal dos homens racionais, sustentando a igualdade entre os homens e a possibilidade de qualquer deles alcançar a sabedoria pela razão; tal orientação filosófica, embora de origem greco-helenística, alcançou seu desenvolvimento final no mundo romano.[40]

Por outra, é consabida a influência do pensamento grego sobre democracia e Política na modernidade. A Teoria Política considera que o Estado de Direito surge na modernidade, a partir da implementação do ideário liberal. Entretanto, mesmo na antiguidade existiram formas estatais que se pretendiam baseadas na lei. Nesse sentido, Aristóteles já recomendava o governo das leis, quando acentuava "que não permitimos que um homem governe, mas sim a lei, porque um homem governa em seu próprio interesse e se torna um tirano; mas a função de um governante é ser o guardião da justiça e, se da justiça, então da

---

[40] Segundo Giovanni Reale e Dario Antiseri, os estudiosos dividem a história do estoicismo em três períodos: a) a antiga Estoá, de Zenão, Cleanto e Crisipo; b) A Média Estoá, de Panécio e Possidônio; e c) a Nova Estoá, de Sêneca, Epicteto e Marco Aurélio. Donde concluírem que "o estoicismo foi a corrente espiritual mais notável e influente da era helenística. Sobretudo no campo da ética, constitui ponto de referência também na sucessiva época imperial, até para os Platônicos e para os primeiros pensadores cristãos". Para os estóicos, o homem ocupa posição predominante no âmbito do mundo, pois, mais do que qualquer outro ser, participa do *logos* divino. Com efeito, é o homem constituído de corpo e alma; a alma humana é um fragmento da alma cósmica; sendo, pois, um fragmento de Deus, a alma universal. Deste modo, se a alma permeia todo o organismo físico do homem, sendo também corpórea, tem-se que o homem participa do mistério do *logos* divino. O pensamento estóico enfatiza a dimensão comunitária do homem, que, a par de impulsionado pela natureza a conservar o próprio ser e amar a si mesmo, estende imediatamente este sentimento aos filhos e parentes e mediatamente a todos os seus semelhantes, unindo-se e sendo útil aos demais homens. Deste modo, o pensamento estóico estimulou fortemente os ideais cosmopolitas do mundo greco-romano. Acentuam Reale e Antiseri que "os Estóicos, mais do que os outros filósofos, também souberam pôr em crise mitos antigos da nobreza de sangue e da superioridade da raça, bem como a instituição da escravidão. A nobreza é chamada cinicamente de 'escória e raspa da igualdade'; todos os povos são declarados capazes de alcançar a virtude; o homem é proclamado estruturalmente livre: com efeito, 'nenhum homem é, por natureza, escravo'. Os novos conceitos de nobreza, de liberdade e de escravidão ligam-se à sabedoria e à ignorância: o verdadeiro homem livre é o sábio, o verdadeiro escravo é o tolo" (REALE, Giovanni; ANTISERI, Dario. *História da Filosofia*. São Paulo: Paulus, 2003. v. I, p. 279-300).

Direitos Fundamentais Sociais

equanimidade".[41] Disso extrai-se o respeito sagrado dos gregos às suas leis, do que dá testemunho a condenação de Sócrates, por ele livremente aceita como resultado de sua obediência inarredável ao sistema legal de então. Fábio Konder Comparato refere trecho da obra de Heródoto, que reporta surpreendente diálogo entre Xerxes, rei dos Persas, e um rei de Esparta. Segundo consta, Xerxes, prestes a invadir a Grécia, manifesta desprezo por aquele povo pouco numeroso, composto de pessoas "todas igualmente livres e que não obedecem a um chefe único", ao que o espartano lhe redargüiu que se os gregos são livres, sua liberdade não é completa: "eles têm um senhor, a lei, que eles temem mais do que os teus súditos a ti".[42] Ademais, vale recordar legislação romana atinente a direitos humanos, como a *Lex Poetelia Papiria*, que aboliu a servidão por dívidas, e a Lei Semprônia, de Tibério Graco, que impunha limites à utilização de terras públicas por latifundiários romanos.[43]

Na *Idade Média*, fragmentado o poder, não havia formas estatais estruturadas pelo Direito. Mesmo à medida que os reis foram readquirindo seu poder em prejuízo dos senhores feudais, eles consideravam-se soberanos pela graça divina e encarregados de guiar o destino do povo a serviço de Deus. Toda atividade estatal se exercia em nome da divindade, e, portanto, quem governava com deveres apenas perante Deus não tinha por que observar direitos humanos, nem se submeter a nenhum poder legal ou judicial.[44] No Medievo, o homem é um ser passivo que já nasce em uma ordem pressuposta, transcendental, a qual ele não pode alterar. O Direito é dogmatizado, determinado aprioristicamente em textos sagrados. Vigora a idéia filosófica do pré-determinismo, sem possibilidade de emancipação social. Externo ao homem, o Direito não é fruto da vontade humana, pois o homem medieval ainda não é um ser de vontade, mas um ser submetido aos dogmas da ordem pressuposta e transcendente. O ordenamento jurídico é resultante das tradições e dos costumes que se pretendem imunes à renovação. A autoridade política medieval não legisla, mas administra aquela ordem preexistente, garantida pelo direito natural.

---

[41] ARISTÓTELES. Ética a Nicômacos. In: MORRIS, Clarence (org.). *Grandes Filósofos do Direito*. São Paulo: Martins Fontes, 2002, p. 11.

[42] COMPARATO, Fábio Konder. *A Afirmação Histórica dos Direitos*, p. 40.

[43] Pedro Paulo Funari, no artigo "A cidadania entre os romanos", identifica diversos fatos históricos que revelam conquistas sociais e individuais de autênticos direitos humanos pelo cidadão romano, exemplificando com a *Lex Poetélia Papiria* de 326 a.C., que extinguiu a servidão por dívida; as lutas dos irmãos Tibério e Caio Graco pelos direitos dos camponeses e pela reforma agrária, donde resultou a Lei Semprônia, proposta por Tibério Graco, que limitava o uso ilegal das terras públicas pelos grandes proprietários; e a revolta dos gladiadores, liderada, em 73 a.C. pelo escravo Espártaco (FUNARI, Pedro Paulo. A cidadania entre os romanos. In: PINSKY, Jaime; PINSKY, Carla Bassanezi. *História da Cidadania*. São Paulo: Contexto, 2003, p. 49-79).

[44] FLEINER, Thomas. *O que são Direitos Humanos?* São Paulo: Max Limonad, 2003, p. 27.

Não obstante este caráter místico e transcendental do poder na Idade Média, que impunha ao povo apenas deveres, foi nesta quadra histórica que, na Inglaterra, se perfectibilizou o primeiro documento escrito garantidor de alguns direitos de cidadania relacionados à liberdade. Trata-se da *Magna Carta* inglesa de 1215, que representou o marco inicial do constitucionalismo britânico. A idéia vigorante entre os príncipes ingleses, entretanto, não era que os direitos humanos pudessem constituir limites à sua atuação, mas que eles seriam mais eficientemente defendidos se os próprios soberanos se encarregassem de fazê-lo, de modo que persistia a dominação sobre o grande grupo social, porém inspirada em melhores ideais de justiça: o súdito já teria direitos básicos em face do poder monárquico.

Mais adiante, também na Inglaterra, é proclamado formalmente outro catálogo revolucionário dos direitos humanos – o *Bill of Rights*, de 1689 – que constitui modelo para todas as declarações posteriores, desde a de independência dos Estados Unidos da América, passando pela Declaração dos Direitos do Homem e do Cidadão da Revolução Francesa e do *Bill of Rights* da Constituição norte-americana, até as declarações modernas das Nações Unidas e do Conselho Europeu.

Ao final do Medievo, surge o Iluminismo, fenômeno sociocultural que Kant batizou como a maioridade da civilização e, no seio do qual a represa da concessão de direitos ao súdito em benefício da exigência de deveres começou a apresentar as primeiras fendas, cujo rompimento, um tanto abrupto e, talvez, indesejadamente violento, veio a ultimar-se nas revoluções liberais do Século XVIII. Para tal, foram decisivas as contribuições dos filósofos contratualistas – Locke, Rousseau e Kant, para citar os principais – e as suas formulações filosóficas do "estado de natureza".

Esses filósofos, imersos no ambiente absolutista que marcou o fim da Idade Média e o Renascimento cultural, encontravam-se ainda em um mundo em que apenas os soberanos e as elites aristocráticas detinham direitos em face dos contingentes populacionais. Naquele momento histórico, era impossível sustentar direitos do homem comum, quando a tradição atribuía aos reis a autoridade divina derivada de sua genealogia direta do primeiro patriarca bíblico.[45]

Diz-se que a história é o laboratório das ciências sociais, e, com efeito, é nesta quadra histórica do final do Medievo – quando emerge o pensamento iluminista – que se verifica quão importante foi o jusnaturalismo racionalista para alavancar a primeira dimensão de direitos humanos, pondo por terra a ordem político-social do *ancièn regime*. As

---

[45] Com efeito, justificou-se o poder monárquico na descendência direta do rei em relação ao Adão bíblico. John Locke escreveu o Primeiro Tratado do Governo Civil para refutar esta hipótese e combater os privilégios da nobreza.

Direitos Fundamentais Sociais

teses jusnaturalistas, lucubradas pelos pensadores iluministas, e representadas nas praças como peças de teatro ou vendidas como romances, alcançando, deste modo, uma dimensão popular, não se constituíram "disparates sobre pernas de pau", mas produziram efeitos muito concretos e verdadeiramente revolucionários, alastrando-se como rastilho de pólvora pela velha Europa medieval.

Assim, para demonstrar que a sociedade absolutista não era natural nem divina e que a ordem então vigente poderia ser questionada e desmentida racionalmente, os filósofos contratualistas desenvolveram a metáfora do *estado de natureza* e do *contrato social*. Ainda que o estado de natureza não passasse de uma hipótese ideal, ela servia à finalidade de retirar hipoteticamente o homem do Estado civil absolutista e inseri-lo em um mundo inicial, onde qualquer homem era naturalmente livre e detentor de direitos imanentes, dentre os quais os direitos de liberdade, propriedade, segurança e igualdade, que os jusnaturalistas citados consideravam direitos humanos, porque já lobrigados no estado de natureza.

Assente a hipótese filosófica do *estado de natureza* como estado natural do homem, forçoso convir acerca da existência de direitos naturais do homem somente pelo fato de ser homem, justificando o valor da igualdade, que se contrapunha aos privilégios estamentais da Idade Média. Deste modo, quando os homens pactuassem o contrato social e, conseqüentemente, estabelecessem o Estado civil, o direito positivo então elaborado deveria refletir, o mais fielmente possível, o direito natural antes vigorante no estado de natureza, para não colocar o homem em desvantagem em relação à sua situação anterior. Em Kant, por exemplo, o direito positivo (que ele denominava direito público) é o próprio direito natural (ao qual chamava direito privado) que, depois de alcançado pela razão humana e revestido da forma legal, tem a ele agregada uma sanção decorrente do seu descumprimento.[46]

---

[46] Kant diferenciava direito privado e direito público (ou direito civil) de modo diverso do hoje corrente. Para o filósofo de Königsberg, o direito privado é o próprio direito natural reinante no estado de natureza (onde se praticaria apenas a justiça comutativa), enquanto o direito público é o direito positivo que tem início no Estado civil (onde se pratica a justiça comutativa e distributiva), devendo ser o próprio direito natural, alcançado pela razão, que o legislador estabelece e dota de coercibilidade. Norberto Bobbio lembra que, para Kant, o direito privado (natural) não está dotado de coercibilidade e portanto, alguns comentaristas questionam sua juridicidade (para Kant sua obrigatoriedade deriva apenas dos postulados da razão, entretanto o poder de obrigar os demais a ingressar no Estado civil garantiria caráter jurídico ao direito natural). O Jusfilósofo italiano, resumindo o pensamento kantiano sobre a diferença entre os direitos privado e público, assim sintetiza: "uma vez reduzida a distinção entre direito privado e direito público à distinção entre direito natural e direito positivo, ela se torna uma distinção efetiva, e não só aparente, porque se baseia nas fontes diversas de que ambos os direitos derivam. O direito natural é o que não reconhece outra fonte a não ser a natureza mesma das relações entre pessoa e pessoa; o direito positivo deriva, ao invés, da vontade do legislador. O primeiro é um direito permanente, racional e ideal; o segundo é um direito voluntário e determinado historicamente" (BOBBIO, Norberto. *Direito e Estado no Pensamento de Emanuel Kant.*

Feitas estas rápidas considerações acerca do pensamento iluminista, convém adentrar mais especificamente no tema de Revolução Francesa e sua inegável contribuição para a mudança de paradigmas que universalizou, no plano político, o Iluminismo teórico.

1.2.6. O contributo da Revolução Francesa

O nascedouro do processo de positivação e universalização dos direitos humanos teve início na Declaração dos Direitos do Homem e do Cidadão, aprovada pela Assembléia Nacional Francesa em 26 de agosto de 1789. Ela representa o "atestado de óbito" do antigo regime, sepultado pela Revolução. É comum entre os historiadores da Revolução Francesa a afirmação de que os revolucionários, ao redigirem o texto da Declaração dos Direitos do Homem e do Cidadão, pretendiam dar uma lição ao mundo, e não apenas à França. Hannah Arendt, ao traçar um paralelo entre as Revoluções Americana e Francesa, enfatiza a vocação universal desta última, que rompeu com um regime absolutista extremo, e não apenas com uma monarquia limitada, como a inglesa. Além disso, a Revolução Francesa foi motivada por contingências muito mais prementes do que o movimento similar norte-americano, que apenas buscava a independência e a constituição de uma

Brasília: Universidade de Brasília, 1984, p. 86.). Entretanto, ao que parece, embora para Kant o direito público seja o direito estatutário proveniente do Estado civil, enquanto o direito privado se identifica com o direito natural, já preexistente no Estado de natureza, isto não quer dizer que o direito natural deixe de existir no Estado civil, isto é, se o direito natural é o único vigente no estado de natureza, por outro lado, ele não é vigente unicamente naquele estado. Em comprovação, segue trecho da Doutrina do Direito onde Kant expõe seu pensamento: "o direito natural compreendido apenas como aquele direito que não é estatutário e que é conhecível apenas *a priori*, pela razão de cada homem, incluirá a justiça distributiva bem como a justiça comutativa. É evidente que esta última, enquanto constituinte da Justiça que se aplicar às pessoas em suas relações recíprocas de intercurso de uma com a outra, deve pertencer ao direito natural. Mas o mesmo é válido para a justiça distributiva, na medida em que pode ser conhecida *a priori*; e as decisões ou sentenças concernentes a ela devem ser reguladas pela lei do direito natural" (KANT, Immanuel. *Os Grandes Filósofos do Direito*. In: MORRIS, Clarence (org). São Paulo: Martins Fontes, 2002, p. 250). Ora, se o direito natural (privado) inclui tanto a justiça comutativa, quanto a justiça distributiva, porque esta última está também inserida nos *a priori* racionais, e se no estado natural não é possível justiça distributiva, porque esta se baseia na desigualdade dos integrantes da relação jurídica e portanto é a justiça demandada pelo cidadão frente ao Estado civil e só nesse pode existir, resulta claro que Kant admite o direito natural ainda depois da instalação do Estado civil, inclusive como fonte para a justiça distributiva. Além disso, Kant registra, no trecho acima, a possibilidade de sentença judicial baseada no direito natural. Contudo, sabe-se que a sentença judicial só pode existir no Estado civil, pois, no estado de natureza, não existem juízes para garantir o "Meu e o Teu" externos. Deste modo, pode-se afirmar que Kant entende o direito natural como remanescente no Estado civil, na condição de norma *a priori* a inspirar o direito estatutário. Neste ponto, vale registrar que Kant secunda o pensamento de John Locke (1690), outro jusnaturalista, para quem, a formação da sociedade não ab-roga a lei da natureza, mas somente, em muitos casos a torna mais rigorosa e, pelo acréscimo de leis humanas, anexa-lhe penalidades conhecidas, com o fim de garantir sua observância. Assim, a lei da natureza permanece como lei eterna para todos os homens, quer para os legisladores como para todos os demais. (LOCKE, John. *Segundo Tratado do Governo Civil*. São Paulo: Martin Claret, 2002, p. 100).

Direitos Fundamentais Sociais

República. Na França revolucionária, havia uma situação de subcidadania magistralmente relatada na obra do coetâneo escritor francês Victor Hugo, de modo que a revolta era também por pão, e não apenas pela liberdade que motivara os ricos colonos americanos. Assim se compreende o esquecimento do processo revolucionário norte-americano, perceptível inclusive internamente nos Estados Unidos, em oposição à universalização do fenômeno revolucionário francês, cuja memória sempre veio preservada.[47]

Norberto Bobbio, enfrentando a crítica de abstratividade dos princípios da Declaração de 1789, diz que os revolucionários franceses pretendiam estabelecer instrumentos de polêmica contra os abusos de poder que queriam combater, e se posteriormente esses direitos foram inscritos como pertencentes à humanidade abstrata, fora dos limites temporais e espaciais em que originalmente proclamados, isto ocorreu porque a Revolução Francesa "parecia ter como objetivo, mais do que reforma da França, a regeneração de todo o gênero humano". Na verdade, "os constituintes estavam bem conscientes de realizarem um ato historicamente relevante, como resulta do preâmbulo que precede a enunciação dos artigos. Nele, a necessidade da declaração é fundamentada com o argumento de que 'o esquecimento e o desprezo dos direitos do homem são as únicas causas das desgraças públicas e da corrupção dos governos'".[48]

Para Immanuel Kant, um dos expoentes do liberalismo moderno, a Revolução Francesa elevava a alma até o entusiasmo, revelando a disposição moral do homem em direção ao progresso histórico a que a universalização dos direitos humanos forçosamente conduziria. Kant, contemporâneo do processo revolucionário, via na Revolução da França uma demonstração universal das possibilidades de proclamação de um direito cosmopolita, pois dali nasceria o constitucionalismo intra-estatal que deveria progredir para uma dimensão supra-estatal. Com efeito, sustentando as razões básicas de sua "paz perpétua", que pressupõe uma paz perene no plano internacional, Kant preconizava que, pelos mesmos motivos por que os homens, individualmente considerados, associaram-se em uma Constituição civil como resultado do contrato social, as nações, para evitar guerras e humilhações recíprocas, deverão ingressar numa "Constituição Cosmopolita" ou, para evitar um despotismo deste Estado de paz universal, integrar-se-ão em uma federação, segundo um direito das gentes concertado em comum.[49]

---

[47] ARENDT, Hannah. A Tradição Revolucionária e seu Tesouro Perdido. In: *Sobre a Revolução*. Lisboa: Relógio D'água, 2001, p. 265-346.

[48] BOBBIO, Norberto. A Revolução Francesa e os Direitos do Homem. In: *A Era dos Direitos*, p. 121.

[49] KANT, Immanuel. "Sobre a expressão corrente: isto pode ser correto na teoria, mas nada vale na prática". In: *A paz perpétua e outros opúsculos*. Lisboa: Ed. 70, 1995, p. 99. Neste mesmo sentido, Régis de Castro Andrade sintetiza a ambiência histórica e motivação pessoal de Kant em seu

Pode-se, pois, asseverar que a Revolução Francesa marcou uma ruptura existencial da sociedade européia que atingia sua maioridade e pretendia emancipar-se do despotismo paternalista até então reinante. Embora inicialmente a preocupação dos revolucionários estivesse focada na positivação dos direitos civis e políticos, inegável que, simultaneamente, o feito revolucionário lançava o gérmen do processo de universalização destes mesmos direitos.

Conforme Norberto Bobbio, o núcleo básico da Declaração dos Direitos do Homem e do Cidadão está contido nos seus três artigos iniciais:

Art. 1º. Os homens nascem livres e permanecem livres e iguais em direitos. As distinções só podem ser fundadas na utilidade comum.

Esta fórmula, quase literalmente retomada na Declaração Universal dos Direitos Humanos de 1948, pontifica o entendimento revolucionário de que a condição natural do homem precede a formação da sociedade civil. Esta concepção de igualdade, encontrada em Locke, é uma hipótese racional (não empírica) cuja finalidade era confrontar filosoficamente a secular concepção de que o poder tinha um sentido descendente e oportunizar uma inversão na ideologia então reinante, dando o homem como origem do poder.

Art. 2º. O objetivo de toda associação política é a conservação dos direitos naturais e imprescritíveis do homem. Estes direitos são a liberdade, a propriedade, a segurança, a resistência contra toda a opressão.

O princípio consagra a teleologia da sociedade política (Estado), que se situa cronológica e axiologicamente depois do estado de natureza. A palavra *associação* subentende o contrato social. Implicitamente, pode-se concluir que quando o Estado deixa de prestar-se aos seus fins, justificado está o direito de resistência, conforme Locke prenunciara.

Art. 3º. O princípio de toda soberania reside essencialmente na nação. Nenhuma corporação, nenhum indivíduo pode exercer autoridade que não se origine dele.

O preceito estabelece a exigência de legitimidade do poder da nação, cuja representação é una e indivisível, ou seja, não pode ser dividida como o fora a sociedade estamental até então reinante. O princípio ainda reflete a identificação de três níveis de interesses: o interesse individual, o corporativo e o geral, que seria o interesse da nação. No Capítulo II, este tema será retomado, sublinhando-se a

---

mundo: "Kant foi um espectador atento e emocionado do grande drama revolucionário europeu. A Revolução Francesa entusiasmou-o; a decapitação de Luís XVI encheu-o de horror. Seus escritos rigorosos e sistemáticos, sobre as condições de inteligibilidade do mundo e da vida moral, refletem, no espírito e tantas vezes na letra, os desafios imensos de sua época: dar forma racional a um novo mundo nascente das entranhas da Europa milenar; contrapor as incertezas da nova Europa plebéia, individualista, leiga, e contudo irreversível, algumas certezas de razão capazes de restabelecer, ao menos no pensamento, a sociabilidade dilacerada e a paz entre as nações" (ANDRADE, Régis de Castro. Kant: A liberdade, o Indivíduo e a República. In: WEFFORT, Francisco C. (org.). *Os Clássicos da Política*. São Paulo: Ática, 1989, p. 50).

Direitos Fundamentais Sociais

preocupação do Abade Syèyes e de Rousseau em relação aos interesses dos "corpos intermediários".

É possível asseverar que o processo revolucionário de 1789 dá início ainda ao fenômeno de positivação dos direitos do homem, filosoficamente considerados direitos naturais do homem. Naquele momento, têm nascedouro as chamadas liberdades públicas originadas da ideologia liberal e normalmente caracterizadas pela ação negativa do Estado em face do cidadão. O processo de positivação dos direitos é lento e gradual e ganhou impulso com a constitucionalização do poder estatal, como forma de sua autolimitação. As Constituições, assumindo o topo da hierarquia legal, passaram a ser o *locus* jurídico dos direitos humanos e estes, quando ali entronizados, assumiram a designação de "direitos fundamentais" para a maioria dos autores. Outros passaram a utilizar a denominação "direitos fundamentais" para designar os direitos humanos positivados internamente, enquanto a fórmula "direitos humanos" é mais comum em declarações e tratados internacionais.[50]

Em que pese a sinonímia entre direitos humanos e fundamentais seja perfeitamente aceitável, esta última denominação – direitos fundamentais – é mais indicada pela doutrina para designar direitos humanos formalizados legalmente, pois permite uma distinção entre os direitos humanos positivados e aquelas aspirações genéricas ainda por positivar e dotar de coercibilidade. De outra parte, no âmbito da Filosofia do Direito, do Direito Internacional Público e dos tratados internacionais, a fórmula "direitos humanos" soa melhor, trazendo em si um comprometimento moral mais intenso, decorrente da carga histórica e emocional que a expressão suscita, mais apropriada para seu uso político.

Desta forma, se todos os direitos fundamentais pressupõem um estatuto de direitos humanos, nem todos os direitos humanos previstos em tratados internacionais, recomendados pelos órgãos supranacionais de direitos humanos, já foram selecionados pelos sistemas jurídicos nacionais, a fim de revestirem-se desta roupagem oficial que lhes autorizaria a designação de direitos fundamentais garantidos pelo Estado. Nesse caso, permanecem como alternativas ético-jurídicas, situadas em uma dimensão suprapositiva, deonticamente diversa daquela em que se situam as normas jurídicas do direito positivo.

Cumpre registrar que, neste livro, a expressão "direitos fundamentais" é utilizada para designar direitos fundamentais individuais e sociais, pois, embora a doutrina tradicionalmente conceitue os direitos fundamentais como liberdades negativas, ou seja, direitos de primeira

---

[50] PEREZ LUÑO, Antonio Henrique. *Derechos Humanos, Estado de Derecho y Constituición*. 5. ed. Madrid: Tecnos, 1995, p. 30-1.

dimensão, sem sombra de dúvida, no estágio atual da Teoria do Direito e na Era do Estado Democrático de Direito, forçosamente, os direitos sociais mais elementares, como direito à saúde, educação, segurança, meio ambiente ecologicamente equilibrado, inserem-se na concepção de direitos fundamentais.

1.2.7. Direitos humanos e Cristianismo

Costuma-se ainda salientar, nessa fase filosófica amplamente considerada, que os primeiros fundamentos rudimentares de certos direitos humanos podem ser identificados, também, especialmente, no que interessa ao pensamento ocidental, no Cristianismo, sendo de se destacar os relatos dos Sagrados Evangelhos acerca da opção de Cristo pelos pobres, suas atividades de cura e partilha de alimentos. Em defesa da igualdade, calha registrar as pregações de Paulo de Tarso, quando anunciava que "não há judeu, nem grego, não há escravo nem livre, não há homem nem mulher, pois todos vós sois um só em Jesus Cristo" (Epístola aos Gálatas, 3, 28).[51] Com efeito, com este pregador, o Cristianismo rompe com o Judaísmo, pois se supera a idéia de que o Deus único e transcendente havia privilegiado apenas um povo como predestinado à salvação.

É verdade, contudo, que preocupação com a vida e com a imortalidade da alma substituiu a antiga preocupação com a vida e com a imortalidade da *polis,* mas ensejou um comportamento apolítico de alienação em relação ao mundo material e de desinteresse pela *vita activa* em favor da *vita contemplativa.* Além disso, o Cristianismo nasceu sob o argumento da igualdade de todos perante Deus, e da caridade ou solidariedade como condição para a salvação das almas, mas alguns setores da Igreja Católica Romana sempre relutaram em considerar esta igualdade e mesmo até laboraram no sentido de perpetuar desigualdades formais e materiais, pois se inseriram perfeitamente na sociedade estamental da Idade Média. Isto se justificava perante os textos sagrados, porque o ideal de igualdade cristã podia ser postergado para o juízo final. A igualdade realmente verificar-se-ia no mundo espiritual, não no mundo terreno.[52]

Finalmente, dois outros pontos fracos do Cristianismo: a) sua solidariedade foi por vezes apregoada em favor das próprias estruturas burocráticas da Igreja, como as doações para construção de templos

---

[51] Nesse sentido, revelando a importância do Cristianismo e mesmo de princípios do Velho Testamento para uma elaboração germinal dos direitos humanos, conferir também: MIRANDA. Jorge. *Manual de Direito Constitucional.* Direitos Fundamentais. Coimbra: Coimbra, 1998. t. IV, p. 17-8; SARLET, Ingo Wolfgang. *A Eficácia dos Direitos Fundamentais.* Porto Alegre: Livraria do Advogado, 1998, p. 38.

[52] Nesse sentido COMPARATO, Fábio Konder. *A Afirmação Histórica dos Direitos.* São Paulo: Saraiva, 2001, p. 17.

Direitos Fundamentais Sociais

e a compra das indulgências; b) não há como ignorar a crueldade das torturas contra os "hereges", as mortes aplicadas em fogueiras, as "caças às bruxas", decorrentes da intolerância religiosa, e os preconceitos contra a evolução científica, que impunham um pensamento único e negavam o pluralismo cultural e a liberdade de pensamento.[53]

A despeito desses desvios, inegável a contribuição do Cristianismo para o desenvolvimento dos direitos humanos no ocidente. Setores progressistas, principalmente da Igreja Católica, condenaram veementemente a supressão dos direitos civis e políticos nos períodos ditatoriais, denunciaram a tortura e assassinatos políticos, muitos religiosos sofreram, eles próprios, a violência dos regimes despóticos. Além disso, as Igrejas são responsáveis por inúmeras obras de caridades e de educação, além de promover importantes campanhas de cidadania, alertando para as condições de vida de minorias menos privilegiadas e para direitos de elevado conteúdo social, como ocorre no Brasil, por exemplo, anualmente, com a Campanha da Fraternidade.[54]

Como se vê, os direitos humanos, sempre entendidos no sentido amplo de liberdades públicas e direitos sociais, nascem nas especulações filosóficas e nos princípios religiosos; e destinam-se a ingressar nos textos legais, atualmente inserindo-se em um *locus* jurídico privilegiado que são os textos constitucionais.

1.3. A positivação dos Direitos Humanos. a evolução do Estado Liberal ao Estado Democrático de Direito e as dimensões de direitos humanos

Gerados no seio da Filosofia e, em menor escala, das religiões, os direitos humanos tendem a ingressar no âmbito do ordenamento

---

[53] Estas lamentáveis páginas históricas do Cristianismo não são originárias diretamente de sua formulação filosófica, mas da estrutura burocrática que assumiu desde que incorporado como religião oficial do Império Romano. Sabe-se que, em menor escala, também as religiões cristãs não-católicas praticaram atos de perseguição e intolerância religiosa. Parece que o Islamismo, em linhas muito gerais, persiste nessas mesmas práticas ainda hoje, pois, quando adotado como religião oficial nos Estados, mostra-se intransigente para com as minorias não-islâmicas.

[54] José Murilo de Carvalho registra sinteticamente a ação da Igreja Católica, durante a ditadura militar pós-1964, dando precioso testemunho da militância desta poderosa instituição em favor dos direitos humanos: dentro da Igreja Católica, no espírito da teologia da libertação, surgiram as Comunidades Eclesiais de Base (CEB). A Igreja começou a mudar sua atitude a partir da Segunda Conferência dos Bispos Latino-Americanos, de 1968, em Medellín. Em 1970, o próprio Papa denunciou a tortura no Brasil. A hierarquia católica moveu-se com firmeza na direção da defesa dos direitos humanos e da oposição ao regime militar. Seu órgão máximo de decisão era a Conferência Nacional dos Bispos do Brasil (CNBB). A reação do governo levou a prisões e mesmo a assassinatos de padres. Mas a Igreja como um todo era poderosa demais para ser intimidada, como o foram os partidos políticos e os sindicatos. Ela se tornou um baluarte na luta contra a ditadura (CARVALHO, José Murilo de. *Cidadania no Brasil – O Longo Caminho.* Rio de Janeiro: Civilização Brasileira, 2003, p. 183).

positivo. Trata-se de sua vocação natural, pois a positivação agrega ao interesse um caráter deôntico que o capacita à coercibilidade estatal. Sublinhe-se, ainda, que, por vezes, antes de uma formalização legislativa, eles começam a introduzir-se no Direito, através dos textos de doutrina jurídica e da criatividade jurisprudencial. Isto teve larga ocorrência no Direito Penal brasileiro, por exemplo, no momento em que a jurisprudência, em homenagem ao "princípio da presunção de inocência", principiou a exigir, para todas as espécies de prisões pré-condenatórias, como a manutenção da prisão em flagrante e a prisão na pronúncia, os requisitos materiais autorizadores da prisão preventiva. Outrossim, foi a jurisprudência que, no Direito de Família, deu início às construções para estabelecer a igualdade de tratamento entre os filhos naturais e legítimos, o reconhecimento de direitos entre conviventes não-casados e, mais recentemente, nas relações ditas homoafetivas, prestigiando a realidade fática em detrimento de posturas resistentes à historicidade, que culminam por incentivar a crise e a deslegitimação do Sistema de Justiça.

Vale realçar que as restrições atualmente apresentadas ao positivismo jurídico, como matriz teórica, não significam a condenação do processo de positivação do Direito. Positivismo jurídico e direito positivo não são expressões sinônimas. Na realidade, sacramentar, em textos legais, normas jurídicas, assim divididas em regras e princípios, é uma conquista do Estado de Direito, que não pode ser descartada nos paradigmas estatais do Estado Social de Direito ou do Estado Democrático de Direito. A positivação das normas é de enorme valia para a implementação destes direitos, pois dela decorre segurança social, pela maior previsibilidade dos resultados dos conflitos, e eficácia jurídica, como resultante da coercibilidade característica do direito estatal. Entretanto, o positivismo jurídico, enquanto teoria analítica, parte da idéia de que todo o Direito está contido na lei positiva, negando-se a visualizar o entorno fático que o cerca e limitando o fenômeno jurídico ao puro texto legal, com o que desconsidera os aspectos históricos e subjetivos que integram o ato de aplicação da norma legal. Levado ao extremo, o positivismo jurídico pode engessar o próprio Direito, principiando sua crise.

O processo de positivação do Direito é infinitamente mais amplo. Com efeito, quando da positivação legal dos direitos humanos, surge uma nova concepção de Estado, que não é mais um fim em si mesmo, mas um meio para alcançar fins exigidos pela cidadania. Configura-se o Estado instituído por um autêntico sistema de direitos positivos ou efetivos – o Estado de Direito, que, a par de instituído pelo Direito, tem por finalidade a implementação dos direitos democraticamente produzidos. Nessa passagem, da teoria filosófica para o direito positivo, a

Direitos Fundamentais Sociais

afirmação dos direitos do homem ganha em concretude e coercibilidade, pois os direitos são afirmados como direitos do cidadão de uma nação, cuja soberania pode impor sua obediência, mesmo com o uso da força estatal.

É ponto indiscutível que direitos fundamentais, Constituição e Estado de Direito são conceitos indissociáveis, paralelos e unidirecionados, tanto que o art. 16 da Declaração dos Direitos do Homem e do Cidadão, de 26 de agosto de 1789, foi enfático em afirmar que "toda sociedade na qual a garantia dos direitos não é assegurada, nem a separação dos poderes determinada não possui Constituição". Constituição e direitos fundamentais, quando somados, representam limites normativos ao poder estatal, daí por que as constituições somente adquirem dignidade quando garantem direitos fundamentais em face do Estado, e o Estado quando os respeita e implementa. Destarte, pode-se afirmar que o Estado de Direito nasce com o constitucionalismo e com a garantia constitucional de direitos humanos, que, nesse estágio, passam a ser designados direitos fundamentais.[55]

Os direitos fundamentais, ou seja, aqueles direitos humanos selecionados pelos sistemas legislativos nacionais, também podem ser classificados em categorias diferenciadas. Uma destas classificações é a efetuada por T. H. Marshall, que secciona o conceito de cidadania em três elementos: *civil, político e social*. O *elemento civil*, que Marshall entendia dever ser resguardado pelos tribunais, é composto pelos direitos de liberdade individual – liberdade de ir e vir, de imprensa, pensamento e fé, direito de propriedade, liberdade de contratar, reunir-se pacificamente, etc. O *elemento político*, endereçado aos parlamentos e conselhos de governo, corresponde ao direito de votar e ser votado, ou seja, exercitar o poder político. Por fim, o *elemento social*, vinculado ao sistema educacional e serviços sociais, ou seja, ao Poder Executivo, "se refere a tudo o que vai desde o direito a um mínimo de bem estar econômico e segurança, ao direito de participar, por completo, na herança social e levar a vida de um ser civilizado de acordo com os padrões que prevalecem na sociedade".[56]

Outra classificação, inspirada em Marshall, mas que se afigura mais universal, é efetuada por diversos outros autores contemporâneos,[57] e se baseia, sobretudo, na ampliação crescente dos titulares e na

---

[55] Ingo Sarlet, citando o magistério de Pérez Luño, lembra que "existe um estreito nexo de interdependência genético e funcional entre o Estado de Direito e os direitos fundamentais, uma vez que o Estado de Direito exige e implica, para sê-lo, a garantia dos direitos fundamentais, ao passo que estes exigem e implicam, para sua realização, o reconhecimento e a garantia do Estado de Direito" (*A Eficácia dos Direitos Fundamentais*, p. 61).

[56] MARSHALL, T. H. *Cidadania, classe social e "status"*. Rio de Janeiro: Zahar, 1967. Cap. III, p. 63-4.

[57] Dentre os quais Jose Luis Bolzan de Morais, Paulo Bonavides e Ingo Sarlet.

conquista histórica dos direitos. Nela estão relacionados os ditos direitos de primeira, segunda e terceira "dimensão", expressão que vem sendo preferida, porque "substitui, com vantagem lógica e qualitativa, o termo 'geração', caso este último venha a induzir apenas sucessão cronológica e, portanto, suposta caducidade dos direitos das gerações antecedentes, o que não é verdade".[58] Com efeito, o termo "geração" pode induzir a uma compreensão cronológica do surgimento dos direitos humanos, bem como a superação das gerações anteriores a cada nova geração. Isto seria um equívoco, pois o surgimento de novas categorias deônticas fundamentais, de forma, alguma pode significar o eclipse das anteriores. Constituem-se, isto sim, em círculos concêntricos que partem daqueles direitos mais individuais – a primeira dimensão – até os mais sociais, respeitantes ao próprio gênero humano. É verdade que, por vezes, uma dimensão pode representar alguma limitação das outras, ante a possível incompatibilidade de fundamentos, e a necessidade de restrição de alguns direitos humanos como condição à proteção de outros, nos chamados conflitos de direitos fundamentais. Por exemplo, a inserção do elemento "função social" da propriedade e do contrato constitui restrição ao direito de propriedade e à liberdade de contratar, mas não exclui o direito à propriedade privada nem ao contrato.[59]

Por outra, a visão cronológica, na qual a primeira dimensão é que inicia uma sucessão histórica, seguida das outras duas, é apenas uma hipótese teórica ideal, talvez verificável mesmo em alguns países modelares neste ponto, como a Inglaterra e a França. No Brasil, entretanto, como argutamente percebeu José Murilo de Carvalho, houve uma inversão na clássica ordem cronológica dos direitos humanos, pois, primeiro, na ditadura de Vargas, o poder central outorgou direitos sociais, "implantados em período de supressão dos direitos políticos e de redução dos direitos civis, por um ditador que se tornou popular. Depois, vieram os direitos políticos, de maneira também bizarra". Na seqüência histórica, "a maior expansão do direito do voto deu-se em outro período ditatorial, em que os órgãos de representação foram transformados em peça decorativa do regime", referindo-se ao regime militar posterior a 1964. Por fim, aduz que "ainda hoje muitos

---

[58] BONAVIDES, Paulo. *Curso de Direito Constitucional*. 7. ed. São Paulo: Malheiros, 1997, p. 525.

[59] Conforme já se salientou neste capítulo, o conflito entre dimensões de direitos fundamentais não se resolve através de uma predisposição hierárquica entre estas dimensões, mas no plano do valor em face do caso concreto. Assim, aplica-se o direito mais adequado no caso em questão, sem que os direitos de outras gerações deixem de existir. Deste modo, embora a presunção de inocência seja direito indiscutível de primeira dimensão, pois relacionada às liberdades públicas, nem por isso, diante de situações concretas justificadoras, inviabilizada restará a prisão preventiva, como medida excepcional para a proteção de outro direito fundamental, este de caráter social, a segurança pública.

Direitos Fundamentais Sociais

direitos civis (...) continuam inacessíveis à maioria da população", sentenciando que, no Brasil, "a pirâmide dos direitos foi colocada de cabeça para baixo".[60]

1.3.1. A primeira dimensão de diretos humanos e o Estado Liberal

Esta classificação dos direitos humanos em dimensões ampliativas, de certa forma, se inspira no ideário da Revolução Francesa, centrado nos três grandes lemas: liberdade, igualdade e fraternidade. A partir da ruptura revolucionária liberal, no plano da Ciência Econômica, surge o *laissez faire,* como o aspecto econômico do liberalismo, pregando uma intervenção mínima do Estado na economia. A *primeira dimensão de direitos fundamentais* tem lugar, pois, na garantia que o Estado deve dar das liberdades individuais. Como preceitua José Luís Bolzan de Morais, os direitos de primeira dimensão "correspondem a uma primeira fase do constitucionalismo do ocidente e referem uma titularidade individual, uma oponibilidade ao Estado como possibilidade de resistência, apresentando-se como faculdades ou atributos da subjetividade. Caracterizam-se, portanto, pelo seu caráter negativo, refletindo a separação do Estado/Sociedade Civil".[61]

O liberalismo, responsável pelo engendramento desta primeira dimensão, foi uma reação ideológica à ação absolutista dos soberanos. O protestantismo de Lutero e Calvino e a revolução tecnológica das revoluções industriais, aliados à vitalidade do mercantilismo, já consolidado nas corporações de ofícios, constituíram seus pilares mais seguros. Trata-se de uma fase histórica em que prospera a divisão entre Política e Economia, o pensamento iluminista sobrevaloriza o indivíduo e suas liberdades fundamentais contra o poder do Estado então absolutista. Este, o Estado, deve apenas desempenhar o papel de proteção dos interesses individuais, renunciando a qualquer iniciativa de fomento social.

Muitos desses direitos de primeira dimensão parecem, hodiernamente, constituir verdadeiros truísmos – liberdade de ir, vir e permanecer, sufrágio universal, liberdade de expressão etc. – entretanto, a história dessas liberdades revela um caminho iniciado nos modestos

---

[60] CARVALHO, José Murilo de. *Cidadania no Brasil* – O Longo Caminho, p. 219-20. No mesmo sentido é a lição de Campilongo, para quem "o esquema de evolução dos direitos formulados por Marshall pressupõe concepções de cidadania muito específicas e pouco relacionadas com a realidade social brasileira. Entre nós, o processo que vai dos direitos civis aos políticos e destes aos direitos sociais não foi linear nem cumulativo. Ao contrário de modo imperfeito, truncado e simultâneo, a luta pela cidadania desenvolveu-se e desenvolve-se em todas estas frentes" (CAMPILONGO, Celso Fernandes. Os Desafios do Judiciário: Um enquadramento teórico. In: FARIA, José Eduardo (org.). *Direitos Humanos, Direitos Sociais e Justiça.* São Paulo: Malheiros, 2002, p. 310).

[61] MORAIS, Jose Luis Bolzan de. *Do Direito Social aos Interesses Transindividuais.* Porto Alegre: Livraria do Advogado, 1996, p. 163-4.

reconhecimentos formais, entrecortado de recuos a cada nova ditadura, claudicando em direção a concretizações que progridem na mesma medida em que evolui a práxis democrática. Ou seja, direitos de primeira dimensão – constituindo-se, essencialmente, em liberdades públicas – somente se concretizam em democracias, sendo totalmente eclipsados em sistemas totalitários ou mesmo ditatoriais.

Esta primeira dimensão de direitos fundamentais é paralela à primeira concepção de Estado de Direito, o chamado *Estado Liberal*, cuja função primordial era propiciar segurança pública, deixando o comércio livre, para que suas "leis naturais", especialmente a livre concorrência, auto-regulamentem as relações existentes na sociedade de "livre-mercado". Esta reação ao Estado Absolutista é o cerne do Liberalismo, cujo fastígio foi alcançado com a chamada Revolução Industrial.

O *Estado Liberal* é um Estado de Direito, porquanto organizado e limitado constitucionalmente.[62] Preconiza o liberalismo um Estado com estrutura burocrática mínima que reserve maior espaço de poder para o mercado. Dicotomiza-se Estado e sociedade, sediando-se nesta o próprio reino do mercado, que deveria sofrer mínima intervenção estatal, apenas o suficiente para garantir seu autofuncionamento. O Estado Liberal absolutiza o direito de propriedade, incentiva as liberdades públicas e, no tangente à igualdade, contenta-se com uma versão formal de isonomia, na medida em que liberdade e igualdade material são valores antitéticos.[63] Trata-se de um Estado ideologicamente burguês e, enquanto a ideologia burguesa não foi contestada, o Estado liberal vicejou sem maiores contratempos. Todavia, como recorda Jorge Miranda, em que pesem as diversas críticas que possam ser apresentadas ao Estado Liberal, é forçoso reconhecer algumas das aquisições que a filosofia liberal permitiu, direta ou indiretamente, imediata ou mediatamente, dentre as quais pode-se citar a abolição da escravatura,

---

[62] Após mencionar que a expressão *Estado Constitucional* parece ser de origem francesa, ao passo que *Estado de Direito*, de origem alemã, Jorge Miranda acrescenta que um e outro surgem como *Estado liberal* "assente na idéia de liberdade e, em nome dela, empenhado em limitar o poder político tanto internamente (pela sua divisão) como externamente (pela redução ao mínimo de suas funções perante a sociedade)". Para o professor de Lisboa, "em larga medida, a máquina (política e administrativa) do Estado Constitucional é a mesma do Estado de polícia (...) nem por isso, menos nítida é a divergência no plano das idéias e das regras jurídicas positivas. Em vez da tradição, o contrato social; em vez da soberania do príncipe, a soberania nacional e a lei como expressão da vontade geral; em vez do exercício do poder por um só ou seus delegados, o exercício por muitos, eleitos pela coletividade; em vez da razão do Estado, o Estado como executor de normas jurídicas; em vez de súbditos, cidadãos, e atribuição a todos os homens, apenas por serem homens, de direitos consagrados nas leis. E instrumentos técnico-jurídicos principais tornam-se, doravante, a Constituição, o princípio da legalidade, as declarações de direitos, a separação dos poderes, a representação política" (MIRANDA, Jorge. *Teoria do Estado e da Constituição*. Rio de Janeiro: Forense, 2002, p. 44-7).

[63] Ao menos na visão liberal, porquanto liberdade no mercado importa em mínima intervenção, ao passo que igualdade material requer máxima intervenção estatal.

Direitos Fundamentais Sociais

a transformação do Direito e Processo Penais, a progressiva supressão de privilégios de nascimento e a liberdade de imprensa.[64]

1.3.2. A segunda dimensão dos direitos humanos e o Estado Social

Entretanto, como tudo que nasce traz em si o princípio de sua própria transformação, a Revolução Industrial do Século XIX, conseqüência mais nítida das revoluções liberais, carregava consigo o gérmen do fim da hegemonia burguesa: a acumulação do capital nas nações mais ricas, em razão do incremento industrial, a produção em série, o desemprego crescente e as péssimas condições de trabalho,[65] geraram o surgimento de nova tensão social, já não mais entre a burguesia e a nobreza, mas entre a burguesia e o proletariado, manifestando-se, assim, a oposição entre os que possuíam os meios de produção e os detentores da força de trabalho.

A dureza das condições de trabalho nas fábricas e a inexistência de direitos trabalhistas nos ordenamentos positivos são fatores que facilitam a organização das classes proletárias em torno dos emergentes sindicatos de trabalhadores. Ademais a universalização do sufrágio em oposição ao voto censitário que caracterizou o limiar dos Estados liberais, oportuniza a classes antes alijadas deste direito a possibilidade de elegerem seus representantes, quebrando a neutralidade do Estado Liberal, hegemonicamente burguês. Como resultante desta ruptura, que introduz no meio político a denominada *questão social*, concebe-se o Estado de Bem-estar, também conhecido como Estado-Providência ou *Welfare State*, termos similares que correspondem ao denominado *Estado Social de Direito*, expressão preferida por Ingo Wolfgang Sarlet, que assim o conceitua:

> Todas [as expressões], porém, apresentam, como pontos em comum, as noções de um certo grau de intervenção estatal na atividade econômica, tendo por objetivo assegurar aos particulares um mínimo de igualdade material e liberdade real na vida em sociedade, bem como a

---

[64] MIRANDA. Jorge. *Teoria do Estado e da Constituição*, p. 48.

[65] Parece paradoxal falar em aumento do desemprego na revolução industrial, mas foi precisamente o que ocorreu. Discorrendo sobre o tema, Paul Singer lembra que, a partir de meados do Século XVIII, sucessivos inventos substituíram a antiga mão-de-obra manufatureira e os meios de transporte da produção. Nesta fase, máquinas de grande porte – inicialmente as rodas d'água e depois a máquina a vapor – revolucionaram as produções industrial e agrícola, ocasionando o que usualmente se denomina de Primeira Revolução Industrial. A primeira conseqüência deste movimento foi generalizar a separação do trabalhador da propriedade dos meios de produção que, na anterior fase manufatureira, eram simples ferramentas de artesanato. É que os altos custos dos novos equipamentos, especialmente as máquinas a vapor, eram inacessíveis à massa dos antigos artesãos, que, deste modo, alijados da competição, viram-se obrigados a vender sua mão-de-obra para sobreviver. Surge, assim, um vasto proletariado fabril desempregado, dependente da assistência social das paróquias ou das chamadas *workhouses* (casas de trabalho, organizadas pelo poder público, destinadas a ofertar trabalho, geralmente artesanal, a desempregados, órfãos, doentes, idosos etc., tais estabelecimentos, em geral, eram desumanos e não apresentavam resultados econômicos positivos). [A Cidadania para Todos (art.). *In*. PINSKY, Jaime *et* PINSKY, Carla Bassanezi. *História da Cidadania*. São Paulo: Contexto, 2003, p. 196-97].

garantia de condições materiais mínimas para uma existência digna. Neste contexto, para justificarmos nossa opção dentre as variantes apontadas, entendemos que o assim denominado *Estado Social de Direito* constitui um Estado Social que se realiza mediante os procedimentos, a forma e os limites inerentes ao Estado de Direito, na medida em que, por outro lado, se trata de um Estado de Direito voltado à consecução da Justiça Social [grifo nosso].[66]

Pode-se, pois, asseverar que o Estado Social foi uma gigantesca máquina de redistribuição dos lucros sociais, com o propósito de uma progressiva igualização da sociedade, exprimindo um elo social traduzível na mutualização dos riscos e na generalização da segurança social. Nele a providência divina do Medievo é substituída pela providência estatal, que abandona a neutralidade do Estado Liberal, em um movimento dentro do qual "são consagrados os principais direitos econômicos, sociais e culturais, que supostamente garantem a 'dignidade' da existência de cada um, ao passo que são relativizados os direitos de propriedade, bem como as liberdades 'liberais' de comércio e indústria".[67]

Entretanto, como anota José Luís Bolzan de Morais, o Estado Social ainda é fortemente inspirado nos dogmas liberais capitalistas, tratando-se de uma adaptação neocapitalista do Estado Liberal concorrente com as sociedades marxistas no início do Século XX,[68] por isso, não há confundir Estado Social com Estado Socialista. Sem dúvida, contudo, que as revoluções comunistas fizeram tremer as bases do Estado Liberal, minimamente intervencionista, e o próprio marxismo, então emergente, passou a inspirar as regras de transformação do capitalismo, que se vê forçado a fazer concessões às classes populares. A tomada de consciência de que a sobrevivência do capitalismo frente ao fantasma de Marx dependeria da intervenção estatal na economia, assegurando novos direitos sociais, facilitou o surgimento do *Welfare State* para corrigir distorções no capitalismo e dar-lhe sobrevida. A adjetivação "social" objetiva este escopo: criar um modelo estatal capaz de amenizar a tensão social por meio da implementação de direitos sociais básicos.

Esta constelação de fatores – impactos da industrialização e da urbanização, gerando problemas sociais e, conseqüente crescimento político das doutrinas socialistas – levou à constatação de que a consagração formal da liberdade e da igualdade não pressupunha o seu efetivo gozo, donde derivaram movimentos reivindicatórios pela imposição de obrigações positivas ao Estado, tendentes à realização da Justiça Social, especialmente entendida como igualdade de oportuni-

---

[66] SARLET, Ingo Wolfgang. Os Direitos Fundamentais Sociais na Constituição de 1988. In: *O Direito Público em Tempos de Crise, Estudos em Homenagem a Rui Ruben Ruschel*. São Paulo: Revista dos Tribunais, 1999, p. 132.

[67] OST, François. *O Tempo do Direito*, p. 338.

[68] MORAIS, Jose Luis Bolzan de. *Do Direito Social aos Interesses Transindividuais*, p. 65-84.

Direitos Fundamentais Sociais

dades. Opera-se, pois, uma transição das liberdades formais abstratas para as liberdades materiais concretas.[69]

É dentro deste contexto que são identificados e legalmente reconhecidos os *direitos humanos de segunda dimensão*, que "nasceram abraçados ao princípio da igualdade, do qual não se podem separar, pois fazê-lo equivaleria a desmembrá-los da razão de ser que os ampara e estimula".[70] São direitos sociais, culturais, econômicos, *v.g.*, os direitos trabalhistas e previdenciários, o direito ao ensino público e gratuito e à saúde pública, ou seja, em nosso caso, poder-se-ia apontar como direitos de segunda geração aqueles apontados nos artigos 6º a 11 da Constituição de 1988. Trata-se, pois, da alteração da visão de Estado meramente garantidor das liberdades individuais, para a concepção de Estado obrigado a prestações sociais tendentes à obtenção de uma maior igualdade social, donde decorre o elevado cunho ideológico desses direitos, resultantes de reflexões antiliberais, desenvolvidas, notoriamente, na primeira metade do Século XX.

Relevante frisar que os direitos de segunda geração, consectários da justiça distributiva, historicamente, tiveram sua juridicidade questionada enquanto se buscava anular sua potencialidade jurídica com a estratégia de remetê-los à esfera programática, sob a alegação de que não são dotados de coercibilidade, não há recursos orçamentários para implementá-los ou faltam instrumentos processuais adequados à sua tutela jurisdicional. Para Paulo Bonavides, a programaticidade dos direitos de segunda geração não pode mais ser sustentada em face da Constituição de 1988 que formula o preceito da aplicabilidade imediata dos direitos fundamentais (art. 5º, § 1º). Ademais, para este emérito constitucionalista, "os direitos fundamentais de segunda geração tendem a tornar-se tão justiciáveis quanto os da primeira; pelo menos esta é a regra que já não poderá ser descumprida ou ter sua eficácia recusada com aquela facilidade de argumentação arrimada no caráter programático da norma".[71]

1.3.3. A terceira dimensão dos direitos humanos, o Estado Democrático de Direito e a sociedade de risco

Mas não basta ao Estado ser redistribuidor para garantir a felicidade social, será necessário ainda que conduza à mudança social, fazendo com que a "mão invisível" do mercado seja substituída pela mão bem visível da providência estatal. Engendra-se, destarte, um Estado "propulsivo" e intervencionista, que desenvolve políticas públicas alicerça-

---

[69] SARLET, Ingo Wolfgang. *A Eficácia dos Direitos Fundamentais*, p. 49.

[70] BONAVIDES, Paulo. *Curso de Direito Constitucional*, p. 518.

[71] Idem, ibidem.

dos em programas construtivistas do interesse geral. Trata-se do novo paradigma do *Estado Democrático de Direito*, que incorpora ao Estado de Direito o adjetivo "democrático" e toda a carga significativa que a esta palavra se possa atribuir, especialmente, o conteúdo das conquistas democráticas, as garantias jurídico-legais e a transformação da realidade social para um modelo includente e universalizante das riquezas e dos benefícios tecnológicos, científicos e culturais. Anota Jose Luis Bolzan de Morais que "assim, o Estado Democrático de Direito teria a característica de 'ultrapassar' não só a formulação do Estado Liberal de Direito, como também a do Estado Social de Direito – vinculado ao *welfare state* neocapitalista – impondo à ordem jurídica e à atividade estatal um conteúdo utópico de 'transformação da realidade'".[72]

Como decorrência desta concepção de Estado Democrático de Direito, emergem os chamados *direitos humanos de terceira dimensão*. Vale repetir que os direitos humanos de primeira dimensão concernem ao indivíduo e sua esfera de liberdades – liberdade de locomoção, expressão, religião, reunião, opção afetiva – além de, modo especial, relacionar-se ao direito de propriedade e privacidade, impondo respeito à esfera individual e, portanto, abstenção do Estado e de particulares. Os de segunda dimensão dizem respeito às conquistas sociais coletivas dos trabalhadores, dos estudantes, dos aposentados etc., sinalizando a tendência à especialização dos direitos humanos, referentes não mais ao homem universal, mas ao sujeito de direitos na sua condição singular de criança, adolescente, idoso, deficiente, mulher etc. Ademais, nesta segunda dimensão, passa-se a exigir uma ação positiva

---

[72] Neste passo, vale transcrever escólio de Jose Luis Bolzan de Morais, lastreado em Jacques Chevallier, J. J. Gomes Canotilho e Vital Moreira, que busca definir o Estado Democrático de Direito e seus princípios fundamentais: "O *Estado Democrático de Direito* tem um conteúdo transformador da realidade, não se restringindo, como o Estado Social de Direito, a uma adaptação 'melhorada' das condições sociais de existência. Assim, o seu conteúdo ultrapassa o aspecto material de concretização de uma vida digna ao homem e, passa a agir simbolicamente como fomentador da participação pública quando o democrático qualifica o Estado, o que irradia os valores da democracia sobre todos os seus elementos constitutivos e, pois, também sobre a ordem jurídica. E mais, a idéia de democracia contém e implica, necessariamente, a questão da solução do problema das condições materiais de existência. São *princípios* do Estado Democrático de Direito: A. Constitucionalidade: vinculação do Estado Democrático de Direito a uma Constituição como instrumento básico de garantia jurídica; B. Organização Democrática da Sociedade: onde estão presentes os mecanismos tradicionais à democracia política, somados às possibilidades novas de participação social através de atores sociais emergentes, tais como: sindicatos, associações, etc.; C. Sistema de Direitos Fundamentais Individuais e Coletivos, seja como o Estado de distância, porque os direitos sociais asseguram ao homem uma autonomia perante os poderes públicos, seja como um 'Estado antropologicamente amigo', pois respeita a dignidade da pessoa humana e empenha-se na tarefa e garantia da liberdade, da justiça e da solidariedade; D. Justiça Social como mecanismos corretivos das desigualdades; E. Igualdade não apenas como possibilidade formal mas, também, como articulação de uma sociedade justa; E. Divisão de poderes ou de funções; F. Legalidade que aparece como 'medida do direito, isto é, através de um meio de ordenação racional, vinculativamente prescritivo, de regras, formas e procedimentos que excluem o arbítrio e a prepotência' G. Segurança e Certeza Jurídicas" [grifos no original]. (MORAIS, Jose Luis Bolzan de. *Do Direito Social aos Interesses Transindividuais*, p. 74-6).

Direitos Fundamentais Sociais

do Estado para concretização dessas novas categorias deônticas, daí serem chamados direitos prestacionais. Finalmente, os direitos humanos de terceira dimensão, como regra, são direitos difusos, ou seja, atinentes ao gênero humano (direitos *humani generis*) e à melhoria de sua qualidade de vida, como o direito ao meio ambiente equilibrado e saudável, o direito à informação idônea, o direito à proteção do patrimônio genético, histórico, científico e cultural da humanidade. Constituem aspirações, por exemplo, decorrentes da evolução tecnológica e suas conseqüências em face do planeta e da humanidade. Não excluem as gerações de direitos humanos anteriores, mas são fruto de um momento histórico em que sua identificação e seu reconhecimento impuseram-se como condição de manutenção da dignidade da pessoa humana coletivamente considerada, máxime considerando os riscos que a evolução econômica e tecnológica vem suscitando. Sublinhe-se que, na visão hodierna do Direito, que sobrevaloriza seu potencial garantidor e transformador, todas as dimensões podem ser consideradas de direitos fundamentais, e não apenas a primeira dimensão, esta de cunho individual, pois, na sociedade contemporânea, massificada e complexa, a tutela de direitos coletivos *lato sensu,* ou seja, direitos sociais, é indispensável à preservação da paz social, sem a qual os próprios direitos de primeira dimensão estariam constantemente ameaçados. Pode-se asseverar que há uma imbricação necessária entre todas as dimensões, de sorte que a proteção de qualquer delas importa proteção das outras, ao passo que o abuso de qualquer dos direitos fundamentais pode ser causa de prejuízo aos demais.

Sublinhe-se que, nesta fase histórica, sobretudo no pós-guerra, o incremento máximo das atividades industriais e comerciais, a produção e o consumo em massa geraram um crescente passivo ambiental, com riscos cada dia maiores à "saúde do planeta", enquanto ambiente natural e antrópico. O mercado imobiliário ameaça patrimônios históricos e naturais através dos ambiciosos interesses especulativos sobre áreas nobres das cidades e mesmo glebas de interesse preservacionista. Ademais, os riscos pelo ingresso de novos produtos no mercado, a adequada informação acerca de seus componentes, seus efeitos para a saúde, para segurança etc., exigem uma regulamentação legal, protetiva dos interesses dos consumidores, cuja vulnerabilidade finalmente é admitida no plano do direito positivo, como resultado do reconhecimento legal da desigualdade material em detrimento da mera igualdade formal com que se contentava o sistema jurídico liberal individualista.

Com efeito, como alternativa pós-moderna a contrapor-se aos esforços pela instituição de um autêntico Estado Democrático de Direito, vem se identificando o surgimento insidioso de uma autêntica *sociedade de risco*. O risco surge especialmente no tangente a problemas de ordem ambiental, sanitária, alimentar, de seguridade social, segurança pública, evasão de divisas, corrupção, e, conseqüentemente, até militar e política, comprometendo a paz social e a estabilidade das relações internacionais. Para François Ost, a razão do risco moderno pode situar-se em uma gestão policrônica do tempo, capaz de ensejar discronia entre tempos diversos, perceptível, por exemplo, entre o tempo lento da regeneração dos recursos naturais e o tempo crescentemente veloz do mercado, ávido pela utilização destes recursos; entre o tempo lento das detecções de riscos sanitários e das soluções para seu enfrentamento, de um lado, e, de outro, o tempo veloz da oferta de novos produtos a consumo, capazes de ensejarem ou transmitirem esses riscos; e, finalmente, entre o tempo rápido das pesquisas e descobertas de aplicações genéticas, e o tempo vagaroso das discussões éticas e legais sobre a conveniência da utilização dos seus resultados. No confronto entre as alternativas, parece sempre prevalecer a lógica imediatista do lucro, que se afigura mais poderosa, em face dos interesses que alberga. Eis um dos aspectos mais deletérios da globalização: a concorrência, em escala internacional, pela conquista de mercados enseja o retorno do risco e do medo do futuro, de forma que, de um Estado de Bem-estar social, destinado a proporcionar segurança social, parte-se para uma sociedade de risco securitário.[73]

---

[73] OST, François. *O Tempo do Direito*, p. 345. Para os teóricos da sociedade de risco, enquanto o "perigo" vem de alguma forma do exterior, o "risco" é um produto derivado, um efeito perverso ou secundário (efeito colateral) das nossas próprias decisões. A sociedade do risco é uma sociedade que se põe ela própria em perigo: basta pensar no risco sanitário (sangue contaminado, medicamentos falsificados), no risco alimentar, ou ainda no risco tecnológico (centrais nucleares, disponibilidade de armas nucleares por fundamentalistas, aquecimento climático, buraco na camada de ozônio, reações brutais da natureza contra sua desenfreada exploração). O risco que hoje se apresenta já não é mais o risco individual do passado, previsível estatisticamente e, portanto, dominável cientificamente. Identifica-se, pois, em face da própria evolução tecnológica e da discronia antes mencionada, um risco catastrófico, irreversível, que frustra nossas possibilidades de previsão e domínio. Retornando, pois, o medo e o risco ao centro das preocupações coletivas, ganha importância o pensamento de Hans Jonas (1903 – 1993) e sua respeitável elaboração da *heurística do medo*. Para Jonas, impende identificar este novo medo como um receio dos grandes danos irreversíveis que a evolução tecnológica pode causar às gerações futuras. Este medo do pior pode funcionar como *bom conselheiro*, ao impor, *para que exista futuro*, a obrigação de procurar saber (princípio de prevenção) e em caso verossímil de incerteza sobre a realidade e a gravidade do risco, a obrigação, quer de se abster, quer de redobrar a prudência (princípio da precaução). A preocupação com a ética aplicada ao contexto da moderna civilização tecnológica é especialmente atual em um momento no qual o uso descontrolado e irresponsável dos recursos naturais, os avanços das pesquisas científicas tangentes ao genoma humano e às técnicas de manipulação genética, e as novas armas de destruição em massa, impõem relevantes questionamentos acerca de qual lógica vem realmente inspirando aqueles que investem em tais atividades? Com a previsão científica de danosos refluxos da natureza sobre o meio antrópico, impõe-se envidar esforços no sentido de tornar possível uma macroética da humanidade que complemente a ética individual até então vigorante, assumindo uma dimensão capaz de engendrar responsabilidades coletivas preventivas, mais eficazes que a responsabilidade pessoal sancionatória por atos pretéritos. Para tanto, há que se levantar críticas reformistas à utopia de Francis Bacon que, com seu *saber é poder*, programou colocar o

Direitos Fundamentais Sociais

O paradigma ideal do Estado Democrático de Direito configura um projeto de resistência contra o sombrio prognóstico da *sociedade de risco*. Em tal modelo estatal não há, necessariamente, uma ordem cronológica entre as dimensões, mas uma ampliação crescente dos titulares, de forma que, nos direitos de primeira dimensão, o beneficiário é o homem individual, o homem concreto em face do Estado e dos outros homens. Na segunda dimensão, os direitos são referentes a classes ou grupos de pessoas determinadas ou determináveis: são direitos sociais como educação, saúde, lazer, trabalho. E, finalmente, na terceira dimensão situam-se aquelas aspirações difusas, não mais de homens concretos ou grupos determinados, mas atinentes ao gênero humano e à qualidade de vida geral dos membros das comunidades humanas.

É no espírito destas ondas crescentes de emanação dos direitos humanos que ganha importância sua tendência universalista. Com efeito, especialmente, após os dois conflitos mundiais do século passado, as sociedades humanas aprenderam uma dura lição, que não deve

conhecimento humano a serviço do domínio da natureza, enfatizando uma visão antropocêntrica do universo. Com efeito, nos últimos séculos, o poder de persuasão dos processos científicos e tecnológicos foi-se tornando incontrolável, gerando um vazio ético que faz da ciência a única fonte da verdade, não restringível por normas morais ou jurídicas, o que corresponde a um poder apocalíptico e totalitário da tecnociência a ameaçar a humanidade, quanto à sua existência física e no tangente à integridade da sua essência. Por sua vez, a ciência também não é independente e livre, pois, em todo lugar, encontra-se amarrada ao patrocínio mercantilista. Assim, em grande parte, a ciência sobrevive do mercado e serve à sua lógica exclusivista. Ora, parece inquestionável que o desenvolvimento da tecnologia não pode ameaçar a sobrevivência e a integridade moral da espécie humana, por isso preconiza-se uma nova dimensão de responsabilidade não mais voltada apenas ao passado, como resultado da imputação causal de atos já cometidos, mas direcionada ao futuro, como resultante do dever de cuidado, que o risco e o medo de ocorrências futuras, danosas e irreversíveis, a todos impõe. Sendo a responsabilidade um correlato do poder, pois é responsável quem tem capacidade de ação, o *deves, portanto podes* de Kant é substituído pelo *podes, portanto deves*, no sentido de que "se dois seres têm o mesmo poder, que afeta por igual a ambos, a responsabilidade é recíproca, mas se um é mais fraco, ela recai sobre o mais forte". Esta responsabilidade para o futuro já não é uma responsabilidade individual, mas coletiva e não recai apenas em pessoas concretas, mas, especialmente, em instituições, porquanto se trata de uma responsabilidade sociopolítica, que informa a maioria dos problemas éticos da moderna civilização técnica. Para Hans Jonas ela é uma responsabilidade que se funda no medo, mas não no medo hobbesiano antifraternal e, sim, muito ao contrário, um medo que inspira cuidados para com as gerações futuras, ante a constatação de que o homem e todas as espécies do planeta correm hoje riscos de danos irreversíveis e até de extinção, fala-se já que a destruição da biodiversidade está alcançando um "ponto de não retorno", além do qual seriam inócuas medidas restauratórias do ambiente natural. Esta prefiguração de situações-limite negativas pode ser a fonte de um temor sábio e ético a guiar o homem nas escolhas responsáveis para com o futuro. Deste modo, desponta o medo com uma poderosa capacidade heurística, impondo um novo imperativo categórico (a exemplo dos já propostos por Kant no Iluminismo): *age de modo que os efeitos de tua ação sejam compatíveis com a permanência de uma vida humana autêntica na terra*, ou, em outros termos, *na tua escolha presente, inclui também como objeto do teu querer a futura integridade do homem*. Ou de forma negativa, *que os efeitos de tua ação não sejam destrutivos para a futura possibilidade de vida*, ou mais simplesmente, *não ponhas em perigo as condições da continuidade indefinida da humanidade na Terra* ((NEDEL, José. A Ética da responsabilidade de Hans Jonas. *Revista da Ajuris*, Porto Alegre, v. 82, t. 01, p. 128-42, jun. 2001, p. 131 e segs.)

ser esquecida, e voltaram-se à idéia de criar uma sociedade internacional, universalizando direitos básicos com o escopo de evitar novos holocaustos e caminhar rumo a uma paz mais duradoura.

1.4. Os esforços para a universalização dos Direitos Humanos

Não se pretende, nos limites deste livro, ingressar, modo profícuo, no fenômeno de universalização dos direitos humanos, pois isto modificaria o foco da reflexão para os domínios do Direito Internacional Público, quando o escopo é ater-se à problemática nacional dos direitos fundamentais. Entretanto, é necessária ainda que uma breve referência a esta vocação dos direitos humanos à universalização, implementada através dos tratados e das declarações internacionais e mediante as ações dos organismos internacionais de proteção, mormente em um momento histórico em que a interdependência entre as nações é tão evidente.[74]

Após as guerras mundiais, quando o Estado Social atinge seus momentos de mais vigor e, mercê do abominável exemplo dos totalitarismos, vislumbra-se uma generalizada preocupação com uma ordem universal de direitos humanos. Em tal ambiente é elaborada a Declaração Universal dos Direitos do Homem e do Cidadão de 1948, na qual a afirmação dos direitos é, simultaneamente, universal e positiva. Universal porque ultrapassa os limites de cada nação em particular; positiva, porque plasmada em um texto firmado pela maioria das nações integrantes das Nações Unidas.

Nesta fase de universalização dos direitos humanos, ressurge a importância dos seus supedâneos filosóficos para incentivar a elaboração e o respeito de todas as nações a um Direito Internacional dos Direitos Humanos, como condição da paz perpétua kantiana, numa época da história em que a violação do Direito ocorrida num ponto da terra é sentida em todos os outros, mercê das coberturas midiáticas em tempo real, e na qual os efeitos das notícias sobre a "sensibilidade dos mercados" podem causar danos a nações inteiras. É nesta realidade que, a par da implementação intranacional dos direitos humanos,

---

[74] É oportuno destacar que a fase de universalização nem sempre é posterior à da positivação na legislação interna; significa apenas uma outra tendência dos direitos humanos ou outra frente de atuação. É impossível, todavia, situar estes fenômenos – internalização positiva e universalização – cronologicamente, de modo homogêneo, visto que a positivação dos direitos humanos no âmbito nacional depende do grau de evolução histórica de cada Estado. Em alguns Estados, os direitos humanos são reconhecidos e respeitados há séculos, pois fatores históricos levaram a isto, em outros, eles não integram as práticas locais. Neste último caso, é bem possível que a universalização em curso acabe por forçar a incorporação de regras internacionais no direito interno, fazendo com que a positivação nacional seja posterior ao próprio fenômeno de universalização e resultado mesmo daquela tendência.

Direitos Fundamentais Sociais

surge como inafastável sua universalização, como baluarte em face de agressões a bens jurídicos de máximo conteúdo humanitário.

A partir da positivação e da universalização dos direitos humanos, tem ocorrido outro desdobramento nesta temática – o *processo de especialização destes direitos* – hoje subdivididos, porque concretizados em diferentes atores sociais, como as crianças e os adolescentes, os idosos, os portadores de necessidades especiais, ou questões especializadas como a questão ambiental, os direitos do consumidor, a repressão à tortura e ao genocídio, só para citar os principais. À assinatura de diferentes tratados internacionais, vem correspondendo a criação de organismos internacionais destinados à tutela destes direitos humanos especializados. Contudo, o déficit de efetividade na implementação destas novas exigências, verificável sobretudo no plano internacional, decorre da circunstância de que os órgãos internacionais não têm uma *vis coativa* sobre os governos para impor, mediante sanções, a adoção de legislação interna e a implementação de políticas públicas, capazes de levar a cabo os tratados internacionais. A ação destes órgãos em face dos Estados nacionais lança mão apenas de uma *vis directiva*, e, assim, tem sido efetuada mediante recomendações aos governos, tomada de relatórios e visitas de observadores. Isto, todavia, para funcionar, depende de dois fatores concorrentes: a) autoridade moral e respeitabilidade de quem emite a orientação; e, b) vontade política de quem a recebe, que a entende como decorrente da razão.[75]

O problema, entretanto, é que, observando-se a realidade internacional, os governos mais acolhedores às orientações dos organismos internacionais em matéria de direitos humanos, normalmente, são também aqueles que, de modo mais espontâneo, já os respeitam internamente; ao passo que, aqueloutros mais recalcitrantes contra as diretivas internacionais, são também os que mais afrontam os direitos fundamentais de sua população e que dão supedâneo a uma ordem interna socialmente injusta. Destarte, pode-se dizer que, onde o controle internacional é mais efetivo, ele é menos necessário e, onde ele é mais **necessário, é menos efetivo.**[76]

Por outra, o presente momento histórico suscita peculiar receio, pois o conhecido fenômeno da *globalização*, já ocorrente no passado sob formas variadas, seja pela cultura, como no mundo helênico; seja pela guerra, no império romano; seja pela tecnologia, nas grandes navegações; ressurge, desta vez, potencializado pela eficácia das telecomunicações em tempo real, e pela volatilidade do grande capital apátrida, que, sem compromisso algum com valores sociais e humanitários, põe em risco, precisamente o *locus* do constitucionalismo contemporâneo,

---

[75] BOBBIO, Norberto. Presente e Futuro dos Direitos Humanos. In: *A Era dos Direitos*, p. 38-41.

[76] Idem supra.

ou seja, o Estado de Direito. Consoante adverte Friedrich Müller, "o Estado-nação, tradicionalmente vinculado à territorialidade, não consegue mais dominar uma economia em vias de imaterialização e os espaços globais 'virtuais' de ação. O governo é providenciado, por um lado, pelas multinacionais e sua atuação transnacional; por outro lado, pelas agências capitalistas centrais, o FMI, o Banco Mundial, a OCDE e a OMC como Executivo mundial de fato".[77]

Ante esta realidade, a tendência à universalização dos direitos humanos é um contraponto necessário e, quem sabe, eficaz contra os efeitos nocivos da globalização. Trata-se da possibilidade de uma globalização positiva, que estenda direitos elementares aos povos que não os têm, aumente a solidariedade e o diálogo entre as nações e respeite as culturas locais. Com efeito, se a humanidade caminha para uma mundialização comercial, cultural e até política, é imprescindível que, respeitados os aspectos elementares da riqueza multicultural, também se promova a universalização de regras mínimas de direitos fundamentais. A concretização deste ideal pressupõe, entretanto, que cada nação elabore e aperfeiçoe a sua legislação e implemente políticas capazes de transferi-la da solenidade dos textos legais para a realidade cotidiana. Às instituições supranacionais de defesa dos direitos humanos também impende trilhar idêntico rumo, mas sem políticas internas transparentes e efetivas, este propósito não será levado a cabo.

Trata-se de converter um fenômeno da ordem mundial, iniciado com mero escopo mercantilista, em uma ação de solidariedade global, ou seja, se a globalização econômica é uma realidade histórica inafastável, impõe-se combater seus aspectos negativos, pugnando por uma globalização "civilizada", se não, humanizada. Para tanto, vêm sendo defendidas competências gerais de um Direito mundial, protetor dos direitos humanos, que assegure assistência material mínima ao povo destinatário, democraticamente legitimador. A esse Direito mundial deve-se combinar um constitucionalismo global, a partir de documentos como a **Carta das Nações Unidas de 1945 e Declaração Universal de Direitos Humanos, de 1948**, redes de direito positivo que estão se consolidando – *soft law* – porque ainda permanecem como padrões legais não vinculantes no sentido estritamente jurídico.[78]

---

[77] MÜLLER, Friedrich. *O Futuro do Estado-nação e a nossa luta contra a turboglobalização*, p. 31.

[78] Cf. MÜLLER, Friedrich. O Que a Globalização faz contra a Democracia e o que os Democratas podem fazer contra a Globalização. In: PETERSEN, Nikolai; SOUZA, Draiton Gonzaga de (orgs). *Globalização e Justiça*. Porto Alegre: Edipuc, 2002. Por pertinente, cumpre registrar que apesar de, já em 1948, a Delegação Brasileira à IX Conferência Internacional Americana de Bogotá, haver proposto a criação de uma Corte Interamericana de Direitos Humanos, e de esta ter sido instalada em 1979, somente em 1998 é que o Brasil aceitou a competência desta Corte Internacional. Salienta Antonio Augusto Cançado Trindade que esta decisão "reconcilia a posição de nosso país com seu pensamento jurídico mais lúcido, além de congregar as instituições do poder

Direitos Fundamentais Sociais

Isto bem demonstra que, a par das pressões internacionais, realizadas tanto por órgãos políticos supranacionais, como por organizações internacionais não-governamentais, impõe-se a manutenção e aprimoramento de formas de pressão interna contra os governos e as elites econômicas e culturais no sentido da implementação dos direitos humanos positivados internamente. A efetivação interna dos direitos fundamentais deve ser obtida através de esforços de entes estatais, de grupos organizados da sociedade civil e do cidadão, individualmente considerado, vez que não se trata de uma responsabilidade exclusivamente pública ou privada, mas de uma responsabilidade compartilhada por todos.

Mas, paradoxalmente, após toda esta evolução antes noticiada e estando os direitos humanos (individuais e sociais), no Brasil, plenamente constitucionalizados a contar de 1988; assumindo, portanto, o estatuto de direitos fundamentais, como explicar que o texto fundamental ainda é pouco relevante para grande parte da comunidade jurídica brasileira? Como justificar a alta inefetividade dos princípios constitucionais, costumeiramente velados pelo senso comum que povoa o imaginário dos juristas e alimenta a crise de paradigmas entre Estado Liberal e Estado Democrático de Direito? Possivelmente a resposta a tais indagações esteja na inexistência, em nosso país, do desenvolvimento de uma teoria constitucional que aproxime Constituição, Estado, Direito e Política, em vez de considerá-los categorias estanques, assim possibilitando levantar o véu que encobre os princípios e direitos constitucionais, cuja efetivação é rotineiramente protelada. Tal será o objetivo que anima a análise a ser elaborada na próxima seção: se os direitos humanos, na dimensão individual ou social, estão hoje positivados, intra e internacionalmente, resta saber o que seja necessário para transferi-los da formalidade dos textos à realidade cotidiana.

---

público e as organizações não governamentais e demais entidades da sociedade civil brasileira em torno de uma causa comum: a do alinhamento pleno e definitivo do Brasil com o movimento universal dos direitos humanos, que encontra expressão concreta na considerável evolução dos instrumentos internacionais de proteção nas cinco últimas décadas". Para este autor, "sendo os direitos humanos inerentes a toda pessoa humana, são portanto anteriores e superiores a qualquer forma de organização política, e sua salvaguarda não se esgota assim no Estado", de modo que a decisão brasileira fortalece a Corte, mas, principalmente, outorga à população brasileira uma maior proteção de seus direitos, reconhecendo o Brasil "que não é razoável aceitar tão-somente as normas substantivas dos tratados de direitos humanos, fazendo abstração dos mecanismos processuais para a vindicação e salvaguarda de tais direitos", pois, "no presente domínio, as jurisdições nacional e internacional encontram-se em constante interação, movidas pelo propósito convergente e comum de proteção do ser humano, como co-partícipes que são na luta contra as manifestações do poder arbitrário" (TRINDADE, Antônio Augusto Cançado. *A Proteção Internacional dos Direitos Humanos e o Brasil*. 2. ed. Brasília: Universidade de Brasília, 2000, p. 16-20).

1.5. A necessária concretização do texto constitucional de 1988 como pressuposto de realização do novo paradigma do Estado Democrático de Direito

Na época áurea do liberalismo-burguês, a visão formal da Constituição era suficiente, pois a sociedade estava despolitizada. Vale notar que o Estado Liberal; é um Estado comprometido exclusivamente com a ideologia liberal, nele, em princípio, não existe conflito ideológico entre diferentes facções políticas, pois há uma classe hegemônica – a burguesia – que domina o universo jurídico-político. Assim, preocupado exclusivamente com a tutela das liberdades públicas, o Estado Liberal é um Estado de distanciamento em relação à sociedade, onde vigora uma garantia formal de direitos de igualdade, privilegiando-se as liberdades em detrimento da isonomia material. Trata-se, como regra, de um Estado Constitucional, porque organizado constitucionalmente; todavia, nele são constatáveis tão-somente garantias formais de direitos de liberdade que devem ser respeitados pelo Estado, e não uma normatividade endereçada a fomentar ações estatais positivas, tendentes à realização da Justiça Social.[79]

Destarte, quanto ao conceito de Constituição, pode-se dizer que no Estado Liberal vigora uma idéia formal de Constituição. O Constitucionalismo clássico liberal, resultante das revoluções burguesas do Século XVIII, reduz a Constituição a um instrumento jurídico de organização dos três Poderes e a texto sagrado das liberdades individuais, cuja finalidade é limitar o poder estatal. No paradigma liberal, Constituição e Direito Constitucional são coincidentes, de modo que a Teoria Constitucional se limita ao estudo escolástico do texto. Divorciados, a Sociedade e o Estado, a Constituição assegura o compromisso do Poder com a liberdade e do Estado com o indivíduo. Era o positivismo liberal constitucional que, confiante na abstração dos textos legais, dispensava os elementos sociológicos e filosóficos da realidade. A esta concepção

---

[79] O Estado Liberal, tanto quanto o Estado Social e o Estado Democrático de Direito, é um Estado Constitucional, que, inclusive, deve primar por uma Constituição escrita. A maior prova desta afirmação está no art. 16 da Declaração Universal dos Direitos do Homem e do Cidadão, de 26 de agosto de 1789, elaborada no auge da Revolução Francesa, onde consta que "toda sociedade política na qual a garantia dos direitos não é assegurada, nem a separação dos poderes determinada, não possui Constituição". Por oportuno, calha registrar que críticas conservadoras às Teorias Constitucionais do Estado Social, formuladas por Georges Burdeau e Ernest Forsthoff, vão asseverar que o Estado Social é que não se constitui em um Estado Constitucional, porque contrário às liberdades individuais que a Constituição deve assegurar enquanto limitadora do poder estatal. Ademais, a existência de dispositivos ideológicos no texto constitucional deve-se à idéia utópica de realizar uma revolução pela lei (BERCOVICI, Gilberto. A Constituição Dirigente e a Crise da Teoria da Constituição. In: *Teoria da Constituição* – Estudo sobre o lugar da Política no Direito Constitucional. Rio de Janeiro: Lumen Juris, 2003, p. 106-7). Resulta óbvio, contudo, que tais críticas são conseqüentes a visões reducionistas da Constituição (e do Direito) que nela lobrigam tão-somente uma função limitadora do Estado e não propulsiva deste, no sentido de realizar a Justiça Social.

Direitos Fundamentais Sociais

de Constituição, vista como texto legal, convencionou-se chamar de *Constituição formal*, em oposição à qual surgiram críticas advindas de uma inspiração sociológica da realidade constitucional, sendo exemplo mais conhecido, a denominada crítica lassaliana.[80]

1.5.1. A Crítica Lassaliana à Constituição Formal

Com efeito, em meados do Século XIX, contra a postura formalista e individualista da Escola Liberal Positivista, inspirada em dogmas meramente jurídico-normativistas, insurgiu-se Ferdinand Lassale, asseverando a *supremacia da Constituição real*. Para ele, na hipótese de extremo conflito, a Constituição Jurídica sucumbiria imolada à força soberana da realidade política e social, muito mais poderosa que os textos abstratos. Ademais, em seu entendimento, a Constituição não é privilégio da modernidade, pois todos os países, mesmo anteriormente às revoluções burguesas, e ele inicia seus exemplos no feudalismo medieval, possuíram uma Constituição real e verdadeira, traduzida em princípios de direito público, pergaminhos, foros, estatutos e privilégios, que exprimiam, de modo simples e sincero, os *fatores reais do poder* que regiam o país. Na modernidade, porém, inaugura-se a fase das *Constituições escritas em folhas de papel.*[81]

Segundo Lassale, nos escombros da sociedade feudal, surge a monarquia absoluta, após o triunfo militar dos príncipes sobre os senhores feudais. Todavia o crescimento econômico e demográfico da burguesia suplanta o poder do exército do príncipe, fazendo esta classe compreender que também é uma potência política independente.

Assim, o agigantamento econômico e demográfico da burguesia em face do poder político do príncipe impôs um rearranjo nos fatores reais do poder, facilitando a essa classe social reclamar o direito de também governar e de limitar o poder do soberano em favor de seus interesses mercantilistas.[82] Nasce, como decorrência, a Constituição escrita, instrumento positivo de limitação do poder estatal e, conseqüentemente, de ampliação do poder burguês.[83] Mas a Constituição

---

[80] A respeito do tema, ver BONAVIDES, Paulo, *Op. cit.*, p. 78 e segs.

[81] LASSALE, Ferdinand. *A Essência da Constituição*. Tradução de *Que é uma Constituição?* Rio de Janeiro: Lumen Juris, 1998. (Coleção Clássicos do Direito), p. 41.

[82] LASSALE, Ferdinand. *A Essência da Constituição*, p. 45-6.

[83] Acerca do nascimento das Constituições escritas é de uma perspicácia aguda a observação feita por Vitor Hugo, em *Os Miseráveis*, quando assevera que foi com a Batalha de Waterloo que nasceu o constitucionalismo. A assertiva é paradoxal e parece comprovar que a história caminha por paradoxos dialéticos. Com efeito, a batalha de Waterloo foi uma batalha contra-revolucionária, deflagrada por diversas monarquias européias contra o Imperador Napoleão Bonaparte ali definitivamente arruinado. Napoleão fora o resultado final da Revolução Francesa e como magistralmente conclui Vitor Hugo, "é verdade que, tendo o império [de Napoleão] sido despótico, a realeza, pela reação natural dos elementos, deveria ser forçosamente liberal, originando-se, infelizmente de Waterloo, para grande pesar dos vencedores, a ordem constitu-

formal não consegue se afastar da Constituição real, ou seja, aquela reflete os *fatores reais do poder* existentes na sociedade, de tal modo que, com a transformação destes, deve-se operar a transformação da Constituição escrita sob pena de principiar sua ruína.

O grande mérito de Ferdinand Lassale foi o de conceber um dos primeiros trabalhos sobre sociologia das constituições que revelou os fundamentos não formais, mas sociais e políticos de uma Constituição. Mas o paradoxo de seu pensamento está em que, ao aferir, quase exclusivamente, a medida da eficácia da Constituição formal por sua aproximação aos fatores sociológicos do poder, ele desconhece a potencialidade do Direito como instrumento de transformação social. Com efeito, não se pode admitir que a Constituição real seja tudo e a jurídica, nada, sob pena de se concluir pela inutilidade do Direito Constitucional como ciência do dever ser. Nesse caso, a normatividade pertenceria toda aos fatos, aos poderes sociais atuantes, e ao Direito seria reservado um papel meramente reflexivo da realidade social e não interventivo e metamórfico.[84]

Inegável, de qualquer modo, que a crise de uma Constituição formal se instala, sobretudo, como decorrência de sua inefetividade, do descompasso entre suas promessas e a realidade concreta que lhe cabe regular. Transferindo esta reflexão para o Brasil contemporâneo, pode-se antecipar que a crise da Constituição de 1988 decorre exatamente da frustração dos resultados dela expectáveis no meio social, porquanto seus valores não vêm conseguindo entronizar-se plenamente no imaginário dos juristas, cujo espaço privilegiado para a função hermenêutica está ocupado por (in)conscientes preconceitos contra as mensagens transformadoras abrigadas no novo paradigma constitucional.

Destarte, no limiar da crise do Estado Liberal, que se externava por golpes de Estado, totalitarismos de direita, e o crescente conflito entre as classes sociais, enfim, pelo abismo que se cavava entre as promessas do idealismo constitucional e os efeitos do formalismo constitucional, tem início uma grave e profunda instabilidade da Constituição e, por conseguinte, do Direito de um modo geral, pois impossível separar direito constitucional e infraconstitucional em categorias diversas e estanques, visto que os princípios constitucionais

---

cional." Mais, adiante, ainda sustenta que "a contra-revolução era involuntariamente liberal, do mesmo modo que, por um fenômeno correspondente, Napoleão era involuntariamente revolucionário" (*Os Miseráveis*. Rio de Janeiro: Casa da Palavra; São Paulo: Cosac&Naify, 2002. Tradução de Frederico Ozanan Pessoa de Bairros. Comentários de Renato Janine Ribeiro. P. 321-2). Esta constatação ajuda a explicar por que as Constituições, no início de sua história, foram outorgadas sem sério comprometimento *ex parte principis*, na medida em que os governantes, sobretudo os monarcas, viam-nas como meros diplomas formais de cuja legitimidade eles duvidavam, enquanto continuavam acreditando que seu poder deriva do direito natural.

[84] Cfe. BONAVIDES, Paulo. *Op. cit.*, p. 78 e segs.

Direitos Fundamentais Sociais

devem conectar e filtrar todo o sistema.[85] Destarte, a crise colocava em risco o Estado liberal em face das promessas de igualdade material absoluta, profetizadas pelo marxismo, então em crescimento na primeira metade do século passado.

Transportando esta abordagem para a América Latina e tendo o Brasil, infelizmente, como um bom protótipo, verifica-se que a crise do Estado Liberal coincide com o advento das ditaduras militares que intentaram dar-lhe sobrevida.[86] Nesta fase histórica, o Direito Constitucional oscilava entre duas correntes diametralmente opostas: uma que se filiava à crítica lassaliana e perfilava um denuncismo retórico da insuficiência do Direito Constitucional, de sua submissão aos poderes reais, de sua imprestabilidade como fator de transformação social; outra que o defendia acriticamente, sustentando seu poder estabilizador tão-somente na sua exclusiva vigência, ignorando o questionamento sobre a validade legitimadora das regras constitucionais e legais. Ambas, entretanto, por razões opostas, negavam o poder transformador do texto constitucional, bem como sua capacidade de catalisar as forças reformadoras sempre vigorantes na sociedade, transferindo suas aspirações para o sistema legal e político.[87]

---

[85] Se o Direito é um sistema estrutural da sociedade, concebida esta como um grande sistema *omniabarcador*, é justo pensar que a Constituição deve inspirar não apenas o sistema jurídico, mas todo o sistema social, visto que este é organizado por aquele.

[86] Convém, neste ponto, registrar-se uma ressalva: as ditaduras tentaram dar sobrevida ao liberalismo enquanto sistema capitalista; paradoxalmente, entretanto, suprimiam, modo atroz, as liberdades individuais mais basilares, como a liberdade de locomoção, imprensa e de opinião, pressupostos mínimos do liberalismo no seu viés ideológico. Nesse sentido, cumpre remeter o leitor à análise efetuada por Lenio Luiz Streck em sua festejada obra *Jurisdição Constitucional e Hermenêutica*, p. 24-5, acerca do custo político dos Atos Institucionais utilizados pelo regime militar na ditadura iniciada em 1964. A propósito, Boaventura de Souza Santos anota que nas últimas décadas foram apresentadas duas concepções radicalmente opostas acerca do desenvolvimento capitalista. Segundo uma delas, formulada por I. Wallerstein, há uma absoluta incompatibilidade entre o capitalismo enquanto sistema e enquanto ideologia, de modo que o sistema não funciona de acordo com sua ideologia, e, se algum dia triunfarem os valores ideológicos do capitalismo, isto significará sua ruína enquanto sistema. A outra concepção, que o professor português atribui a A. Hirschmann, sustenta que não há como criticar o capitalismo como sistema repressivo, alienante ou unidimensional, o que contrastaria com seus valores básicos, porque o sistema capitalista atingiu seus objetivos esperados, ainda que estes sejam comumente vistos como suas piores características, ou seja, o capitalismo, através da repressão de certos impulsos e tendências, produziu uma personalidade humana menos multifacetada, menos imprevisível e mais unidimensional (SANTOS, Boaventura de Souza. *Pela Mão de Alice*. 8. ed. São Paulo: Cortez, 2001, p. 115). Sob qualquer destes ângulos, parece que, efetivamente, o capitalismo como sistema econômico tende a negar o liberalismo enquanto ideologia assentada nas liberdades civis e nos valores democráticos. É desta infeliz constatação do paradoxo capitalismo-liberalismo que deflui a recorrente afirmação de que as promessas da modernidade liberal não foram cumpridas em sua plenitude, sobretudo nos países de capitalismo tardio. No caso dos regimes militares latino-americanos, não há dúvidas de que os exemplos colhidos corroboram a concepção por primeiro aludida pelo sociólogo português, ou seja, enquanto privilegiavam o capitalismo como sistema econômico, os governos ditatoriais negavam politicamente os valores fundamentais da ideologia liberal-burguesa.

[87] Sobre o tema, Luís Roberto Barroso destaca que "no início, e em meados da década de 80, na América Latina, ainda sob o signo do autoritarismo militar e do anticomunismo truculento, o

1.5.2. A Teoria da Força Normativa da Constituição e o Neoconstitucionalismo: premissas do Estado Democrático de Direito

A proposta do Constitucionalismo contemporâneo, também denominada *neoconstitucionalismo*, é superar esta dicotomia que, sem perceber, tem um ponto em comum: a negação de efetividade ao Direito Constitucional. Parte-se da crítica sociológica em direção a um discurso substantivo, objetivo e comprometido com a realização de valores e direitos contemplados na Constituição, mas que existem fora e acima das regras constitucionais, e que ali encontraram abrigo após longa evolução no pensamento filosófico e na prática política. Revela-se, pois, não uma incongruência entre Política e Direito, mas uma relação de complementaridade dialética.

Com tal proposta, pretende-se instrumentalizar a força normativa do Direito para tornar crescentemente justas as relações sociais. O *Welfare State* veio pacificar, em parte, esta crise do Estado liberal, através da mediação do entrechoque das ideologias e mediante tentativas de compensação da contradição entre capital e trabalho, mas ele se assenta basicamente na constitucionalização dos direitos fundamentais. A manutenção do Estado de Bem-estar social depende da concretização máxima das Constituições dirigentes, eis a tarefa hercúlea do jurista que se nos apresenta. Paulo Bonavides conclama:

> Como toda Constituição é provida pelo menos de um mínimo de eficácia sobre a realidade – mínimo que o jurista deve procurar converter, se possível, em máximo – é claro que o problema constitucional toma em nossos dias nova dimensão, postulando a necessidade de colocá-lo em termos globais, no reino da Sociedade. (...) Imersa num sistema objetivo de costumes, valores e fatos, componentes de uma realidade viva e dinâmica, *a Constituição formal não é algo separado da Sociedade*, senão um feixe de normas e princípios que devem refletir não somente a espontaneidade do sentimento social, mas também a força presente à consciência de uma época, inspirando a organização política fundamental, regulada por aquele instrumento jurídico.[88]

Welfare State, Estado Providência, Estado de Bem-Estar são locuções costumeiramente utilizadas para designar o denominado Estado Social, uma proposta política que coincide com o surgimento dos

---

direito constitucional vagava errante entre dois extremos, ambos destituídos de normatividade. De um lado, plena de razões e em nome da causa da humanidade, a teoria crítica denunciava o direito como legitimador do *status quo*, instrumento puramente formal de dominação, incapaz de contribuir para o avanço do processo social e para a superação das estruturas de opressão e desigualdade. De outro lado, o pensamento constitucional convencional, mimetizado pela ditadura, acomodava-se a uma perspectiva historicista e puramente descritiva das instituições vigentes. Indiferente à ausência de uma verdadeira ordem jurídica e ao silêncio forçado das ruas, resignava-se a uma curricular desimportância. Cada uma dessas duas vertentes – a crítica e a convencional – por motivos opostos, desprezava as potencialidades da Constituição como fonte de um verdadeiro direito". (BARROSO, Luís Roberto. *O Direito Constitucional e a Efetividade de suas Normas*. Rio de Janeiro: Renovar, 2002. In: Nota prévia).

[88] BONAVIDES, Paulo. *Curso de Direito Constitucional*, p. 79-80. Grifo nosso.

Direitos Fundamentais Sociais

chamados direitos humanos de segunda dimensão, pertencentes a grupos organizados que exigem do Estado, prestações positivas como o oferecimento de saúde, educação e previdência públicas. O Estado social ganhou espaço no pós-guerra, quando as necessidades sociais de grande parte das nações assumiram maior gravidade. Nesta fase, a constitucionalização dos direitos sociais impunha ao Estado um mandato de otimização dos textos constitucionais com o propósito de concretizar a Justiça Social.[89]

Se o Estado Social é uma evolução do Estado Liberal, o Estado Democrático de Direito é também uma evolução em relação ao Estado Social, pois se alicerça no princípio democrático, constitucionalmente consagrado, e que existencializa mais do que um método ou técnica de os governados escolherem os governantes, pois, como princípio normativo considerado nos seus vários aspectos políticos, econômicos, sociais e culturais, ele aspira a tornar-se impulso dirigente de uma sociedade. Assim, o Estado Democrático de Direito é um paradigma estatal que pretende não apenas uma estruturação em qualquer Direito, mas em um Direito produzido legitimamente. Ele corresponde, pois, a um modelo que busca legitimidade do poder no Direito e do Direito na sociedade. Para tanto, o poder opera de modo impessoal (mas não desumano), submetendo-se ao primado da lei, que tem uma função social para além do controle das condutas, próprio da Justiça comutativa. No Estado Democrático de Direito, o Direito serve a propósitos de transformação positiva da sociedade civil, na direção de uma maior igualdade de oportunidades e de realizações individuais e coletivas. A

---

[89] No Brasil, é normalmente citado como primeira experiência de Estado Social, o "Estado Novo" de Vargas, isto porque inegável o investimento na área social que aquele governo priorizou, inclusive na conhecida tentativa de eliminar a oposição entre capital e trabalho através do controle dos sindicatos de patrões e empregados, entretanto insofismável sua ilegitimidade democrática quando permaneceu indevidamente no poder mediante um golpe de Estado. Assim, Vargas representa bem o Estado Social levado às últimas conseqüências, quando garantiu prestações sociais de segunda geração relacionadas a direitos dos trabalhadores, mas o fazia de modo paternalista e interventivo. Por outra, buscava uma legitimação carismática e pessoal, em oposição à negativa de convocar eleições democráticas. Infelizmente, as recentes e bombásticas revelações acerca do pagamento escuso de dinheiro a parlamentares para apoiarem o governo, sistemática de que já davam conta rumores espalhados desde o início do processo de redemocratização operado na década de 90, desnudam uma democracia ainda fragilizada no Brasil e permitem lobrigar infelizes semelhanças com os regimes ditatoriais por que passara nossa pátria-mãe, pois uma democracia dissimulada e corrompida é tão ou mais lamentavelmente ditatorial, que uma ditadura disfarçada de democracia; a única diferença é que se, nesta última hipótese, a essência democrática é sufocada pela força das armas, naquela o é pela força do dinheiro. Em ambas as hipóteses, o poder se assenta no carisma pessoal dos líderes e no clientelismo político, sintomas evidentes da deterioração democrática. O positivo de tudo isto é que, ao menos, os fatos estão vindo à tona, e as instituições competentes, tomando as providências legais, revelando o quão importante é que, a par de uma legitimação política eleitoral, coexista uma legitimação política funcional para garantir o regime democrático, esta, a cargo de instituições cujos membros, embora não eleitos, desempenham uma fração do poder político. É o caso do sistema de justiça como um todo, cujos integrantes não são eleitos, mas cuja intervenção é vital para a proteção do regime democrático.

equalização normativa dos meios, corrigindo as causas reais do desequilíbrio social, facilita uma divisão mais justa dos benefícios socioeconômicos, possibilitando maior homogeneidade social.[90] Nesse âmbito, a Justiça distributiva é privilegiada, mas não como um instrumento de captação de clientes do poder, senão como um meio de equilibrar as forças sociais e gerar igualdades substanciais, para além das igualdades formais com que se contentava o Estado Liberal.

Para tanto, o Estado Democrático de Direito precisa lançar mão do recurso normativo mais poderoso na tradição jurídica – a Constituição – impondo um Constitucionalismo que postulará a *força normativa da Constituição* contra a dissolução político-jurídica eventualmente resultante da pretensão de prevalência de interesses econômicos ou mercadológicos, preconizados no âmbito da globalização econômica, que se insinua no panorama mundial contemporâneo.

A doutrina da *normatização da Constituição* é crucial para a chamada *Teoria Material da Constituição*, que se opõe às denominadas *Teorias Formais ou Procedimentais*, e tem por texto símbolo a aula inaugural de Konrad Hesse na Universidade de Freiburg, em 1959, intitulada "A Força Normativa da Constituição" *(Die normative Kraft der Verfassung)*, em que Hesse polemiza com Lassale, afirmando que a Constituição não é apenas uma "folha de papel", pois não está desvinculada da realidade histórica concreta, mas também não é simplesmente condicionada por ela. Para Hesse, a visão de Lassale nega qualquer função ao poder garantista e transformador do Direito Constitucional, asseverando que toda a força motriz da sociedade está nas relações de poder dominantes na realidade fática, como o poder militar, econômico e político, conformadores da "constituição real". Por idêntica razão, Hesse critica o pensamento de Georg Jellinek, para quem regras jurídicas não se mostram aptas a controlar a divisão dos poderes políticos.

Contrariando esta postura que limita qualquer imposição jurídico-constitucional em face de um determinismo social, Hesse preconiza que, em face da Constituição real, a Constituição jurídica possui significado próprio, e inicia criticando a bipolarização do pensamento constitucional de sua época, caracterizada por um isolamento entre "norma" e "realidade", entre "ser" e "dever ser", capaz de engendrar, de um lado, a observação de normas despidas de faticidade e, de outro, uma realidade não afetada pelos elementos normativos. Na sua concepção, a norma constitucional não tem existência autônoma em face da realidade, pois vige com pretensão de tornar-se eficaz, ou seja, a

---

[90] Gilberto Bercovici, com base em Hermann Heller, sustenta que a "sobrevivência do regime democrático depende do êxito da relativa homogeneidade social, sob pena de se transformar em uma ditadura disfarçada dos setores privilegiados" (BERCOVICI, Gilberto. *A Constituição Dirigente e a Crise da Teoria da Constituição*, p. 102).

Direitos Fundamentais Sociais

essência teleológica da norma constitucional é tornar-se realidade, modificando o curso da história da qual não pode ser isolada.[91] Prepondera no pensamento de Hesse, tal como em Bobbio, uma preocupação com a implementação dos princípios constitucionais, o que se daria pela sua impositividade em face do poder político e econômico. Hesse, como homem de seu tempo, também se perfila às teses realistas dos direitos humanos, para quem, o que importa não é vasculhar a origem natural ou positivista dos direitos humanos, mas sua capacidade de interagir com a sociedade, tutelando direitos, mediante uma perene busca de otimização.

Mas o constitucionalista alemão não chega a ponto de asseverar uma proeminência da Constituição jurídica sobre a Constituição fática. Ao contrário, sustentando o Direito Constitucional como ciência do dever ser *(Sollen)*, em contraposição às ciências do ser *(Sein)*, como a sociologia, economia e ciência política, o ex-Presidente da Corte Constitucional Alemã assegura que a Ciência da Constituição deve aspirar a um papel superior ao de simples legitimadora da ordem pressuposta, colimando interagir com esta ordem, sendo um dos fatores de força no meio social. Deste modo, resume suas premissas a partir de três grandes enfoques: por primeiro, há que se reconhecer um *intercondicionamento entre a Constituição jurídica e a realidade político social*. Nesse contexto de inter-relação, em segundo lugar, devem ser considerados os *limites e as possibilidades de atuação da Constituição jurídica* no meio social. Por fim, devem ser considerados *os pressupostos de eficácia da Constituição normativa.*[92]

Destarte, a primeira condição para responder às teses de Lassale e Jellinek é a constatação de um condicionamento recíproco entre a Constituição jurídica e a real. Olhares isolados sobre a realidade sociopolítico, próprios do sociologismo (Lassale e Carl Schmitt), ou sobre a vigência ou derrogação da norma, peculiares ao positivismo

---

[91] BERCOVICI, Gilberto. A Constituição Dirigente e a Crise da Teoria da Constituição, p. 108-9. No mesmo rumo, Lenio Streck e Luciano Feldens, discorrendo sobre a força normativa da Constituição no Estado Democrático de Direito, asseveram que "nesse sentido, há que se indagar acerca do alcance da normatividade da Constituição, seu papel dirigente e suas perspectivas compromissárias. Ultrapassando posturas enciclopedistas, a partir do aprendizado das lições do "Debate de Weimar", *parece-nos evidente que uma teoria da Constituição deve estar umbilicalmente ligada à Teoria do Estado.* Conseqüentemente, a evolução do Estado deve ser analisada em paralelo à trajetória do Direito e das Constituições. Desse modo, resta cristalino que *o Direito não se imuniza aos saltos paradigmáticos do Estado.* O perfil nitidamente intervencionista que caracterizou o Estado Social e que continua presente no atual estágio do Estado Democrático de Direito aponta para um Direito de conteúdo não apenas ordenador (Estado Liberal) ou promovedor (Estado Social), mas, sim, *potencialmente transformador.*"(STRECK, Lenio Luiz; FELDENS, Luciano. *Crime e Constituição* – A Legitimidade da Função Investigatória do Ministério Público. Rio de Janeiro: Forense, 2003, p. 4-5, grifos no original).

[92] HESSE, Konrad. *A Força Normativa da Constituição.* Trad. Gilmar Ferreira Mendes. Porto Alegre: SAFE, 1991, p. 13.

normativista (Paul Laband e Georg Jellinek), em nada contribuem para engendrar a potencialidade normativa do Direito Constitucional. É preciso reconhecer que a norma constitucional não tem existência autônoma em face da realidade, sua essência é sua *vigência*, ou seja, *o telos da norma é concretizar a situação por ela regulada*. Concebendo-se a norma não apenas como uma forma vazada em palavras solenes, mas como um texto que anseia por tornar-se substância, por ser eficaz, resulta impossível separar a norma e a realidade histórica em que se encontra contextualizada, pois é esta realidade o solo mesmo do vigor normativo ou do seu definhamento.[93] Essa pretensão de eficácia da norma jurídica, para atingir sua meta, deve, portanto, levar em conta as condições técnicas, naturais, econômicas e sociais de uma realidade, bem como o substrato espiritual de cada sociedade, traduzido nas concepções sociais concretas e no arcabouço axiológico que permeia a comunidade. Não se trata de a norma submeter-se a esta realidade, aviltando-se à condição de seu mero reflexo, pois a pretensão de eficácia é um apanágio autônomo da norma constitucional pelo qual esta procura imprimir ordem e conformação à realidade política e social.

Mas, para realizar esta pretensão de eficácia, o Direito Constitucional deve indagar suas possibilidades e seus limites no contexto de interconexão entre o sistema axiológico que é a Constituição e o meio circundante. Citando excertos de Wilhelm Humboldt, Hesse lembra que somente a Constituição que guardar uma vinculação com a situação histórica e suas condicionantes pode desenvolver-se. A Constituição pretende dar forma racional ao real, mas ela própria, enquanto instrumento da razão, não tem o poder de criar novas substâncias, senão que deve trabalhar com aquelas à sua mão. Assim, a Constituição não pode ser imposta à sociedade, senão que ela própria "deve encontrar um *germe material de sua força vital* no tempo, nas circunstâncias, no caráter nacional, necessitando apenas de desenvolvimento. Afigura-se altamente precário pretender concebê-la com base, exclusivamente, nos princípios da razão e da experiência".[94] Sinteticamente, pode-se asseverar que a vitalidade e eficácia de uma Constituição têm supedâneo nas forças espontâneas e tendências dominantes do momento histórico em que concebida.

---

[93] No entanto, não são apenas as condições do solo que influem no futuro da planta semeada, mas também os cuidados do semeador. A metáfora é útil na medida em que a semente, como o Direito Constitucional, anseia por seu destino natural: viver e crescer, e também interage com seu meio externo, embora com ele não se confunda. Todavia, no solo árido a semente não poderá desenvolver-se, salvo se os cuidados do semeador assim o permitirem. Assim, também a pretensão de eficácia do Direito Constitucional depende tanto da realidade que lhe é subjacente como do empenho daqueles a quem se dirige.

[94] HUMBOLDT, Wilhelm *apud* HESSE, Konrad. *Op. cit.*, p. 17-8.

Direitos Fundamentais Sociais

Hesse vai adiante, entretanto, ao lembrar que não se trata apenas de uma adaptação inteligente da Constituição a uma constelação de forças e tendências de um momento histórico. Na verdade, a norma constitucional também atua sobre esta realidade como força ativa capaz de impor tarefas as quais, na medida em que realizadas, ampliam a potencialidade transformadora do Direito Constitucional. Em suma, como já se adiantou, a eficácia da Constituição sobre a realidade social depende, antes de tudo, da vontade de realizá-la, o que o constitucionalista alemão designou de *vontade de constituição (Wille zur Verfassung)* como substituição racional da simples *vontade de poder (Wille zur Macht)*.

Na opinião de Hesse a *vontade de constituição* deflui de três grandes causas: a) compreensão da necessidade e do valor de uma ordem normativa pétrea, capaz de impor-se contra o arbítrio tirânico; b) a admissão de que essa ordem não é apenas legitimada pela realidade fática; c) o reconhecimento de que esta ordem somente poderá ser eficaz com a colaboração da vontade humana.[95]

Assim, é que Hesse vai superar uma concepção determinista do Direito Constitucional que o atrela ao constante devir dos "fatores reais do poder", sustentando, em contrapartida, o poder da vontade humana que, coletivamente considerada, é capaz de fazer valer a força normativa da Constituição, mesmo em face de outros poderes atuantes no meio social. Essa *vontade de Constituição*, entretanto, possui dois pressupostos cuja presença permite à Constituição expandir-se de modo mais eficaz no entorno social, são eles: *o conteúdo e a práxis constitucional*.

No tocante ao *conteúdo*, quanto mais este corresponder aos anseios próprios do tempo presente, tanto mais poderá desenvolver sua força normativa. A Constituição deve ter capacidade de resiliência em face de mudanças das condicionantes históricas, inclusive, prevendo regulamentação para momentos excepcionais como o estado de sítio e de defesa.[96] Ademais, a *praxis* da Constituição deve congregar todos os **partícipes da vida constitucional, pois "todos os interesses momentâneos – ainda quando realizados – não logram compensar o incalculável** ganho resultante do comprovado respeito à Constituição".[97] Daí por que o autor condena a tendência moderna para uma vulgarização das reformas constitucionais, ao sabor, por vezes, de interesses casuísticos e momentâneos, uma vez que a freqüência reformista abala a confiança na inquebrantabilidade da Carta e debilita sua força normativa. Por

---

[95] *Op. cit.*, p. 19/20.

[96] A Constituição brasileira de 1988 prevê no Título V, que trata da Defesa do Estado e das Instituições Democráticas, no Capítulo I, arts. 136 a 141, a normativa do estado de defesa e estado de sítio.

[97] *Op. cit.*, p. 21.

fim, ao tratar da relevância da interpretação constitucional, como pressuposto da força normativa, Hesse pontifica que

A interpretação constitucional está submetida ao princípio da ótima concretização da norma. Evidentemente, esse princípio não pode ser aplicado com base nos meios fornecidos pela subsunção lógica e pela construção conceitual. Se o direito e, sobretudo, a Constituição, têm a sua eficácia condicionada pelos fatos concretos da vida, não se afigura possível que a interpretação faça deles tábula rasa. Ela há de contemplar estas condicionantes, correlacionando-as com as proposições normativas da Constituição. A interpretação adequada é aquela que consegue concretizar, de forma excelente, o sentido *(Sinn)* da proposição normativa dentro das condições reais dominantes numa determinada situação.[98]

Daí por que conclui o autor que a pretensão de eficácia da Constituição jurídica somente pode ser realizada se levar em conta a realidade histórica em que inserida, mas nem por isso ela é mero reflexo desta realidade, na medida em que pode e deve influenciá-la também. Deste modo, embora o Direito Constitucional continue sendo uma ciência do dever ser, deve ele dialogar com as ciências da realidade, como a história, a sociologia e a economia, preservando destarte a consciência dos seus limites.

É na esteira do pensamento de Hesse que, defendendo uma teoria constitucional apropriada para *países* de modernidade tardia,[99] que enfatize o papel transformador do Direito e, conseqüentemente, o protagonismo político dos juristas e operadores do Direito, Lenio Streck, alinhando-se com as teses realistas, sustenta que as posturas procedimentalistas[100] repelem o Estado Social e, deste modo, também o Estado Democrático de Direito, pois restringem o papel da justiça constitucional à compreensão procedimental da Constituição. "Enquanto o procedimentalismo habermasiano sustenta que o Tribunal Constitucional não deve ser o guardião de uma suposta ordem supra-positiva de valores substanciais, entendo que a realização dos valores substanciais, a pretexto de juridicização da Política, não pode ser

---

[98] *Op. cit.*, p. 22-3.

[99] Para aprofundamento do tema, ver, STRECK, Lenio Luiz. *Jurisdição Constitucional e Hermenêutica.* Cap. III, especialmente itens 3.4 e 3.5, onde constitucionalista gaúcho analisa as últimas considerações de J. J. Gomes Canotilho ao proclamar que a Constituição dirigente está morta "se o dirigismo constitucional for entendido como normativismo constitucional revolucionário, capaz de, só por si, operar transformações emancipatórias". Para Streck, as novas teses de Canotilho são inspiradas na visão sistêmica a que se perfilou o constitucionalismo europeu, às voltas com a formação de um supraconstitucionalismo da União Européia; entretanto, em países em que as promessas da modernidade ainda não foram cumpridas e o próprio Estado Social não se existencializou, a Constituição com poder dirigente continua a ser o suporte normativo do projeto de modernidade por implementar, porquanto, em tais Estados, em que não se completou o combate às "três violências" – falta de segurança e liberdade (violência físico-individual), desigualdade político-democrática e pobreza – não se admite o eclipse do Estado e da força dirigente da Constituição.

[100] Trata-se de uma tendência filosófica contemporânea, denominada *procedimentalismo,* cujas bases epistemológicas podem ser buscadas especialmente em Habermas, para quem em uma realidade permeada pelo multiculturalismo, já não é possível a legitimação do direito em princípios substanciais, senão que apenas na observância dos procedimentos formais.

Direitos Fundamentais Sociais

negada à sociedade" (...) "o constitucionalismo, exsurgente do Estado Democrático de Direito, pelo seu perfil compromissário, dirigente e vinculativo, *constitui-a-ação* do Estado!".[101]

Sem dúvida, no paradigma do Estado Democrático de Direito, a forma e a própria previsão de procedimentos cede considerável espaço para os valores substantivos, representados pelos direitos fundamentais, individuais ou sociais, que o texto constitucional estabelece e colima tornar efetivos. Nesse sentido, vale transcrever escólio que sintetiza, com acuidade, esta integração necessária:

> Tais valores substantivos fazem parte do núcleo político da Constituição, que aponta para o resgate das promessas de igualdade, justiça social, realização dos direitos fundamentais. Dito de outro modo, da materialidade do texto constitucional extrai-se que o Estado Democrático de Direito, na esteira do constitucionalismo do pós-guerra, *consagra o princípio da democracia econômica, social e cultural, mediante os seguintes pressupostos deontológicos:* a) constitui uma *imposição constitucional* dirigida aos órgãos de direção política e da administração para que desenvolvam atividades econômicas conformadoras e transformadoras no domínio econômico, social e cultural, de modo a evoluir-se para uma sociedade democrática cada vez mais conforme aos objetivos da democracia social; b) representa uma autorização constitucional para que o legislador e os demais órgãos adotem medidas que visem a alcançar, *sob a ótica da justiça constitucional, nas vestes de uma justiça social;* c) implica a proibição do retrocesso social, cláusula que está implícita na principiologia do estado social constitucional; d) *perfila-se como elemento de interpretação, obrigando o legislador, a administração e os tribunais a considerá-lo como elemento vinculado da interpretação das normas a partir do comando do princípio da democracia econômica, social e cultural;* e) impõe-se como fundamento de pretensões jurídicas aos cidadãos, pelo menos nos casos de defesa de condições mínimas de existência. (Grifo no original).[102]

A Constituição de 1988 é densa de valores tendentes à implantação das políticas do *Welfare State*, compatíveis com o princípio da dignidade da pessoa humana. Para tanto, basta atentar para os "Princípios Fundamentais" que integram o Título I da Carta Cidadã, os quais, estando à sua testa, desafiam todo o sistema ao seu fiel cumprimento, servem de baluarte contra todas as arremetidas e constituem as pré-compreensões necessárias à interpretação do texto restante. É em direção da utopia de construir uma sociedade livre, justa e solidária que todo o Direito Constitucional deve caminhar, não claudicando, não hesitando, mas a passos firmes e seguros. Ademais, lá estão no Título II os direitos e garantias fundamentais, para demonstrar que o Poder Constituinte originário também perfilou o entendimento realista de que os direitos nada valem sem suas garantias. No catálogo do art. 5º, hoje com 78 incisos, estão delineados alguns dos direitos e deveres individuais e coletivos mais preciosos do povo brasileiro, porém, é bom lembrar que aquele rol não é exaustivo, visto que o § 2º daquele dispositivo o amplia para alcançar outros direitos fundamentais explí-

---

[101] STRECK, Lenio Luiz. *Jurisdição Constitucional e Hermenêutica*, p. 3.

[102] Idem, p. 20-1.

citos na Constituição ou mesmo implícito, porque decorrentes seus princípios, bem como aqueloutros inseridos em tratados internacionais dos quais o Brasil tome parte.

Em tal quadro, não surpreende deva ocorrer um deslocamento do ponto tensional dos conflitos sociais para o âmbito do Poder Judiciário. A insuficiência da Democracia formal liberal-individualista, onde o povo é conclamado a exercer periodicamente sua cidadania, começa a ser preenchida pelas possibilidades alternativas de democracia direta, próprias da garantia constitucional de acesso à Justiça, exercitáveis mediante as diversas ações constitucionais e por conta dos controles difuso e concentrado de constitucionalidade. A ampla justiça constitucional insinua-se como instrumento de controle do poder político e econômico pelas instâncias sociais.

Todavia, "entre o querer ser e o crer que já se é, vai a distância entre o sublime e o ridículo" (Ortega y Gasset). O Estado Democrático de Direito não apenas ultrapassa o Estado Social, agregando à atividade estatal e à ordem jurídica um conteúdo utópico de transformação da realidade.[103] Na verdade, sua plena realização ainda é uma utopia cotidianamente ameaçada pelos efeitos nocivos da propaganda anti-constitucional, pela globalização meramente econômica, fatores potencializados pelo velamento constitucional que a dogmática tradicional patrocina.

Com efeito, hodiernamente, ante a necessária coexistência plural de classes e culturas, não há dúvidas de que a Constituição escrita, como documento jurídico-político que existencializa a hipótese jusnaturalista do contrato social, contextualiza-se em uma nova realidade tensiva dos poderes, tais como, os conflitos ideológicos interclassistas e as disputas entre o setor público e o privado no dilema privatização/estatização.[104] Catalogando, destarte, interesses opostos, a Constituição reflete o conflito existente na sociedade. Todas as classes lograram inserir em seu texto alguns de seus interesses mais caros, mas também ali viram inseridos alguns dos seus desinteresses mais odiosos. Disso resultam recorrentes acusações à Carta, imputando-lhe ser a causa da perda de competividade do País, no cenário internacional, da insegurança pública, da crise financeira do Estado.

Oriunda, ora dos meios oficiais, que assim pretendem buscar consenso popular para reformas capazes de mutilar o texto, revertendo suas possibilidades transformadoras; ora do meio econômico-privado que vê nos limites constitucionais, embaraços ao livre comércio, esta

---

[103] MORAIS, Jose Luis Bolzan de. *Do Direito Social aos Interesses Transindividuais*, p. 76.

[104] Especialmente quanto ao tema e preconizando a necessidade de sair da alternativa privatização, estatização, vale consultar ROSANVALLON, Pierre. *A Crise do Estado Providência*. Goiânia: UNB e UFG, 1997. 3ª Parte.

Direitos Fundamentais Sociais

propaganda anticonstitucional é o gérmen da crise filosófica da Constituição brasileira de 1988 e, conseqüentemente, do seu princípio mais sagrado: o Estado Democrático de Direito.

Assim, reduz-se a Constituição a um programa de governo, sem dia para iniciar nem para ser concluído, fragilizando-se os valores nela contidos como paradigmas ético-jurídicos da sociedade e do poder, e protelando-se *ad infinitum* a concretização dos objetivos constitucionais. Oculta-se o poder normativo da Constituição formal, submetendo-a a uma leitura ideológica liberal-individualista da realidade social, que vaticina a inviabilidade político-econômica da Constituição.

Transferindo estas reflexões para a recente história brasileira, forçoso concluir que, após as duas décadas da ditadura militar, e habituados a lidar apenas com um emaranhado de textos jurídicos infraconstitucionais, em vigor há muitas décadas, os lidadores do Direito ainda não se aperceberam do novo fundamento de validade – a Constituição de 1988. Não houve o engendramento de um suficiente entusiasmo para compreender a irrupção do novo, posto que a concretização normativa da Constituição exige uma interpretação que ultrapasse o texto da norma para traduzir-se em resultados concretos na realidade social. Tais resultados refletem-se sobremaneira no processo legislativo, na atuação dos órgãos do Executivo e nas decisões judiciais dos conflitos de justiça comutativa e distributiva. Somente esta ruptura hermenêutica poderá resultar no domínio normativo do texto constitucional, decorrente da imbricação entre o texto e os fatores normativos de caráter material.

Para Lenio Streck, o primeiro obstáculo ao caminho de afirmação do texto constitucional é a tradição de democracia delegativa de caráter hobbesiano, que facilita o governo mediante medidas provisórias e impõe o medo de um anunciado caos social, com cuja ameaça, o Executivo faz toda a sociedade de refém. Os cargos eleitos do Executivo acreditam-se autorizados a governar como lhes aprouver, sem necessidade de respeitar promessas de campanha, nem prestar contas de sua gestão, exigências sociais/legais que surgem como impedimentos desnecessários à plena autoridade que receberam para exercer. No Brasil, a crise social e econômica do final do período autoritário foi o terreno ideal para as propensões delegativas, e uma observação superficial do quadro político ainda reinante permite concluir que esta tendência persiste. Ademais, para esse autor crítico, a doutrina segue caudatária da jurisprudência e incapaz de produzir uma teoria do Estado e da Constituição que revele o novo paradigma do Estado Democrático de Direito.[105]

---

[105] STRECK, Lenio Luiz. *Jurisdição Constitucional e Hermenêutica*, p. 26-8.

Por outro lado, para Streck, e perfila-se aqui ao seu entendimento, uma das razões da ineficácia constitucional crônica reside no *modus* interpretativo da Constituição. Nos modos clássicos de interpretação, acredita-se na possibilidade de extração de sentido dos textos normativos, como se tivessem um sentido em-si-mesmo que existisse de modo atemporal e independente do intérprete *(Auslegung)*. Esta mecânica equivale a um fórceps constitucional que extrai do texto verdadeiros "bebês de Rosemary", como têm sido denominadas algumas das produções legais regulamentadoras do texto constitucional e como podem também ser designadas algumas interpretações doutrinárias e jurisprudenciais da Carta Fundamental que fossem ser aqui citadas tomariam o restante do espaço deste trabalho, mas que são bem conhecidas de todos os estudiosos do direito constitucional.

Ao contrário disso, o objetivo de uma visão crítica e implementadora do Direito Constitucional é contrapor-se aos arautos do fim do constitucionalismo, removendo obstáculos e contribuindo à elaboração de uma Teoria Constitucional, capaz de justificar a submissão dos poderes políticos, econômicos e sociais aos valores constitucionais, pondo em prática o conteúdo constitucional.

Com efeito, após longa evolução, a tarefa que cabe ao cidadão do Século XXI é converter uma realidade histórica caracterizada pelo patrimonialismo político, desigualdade e autoritarismo, lançando sobre as trevas da vetusta tradição liberal individualista, que insiste em dominar o cenário político brasileiro, uma luz de contemporaneidade, capaz de remediar o atraso ao qual tem sido a pátria condenada pela irresponsabilidade de suas elites.[106]

Em tal desiderato, com supedâneo na Nova Crítica do Direito, assentada esta na hermenêutica filosófica heideggeriana-gadameriana,

---

[106] Acerca das elites brasileiras, parece oportuna a reflexão trazida por Reinaldo de Lima Lopes, mencionando texto publicado na Revista Brasileira de Ciências Sociais, que faz análise comparativa entre as elites da Europa, do Brasil e de outros países do Terceiro Mundo: "uma das conclusões que o texto tira, depois de um trabalho de pesquisa de vários anos, com o uso de técnicas de pesquisa quantitativa e qualitativa de análise, é a seguinte: as elites brasileiras (as elites religiosas, políticas, da burocracia e assim por diante) detectam com muita clareza o problema fundamental do conflito que divide e sociedade brasileira, isto é, pobreza e desigualdade. Em segundo lugar, detectam várias saídas que já foram usadas em outros países. Em terceiro lugar, está a diferença fundamental das elites brasileiras – não se consideram responsáveis por isso. Elas dizem: 'É um problema do Governo, um problema do Estado'. E a autora do texto faz uma observação que inclusive os membros do Ministério Público não se vêem como Estado. O problema social brasileiro é sempre um problema do outro, nunca é um problema próprio de quem fala; para os empresários é um problema do Governo, para o Governo é um problema dos empresários, e assim por diante. Não há ninguém que seja dono deste problema, mas todos detectam e propõem soluções interessantes, só que o problema não é de ninguém". (LOPES, José Reinaldo de Lima. A Definição do Interesse Público. In: SALLES, Carlos Alberto de (org). *Processo Civil e Interesse Público*. São Paulo: Associação Paulista do Ministério Público e Editora Revista dos Tribunais (co-edição), 2003, p. 92).

pretende-se revelar, na seqüência, o propósito de uma Constituição que, além de ser o espaço dos conteúdos políticos definidos pela sociedade, pretende transformar-se no *locus* conformador de toda a ordem jurídica, devendo orientar os pré-juízos do intérprete, na sua tarefa de aplicação do Direito.

Para alcançar este ideal de implementação constitucional, entretanto, por primeiro, é necessário remover os entulhos ideológicos que escondem os ideais garantistas da Constituição para que novas diretrizes possam tomar o lugar que lhes foi reservado. Com efeito, os métodos hermenêuticos tradicionais entificam o sentido de Constituição, pois ignoram a diferença ontológica entre ser (sentido) e ente (objeto), transformando-a em um instrumento à parte do restante do mundo jurídico, que, assim, pode ser esquecida e abandonada. A tradição jurídica brasileira, infelizmente, caracterizada pelo domínio das elites e pelo autoritarismo, ferramentaliza a Constituição, diminuindo, destarte, a potencialidade do Direito como alavanca da Justiça Social. Na realidade, o texto constitucional em si não é garantia suficiente de efetividade, pois o sucessivo malogro dos direitos fundamentais no Brasil não decorre de problemas de técnica ou elaboração legislativa já que, com exceção das Constituições autoritárias de 1937, 1967 e 1969, até mesmo a Constituição Imperial consubstanciou textos harmonizados com a evolução do pensamento político e humanista de sua época. A ineficácia dos direitos fundamentais é crônica no Brasil e não decorre tanto de eventual insuficiência dos textos, mas de outros obstáculos, dentre os quais desponta a própria hermenêutica normativa e metodológica ainda utilizada pelos juristas pátrios e aplicadores do Direito de modo geral.

A tarefa que ora se propõe parte da premissa de que há um sentido de Constituição que deve dominar os pré-juízos dos aplicadores do Direito para o fim de filtrar e inspirar toda a infraconstitucionalidade, a partir de sua entronização nos pré-juízos operativos do intérprete. Trata-se de um "ser" da Constituição que se mostra enquanto fenômeno, de molde a invadir a condição existencial dos intérpretes/aplicadores. A dogmática acrítica procura ocultar esta diferença ontológica entre "ser" e "ente", entificando o "ser" e classificando a Constituição e o Direito em categorias, como direito público, direito privado, direito constitucional, de modo a negar o sentido de Constituição que deve fluir sobre todo o Direito. Para tanto, a fim de clarear este sentido oculto, calha trazer a lume noções da Hermenêutica Filosófica de Heidegger e Gadamer, como matriz teórica capaz de ensejar o desvelamento da Constituição cidadã de 1988.

1.5.3. Streck e a Nova Crítica do Direito: a proposta de desvelamento do novo paradigma constitucional

Ao cabo de toda esta evolução dos direitos fundamentais, desde suas formulações filosóficas até as positivações nacionais e internacionais e, enfocando especialmente o caso brasileiro, é certo afirmar que a crise do Direito não decorre da falta de textos jurídicos positivadores de direitos e garantias individuais e sociais, porquanto, ainda que com algum atraso, o legislador brasileiro regulamentou dispositivos da Carta Fundamental, trazendo ao universo jurídico um arcabouço de legislação infraconstitucional, capaz de explicitar os conteúdos inovadores do texto constitucional. A inefetividade desses direitos pode ser imputada aos sujeitos (ir)responsáveis pela implementação dos textos que, por razões diversas, não compreenderam (ou não querem compreender, em alguns casos) o novo paradigma do Estado Democrático de Direito, de que o movimento de 1988 pretende ser um limiar.

Tratando-se de uma crise da implementação dos direitos, e sendo correto afirmar que hermenêutica é aplicação do Direito, impõe-se ao jurista uma hermenêutica capaz de concretizar o fenômeno constitucional, hábil a deixar vir-à-presença o novo paradigma que ele anseia por implementar. Eis a proposta da *Nova Crítica do Direito* (NCD): "afirmar a hermenêutica como modo de deixar o fenômeno constitucional tornar-se visível, *deixando-o vir à presença*, ao contrário da dogmática jurídica tradicional, que vê a Constituição como uma (mera) ferramenta jurídica a ser confirmada (ou não) pela 'técnica interpretativa' (...)".[107]

Para a *Nova Crítica do Direito* é necessário observar a distinção entre a hermenêutica clássica, vista como pura metodologia de interpretação, ou seja, como recurso a métodos de *extração* de sentido dos textos *(auslegung)*, e a hermenêutica filosófica, inspirada sobretudo em Heidegger e Gadamer, com proposta contrária, ou seja, de *dar um sentido* aos textos *(singebung)*. Neste paradigma hermenêutico, põe-se em evidência a *autocompreensão*, enfatizando, destarte, a dimensão do sujeito e suas circunstâncias, donde resulta seu caráter filosófico e a relevância que, em seu seio, assume a linguagem.[108]

---

[107] STRECK, Lenio Luiz. A Hermenêutica e o Acontecer *(ereignen)* da Constituição: a Tarefa de uma Nova Crítica do Direito. *Anuário do Programa de Pós-Graduação em Direito – Unisinos*. São Leopoldo: Ed. Unisinos, 2000, p. 135 (grifos no original). A Nova Crítica do Direito é uma proposta elaborada por Lenio Luiz Streck que, com base, nos aportes da Hermenêutica heideggeriana-gadameriana, denuncia os baixos níveis de constitucionalidade do Direito brasileiro, nossa tradição privatista e individualista, combate a dogmática tradicional baseada em regimes autoritários que forjaram uma tradição inautêntica veladora do sentido de Constituição. Assim, adverte a Nova Crítica do Direito, o "novo" representado pela Constituição de 1988 não consegue desvelar-se, permanecendo oculto na cotidianidade do jurista, envolto no *habitus dogmaticus*.

[108] STRECK, Lenio Luiz. *Jurisdição Constitucional e Hermenêutica*. Porto Alegre: Livraria do Advogado, 1999, p. 168-9.

Direitos Fundamentais Sociais

Vê-se logo que essa proposta é revolucionária, pois a tradição jurídica no Brasil vem, ao longo da história, operando uma hermenêutica metodológica, inspirada nas matrizes filosóficas absolutistas, que prenunciam realidades existentes em si e por si, alheias ao sujeito cognoscente. Ocorre que a hermenêutica clássica, entronizada nos domínios da dogmática jurídica, enfatiza o estudo do objeto, separando-o do sujeito, por sua vez, secundarizado. Na proposta metodológica/dogmática o sujeito opera, mediante técnicas, a interpretação dos textos (objetos), visando a extrair deles um sentido (*auslegung*). A hermenêutica dos métodos – literal, teleológico, sistêmico – constitui precipuamente um instrumental da matriz analítica do Direito, pois homenageia a virtual possibilidade de extrair do próprio texto um sentido que existisse independentemente do sujeito aplicador. Os métodos interpretativos, porém, tanto se prestam a extrair como a ocultar sentidos e justificar injustiças, pois desconsideram os efeitos das pré-compreensões que se situam, não no objeto de análise, senão que nas condições pessoais do sujeito, inserido em seu mundo finito e pleno de sentidos.

A *hermenêutica metodológica* principia a crise do Direito, pois inibe seu poder metamórfico, gerando deslegitimação conseqüente. Nesse sentido, Lenio Streck refere crítica de Dalmo de Abreu Dallari, para quem o juiz, ao utilizar tantos métodos de interpretação da lei, considera-se exonerado de sua responsabilidade, atribuindo ao legislador as injustiças que decorrem de suas sentenças. Isto exime o aplicador de esforços criativos do Direito, que exigiriam estudo de disciplinas afins, especialmente as potencialidades humanitárias e éticas da Filosofia quando naturalizada em meio ao Direito. Ao contrário, inserido em um mundo de reprodução fordista, repetitiva e serial, o juiz, premido por cobranças externas e internas e, angustiado pela discronia entre o tempo mais lento do processo e o do mundo que o cerca, opta pelo caminho da reprodução de sentido, sem indagar-se a que e para quem tem servido o Direito que aplica. Tampouco reconhece sua função social e as expectativas que nele são depositadas pela imensa maioria da população carente e necessitada, ávida por Justiça distributiva e pela implementação dos direitos fundamentais prestacionais. Como resultante, objetifica-se o Direito em documentos escritos, escondendo a diferença que existe entre "ser" e "ente", e, portanto, entificando-se o sentido do Direito. A entificação do sentido é um consectário da filosofia metafísica e significa um processo de enclausuramento do sentido no objeto, oportunizando a ocultação da "diferença ontológica" entre ser e ente. Entificado o sentido (ser), é possível minimizá-lo ou mesmo esquecê-lo, pois, enquanto deveria situar-se nas pré-compreensões dos sujeitos aplicadores e fazer-se sentir na linguagem cotidiana, fica reduzido a um ferramental objetificado cuja aplicação torna-se opcional. Em vez de um mandado de otimização do texto constitucional, tem-se uma tendência à minimização dos princípios diretivos da constituição que se tornam, destarte, opcionáveis.

Ademais, a hermenêutica metodológica redunda em grave aporia ao conceber diversos métodos interpretativos, sem que seja capaz de elaborar aquele que seria o "método dos métodos", ou seja, aquele que propiciaria decidir em quais hipóteses seria aplicado este ou aquele método interpretativo. Sem um metacritério (*grundmethode*), a hermenêutica metodológica é arbitrária. Acentua, com propriedade, Lenio Luiz Streck que:

> Afinal, toda a interpretação sempre será *gramatical* (porque à evidência deve partir de um texto jurídico); será inexoravelmente *teleológica* (seria viável pensar em uma interpretação que não fosse voltada à finalidade da lei, com a conseqüente violação à firme determinação do art. 5º da Lei de Introdução ao Código Civil, que determina que o juiz, na aplicação da lei, atenderá aos fins sociais a que ela se destina e às exigências do bem comum?); será, obrigatoriamente, *sistemática* (porque é impossível conceber que um texto normativo represente a si mesmo, sem se relacionar com o todo ....) [grifos no original].[109]

Já no âmbito da *hermenêutica de cariz filosófico*, a interpretação não se dá em parcelas como pretendem os metodólogos, mas de modo unitário, no seio de uma espiral hermenêutica, onde a compreensão opera-se a partir de pré-compreensões, gestadas na mundanidade do intérprete.[110] Em tal proposição, a linguagem ganha um novo papel, no que se convencionou chamar de "giro lingüístico". Com efeito, no paradigma da Hermenêutica Filosófica, assim denominada por abandonar a anterior proposta de uma hermenêutica metodológica, e quando de sua operacionalidade no universo do Direito, no plano da Nova Crítica do Direito (NCD), a linguagem, outrora simples instrumento para designar entes ou transmitir pensamentos pré-lingüísticos, concebidos sem sua intervenção,[111] passa a ser condição de acesso ao

---

[109] STRECK, Lenio Luiz. A Hermenêutica e o Acontecer (*ereignen*) da Constituição: a Tarefa de uma Nova Crítica do Direito, p. 132. Ainda sobre a crítica à hermenêutica metodológica, ver, do mesmo autor, o item 5.7 da obra *Jurisdição Constitucional e Hermenêutica*.

[110] Lenio Streck sustenta que o intérprete não interpreta de forma escalonada como sugere a hermenêutica clássica (ou seja, primeiro compreende, depois interpreta, por último, aplica), mas sim, em um momento só: a *applicatio*, "que se dá no movimento da circularidade da autocompreensão no interior da espiral hermenêutica". O ato de aplicação não pode ser desdobrado em dois momentos – um de decisão e outro de fundamentação – ao decidir, o intérprete já fundamentou, pois que um ato integra o outro, nos moldes do teorema ontológico-fundamental do círculo hermenêutico. Esta circularidade fica bem clara quando se assenta que "nem o texto infraconstitucional pode ser visto apartado do sentido da Constituição e nem esta (a Constituição) pode ser entendida como se fosse um 'ser sem o ente' (uma 'categoria' ou uma 'premissa') (Idem, p. 209-11).

[111] Esta é a função destinada à linguagem na concepção central do pensamento metafísico ocidental, sobretudo baseado em Platão e Aristóteles. Busca-se a similitude entre o pensamento e a coisa, desvendando as essências das coisas em busca da verdade ontológica. "Em conseqüência, *a verdade se caracteriza exatamente pela correspondência entre o intelecto e a coisa visada, como a fórmula aristotélica e medieval*. A linguagem é apenas instrumento que comunica/transporta

---

Direitos Fundamentais Sociais

ser do ente. Pode-se afirmar que a linguagem revela o ser (um significado) de um ente (um significante), ou desvela-o no que estiver oculto; deste modo, a linguagem, de instrumento, passa a ser condição de acesso ao conhecimento, enveredando por uma atuação produtiva do saber, e não meramente reprodutiva, não sem razão a afirmativa de Witgenstein de que "os limites da minha linguagem são os limites do meu mundo".[112]

1.5.4. A Fenomenologia Heideggariana

Nos domínios da História da Filosofia, é conhecido o clássico embate filosófico entre absolutismo e relativismo que atravessou os séculos. A filosofia da Antiguidade clássica, tipicamente absolutista/essencialista, prendia-se à idéia ontológica da teoria do "ser", pelo que o fundamento da atividade cognoscitiva, em sua busca incessante das verdades últimas, não está no sujeito cognoscente, mas no próprio "ser", ou seja, na essência do objeto de cognição, que existe de um modo absoluto e independente daquela atividade. Para os absolutistas,

---

essências e/ou conceitos verdadeiros. (...) Como bem assinala Oliveira, 'a tradição de pensamento sempre pressupôs uma isomorfia entre realidade e linguagem, porque há uma essência comum a um determinado tipo de objetos que possuem esta essência'. A palavra designa, precisamente, não a coisa individual, mas o comum a várias coisas individuais, ou seja, sua essência. *Para a metafísica clássica, o conhecimento verdadeiro consiste na captação da essência imutável das coisas, o que precisamente, é depois comunicado pela linguagem"* (Idem. *Hermenêutica Jurídica e(m) crise*, p. 105-6. Grifo no original).

[112] Lenio Streck, com base em Carlos Nieto Blanco, resume com propriedade o chamado giro lingüístico, que se revelou na invasão da filosofia pela linguagem e na descoberta da sua função nas chamadas quatro reduções: 1ª) *redução lingüística da mente* (substituição das "operações mentais" por operações de natureza lingüística); 2ª) *redução lingüística da consciência* (a linguagem abre a história à consciência, como história da cultura, cuja textura é lingüística); 3ª) *redução lingüística do ser* (o ser de um ente é lingüístico, ele ontologiza-se, fulgurando o ente, desvelando-o, destarte); 4ª) *redução lingüística da razão* (a razão se transforma em razão dialógica). Deste modo, no Século XX, tanto como conteúdo, assim como método da razão, a linguagem se converteu em ponto de partida e centro da reflexão, de sorte que a viragem lingüística e o giro pragmático que a segue assentam-se nas seguintes premissas: "a) *o conhecimento ocorre na linguagem*. Qualquer discurso científico possui em comum com os demais a sua natureza lingüística. b) *É na linguagem que há a surgência do mundo*. É na linguagem que o mundo se desvela (...) não é que o mundo está atrás da linguagem, mas, sim, que está *na linguagem* (...) c) *é na linguagem que o sujeito surge-aparece-ocorre*: como sujeito que fala, como sujeito da enunciação, e como sujeito que entende a linguagem dos outros; d) *é na linguagem que ocorre a ação*. Não só a linguagem tem vocação representativa, declarativa ou constatativa; também existe vocação realizativa da linguagem, que conecta a linguagem com a prática, assim como as práticas e os interesses com a linguagem; d) *É na linguagem que se dá o sentido*. O sentido do que há, em primeiro lugar, porque a linguagem tem, necessariamente, um componente significativo para uma comunidade de usuários que, sem ela, não funciona; em segundo lugar, a linguagem pode criar novos mundos na medida que abre novos caminhos ao sentido. Nomear adjetivar é, em certo sentido, criar". (STRECK, Lenio Luiz. *Hermenêutica Jurídica e(m) crise*, p. 151-2. Grifo no original). Em outra obra, Lenio Streck sintetiza que "a linguagem, então, é totalidade; é abertura para o mundo; e enfim, *condição de possibilidade, e, mais do que isto, é constituidora do próprio saber.* Isto porque é pela linguagem e somente por ela que podemos ter mundo e chegar a este mundo. Sem linguagem não há mundo, enquanto mundo. Não há coisa alguma enquanto falta a pá-lavra". (*Jurisdição Constitucional e Hermenêutica*, p. 204-5. Grifo no original).

o "ser" só pode ser acessado pela razão, pelo que, ao conhecer, é o intelecto que se adapta ao "ser", e a verdade é aferida pela conformação entre a compreensão e a realidade das coisas em si, como se tal realidade existisse independentemente do sujeito cognoscente.

Deste modo, o *absolutismo filosófico* estriba-se na aceitação de uma "realidade absoluta", que independe do conhecimento humano e, portanto, existe autonomamente. Garantir-se, *v. g.*, que todo interesse governamental é um interesse social, que todas as questões envolvendo Direito de família são de interesse público, ou que toda atividade empresarial é socialmente positiva porque cria empregos e impostos, de forma acrítica, seria um consectário desta visão absolutista, porque colheria uma sentença tópica, dando-a como de significação indiscutível em face do conhecimento humano, vez que fundada nos primórdios da razão humana, em verdades últimas e absolutas.

O absolutismo filosófico é essencialmente heterônomo, pois admite a existência de uma verdade absoluta, alheia ao conhecimento do homem, que a este se impõe desde o seu exterior, desde o "ser" em sua essência, disso resultando a possibilidade de valores e juízos absolutos, não sujeitos às determinantes temporal e espacial. Um tal pensamento, em que pese a segurança e ordem que pode estabelecer na sociedade, traz em si o gérmen dos despotismos e das autocracias. A ordem jurídica, então engendrada, não é todavia totalmente pacífica, pois nela remanescem as clássicas contradições ideológicas e o déficit imenso de legitimidade, que a evolução histórica tende a intensificar.

Em contraposição ao absolutismo filosófico, que medrou na Antiguidade clássica e no Medievo (neste caso em função do monopólio ideológico da religião oficial), pode-se afirmar que a filosofia moderna é, de regra, relativista, ou seja, em vez de concentrar esforços na investigação do "ser", vai priorizar o sujeito como objeto de sua atenção, partindo da idéia de que o conhecimento é relativo ao sujeito que conhece. Destarte, tem início a *reviravolta lingüística*, que inaugura a hermenêutica filosófica. É neste ponto que a linguagem deixa de ser considerada uma terceira coisa entre o sujeito e o objeto, mas condição de acesso ao conhecimento que só existe porque e quando pode ser veiculado pela linguagem. Não há conhecimento sem linguagem que o simbolize. A ignorância é não-linguagem, ou seja, a impossibilidade de traduzir simbolicamente o conhecimento que, de fato, nem existe se não puder ser vertido lingüisticamente.

O giro lingüístico encontra seu gérmen na *virada copernicana de Kant*, que, rompendo paradigmas, direciona o foco da filosofia para o sujeito, em lugar do objeto, que até então centralizava a atenção dos filósofos. O filósofo prussiano busca conciliar os dois pontos de vista – racionalista e experimentalista – e, como ponto de partida, concorda

Direitos Fundamentais Sociais

com os filósofos empíricos quanto ao fato de que devemos todos os nossos conhecimentos às impressões dos sentidos; por outro lado, nossa razão também contém pressupostos importantes para o *modo* como percebemos o mundo à nossa volta. Kant rompe com o puro racionalismo a ele precedente, que acreditava na possibilidade de o homem, embora mortal, reconhecer, com o uso de uma *razão suficiente*, a construção lógica e perfeita do mundo ao seu redor. A *razão suficiente*, em Kant, é uma razão humana que só pode ser concebida por *nós mesmos*, de modo que existem certas condições ou categorias que determinam nossa concepção do mundo, ou seja, não importa o que possamos ver, sempre percebemos o que vemos, sobretudo, como fenômenos circunscritos ao *tempo* e ao *espaço* e às demais categorias kantianas. Para Kant, não é dado ao homem entender o mundo como *coisas em si* capazes de existirem independentemente da consciência cognoscente, mas apenas como ordem fenomênica, isto é, como as coisas se manifestam para nós, no tempo e no espaço, de sorte que cada consciência humana não poderá ser uma lousa, que só registra passivamente as impressões sensoriais vindas de fora (posição exclusivamente empírica defendida, entre outros, por John Locke). O sujeito cognoscente é uma instância formadora e criativa da realidade que a ele se manifesta. A própria consciência atribui sentidos ao mundo por ela percebido, ou seja, as coisas se adaptam à consciência, e não o contrário, donde concluir-se que, para Kant, não podemos saber como o mundo é "em si", mas como ele é para cada um de nós. Suas reflexões, contidas na Crítica da Razão Pura, permitiram à filosofia posterior revolucionar a hermenêutica, pois se o acesso ao mundo dá-se subjetivamente, e não objetivamente, então, mais relevante para a hermenêutica do que o objeto a ser conhecido é focar o sujeito cognoscente.[113]

Heidegger e depois Gadamer partem de Kant ao estabelecerem que a hermenêutica realmente focaliza o sujeito, e não o objeto. Isto é, não é o objeto de compreensão que tem um sentido em si mesmo, que

---

[113] GRONDIN, Jean. *Introdução à Hermenêutica Filosófica*. Trad. Benno Dischinger. São Leopoldo: Ed. Unisinos, 1999 p.118-9. Vide também GAARDER, Jostein. *O Mundo de Sofia*. São Paulo: Companhia das Letras, 1996. P. 347. Bertrand Russel sustenta que, com seu criticismo, Kant equilibra-se entre o empirismo britânico de Locke e o ceticismo de Hume, de um lado, e, de outro, o racionalismo dogmático e cartesiano. Para o filósofo de Königsberg, o conhecimento, de fato, é haurido da experiência, mas a forma e organização que ele adquire é pressuposta por conceitos gerais da razão que a mente humana proporciona, denominados categorias (quantidade, qualidade, relação e modalidade), sem as quais seria impossível organizar e comunicar o conhecimento. O tempo e o espaço também são categorias *a priori* que tornam possível a experimentação dos fenômenos (aparências das "coisas em si"). As "coisas em si" (*noumena*) jamais poderiam ser experimentadas, por estarem fora do tempo e do espaço, constituindo-se em "peças do mobiliário metafísico" (*História do Pensamento Ocidental*. Tradução de Laura Alves e Aurélio Rebello. Rio: Ediouro, 2004, p. 388-90). Embora Kant sustentasse que a experiência somente poderia ser organizada em face das categorias, inclusive o tempo e o espaço, para ele estas categorias mentais eram universalistas e alcançáveis pela razão, de sorte se o conhecido é adquirido pela experiência, a razão é que o organiza em formas proposicionais.

pudesse ser extraído pelo sujeito, mas o sujeito é que empresta sentido ao objeto. Contudo, estes autores vão além de Kant, quando mostram que a compreensão do sentido não é obra de uma subjetividade isolada da história, mas só explicável a partir de sua pertença à tradição. O intérprete *(eis-aí-ser)* não ultrapassa sua faticidade, estando pautado por costumes e tradições que constituem sua experiência mundana. A proposta desses autores é de uma *"hermenêutica da finitude"*, porque a linguagem é essencialmente finita e porque nossa consciência do mundo vem determinada por nossa história. Os corifeus da hermenêutica filosófica pretendem haver encontrado o elemento transcendental que possibilita todo o conhecimento humano: a *historicidade.*

No início do Século XX, Heidegger, que se perfilhava ao pensamento existencialista, vai enfatizar a importância preponderante da linguagem como condição para o conhecimento. Trata-se da reviravolta lingüística ou *linguistic turn*, brilhantemente sintetizado na lapidar passagem de Martin Heidegger, extraída da *Carta sobre o Humanismo*: "a linguagem é a casa do ser. Nesta habitação do ser mora o homem. Os pensadores e os poetas são os guardiães desta habitação. A guarda que exercem é o consumar a manifestação do ser, na medida em que a levam à linguagem e nela a conservam".[114] O sentido existe na linguagem e é por ela transportado para engendrar as pré-compreensões de sentido, em que imersa a atividade interpretativa do homem.

Heidegger foi o responsável pelos primeiros e relevantes aportes teóricos da Hermenêutica Filosófica, que nominou, ele próprio, *fenomenologia*, posto que a origem etimológica grega da palavra "fenômeno" *(phainómenon)* indica "aquilo que se mostra".[115] Outrossim, empreendeu a análise do *logos* filosófico, substituindo seu sentido histórico de razão, juízo ou conceito, por linguagem, de modo a não ter, necessariamente, o *logos* um fundamento racional, mas sim "mero apontar para algo que, embora velado, se desvela a partir do *dizer*, da *fala*. Assim, o *logos* revela sua radicalidade enquanto discurso *(apóphansis)*, ele retira do velamento o ente do qual fala, ele o descobre como desvelado *(alethés)"*.[116]

Ao unir *fenômeno e logos*, que poderia ser traduzido por libertar o sentido (significados) dos entes (significantes) através do discurso, a

---

[114] Apud idem, p. 204.

[115] Martin Heidegger enfatiza a importância da fenomenologia como condição da ontologia, pois permite ver por si mesmo aquilo que se mostra, tal como se mostra a partir de si mesmo, ou seja, "para as coisas elas mesmas!". Para ele, em sentido fenomenológico, fenômeno é somente o que constitui o ser, e ser é sempre ser de um ente, de modo que ao visar à liberação do ser, deve-se, preliminarmente, aduzir o próprio ente de modo devido. "Este ente também deve se mostrar no modo de acesso que genuinamente lhe pertence". (HEIDEGGER, Martin. *Ser e Tempo*. 6. ed. Petrópolis: Vozes, 1997, p. 65-70).

[116] SILVA FILHO, José Carlos Moreira da. *Hermenêutica Filosófica e Direito* – O Exemplo Privilegiado da Boa-Fé Objetiva no Direito Contratual. Rio de Janeiro: Lumen Juris, 2003, p. 55.

Direitos Fundamentais Sociais

fenomenologia heideggeriana expressa uma forma de deixar as coisas *manifestarem-se* em si mesmas, sem que tal manifestação seja ocultada por conceitos e juízos previamente fixados, e impostos no momento em que se busca desvelar o ente. Ocorre que, sem dúvida, estes pré-juízos existem e, quando inautênticos, operam o velamento do sentido dos entes, prejudicando a apreensão do verdadeiro significado dos significantes. Por isso mesmo, o projeto filosófico de Heidegger inicia por analisar o *ser-aí*, isto é, a *situação de compreensão do sujeito*, pois é a partir desta compreensão que o ser de todos os entes será ou não revelado. "É aqui que adentra triunfante e revolucionariamente a hermenêutica, pois o *ser-aí* caracteriza-se por ser um ente que atua a partir de uma certa compreensão do seu próprio ser, uma compreensão que se transmuda ao longo da experiência histórica, e que se revela, na linguagem heideggeriana, como uma interpretação fundada no momento mais radical, o da abertura para o mundo, o da compreensão primeira, a partir da qual se desenvolve a ação humana".[117]

Este *ser-aí* é pressuposto inafastável para o contato com o ser, donde Heidegger cunhar a expressão *ser-no-mundo* para designar uma estrutura do *ser-aí*, que reúne três grandes abordagens efetuadas pelo filósofo, quais sejam: "o conceito de mundo, e a idéia de *mundanidade;* o *ser-aí* enquanto jogado no cotidiano, isto é, a referência ao homem concreto, visto em sua vivência; e, finalmente, a relação de sentido unitária que se estabelece entre os entes a partir do *ser-aí* em sua mundanidade, o que Heidegger designa por *ser-em*".[118] A proposta da Hermenêutica Filosófica será de uma "hermenêutica da finitude", porque a linguagem é essencialmente finita e porque nossa consciência do mundo vem determinada por nossa história. Ademais, ao proclamar e sustentar uma hermenêutica da finitude, a Hermenêutica Filosófica opõe-se à metafísica e suas pretensões absolutizantes de sentido, ou seja, à filosofia das verdades sempiternas e imutáveis.[119]

---

[117] SILVA FILHO, José Carlos Moreira da. *Hermenêutica Filosófica e Direito* – O Exemplo Privilegiado da Boa-Fé Objetiva no Direito Contratual, p. 57. Neste ponto da abordagem, convém trazer à tona o conceito heideggeriano de "pre-sença" que, muito resumidamente, significa o modo de ser do homem, sua existência, de modo que "a presença se compreende em seu ser, isto é, sendo". Para Heidegger, "a compreensão do *ser*, própria da pre-sença, inclui, de maneira igualmente originária, a compreensão de 'mundo'e a compreensão do ser dos entes que se tornam acessíveis dentro do mundo (....) A pre-sença tem, por conseguinte, um terceiro primado que é a condição ôntico-ontológica da possibilidade de todas as ontologias. Desse modo, a pre-sença se mostra como o ente que, ontologicamente, deve ser o primeiro a ser interrogado, antes de qualquer outro" (HEIDEGGER, Martin. *Ser e Tempo*, p. 38-40).

[118] Idem, p. 59.

[119] A metafísica clássica ansiava pela busca de verdades absolutas que estivessem fora do tempo e da história e vigorassem em todo o universo. A proposta de Heidegger era desmascarar esse pressuposto metafísico, limitando o ser no tempo e na história, porquanto a idéia de um último fundamento atemporal derivaria, afinal, de uma fuga do homem ante sua própria temporalidade. Anota Jean Grondin, comentando o pensamento heideggeriano, que "a concepção de que existe uma verdade absoluta, brotaria, pois, de uma repressão ou esquecimento da própria

Com efeito, Heidegger já demonstrara que a compreensão não é simplesmente um comportamento, mas um modo de ser no mundo. Para ele, o homem é hermenêutico e o é porque é finito e histórico.[120] Na seqüência do pensamento heideggeriano, afirmará Gadamer que a hermenêutica não tem um sentido teórico instrumental consistente na elaboração de regras para compreensão como tradicionalmente era ela concebida, ou seja, a hermenêutica não se traduz nos chamados métodos interpretativos. Na sua visão, é fundamental a "análise da temporalidade", ou seja, da história agindo sobre o homem.

1.5.5. *A Hermenêutica Filosófica de Gadamer*

A *Hermenêutica Gadameriana* assenta-se na análise da *"estrutura 'pré-conceitual' de toda a compreensão"*. Para explicá-la, parte-se do princípio de que nossa compreensão do mundo provém de expectativas de sentidos geradas em nossa tradição histórica, à qual temos de nos submeter. Para Gadamer, *não é a história que nos pertence, nós é que pertencemos a ela.*[121] Manfredo Araújo Oliveira, comentando este aspec-

---

temporalidade. Em vez de perseguir o fantasma de um último fundamento, Heidegger recomendava estabelecer-nos radicalmente ao nível da finitude, elaborando a própria estrutura preconceituosa como estrutura positiva e ontológica da compreensão, para percebermos as nossas próprias possibilidades, a partir de nossa situação existencial", mais adiante, esclarece o professor de Ottawa que "a busca de uma verdade universalmente válida ameaça encobrir a realidade da compreensão, direcionando-a para um ideal de conhecimento que ela jamais irá concretizar" (GRONDIN, Jean. *Introdução à Hermenêutica Filosófica*. São Leopoldo: EdUnisinos, 1999, p. 180).

[120] Heidegger ressalva, contudo, que não se propôs a elaborar uma teoria da ciência histórica, mas sim "a interpretação daquele ente propriamente histórico em sua historicidade" (HEIDEGGER, Martin. *Ser e Tempo*, p. 37). Todavia, a referência ao caráter finito e histórico da compreensão decorre da função decisiva do *tempo* na teoria heideggeriana da compreensão. Para o filósofo, "o *tempo* é o ponto de partida do qual a pre-sença sempre compreende e interpreta implicitamente o ser. Por isso, deve-se mostrar e esclarecer, de modo genuíno, o tempo como horizonte de toda compreensão e interpretação do ser". Daí concluir logo adiante que "se o ser deve ser apreendido a partir do tempo e os diversos modos e derivados do ser só são de fato compreensíveis em suas modificações e derivações na perspectiva do tempo e com referência a ele, o que então se mostra é o próprio ser, e não apenas o ente, enquanto sendo e estando 'no tempo' em seu caráter temporal". Nesse sentido, combate a idéia de sentidos atemporais, capazes de imunizar-se contra o tempo, buscados no âmbito da metafísica platônica ou aristotélica. Em Heidegger, se o ser da pre-sença tem seu sentido na temporalidade, "esta, por sua vez, é também a condição de possibilidade da historicidade enquanto um modo de ser temporal próprio da pre-sença", por isso, "a pre-sença sempre já nasceu e cresceu dentro de uma interpretação de si mesma, herdada da tradição", ela se compreende a partir da tradição. Daí a preocupação do autor a pre-sença tornar-se transparente para si mesma, questionando seu sentido, apropriando-se positivamente do passado de sua tradição e, deste modo, entrando na posse integral das possibilidades do seu questionamento". Aqui já sinaliza os traços fundamentais da hermenêutica gadameriana. Em Heidegger, já havia a preocupação primordial com o sujeito da interpretação, pois ele é que deve questionar-se primeiro sobre suas tradições a fim de poder interrogar validamente o texto. A tradição em que está inserida a compreensão humana tem o poder de encobrir os sentidos, adverte Heidegger que "a tradição lhe retira a capacidade de se guiar por si mesma, de questionar e escolher a si mesma" (Idem, p. 45-9).

[121] Enfatiza Gadamer que "muito antes de que nós compreendamos a nós mesmos na reflexão, já estamos nos compreendendo de uma maneira auto-evidente na família, na sociedade e no Estado

---

Direitos Fundamentais Sociais

to do pensamento gadameriano, anota com precisão que "nossa historicidade não é limitação, mas condição de possibilidade de toda a compreensão: compreendemos através de nossos pré-conceitos que se gestaram na história e são agora 'condições transcendentais' de nossa compreensão".[122]

Em Gadamer, "preconceito" não significa falso juízo, sentido pejorativo que a tradição veio emprestar-lhe, pois está ínsito em sua definição que ele possa ser valorizado negativa ou positivamente. Na verdade, proclama Gadamer: "se se quer fazer justiça ao modo de ser finito e histórico do homem, é necessário levar a cabo uma drástica reabilitação do conceito de preconceito e reconhecer que existem preconceitos legítimos". E a questão que ele nos propõe: "Em que se diferenciam os preconceitos legítimos de todos os inumeráveis preconceitos cuja superação representa a inquestionável tarefa de toda a razão crítica?"[123]

Precisamente neste ponto reside o grande desafio da Hermenêutica Filosófica: forjar preconceitos ou pré-compreensões autênticas e eliminar aquelas capazes de eclipsar o verdadeiro sentido dos textos legais. Assim é que Gadamer leciona que quem quer compreender um texto realiza antes um projetar e tão logo lhe apareça um primeiro sentido no texto ele logo o estende ao todo. Isto ocorre porque o leitor já lê a partir de certas expectativas de sentido pré-determinadas. A compreensão está, pois, condicionada a este projeto prévio de compreensão que, naturalmente, pode ir sendo revisado à medida que se aprofunda na penetração do sentido. É possível, sem dúvida, que o projeto seja frustrado e substituído ao longo do texto por outros mais adequados. Por isso "elaborar os projetos corretos e adequados às coisas, que como projetos são antecipações que apenas devem ser confirmadas 'nas coisas', tal é a tarefa constante da compreensão". E pontifica o autor: "a compreensão somente alcança sua verdadeira possibilidade, quando as opiniões prévias, com as quais ela inicia, não são arbitrárias. Por isso faz sentido que o intérprete não se dirija aos textos diretamente, a partir da opinião prévia que lhe subjaz, mas que

---

em que vivemos. A lente da subjetividade é um espelho deformante. A auto-reflexão do indivíduo não é mais que uma centelha na corrente cerrada da vida histórica. *Por isso os preconceitos de um indivíduo são muito mais que seus juízos, a realidade histórica do seu ser.*" (GADAMER, Hans-Georg. *Verdade e Método*. 4. ed. Petrópolis: Vozes, 2002, p. 415-6, grifo nosso).

[122] OLIVEIRA, Manfredo Araújo. *Reviravolta Lingüístico-pragmática na Filosofia Contemporânea*. São Paulo: Loyola, 1996, p. 227-8. Para este estudioso de Gadamer, nossa subjetividade é condicionada por seu mundo "historicamente mediado e lingüisticamente interpretado". A hermenêutica supera a filosofia da subjetividade kantiana (que já representa indiscutível evolução) na medida em que tematiza o contexto da tradição na qual o sujeito emerge como sujeito finito e histórico. A tradição é "mais ser do que consciência", isto é, mais inconsciente.

[123] GADAMER, Hans-Georg. *Verdade e Método*, p. 416.

examine tais opiniões quanto à sua legitimação, isto é, quanto à sua origem e validez".[124]

Tal observação pode ser transposta para o sentido que temos de Constituição. A inefetividade do texto constitucional entre nós parece decorrer precipuamente dos pré-juízos ou preconceitos negativos para com texto, decorrentes de toda uma longa tradição histórica de desconsideração para com a realização dos direitos fundamentais e de negativa da função social do Direito. Isto mesmo forjou toda a propaganda anticonstitucional que vem servindo para sustentar invectivas contra a manutenção/implementação dos direitos fundamentais. A tradição inautêntica está no imaginário dos juristas e políticos e vem desencadeando pré-compreensões ilegítimas. Eis o obstáculo que a Hermenêutica deve superar em nosso país: o obstáculo filosófico, a crise ideológica do Estado Democrático de Direito, prenunciado nas linhas textuais da Carta de 1988.[125] Há que se desarmar os espíritos contra o texto, vendo nele possibilidades de Justiça Social e, conseqüentemente, felicidade e paz, duradouras e generalizadas.[126] A Hermenêutica Gadameriana tem contribuições relevantíssimas para esta função. O próprio Gadamer advertiu que:

> Quem quer compreender um texto, em princípio, deve estar disposto a deixar que ele diga alguma coisa por si. Por isso, uma consciência formada hermeneuticamente tem que se mostrar receptiva, desde o princípio, para a alteridade do texto. Mas essa receptividade não pressupõe nem "neutralidade" com relação à coisa nem tampouco auto-anulamento, mas inclui a apropriação das próprias opiniões prévias e preconceitos, apropriação que se destaca destes. O que importa é dar-se conta das próprias antecipações, para que o próprio texto possa apresentar-se em sua alteridade e obtenha assim a possibilidade de confrontar sua verdade com as próprias opiniões prévias.[127]

---

[124] GADAMER, Hans-Georg. *Verdade e Método*, p. 402-3.

[125] Para uma análise acerca das *crises do Estado Contemporâneo*, ver: STRECK, Lenio Luiz. *Jurisdição Constitucional e Hermenêutica*, p. 57-73 e MORAIS, Jose Luis Bolzan de. Revisitando o Estado, p. 69-104.

[126] Não há dúvidas de que somente haverá paz depois de estabelecida a Justiça Social, com redistribuição mais eqüitativa das riquezas de modo a não haver excesso de pobreza ou de riqueza. A violência não é resultante da pobreza, mas da gritante diferença social. Plauto Faraco de Azevedo, comentando a crítica que Platão já fazia à desigualdade social como causa de instabilidade política, testemunha que "assistimos hoje ao contristador espetáculo em que a anomalia apontada por Platão – a pobreza insofrível face à riqueza ilimitada – cria, no indivíduo, ou por carência de bens, serviços e oportunidades mínimos, para tanto, necessários, ou porque, possuindo em excesso, termina por ver em seu semelhante um inimigo potencial que pode, a qualquer momento, desapossá-lo ou mesmo suprimir-lhe a vida" (AZEVEDO, Plauto Faraco de. *Justiça Distributiva e Aplicação do Direito*. Porto Alegre: SAFE, 1998, p. 45).

[127] *Verdade e Método*, p. 405. Para Gadamer, a linguagem é o meio em que se realizam o acordo entre os interlocutores e o entendimento sobre a coisa em questão. Ele constata uma *conversação hermenêutica* que se dá não entre dois interlocutores, mas entre o intérprete e um texto. Outrossim, acentua que "no caso de textos, trata-se de 'manifestações da vida, fixadas de modo permanente' e que devem ser entendidas, o que significa que um parceiro da conversação hermenêutica, o texto, só pode chegar a falar através do outro, o intérprete. Somente por ele os signos escritos se reconvertem novamente em sentido" Com isso, o próprio tema do texto vem à linguagem, unindo intérprete e texto e fazendo com que aquele participe do sentido do texto. Ao

---

Direitos Fundamentais Sociais

O repto que se nos apresenta reside no engendramento de pré-compreensões legítimas nos sujeitos responsáveis pela implementação do Direito: políticos – sejam administradores públicos e legisladores – empresários, "operadores jurídicos", juristas, estudantes e professores de Direito etc. Se a Constituição é o fundamento de validade de todo o sistema jurídico, de sua interpretação adequada é que dependerá a sua efetividade.[128] A pergunta que se impõe é: como pode o ente "Constituição" mostrar-se, vir à presença, como fenômeno, no agir cotidiano dos juristas e políticos e ali permanecer como sentido de Constituição quando o imaginário destes agentes sociais está contaminado/tomado pelo senso comum que entifica o sentido de Constituição, ferramentalizando exatamente a proposta que alimentou esperanças de realização do Estado Democrático de Direito?[129]

A resposta está na quebra dos paradigmas que habitam nossas pré-compreensões, na tomada de nova consciência, uma vez que os preconceitos podem ser inconscientes e assim esconder/velar o sentido do Direito que aqui é defendido, ou seja, um Direito com função social, capaz de redistribuir riquezas e gerar justiça e paz social. É inadiável oportunizar-se a surgência de um novo paradigma do Direito, diverso do modelo liberal-individualista-normativista, limitado aos conflitos interindividuais, para existencializar o "ser" de um Direito apto a solucionar os conflitos supraindividuais, que a realidade sociopolítica produz. Em tal escopo, a Nova Crítica do Direito propõe-se a abrir uma "clareira" *(Lichtung)* em meio ao senso comum *(habitus dogmaticus)*, facilitando a desocultação do "novo", que tem que se afirmar contra a tradição sob pena de sucumbir por causa dela. Explicando a metáfora da "clareira", Lenio Streck pondera que:

compreender um texto não se faz um retorno ao entendimento histórico da época de sua elaboração. Ao contrário, "no redespertar o sentido do texto já se encontram sempre implicados os pensamentos próprios do intérprete". Nesse sentido, o horizonte pessoal do intérprete é determinante, mas ele não se impõe sobre o texto, ajuda apenas a apreendê-lo, o que ocorre é uma *fusão de horizontes* entre o intérprete e o texto. "A linguagem é o *medium* universal em que se realiza a compreensão. A forma da realização da compreensão é a interpretação. (...) Todo compreender é interpretar, e todo interpretar se desenvolve no *medium* de uma linguagem que pretende deixar falar o objeto, sendo, ao mesmo tempo, a própria linguagem do intérprete" (Idem, p. 502-3).

[128] Esta idéia de Constituição como "fundamento" da infraconstitucionalidade todavia não tem o sentido clássico dogmático. O "fundamento" de que aqui se trata é sem fundo, abissal, porque o sentido de um ente não pode constituir o sentido de outros entes. Destarte, a Constituição, embora seja estritamente o fundamento de validade do sistema jurídico, *"não pode ser considerada como uma 'categoria fundante', ou uma premissa maior, de onde se possa* (simplesmente) *deduzir sentidos"*. Deste modo, não se procede subsuntivamente ao interpretar um texto conforme a Constituição, porque o sentido do texto apresenta-se a partir do modo de ser-no-mundo do intérprete. (STRECK, Lenio Luiz. *Jurisdição Constitucional e Hermenêutica*, p. 227-9)

[129] A propósito, ver STRECK, Lenio Luiz. A Crise da Hermenêutica e a Hermenêutica da Crise: A Necessidade de uma Nova Crítica do Direito (NCD). In: SAMPAIO, José Adércio Leite (org.). *Jurisdição Constitucional e Direitos Fundamentais*. Belo Horizonte: Del Rey, 2003, p. 103-40.

Uma crítica de matriz heideggeriana-gadameriana, que aqui se pode chamar de "Nova Crítica do Direito" (NCD), tem a tarefa de estabelecer uma clareira *(Lichtung)*, buscando construir um espaço aberto para tudo que se apresenta e ausenta, deixando o fenômeno vir-à-presença, porque a clareira, no sentido que Heidegger lhe dá, é essa região na claridade da qual pode aparecer tudo o que é. Para essa (difícil e urgente) tarefa de desocultação é preciso buscar o acontecimento em que já estamos sempre apropriados *(Ereignen)*, conduzindo o discurso jurídico ao próprio direito, tornando-o visível, denunciando o pensamento dogmático do direito e sua condição de refém da metafísica.[130]

Antes de tudo, é preciso compreender a crise como crise, não a aceitando como tolerável ou normal, constatação que se extrai da atitude conformista que parece permear a classe jurídica, reprimida pelo pensamento único e pela morte das utopias. A superação da crise pressupõe a identificação dos pré-juízos inautênticos (ou autênticos prejuízos à Carta Constitucional) que ocultam o sentido dos textos legais reformistas e são causa de sua inefetividade.

Nesse sentido, países como o Brasil, em que ainda não cumpridas as promessas da modernidade, contempladas no texto constitucional, as noções de Constituição compromissária e dirigente, e de força normativa da Constituição, não podem ser relegadas a um plano secundário. O descumprimento das promessas da modernidade decorre especialmente da prevalência de um paradigma hermenêutico objetificante, que entifica o ser do Direito e especialmente da Constituição de 1988, facilitando sua ocultação (a Constituição, ferramentalizada, é um ente à disposição do jurista, sendo possível optar ou não pela efetivação de suas normas).

O que se observa é que ainda persistem pré-juízos anteriores ao novo, instituído em 1988, donde resulta a inefetividade metamórfica do Direito – sua não-função social – que não se insere no horizonte de sentido proporcionado pelo Estado Democrático de Direito. A Nova Crítica do Direito propõe-se a revelar o fenômeno jurídico que ainda se encontra oculto por um discurso dogmático, infenso à crítica, favorecido pela ideologia neoliberal e pela globalização meramente econômica, capaz de pôr o Estado Social na condição de refém do capital internacional e sua sinistra volatilidade, adiando, indefinidamente, o cumprimento dos compromissos sociais, nos ditos países em desenvolvimento, entre os quais se inclui o Brasil.

Deste modo, na Nova Crítica do Direito, a Carta de 1988 assume uma dimensão revolucionária, que ultrapassa o pensamento dogmático metodológico; ela não é mais apenas um fundamento objetivo para extração de conclusões meramente reprodutivas de sentido, mas no dizer de Ernildo Stein:

---

[130] STRECK, Lenio Luiz. A Crise da Hermenêutica e a Hermenêutica da Crise: A Necessidade de uma Nova Crítica do Direito (NCD), p. 124-5.

Direitos Fundamentais Sociais

(...) rompidas as amarras metafísicas e objetificadoras, mediante a abordagem fenomenológica, a Constituição desaparece como um fato sólido que norma, de maneira rígida, o exercício do direito. Ela já sempre opera através da pré-compreensão que dela tenho quando pratico a justiça. A *nova crítica do direito* introduz, no pensamento dogmático que interpreta a Constituição, *um movimento em que essa já é condição existencial de qualquer ato interpretativo.* Desaparece, assim, no horizonte novo que Streck extrai da fenomenologia hermenêutica, a falsa autonomia que a dogmática jurídica atribui ao direito constitucional. (grifo no originial).[131]

Mas revolver o terreno dos velhos materiais que povoam nosso imaginário jurídico/político, instalando ali pré-compreensões que operem o sentido autêntico de Constituição, pressupõe uma atitude de abertura para com o novo texto constitucional. O hermeneuta, antes de olhar para este, deve autocompreender-se, para não auto-situar-se à mercê de interpretações inautênticas e acríticas, oportunizadas por pré-compreensões não esclarecidas.[132]

No Brasil, o desenvolvimento de uma Teoria da Constituição e do Estado crítica e contemporânea exsurge como o instrumento teórico capaz de esclarecer os pré-juízos assentados no ultrapassado modelo liberal-individualista, oportunizando o desvelamento do sentido da Constituição de 1988. Nesse rumo, algumas propostas teóricas têm sido desenvolvidas com a finalidade de reaproximar Teoria do Estado e Teoria da Constituição e, especialmente, com o escopo de elaborar uma Teoria da Constituição e do Estado que revele o novo paradigma do Estado Democrático de Direito. Dentre diversos trabalhos já citados, vale destacar um estudo de Gilberto Bercovici,[133] o qual lança críticas à teoria constitucional no Brasil, sustentando que ela não lida satisfatoriamente com os problemas sociais, políticos e econômicos que a nova ordem constitucional engendrou. Para este autor, as soluções apresentadas situam-se sempre entre o instrumentalismo constitucional (basta a solução estar prevista na Constituição) e a crença no Poder Judiciário como "salvador da República", ou a adoção de concepções processuais da Constituição, limitada a um "instrumento de governo" ou a uma "carta símbolo da identidade nacional".

---

[131] STEIN, Ernildo (apresentação). In: STRECK, Lenio Luiz. *Jurisdição Constitucional e Hermenêutica.* Rio de Janeiro: Forense, 2004, p. XVI. Daí por que o Direito Constitucional deve irradiar-se sobre todas as disciplinas jurídicas, sendo sua autonomia a razão do seu isolamento.

[132] Jean Grondin, comentando o pensamento heideggeriano, alerta que não estamos cegamente à mercê dessa pré-estrutura de compreensão induzida como se fôssemos colhidos inexoravelmente por nossos preconceitos. A hermenêutica de Heidegger, ao contrário disso, visa a um explícito esclarecimento dessa pré-estrutura historicamente dada, que ele chama de interpretação. Esta, finaliza ajudar a *pré-compreensão* a ser transparente, evitando o equívoco pessoal, de modo que, "a primeiríssima tarefa de qualquer interpretação sincera deve ser a de trazer à consciência a própria pré-estrutura da compreensão". Deste modo, "para interpretar textos de maneira correta, exige-se que primeiro se torne transparente a *própria* situação hermenêutica, *para que* o estranho ou diferente do texto possa fazer-se valer antes de tudo, isto é, sem que os nossos preconceitos não esclarecidos exerçam aí sua despercebida dominação e assim escondam o específico do texto" (GRONDIN, Jean. *Introdução à Hermenêutica Filosófica*, p. 163-5, grifo no original).

[133] Trata-se do artigo de BERCOVICI, Gilberto. A Constituição Dirigente e a Crise da Teoria da Constituição publicado em *Teoria da Constituição* (diversos autores). Rio: 2003, Lumen Juris.

A proposta de Gilberto Bercovici é traçar historicamente a origem da crise da Teoria da Constituição e apresentar, como alternativa à sua superação, a renovação da Teoria do Estado, e do conceito *clássico* de Constituição que, para Jellinek, constitui simples instrumento de governo, que legitima, procedimentalmente, o poder, limitando-o, de modo que a Política estaria fora da Constituição.

Destarte, criticando a postura enciclopedista de compreensão do Estado como fenômeno totalizante e metafísico, Gilberto Bercovici censura a própria teoria da Constituição dirigente, aduzindo que esta, objetivando responder às críticas conservadoras às teorias materiais, acabou por engendrar uma visão puramente normativa da Constituição, excludente da força política que a deve nutrir. Para este autor, a teoria da Constituição dirigente, por enfatizar sobremaneira a força normativa da Constituição, pouco releva o Poder Constituinte originário, enquanto outorga ao Judiciário a última palavra acerca do Direito Constitucional, em que pese, a seu ver, os integrantes do Sistema de Justiça não se revistam do mesmo grau de legitimidade dos agentes políticos eleitos.

No tocante à alegada ilegitimidade política dos integrantes do Sistema de Justiça, discordar-se-á de Gilberto Bercovici em argumentação que será delineada no último capítulo deste trabalho, contudo, assiste-lhe razão quando, com base nas reflexões de Hermann Heller, sugere a retomada de uma teoria do Estado como ciência da realidade, que se ocupe do Estado histórico e concreto, porque tal acepção se harmoniza com a Hermenêutica Heideggeriana-Gadameriana que enfatiza a historicidade e a finitude do intérprete como ambiência onde se dá a atividade interpretativa. Sustenta o professor paulistano que "o Estado não é algo constante, imutável, como queria a Teoria Geral do Estado, mas histórico: as categorias políticas, funções e estruturas do Estado dependem da história. Uma estrutura estatal que existe em determinada estrutura social é intransferível para qualquer outra situação histórica". Neste caso, "o objetivo da Teoria do Estado é o de conceber o Estado como uma conexão real que atua no mundo histórico-social, investigando a função do Estado na realidade social concreta", donde resulta ser inviável separar a Política (ciência prática e valorativa) e a Teoria do Estado (ciência teórica e não valorativa), pois a natureza específica do fenômeno estatal impede esta distinção. A conexão entre Teoria do Estado e Política é essencial, pois sem o conhecimento do politicamente possível, fica excluída a possibilidade de qualquer investigação proveitosa do Direito Político.[134]

---

[134] BERCOVICI, Gilberto. *A Constituição Dirigente e a Crise da Teoria da Constituição*, p. 136-7. No respeitante à *Teoria do Estado como ciência da realidade*, elaborada por Hermann Heller, Gilberto Bercovici explica que o objeto de investigação da Teoria do Estado passa a ser a função do Estado dentro da realidade social concreta, rejeitando a idéia de que o Estado é invariável,

Direitos Fundamentais Sociais

Em que pesem as críticas de Gilberto Bercovici, advoga-se aqui em favor da força normativa da Constituição e, portanto, da sua justiciabilidade, por entender-se que há uma "bondade intrínseca" em suas normas, que justifica se lhes atribua a potencialidade do vir a ser do Direito. Mas admitir o caráter normativo da Carta Fundamental e, deste modo, a exigibilidade dos direitos ali positivados através do Sistema de Justiça, não significa negar seu caráter político e sua imposição face aos Poderes Legislativos e Executivo, co-responsáveis pelo controle de constitucionalidade. A Carta de 1988 é pauta de valores e programas tendentes à promoção do bem comum e da Justiça Social e quem quer que se filie a uma corrente "comunitarista" do Direito, como concebida por Gisele Cittadino,[135] haverá de concordar: a concretização constitucional não é privilégio ou obrigação exclusiva desta ou daquela instituição, isoladamente, mas deve dar-se no âmbito de todos os poderes do Estado e da Sociedade. Nesse sentido, realmente, o Poder Judiciário não é, e não poderá ser o "salvador da pátria", pois que os esforços para deixar vir-à-presença os valores constitucionais não podem ficar circunscritos à atividade jurisdicional; ao contrário, devem alcançar todas as atividades estatais e também o setor privado, não fosse assim, normas que estabelecem a função social da propriedade, os objetivos da ordem econômica, a responsabilidade social para com a família, a criança, o adolescente e o idoso e tantos outros princípios e metas constitucionais que se endereçam à sociedade, seriam desprovidas de sentido. Evidentemente, não se defenderia, com hígida consciência, uma postura quixotesca do Poder Judiciário ou do Ministério Público, como únicos responsáveis pelo acontecer da Constituição de 1988. Todavia, na medida em que este trabalho se volta à análise do Sistema de Justiça e, primacialmente, da função do Ministério Público como instrumento de realização dos direitos fundamentais, especialmente aqueles de interesse social, parte-se do princípio de que seus agentes têm, não apenas a legitimidade política e processual para demandar causas de interesse geral, como é exatamente isto o que a sociedade deles espera.

---

constante ao longo do tempo, de modo ser impossível construir uma Teoria do Estado universal e imutável no tempo e no espaço. O Estado deve ser entendido historicamente, vinculado às relações político-ideológicas e de poder que o conformam. Trata-se de objeto de estudo dinâmico e não estático, que se renova permanentemente pela ação humana, de molde ser inviável afastar a política do Estado. Hermann Heller aproxima-se de Lassale ao preconizar que toda Constituição Estatal – a Constituição política total, tem dois conteúdos parciais: *a Constituição não normada e a normada.* Para ele não podem ser completamente separados o dinâmico e o estático, a normalidade e a normatividade o ser e o dever ser. A Constituição não normada tem que ser sempre completada pela normada, que se ergue sobre a estrutura da primeira. Neste ponto, a Constituição jurídica, tanto quanto a Constituição real de que fala Lassale, também deve refletir as relações de poder social. A Constituição jurídica objetivada constitui a normação do processo de renovação contínua da Constituição política total, constantemente atualizada pelos cidadãos.

[135] CITTADINO, Gisele. *Pluralismo, Direito e Justiça Distributiva.* Cap. I.

Pressupõe-se que a Constituição é o superior fundamento de validade do ordenamento e consubstanciador da própria atividade político-estatal. Em tal contexto, forçoso convir que a jurisdição constitucional passa a ser a condição de possibilidade do Estado Democrático de Direito. Parece certo que o Sistema de Justiça (Poder Judiciário, Ministério Público, Defensoria Pública, Ordem dos Advogados do Brasil etc.) não é de fato o "salvador da pátria", pois isto importaria uma visão ingênua das crises do Estado Social, mas assume-se, como ponto de partida, que, para garantir a eficácia das normas constitucionais, impõe-se um redimensionamento do papel do jurista, do advogado, do Ministério Público e do Poder Judiciário, na medida que se observa, na atualidade, o paradoxo de uma Constituição rica em direitos (individuais, coletivos e sociais) e uma prática administrativa, legislativa e judiciária que, reiteradamente, nega a aplicação de tais direitos.[136]

Já aqui reside um desses preconceitos ocultos que se situam no âmago de nosso imaginário: o Sistema de Justiça não tem função sociopolítica, pois sempre-tem-sido a ele reservada a aplicação da lei aos "casos concretos", em mera atividade subsuntiva de caráter metafísico entificante. Isto entretém advogados, promotores e juízes na solução de conflitos interindividuais ao velho estilo Tício *versus* Caio, enquanto grandes questões supraindividuais passam ao largo de suas atividades, ocultadas no preconceito, forjado no desde-sempre-tem-sido, de que tais questões devem ser solvidas pelos demais Poderes – Legislativo ou Executivo. Reprimidas iniciativas de maior abrangência, capazes de prevenir os conflitos individuais, protela-se a Justiça Social, levando a uma crescente deslegitimação do Estado que não se afirma sob a adjetivação de Estado Democrático de Direito.[137]

Até aqui, atentou-se para a evolução dos direitos humanos individuais e sociais, que se dá desde as primeiras formulações filosóficas, situadas em algum lugar do passado, mas que continuam a dar-se na atualidade, à medida que novas aspirações humanitárias vão se revelando. Lançou-se um olhar sobre as fases de positivação intra e internacional, observando que, em alguns casos, a positivação nacional

---

[136] Vide STRECK, Lenio Luiz. *Jurisdição Constitucional e Hermenêutica*, p. 15.

[137] Iniciativas de caráter preventivo se dão, por exemplo, quando o Promotor de Justiça exige a instalação de Conselhos Tutelares, Conselhos de Meio Ambiente, de Saúde, de Assistência Social, previstos e determinados em Leis Federais correspondentes, e com isso previne conflitos sociais, crimes, danos ambientais etc. Ou quando o Ministério Público investiga diretamente crimes e organizações criminosas e sofre invectivas da Polícia Judiciária ou mesmo é desautorizado por setores do Poder Judiciário, inspirados no velho preconceito de que tais atividades, efetuadas no interesse social, devem ser objeto de monopólio desta ou daquela Instituição. Ocorre que no imaginário coletivo forjado no passado de autoritarismo e clientelismo da sociedade brasileira, estas atividades não são próprias do Ministério Público e aqui já reside um destes pré-juízos inautênticos que escondem o fenômeno constitucional.

Direitos Fundamentais Sociais

foi anterior à universalização de certos direitos humanos em relação também a certos Estados e, em outros casos, a elaboração de legislação nacional se deu por incorporação de tratados internacionais. Por fim, concentrou-se a interrogação nas causas da inefetividade dos direitos fundamentais mesmo após positivados e universalizados, identificando-se a razão, no caso brasileiro, na crise de paradigmas entre modelos estatais que a dogmática tradicional, lastreada na hermenêutica metodológica, tímida e conservadora, vem patrocinando. Sugeriu-se, pois, a abertura de uma clareira *(Lichtung)*, no sentido heideggeriano, em meio à crise, objetivando a que o novo possa tomar lugar, oculto que está pelos preconceitos inautênticos, forjados em nossa tradição autoritária, patrimonialista, individualista e clientelista.

Na seqüência, pretende-se, pois, lançar uma análise crítica acerca das principais concepções de sociedade e interesses sociais, conceptualizando estas novas categorias que minimizam a clássica dicotomia público-privado, pois situam-se no entremeio de seus extremos.

Por fim, com o propósito de auxiliar na compreensão das diferenças entre a proposta da Nova Crítica do Direito de Lenio Streck e a Dogmática Tradicional, segue um quadro comparativo, que resume estas diferenças desde a perspectiva da Nova Crítica do Direito:[138]

DOGMÁTICA JURÍDICA	NOVA CRÍTICA DO DIREITO (NCD)
Linguagem: na filosofia da consciência, a concepção vigente é a de que a linguagem é um instrumento para a designação de entidades independentes desta ou para a transmissão de pensamentos pré-lingüísticos, concebidos sem a intervenção da linguagem. Pode haver conhecimento sem linguagem, a qual é apenas um instrumento para a aquisição do conhecimento, algo que se interpõe entre o sujeito e o objeto.	*Linguagem* deixa de ser compreendida como uma terceira coisa entre o sujeito e o objeto e passa a ser ela própria condição de possibilidade de acesso do sujeito ao ser do ente. Nesse instante, o processo interpretativo cessa de reproduzir o conhecimento, para passar a produzi-lo, especialmente porque é impossível ao intérprete colocar-se no lugar do outro para reproduzir o pensamento deste outro.
Hermenêutica: é o conjunto de métodos interpretativos (semântico, sistemático, teleológico e outros) que são aplicados às normas legais, a fim de extraírem *um* sentido de seu texto. A grande aporia da hermenêutica metodológica é a inexistência de um metacritério. Ademais, depõe contra a hermenêutica tradicional a constatação iniludível de que a interpretação não se dá em fatias, mas de uma única vez, aplicando todos os métodos simultaneamente, na espiral hermenêutica: um movimento de circularidade evolutiva entre compreensão e pré-compreensão.	*Hermenêutica:* de cariz filosófico, posto que não metodológica. Preocupa-se não com a extração, mas com a atribuição de sentido. Deste modo, hermenêutica é um autocompreender-se, ou seja, o homem hermenêutico volta-se para si próprio e sua condição de ser no mundo, desvendando seus pré-juízos, afastando aqueles que escondem o sentido dos textos. Após a autocompreensão, ela facilitará o deixar vir à presença o fenômeno constitucional, inspirando e filtrando toda a infraconstitucionalidade. Não é método, é aplicação e condição de possibilidade do Direito.

---

[138] Quadro comparativo das diferentes propostas da Dogmática Tradicional e da Nova Crítica do Direito, elaborado especialmente a partir das obras de Lenio Streck, citadas na bibliografia consultada para a elaboração deste estudo.

Diferença ontológica: a dogmática esquece a diferença entre ser e ente (diferença ontológica), entificando o ser, ou objetificando o sentido do texto em categorias metafísicas dicotômicas. No Direito há a dicotomia: questão de direito e questão de fato, direito privado e público etc. A própria hermenêutica vem a ser adjetivada como hermenêutica constitucional, penal, civil etc. como se toda a hermenêutica não deve ser inspirada nos valores constitucionais. Entificado o sentido de Constituição, ele se transforma em mero ferramental, disponível ao intérprete que pode optar pela sua utilização ou pelo seu esquecimento.	*Diferença ontológica:* A NCD quer desobjetificar a Constituição, pela superação do paradigma metafísico que predomina no imaginário dos juristas. Para tanto, busca revelar a diferença entre ser e ente, de modo que o desvelar do ente libere seu ser. O ente será, ou seja, assumirá um sentido, quando ele se manifestar. Para ser, o ente não precisa estar em algum lugar determinado (como no texto de um livro), sendo suficiente que se mostre a si próprio, adotando um sentido. Assim o ente Constituição mostrar-se-á "fenomenicamente" quando atingir nossos pré-juízos, ali tomando seu privilegiado espaço.
Ocultamento do ser do ente: a dogmática, ao conceitualizar elementos do texto constitucional, acaba entificando-os e criando categorias que ocultam o verdadeiro sentido da Constituição.	*Desvelamento do ser do ente:* A Nova Crítica do Direito tem a tarefa de abrir uma clareira *(Lichtung)* em meio à crise dogmática, revelando a dimensão desta crise e fazendo com que ela seja entendida como crise a fim de que possa ser superada, de sorte que o velho seja reconhecido por velho, a fim de que o novo (o Estado Democrático de Direito) possa tomar seu lugar.
Dedutivismo: elabora um processo de silogismo (Lógica Aristotélica) entre um *significante-primordial-fundante* (súmula, *topoi*, lei interpretada sistemática, teleológica ou gramaticalmente) que constitui a premissa maior, com um caso concreto, premissa menor, operando uma *subsunção conclusiva* (acoplagem).	*Aplicação de índole hermêutica*: um conjunto de conceitos não é suficiente para compreender o Direito. A dogmática dedutivista eliminou uma rica tradição jurídica do passado que homenageava a justiça substancial ainda que em prejuízo dos aspectos procedimentais ou estatutários do Direito. As conceptualizações da dogmática tradicional escondem o verdadeiro ser da Justiça, inibindo o caráter transformador do Direito e por fim transformando-o em um instrumento de dominação, e não de transforma-ção. O texto constitucional é um texto libertador e transformista, que deve vir-à-presença através da hermenêutica.
Predomínio da baixa constitucionalidade: o que gera pré-juízos inautênticos (e prejuízos sociais), ou seja, elementos psíquicos de compreensão que desconhecem, ignoram ou assassinam os nortes constitucionais.	*Denúncia da baixa constitucionalidade:* incentivo ao estudo da Constituição como prioridade do jurista. Estímulo à elaboração de uma Teoria Geral da Constituição no Brasil, a partir de uma visão substancialista da Constituição, especial-mente voltada para a realidade constitucional dos países de modernidade tardia, em que o Estado Social não chegou a efetivar-se, adiando o projeto do Estado Democrático de Direito.
Predomínio do direito privado sobre o direito público: no campo da dogmática predominam os ramos do direito privado. O Direito Constitucio-nal é apenas *mais um ramo do Direito, não raro visto como compartimento estanque.* A Consti-	*Filtragem Hermenêutico-Constitucional:* não é um ato de simples confrontação entre um texto constitucional e um infraconstitucional, trata-se, na verdade, de um processo de compreensão, ocorrido no interior da espiral hermenêutica, que

Direitos Fundamentais Sociais

tuição é uma "ferramenta" a ser manipulada eventualmente ao sabor dos interesses liberais e escondida quando se trata de teses sociais. Ela não é sequer relacionada, cotejada com os outros ramos do Direito.	produz uma "síntese hermenêutica" no intelecto do intérprete inserido este em sua historicidade e faticidade, ou seja, na sua condição de ser-no-mundo. A Constituição deve estar nas pré-compreensões do intérprete, inspirando seu comportamento, suas atitudes, seu modo-de-ser-no-mundo, informando seus pré-juízos quando da aplicação de qualquer conteúdo jurídico. Nada no Direito, sejam leis, costumes, doutrina ou sentenças, pode escapar à filtragem dos pré-juízos constitucionais autênticos (aqueles que visam à transformação e à justiça social).
Ensino Jurídico: A dogmática é preferida no ensino jurídico, pois assenta-se na reprodução do *habitus dogmaticus.* A criatividade é inibida em favor da mera reprodução de textos e precedentes jurisprudenciais, o que facilita tanto a atividade do mestre como a do aluno (mediocridade e dissimulação no processo ensino-aprendizagem). Trata-se de uma aprendizagem mercantilizada bem ao gosto do paradigma neoliberal. Favorecem-se os conteúdos mercantilistas do Direito em detrimento das humanidades.	*Ensino Jurídico:* Assume uma função produtiva, e não meramente metodológica e reprodutiva. Valoriza-se a criatividade e aproveita-se o natural potencial da juventude para investigar as possibilidades transformadoras do Direito. O Direito é entendido como modo de realização de uma Justiça material. Prioriza-se o ensino do direito público e das humanidades e a avaliação crítica da sociedade, suas transformações e sua crescente complexidade. O estudo do Direito é interdisciplinar, revelando-se-o não como instrumento de conservação do *status quo,* mas sim de transformação social.
Constituição: formalismo nihilista pelo que Lassale chamou-as de "Constituições folha de papel". Os positivistas defendem a Constituição formal enquanto esta não se arreda da realidade. Quando isso acontece, principia a crise. Quem muda a Constituição é o constituinte, e não o intérprete. A aplicação do Direito é ato de subsunção, e não de criação. Aplicar e criar o Direito são operações que se encontram em "antagonismo conceitual absoluto". A razão subliminar para a baixa constitucionalidade é tomar a Constituição como um entrave à expansão econômica, um freio à competitividade, uma garantia aos infratores, um ideal não alcançável diante de nossa realidade orçamentária.	*Constituição:* a Constituição é um existencial, que, como ente disponível, *faz parte do modo-de-ser-no-mundo do intérprete.* Quando se interpreta um texto, o sentido da Constituição já está com o intérprete, manifestando-se no meu modo de compreender o mundo. A Constituição, assim, é um ser fundante do movimento de circularidade da espiral hermenêutica (não fundamento, como categoria absoluta, como fato maior congelado, na acepção de Kelsen). A implementação constitucional é condição de possibilidade para a implantação das promessas da modernidade.

2. Interesse público, interesses transindividuais e sociedade

No âmbito deste trabalho, a expressão *interesse*[139] será amplamente utilizada com certa sinonímia em relação à palavra *direito*. Há que se observar, porém, algumas diferenças entre "direitos" e "interesses", normalmente apontadas pela Teoria do Direito. Primeiramente, convencionou-se que, a partir do instante em que os interesses passam a ser amparados de um modo preciso pelo ordenamento jurídico, assumem o *status* de direitos. Tal ocorre com regras jurídicas que, ao contrário dos princípios de Direito, possuem conteúdo normativo semanticamente explicitado, mais limitando as possibilidades criativas do intérprete. Os interesses, por outro lado, podem veicular as novas aspirações sociais que os princípios gerais de Direito, sobretudo os princípios constitucionais, oportunizam, quando admitem atribuição de sentido mais genérico e abstrato.[140] Deste modo, *interesse* admite uma atribuição de sentido mais ampla e elástica por parte do intérprete, na medida em que pode se referir aos direitos "nascituros", cuja minudente explicitação ainda não atingiram, por estarem situados naquela zona difusa entre a riqueza significativa dos princípios e a rigidez garantística dos textos de direito positivo. Sendo um dos objetivos desta pesquisa, a análise da categoria dos interesses transindividuais, a palavra "interesse" tem um sentido mais apropriado, pois

---

[139] Em sentido comum, o "interesse" *lato sensu* é uma aspiração à obtenção de uma vantagem de ordem pecuniária ou moral, constituída independentemente de valoração ético-normativa. Já o "interesse" de que aqui se cuida é o "interesse jurídico" que tem seu conteúdo axiológico derivado do Direito.

[140] Ricardo Lorenzetti menciona que há uma diferença entre "direito descendente" (*descending conception government of law*) que é imposto de cima para baixo, como ato de império de um poder central e um "direito ascendente" (*ascending conception government of law*) que parte da organização social, inclusive as ações do Ministério Público, e vai até o poder central, criando o Direito (LORENZETTI, Ricardo. A Superação da Dicotomia entre Direito Público e Privado. In: *Curso de Direitos Coletivos e o Estado Contemporâneo*: o Direito do Consumidor e o Direito Ambiental, proferida em 05 de Abril de 2003, Escola Superior do Ministério Público. Porto Alegre, 2003). A idéia de "interesse" parece estar associada a esta última concepção de produção ascendente do Direito, bem própria do Estado Democrático de Direito.

Direitos Fundamentais Sociais

afasta o leitor da concepção de direito subjetivo,[141] que ainda remete ao senso comum liberal/individualista.

Vencida esta diferenciação sutil entre *direito* e *interesse*, a distinguir, no interesse, um direito que se insinua, não muito claramente, por esforços argumentativos, mercê de princípios gerais do Direito, afigura-se hercúlea a tarefa de conceituar o que seja *interesse público*. Ao menos para os efeitos deste trabalho, todavia, não há como prosseguir sem que se estabeleçam alguns limites e diferenciações para a compreensão deste conceito, porquanto se trata de uma definição instrumental, necessária ao desenvolvimento da pesquisa.

A compreensão do que seja *interesse público* demonstra a preponderância da historicidade no fenômeno interpretativo tal como sugerira a hermenêutica de cariz filosófico, abordada no Capítulo I. A expressão é invariável – interesse público – mas para que sobreviva no tempo como símbolo lingüístico, ela deve ser constantemente revista e readaptada nos novos quadros realísticos que as circunstâncias fáticas da temporalidade redesenham. Assim, novos intérpretes, com novos horizontes de sentido predeterminados, atribuem nova significação ao mesmo termo, que teria sucumbido na história, não fosse a plasticidade que sua generalidade semântica encerra, passível sempre de novas atribuições de sentido.

Teoricamente, a noção de interesse público foi forjada a partir de uma diferenciação com o interesse privado. No mundo medieval, interesse público e privado se confundiam, pois, à semelhança do que ocorreu no Brasil, durante as Capitanias Hereditárias, o senhor feudal (con)fundia em si o público e o privado, desempenhando funções públicas de suposta proteção dos súditos e realização da justiça e, ao mesmo tempo, cobrando, privativamente, impostos por tais serviços naturalmente públicos. A tal fenômeno, convencionou-se designar de "patrimonialismo histórico".

Talvez por esta razão, aos revolucionários franceses era tão valiosa uma divisão perfeita entre público e privado, fortemente dicotomizada, que não admitisse qualquer confusão, qualquer ponto de contato, ou formação intermediária, sob pena de se estar dando ensejo a um

---

[141] O interesse jurídico material, tradicionalmente, vinha sendo concebido como o núcleo de um direito subjetivo. Esta concepção puramente individualista do interesse jurídico se deve à noção cunhada entre os doutrinadores acerca do "direito subjetivo", como aquele exclusivamente vinculado a um titular. Isto era relevante para a determinação da legitimação *ad causam*, pois o legitimado à demanda seria apenas o titular do direito subjetivo (legitimação ordinária *ad causam*) e só excepcionalmente se admitiria a legitimação extraordinária, em que alguém defende, em nome próprio, direito alheio. Como se verá, sendo regra geral a legitimação ordinária, ela limita a hipóteses excepcionais, previstas em lei, as situações em que se admite a tutela de direitos coletivos por terceiros, significando uma "camisa-de-força" em desfavor das ações coletivas, ações civis públicas, mandados de segurança coletivos e todas as formas de defesa judicial de interesses coletivos e difusos.

retorno ao *ancién regime*. Entretanto, entrevia-se, desde então, um *tertium genus* entre o interesse público e o privado, que, na realidade, jamais deixou de existir, como se verá a seguir.

2.1. Rousseau e Syeyès: a Revolução Francesa contra os "Corpos Intermediários"

Em Rousseau, Estado e governo são conceitos bem distintos, sendo este, o governo, um instrumento do soberano (do Estado em termos mais atuais), ou "um corpo intermediário estabelecido entre os súditos e o soberano para assegurar sua correspondência mútua, encarregado da execução da lei e da manutenção da liberdade, tanto civil como política".[142] O Governo é exercido por governantes que são funcionários do Estado. Por outro lado, o Estado é o "corpo" total dos cidadãos de uma nação quando vistos coletivamente, mas cada membro, como súdito, é considerado um indivíduo. Destarte, o Estado é um ente ideal formado pela totalidade da nação, enquanto o governo é um corpo intermediário composto pelos funcionários governantes: príncipes, magistrados etc.

A partir da diferença entre súditos, governo e Estado, Rousseau distingue três vontades, essencialmente diversas, na pessoa de um governante: "primeiro, a vontade privada do indivíduo, que tende apenas a seu benefício pessoal; segundo, a vontade comum dos magistrados [governantes], que só concerne ao benefício do príncipe [governante máximo] e pode ser chamada de vontade corporativa, sendo geral em relação ao governo e particular em relação ao Estado, do qual o governo faz parte; e, em terceiro lugar, a vontade do povo ou soberana, que é geral tanto em relação ao Estado considerado como o todo e ao governo considerado como uma parte do todo".[143] Em seguida, Rousseau caracteriza, como ato legislativo perfeito, aquele no qual a vontade individual seja nula; a corporativa, ou seja, a do governo, muito subordinada, e a vontade geral deve predominar. Mas lamenta que "de acordo com a ordem natural, por outro lado, estas vontades se tornam mais ativas quanto mais concentradas são. Assim, a vontade geral será sempre a mais fraca, a corporativa vem em segundo, e a vontade individual é a mais forte de todas".[144]

Rousseau, destarte, formula uma divisão entre um interesse individual dos súditos; um interesse corporativo do Governo e um interes-

---

[142] ROUSSEAU, Jean-Jacques. O Contrato Social. In: MORRIS, Clarence (org.). *Os Grandes Filósofos do Direito*. São Paulo: Martins Fontes, 2002, p. 226.

[143] ROUSSEAU, Jean-Jacques. O Contrato Social, p. 227.

[144] Idem, ibidem.

Direitos Fundamentais Sociais

se público do Estado, enquanto corpo que engloba a totalidade dos súditos. Já Emmanuel Joseph Sieyès, um dos mais destacados arquitetos da Revolução Francesa, vai mais longe ao divisar, em todos os homens, a possibilidade desta tríplice divisão de interesses, caso em que o interesse intermediário entre o público e o privado poderia decorrer de sua associação a qualquer corporação, e não apenas ao governo como inicialmente elucubrara o filósofo genebrino. Considerando que o interesse individual era inafastável, porque da essência do ser humano, entendia que sua multiplicidade seria seu antídoto, pois, nas deliberações assembleares, seriam os múltiplos interesses individuais reciprocamente anulados. A objeção de Sieyès era com referência aos interesses corporativos que, ao se agruparem, tomavam força e poderiam eclipsar o verdadeiro interesse público.[145] Em síntese, temia ele, como, de resto, seus seguidores revolucionários, que os "corpos intermediários" perturbassem as relações entre os cidadãos e o Estado, prejudicando a formação da vontade geral e que viessem a estabelecer concorrência com o soberano, mediante a criação de novos feudos.

Péricles Prade, com acuidade, assevera que, "na trilha de Jean Jacques Rousseau, o Abade Sieyès anatematizou os interesses corporativos e os das comunidades intermediárias", fazendo subsistir tão-somente o interesse público e o interesse privado, divisão consagrada no direito positivo de viés liberal, que veio a constituir "formidável muralha ao próprio reconhecimento de qualquer interesse coletivo, uma vez que, de interesses difusos, à época sequer se pensava". Esta rígida dicotomia *interesse público – interesse privado,* acabou ocasionando outro dualismo simétrico: *Estado – Sociedade,* em que o Estado era o único titular do interesse público, ao passo que a Sociedade era concebida como um agregado de indivíduos titulares de direitos ou interesses particulares.[146]

Mas será mesmo a sociedade simplesmente um aglomerado de indivíduos ou será ela melhor compreendida como conjunto de grupos

---

[145] A seguinte passagem de Sieyès é suficientemente esclarecedora acerca desta preocupação teórica que se tornou comum na modernidade burguesa: "assinalemos no coração dos homens três espécies de interesses: 1º) aquele pelo qual os cidadãos se reúnem: apresenta a medida exata do interesse comum; 2º) aquele pelo qual um indivíduo se liga somente a alguns outros: é o interesse do corpo [corporação] e, finalmente, 3º) aquele em que cada um se isola pensando unicamente em si: é o interesse pessoal. O interesse pelo qual um homem concorda com todos os seus associados é evidentemente o objeto da vontade de todos e o da assembléia comum. Ali, a influência do interesse pessoal deve ser nula. E é isso também o que acontece; sua diversidade é seu verdadeiro remédio. A grande dificuldade vem do interesse pelo qual um cidadão está ligado somente com alguns outros. Daí se originam projetos perigosos para a comunidade e se formam os inimigos públicos mais temíveis. A história está cheia desta triste verdade". (SIEYÈS, Emanuel Joseph. *A Constituinte Burguesa* – Qu'est-ce que le Tiers État. 3ª ed. Traduzido por Norma Azeredo. Rio de Janeiro: Lúmen Júris, 1997, p. 116).

[146] PRADE, Péricles. *Conceito de Interesses Difusos.* 2. ed. São Paulo: Revista dos Tribunais, 1987, p. 29.

de indivíduos muitos dos quais com interesses opostos? Será que o esforço da Revolução Francesa em favor do individualismo eliminou as forças corporativas ou associativas? Não há evidente oposição entre os interesses dos proprietários rurais e os dos "sem-terra", entre agricultores e indústria, empregados e empregadores, governo e contribuintes? E, por acaso, todos eles não comportam aquilo que usualmente denominamos sociedade?

Com efeito, a resposta a essas interrogações obriga uma análise mais profunda do próprio e difícil conceito de sociedade. Não há como se aproximar de um conceito muito amplo de interesse público sem que antes sejam lançados olhares sobre a hodierna relação Estado - sociedade civil. Só assim descortinar-se-á, paralelamente, o significado atual da já fragilizada dicotomia interesse público – interesse privado, cujas múltiplas hipóteses de interconexão vêm gerando categorias deônticas intermediárias, usualmente denominadas "interesses transindividuais, metaindividuais ou supraindividuais", como decorrência do crescimento e da organização de setores da sociedade civil em face do Estado.

Já se disse que, historicamente, o reino do direito público era o da justiça distributiva, porque pertinente às exigências feitas pelo indivíduo em face de sua comunidade, especialmente, diante do Estado e dos poderes socioeconômicos, desimportando se estas exigências são de abstenção, no caso das liberdades públicas, ou de ação, quando se trata das prestações sociais. Por outra, o direito privado, tradicionalmente trazido aos tribunais, constituía a justiça comutativa ou justiça corretiva, isto é, as questões jurídicas entre partes formalmente iguais, com reciprocidade de direitos e obrigações. Deste modo, pode-se sustentar que, na visão tradicional, a justiça distributiva era um atributo da Política, realizado no âmbito do Poder Executivo; ao passo que a justiça comutativa se relacionava ao Direito e cumpria ser efetivada pelo Poder Judiciário.

Esta regra, entretanto, como se verá na seqüência deste trabalho, está hodiernamente em questionamento, a partir da própria *superação da summa divisio "público – privado"* e também como decorrência do crescimento do poder político dos Tribunais, cujas decisões vêm avançando sobre questões de justiça distributiva, em um fenômeno jus-sociológico já denominado judicialização da política ou politização da justiça. Percebe-se, outrossim, um alargamento do conceito de democracia, que toma atualmente uma forma mais regulamentada e juridicizada. Tais assertivas serão melhor analisadas no Capítulo IV.

Por outro lado, rompida a divisão entre público e privado, o que se tem percebido é um crescimento cada vez maior da sociedade civil em relação ao Estado. Se outrora, na concepção do jusnaturalismo contratualista, o Estado absorvia toda a sociedade civil, hoje o Estado

Direitos Fundamentais Sociais

parece ser um subsistema do grande sistema social. Crescendo a sociedade em tamanho em face do Estado, para o melhor ou para o pior, cumpre, pois, entender o que seja sociedade civil antes de se avançar nas considerações subseqüentes. Após a apresentação das principais possibilidades conceptuais de sociedade, em muito apertada síntese, será explicada a *Teoria dos Sistemas de Niklas Luhmann*, com o propósito de auxiliar na compreensão do sistema social, do sistema jurídico, dos sistemas institucionais, como o Ministério Público e o Poder Judiciário, e suas inter-relações com outros subsistemas.

2.2. Uma aproximação às concepções clássicas de sociedade

O primeiro conceito de sociedade civil que interessa nesta pesquisa é o dos filósofos jusnaturalistas – Hobbes, Locke e Kant – que partem de outra dicotomia entre estado de natureza e Estado civil. Para estes autores, a sociedade civil correspondia ao próprio Estado civil alcançado pela humanidade ao sair do estado de natureza, este uma forma existencial primitiva na qual os homens obedeciam apenas às leis naturais. Assim, para os contratualistas clássicos, Estado e sociedade civil se identificam. Rousseau modifica em parte esta postura, pois diferencia sociedade civil e sociedade política, entendendo que esta só aparece com o contrato social e significa uma superação da sociedade civil e do Estado de natureza.[147]

Com Marx, o significado de sociedade civil é transferido para o de sociedade burguesa, significando o *locus* das relações econômicas, ou seja, a base real, a estrutura sobre e a partir da qual se eleva a sociedade política. Nesse caso, em Marx a sociedade civil tem o mesmo significado de Estado de natureza para os jusnaturalistas.[148]

Outro autor que sustentou a distinção entre sociedade civil e Estado civil, utilizando uma terminologia semelhante à de Marx, foi Gramsci. Para ele, há dois planos superestruturais: a sociedade civil, ou seja, o conjunto de organismos privados, e a sociedade política ou Estado, que corresponde à função hegemônica do grupo dominante. Este autor diferencia-se de Marx, porquanto coloca a sociedade civil em plano superior ao de um complexo de relações materiais, atribuindo-lhe uma função mais elaborada: a de constituir o complexo das

---

[147] Cf. BOBBIO, Norberto. *Dicionário de Política*. 5. ed. Brasília: Ed. UnB, 2000. v. II, p. 1207-8.

[148] Preleciona Bobbio que "tanto a 'sociedade natural' dos jusnaturalistas, quanto a 'sociedade civil' de Marx indicam a esfera das relações econômicas intersubjetivas de indivíduo a indivíduo, ambos independentes, abstratamente iguais, contraposta à esfera das relações políticas que são relações de domínio. Em outras palavras, a esfera dos 'privados' (no sentido em que 'privado' é um outro sinônimo de 'civil' em expressões como 'direito privado' que equivale a 'direito civil) se contrapõe à esfera do público (In: Idem, p. 1209).

relações ideológico-culturais que dão supedâneo à hegemonia da sociedade política.[149]

Para Bobbio, "de todos os significados precedentemente analisados, o mais comum na linguagem política atual é o genericamente marxista" (...) entendendo-se por sociedade civil "a esfera das relações entre indivíduos, entre grupos, entre classes sociais, que se desenvolvem à margem das relações de poder que caracterizam as instituições estatais". A sociedade é o terreno dos conflitos que incumbe ao Estado solucionar. É o espaço do poder de fato em contraposição ao Estado, que localiza o poder legítimo, significando duas entidades em contínuo relacionamento.[150] Boaventura de Sousa Santos pontifica esta dualidade moderna, em trecho que vale transcrever:

> Tem sido afirmado que o dualismo Estado/sociedade civil é o mais importante dualismo no moderno pensamento ocidental (Gamble, 1982: 45). Nesta concepção, o Estado é uma realidade construída, uma criação artificial e moderna quando comparada com a sociedade civil. No nosso século ninguém melhor que Hayek expressou esta idéia: "As sociedades formam-se, mas os Estados são feitos" (1979: 140). A modernidade do Estado constitucional do século XIX é caracterizada pela sua organização formal, unidade interna e soberania absoluta num sistema de Estados e, principalmente, pelo seu sistema jurídico unificado e centralizado, convertido em linguagem universal por meio da qual o Estado se comunica com a sociedade civil. Esta, ao contrário do Estado, é concebida como o domínio da vida econômica, das relações sociais espontâneas orientadas pelos interesses privados e particularísticos.[151]

Sem dúvida, como já referido, à medida que, como decorrência da Revolução Industrial, se intensificam fenômenos de urbanização, produção e consumo em massa, a sociedade passa a revelar contradições, como aquela entre capital e trabalho, entre posse e propriedade, e uma crescente heterogeneidade de classes e respectivos interesses, assumindo uma complexidade cada vez maior, não sendo possível mais identificá-la com o Estado.

Enquanto sistema, o capitalismo destina ao Estado a restrita função de garantir a propriedade, ao passo que as relações econômicas ocorrem e reproduzem-se por si na esfera privada da sociedade. Disso resulta que a exterioridade do Estado e da política, relativamente às relações de produção, deriva da concepção das atividades produtivas como questão econômica e privada entre indivíduos privados dentro da sociedade civil. Esta separação entre o político (Estado) e o econômico (sociedade) no capitalismo teve a função de naturalizar a exploração econômica e neutralizar o potencial revolucionário da política liberal, facilitando a consolidação do modelo capitalista das relações sociais. Com efeito, inobstante paradoxal, observa-se que, no ideário liberal, o Estado deixou de ser propriedade privada de grupos específicos, para

---

[149] Cf. BOBBIO, Norberto. *Dicionário de Política*, p. 1210.

[150] Cf. BOBBIO, Norberto. *Dicionário de Política*. 5. ed. Brasília: Ed. UnB, 2000. v. II, p. 1207-8.

[151] SANTOS, Boaventura de Sousa. *Pela Mão de Alice* – O Social e o Político na Pós-modernidade. 8. ed. São Paulo: Cortez, 2001, p. 117.

Direitos Fundamentais Sociais

consubstanciar-se num ideal de universalização da cidadania, dos direitos cívicos de participação igualitária no domínio social; em contrapartida, no tangente às relações de produção na sociedade capitalista, ocorreu quase uma neoescravização do trabalho pela sua apropriação, organização e disciplina pelo capital.[152]

Atualmente, o Estado, ainda que de viés liberal, vem sendo submetido pelo capital volátil e internacionalizado, transferível internacionalmente, em velocidade digital, sem compromissos locais ou qualquer responsabilidade humanitária.[153] Nesta moldura crítica e sobretudo nas sociedades periféricas, caracterizadas por uma organização social débil e dependente, em que as promessas da modernidade não foram plenamente atingidas, o Estado ainda tem uma importante função de anteparo e proteção contra o predomínio do jugo econômico e suas conseqüências mais deletérias, tais como: as limitações das liberdades públicas, a manipulação indevida do patrimônio genético da humanidade e da biodiversidade, a degradação do meio ambiente, a exploração desumana da mão-de-obra, os danos ao consumidor e outros interesses sociais e individuais.

As transformações sociais da pós-modernidade, sobretudo os conflitos em massa cada vez mais freqüentes, engendram uma crescente complexidade que o Direito não logrará mais solucionar somente com os instrumentos próprios ao enfrentamento das clássicas violações de caráter individual, mas, sobretudo, com valores éticos e procedimentos aptos à heurística de controvérsias entre grupos, classes e coletividades. No quadro destes novos e gigantescos fenômenos sociais, "tão fascinantes quanto perigosos", o Direito, instrumento de ordenamento da sociedade, deverá assumir tarefa e dimensões até agora ignoradas, sobretudo na tutela de interesses sociais e coletivos que todas as Constituições democráticas modernas não abriram mão de contemplar expressamente.[154]

O reconhecimento jurídico destes diferentes grupos e coletividades sociais, maiorias e minorias e de seus interesses, muitas vezes

---

[152] Idem p. 122.

[153] No pós-moderno mundo globalizado, verifica-se, com efeito, uma desconexão crescente entre o capital global e nômade e a economia real, capaz de gerar crises especulativas, sobretudo nos Estados mais fragilizados social e economicamente. Acentua José María Gómez que: "vitorioso [o capital especulativo] na guerra espacial, ele se encontra livre das restrições territoriais para explorar qualquer canto do mundo em nome dos proprietários-acionistas ausentes, sem ter que assumir nenhum tipo de responsabilidade pelas conseqüências dessa exploração (com a força de trabalho empregada e desempregada, com a destruição econômica e ecológica, enfim, com as obrigações elementares da vida cotidiana e da perpetuação das comunidades locais e nacionais onde ocasionalmente investe)" (GOMEZ, José María. *Política e Democracia em Tempos de Globalização*. Petrópolis: Vozes, 2000, p. 112).

[154] CAPPELLETTI, Mauro. Formações Sociais e Interesses Coletivos diante da Justiça Civil. *Revista de Processo*, São Paulo: Revista dos Tribunais, n. 05, p. 129-59, jan.-mar. 1977, p. 130-1.

conflitantes e até antagônicos, é, geralmente, revelado na própria Constituição democrática. Esta, que é condição de possibilidade hermenêutica de todas as normas inferiores, isto é, condição de validade e aplicabilidade destas, evolui à noção de fenômeno construído historicamente como produto de um pacto constituinte, enquanto explicitação do contrato social. Mas o contrato social contemporâneo já não se dá mais apenas entre sociedade e governo, isto é, entre Estado-coletividade e Estado-governo, como prenunciaram Rousseau, Locke e Kant. Configura-se hodiernamente um pacto mais amplo entre coletividades diferentes e, não raro divergentes, em meio às quais o Estado Democrático surge como sistema de princípios e valores, e o governo, a orientar-se por aquele, como um corpo político de intermediação e controle dos conflitos, através do Direito.[155]

Efetuadas estas considerações, mas ainda insistindo na tentativa de entrever um *conceito de sociedade,* passar-se-á à análise da concepção sistêmica da sociedade a partir da Teoria Luhmanniana, que pressupõe a complexidade social na pós-modernidade e a capacidade dos sistemas de reduzirem esta complexidade, tornando-a organizada.

2.3. A concepção sistêmica da sociedade

Para a Teoria Sistêmica, diante das divergências sociais entre coletividades, classes e grupos e, considerando a extrema complexidade das sociedades contemporâneas, o conceito de sociedade, como soma de indivíduos, já não explica o fenômeno social, pois foi formulado no período pós-revolucionário, quando o ideário liberal francês combatia as formações intermediárias. Em lugar da soma de indivíduos, a Teoria Sistêmica entende a sociedade como soma de sistemas, ou como sistema *omniabarcador,* configurando um método de análise da

---

[155] Com efeito, anota muito bem Clémerson Merlin Clève "... se a Constituição instrumentalizou, num primeiro momento, os ideais burgueses herdados do contratualismo e do idealismo, hoje constitui *espaço de mediação dos conflitos e condensação da relação de forças travadas entre as classes e frações de classes sociais,* mesmo em sociedades periféricas como a brasileira. A Constituição, enquanto instância da harmonia passa a ser o resultado do conflito. As Constituições doutrinárias (fiéis a um único postulado ideológico, doutrinário ou filosófico) passam a ceder espaço para as Constituições compromissórias, condensadoras do conflito emergente e desenvolvido no seio da sociedade. A democratização do debate constitucional exige um preço. O questionamento permanente da legitimidade da Constituição. Sim, pois sendo as Constituições modernas do tipo compromissório, elas não são de ninguém. Aqui reside a sua fraqueza. Nenhuma classe social a possui e, portanto, a defende. Mas, aqui, paradoxalmente, reside também a sua força. Porque não sendo de ninguém, as modernas Constituições são de todos. As classes populares, especialmente, as organizadas, estão na Constituição. Seus valores, suas lutas, seu sangue e suor encontram-se na Constituição. É preciso aproveitar estes dados. E aqui reside um dos maiores desafios do direito constitucional na atualidade" [grifo nosso]. (CLÈVE, Clèmerson Merlin. A Teoria Constitucional e o Direito Alternativo. *Homenagem a Carlos Henrique de Carvalho.* São Paulo: RT, 1995, p. 36).

Direitos Fundamentais Sociais

sociedade que, partindo da premissa de sua complexidade caótica, pretende organizar esta complexidade com o auxílio da formação de sistemas cada vez mais especializados. Por ora, cumpre frisar que se trata apenas de um método de compreensão da sociedade massificada. Ainda que com ressalvas, pode-se aplicá-lo ao estudo da dinâmica jurídica e suas instituições, utilizando alguns de seus instrumentais para entender a evolução dos sistemas jurídicos ou para compreender a própria evolução das instituições sociais e políticas, como o Ministério Público e o Sistema de Justiça como um todo (o Poder Judiciário e todas a sua estrutura e operações sistêmicas, onde ingressa o papel de advogados, procuradores, defensores, autores, réus, polícia e o próprio Ministério Público).

Desta forma, sob escusa de impotência da Sociologia tradicional, posto ainda presa à concepção de sociedade individualista e ao método estatístico e, destarte, incapaz de explicar a crescente complexidade social, apresenta-se a Teoria Sistêmica como uma nova proposta que se dispõe à investigação do *sistema social da sociedade moderna*. Para Niklas Luhmann, a concepção tradicional de sociedade esbarra em *três obstáculos epistemológicos*, a saber:

1°) *Obstáculo humanista*: o que designa "preconceito humanista". Em Luhmann, a sociedade não é a soma de indivíduos, pois o nascimento ou a morte de alguns homens não a modifica.

2°) *Obstáculo territorial:* o segundo obstáculo, nominado "preconceito territorial", limita as sociedades às populações que vivem em territórios determinados. Tal ponto de partida é equivocado em mundo em que as relações internacionais são cada vez mais intensas, e as diferentes nações revelam crescente interdependência, em face da globalização inegável das relações sociais, políticas, econômicas e culturais.

3°) *Obstáculo objetivista:* o qual remete à clássica divisão da teoria do conhecimento, que separa sujeito – objeto. A tal preconceito objeta Niklas Luhmann, que a sociedade não pode ser observada externamente, uma vez que, ao descrevê-la, o observador nela está inserido e usa seu sistema lingüístico, revelando o caráter autológico do estudo da sociedade.

Especialmente, cumpre analisar o chamado *preconceito humanista*, derivado da concepção liberal de sociedade, como somatório de indivíduos. Segundo o corifeu da Teoria dos Sistemas, elaborar um conceito de sociedade a partir do indivíduo é tarefa inviável, na medida em que o indivíduo, em si, é auto-referente e não pauta sua conduta, necessariamente, por escolhas éticas, como forçosamente elucubrara a tradição sociológica ocidental. Assim, os indivíduos agem de maneira imprevisível, podendo fazer escolhas binárias opostas (sim e não, paz e guerra, consenso e dissenso etc.), de acordo com suas contingências, de modo que, partir do indivíduo para explicar a sociedade, eqüivale a tornar este conceito refém da imprevisibilidade da dupla contingência que caracteriza as escolhas humanas.[156]

O esforço de Niklas Luhmann consiste, portanto, em situar seu conceito de sociedade fora desse círculo contingente de referências, a que uma concepção de sociedade que partisse do indivíduo fatalmente conduziria, por isso em sua teoria não é o homem que compõe a sociedade, mas a comunicação que ele produz. O homem pela sua difícil acessibilidade psíquica – pela dificuldade em conhecer os seus conteúdos internos – não pode servir de elemento para compreensão científica da sociedade. No entanto, em que pese, individualmente, os homens autodeterminem suas condutas por operações auto-referenciais complexas e manifestem uma tendência a permanecer separados dos demais, sem fundir-se, eles possuem expectativas e suposições, uns em relação aos outros, capazes de gerar uma certeza de realidade, ou seja, expectativas aproximadamente determináveis, e o conjunto de comunicações entre eles, quando organizadas, revela uma ordem emergente e condicionada pela complexidade dos subsistemas que a formam, a que Niklas Luhmann chama *sistema social*.

Deste modo, o problema central da *sociologia luhmanniana* é encontrar um modo de explicar as estruturas da experiência e da ação social. Parte-se da idéia de que a *sociedade pós-moderna*[157] vem marcada por duas características exponenciais:

a) trata-se de uma sociedade complexa, pois compreende elevado número de possibilidades e escolhas;

b) é marcada pela diferenciação funcional de novos, e cada vez mais específicos, subsistemas.[158]

O pensamento luhmanniano no tangente à Teoria dos Sistemas é usualmente dividido em *duas fases*: a primeira, voltada à *auto-organiza-*

---

[156] LUHMANN, Niklas; TORRES NAFARRANTE, Javier. (coord.). *Teoría de la Sociedad*. Traduzido por Miguel Romero Perez e Carlos Villalobos. Jalisco, México: Universidade de Guadalajara, 1993, p. 11-2. Sobre o tema, ver ainda ROCHA, Leonel Severo. O Direito na Forma de Sociedade Globalizada. *Anuário do Programa de Pós-Graduação em Direito - Unisinos*. São Leopoldo: EdUnisinos, 2001, p. 128.

[157] A expressão "sociedade pós-moderna" usada neste trabalho significa o tipo de sociedade que começa a surgir, notadamente no mundo ocidental, após as revoluções industriais, significando, pois, a sociedade contemporânea.

[158] Embora este mecanismo de diferenciação funcional já tenha sido percebido por Durkhein quando teorizou sobre a divisão do trabalho, é de se perceber que a diferenciação funcional de que se fala aqui tem uma extensão ainda mais profunda, não se tratando apenas da divisão de tarefas na empresa ou entre empresas, mas de divisão de sistemas. No particular, Leonel Severo Rocha, após enfatizar que a teoria da sociedade autopoiética procura explicar a sociedade como sistema social, sublinha que esta matriz epistemológica demonstra que a diferenciação dos elementos básicos em distintas formas ocasiona infinitas possibilidades de interações sociais, "isto implica uma grande complexidade, que exige cada vez mais sub-sistemas, como o direito, a economia, a religião, etc." (ROCHA, Leonel Severo. Direito, Cultura Política e Democracia I. *Anuário do Programa de Pós-Graduação em Direito - Unisinos*. São Leopoldo: Ed. Unisinos, 2000, p. 155).

Direitos Fundamentais Sociais

ção das estruturas dos sistemas, e, a segunda, destinada a demonstrar a possibilidade neguentrópica dos sistemas a partir das suas *operações autopoiéticas*. Nessa primeira fase, o desenvolvimento de um estudo dos sistemas com base na teoria da evolução tem início pela inclusão de relações auto-referenciais nos sistemas, portanto, circulares, imaginando-se a construção das estruturas sistêmicas através de processos próprios, ou seja, auto-organização. A ênfase deste período é para com as estruturas dos sistemas, e não propriamente para com suas operações, o que caracterizará a segunda fase da Teoria Sistêmica de Luhmann.

Nesta *fase inicial*, o teórico já identificava o objeto da sociedade como sendo a comunicação, e não o homem. Compreendia-se que o entorno era formado por rumor carente de sentido específico,[159] que o sistema era capaz de organizar, dando-lhe sentido através de suas próprias operações – *lo social no surge del hombre*, enfatiza o autor, mas "consiste en uma solución emergente de tipo evolutivo que precede a los sujetos, y que está encaminada a proveer estructuras de sentido que se imponen a la tendencia radical de la desintegración".[160] Deste modo, o sistema, dependente do entorno, mas não determinado por ele, era capaz de auto-organizar-se, construindo sua própria ordem: *order from noises*. Dir-se-ia que o sistema organiza a complexidade desorganizada do mundo, constituindo, destarte, uma *complexidade organizada*.

Nesta missão de prover a comunicação desorganizada de sentido, pode-se identificar, como função dos sistemas sociais, a de captar e reduzir a complexidade do mundo, através de uma seleção das múltiplas possibilidades que ele oferece: "o sistema, conforme Luhmann, é o mediador entre a extrema complexidade do mundo e a pequena capacidade do homem em assimilar as múltiplas formas de vivência".[161]

Nesta *primeira fase*, Niklas Luhmann construiu idéias importantes da Teoria Sistêmica como "forma" em lugar de "objeto" e "forma" como "diferenciação entre sistema e entorno"; "comunicação", como substância dos sistemas; auto-organização estrutural dos sistemas, como modo de redução de complexidade, mediante captação de rumor não específico para além das fronteiras de sentido.

Entretanto, a primeira fase de Niklas Luhmann, baseada em *redução de complexidade* do entorno através de estratégias como a

---

[159] A palavra "rumor", que é sinônimo de "murmúrio", "burburinho", já significa comunicação desorganizada e destituída de sentido.

[160] LUHMANN, Niklas; TORRES NAFARRANTE, Javier. (coord.). *Teoría de la Sociedad*, p. 13.

[161] NEVES, Clarissa Eckert Baeta. Niklas Luhmann. In: ——; SAMIOS, Eva Machado Barbosa (org.). *A Nova Teoria dos Sistemas*. Porto Alegre: Universidade/UFRGS, Goethe – Institut/ICBA, 1997, p. 12.

transposição de problemas[162] e a *dupla seletividade,*[163] deparou-se com uma constatação preocupante oriunda da termodinâmica: *os sistemas sujeitam-se à lei da entropia*, isto é, estariam fadados a um esgotamento de suas energias, que significaria sua diluição no entorno e o fim da diferenciação, requisito de existência do sistema. Havia, pois, a necessidade de demonstrar a possibilidade de *sistemas neguentrópicos*, ou seja, "sistemas que no están sujetos a la ley de la entropía, sino que están en condiciones de construir una neguentropía y que, por lo tanto, precisamente por la apertura del sistema y por su dependencia del entorno, están en condiciones de reforzar su distinción del entorno".[164] Enquanto a lei da entropia está a indicar o caráter finito de um sistema que tende a desorganizar-se e diluir-se em seu entorno, a neguentropia significa a negação daquela lei, pela possibilidade que o sistema tem de adaptar-se e fortalecer sua diferenciação ganhando sobrevida. A veracidade acerca da tendência dos sistema à entropia, ou seja, a perda energética até a diluição do sistema em seu entorno é confirmada pela história de diversas instituições sociais, que não adaptaram-se às perturbações do entorno, reforçando novas identidades, e diluíram-se em outros subsistemas que irão assumir suas operações.

É neste ponto do debate que o aporte do conceito de *autopoiésis* de Humberto Maturana e Francisco Varela[165] assume especial relevância. Até então, a Biologia concebera os organismos como sistemas tubulares de entrada e saída *(input – output)*, ou seja, sistemas de tratamento de informações. Os pesquisadores latinos propuseram a possibilidade de autocriação permanente dos sistemas vivos que estariam, destarte, em incessante engendramento de sua própria estrutura.

Embora Maturana e Varela tenham concebido a idéia de *autopoiésis* apenas para os sistemas vivos, para Niklas Luhmann também os sistemas psíquicos e sociais são autopoiéticos,[166] porque produzem e reproduzem suas próprias *estruturas e elementos*, sendo as estruturas montadas, precisamente, na trama (teia) dos elementos.

---

[162] De acordo com esta estratégia, os problemas da complexidade do mundo, através dos sistemas de *inputs*, são transpostos para a condição de problemas do sistema onde são resolvidos e devolvidos ao entorno como *outputs*.

[163] Esta estratégia visa a reduzir a complexidade do entorno, o que significa aumentar a complexidade interna do próprio sistema. O sistema segue efetuando a seleção progressiva e "ganhando espaços do mundo" ao ordenar esta complexidade de acordo com códigos próprios e significativos.

[164] LUHMANN, Niklas; TORRES NAFARRANTE, Javier. (coord.). *Teoría de la Sociedad*, p. 38.

[165] O conceito de "autopoiese", que significa autoprodução ou autocriação, foi introduzido pelos biólogos chilenos Humberto Maturana e Francisco Varela, sendo referenciais as obras "De máquinas y seres vivos" (1973) e "A árvore do conhecimento" (1984).

[166] Luhmann identifica três espécies de sistemas autopoiéticos: os sistemas vivos (referentes às operações vitais); os sistemas psíquicos (relativos à consciência) e os sistemas sociais (cujo traço característico é a comunicação).

Direitos Fundamentais Sociais

Esses, os *elementos* – no plano temporal – significam operações produzidas pelo sistema e, portanto, são utilizados como distinções. Eles são informações que produzem a diferença no sistema e, deste modo, constituem unidades de uso que produzem outras unidades de uso, para as quais não há correspondência no entorno. Daí introduzir-se a idéia de diferenciação operativa na segunda fase de Luhmann. Neste ponto, o conceito de *autopoiésis* é um avanço em relação ao conceito anterior de "auto-organização", que dizia respeito apenas à transformação de estruturas em sistemas; nesta nova fase, sustenta-se que determinados sistemas (inclusive máquinas, como, por exemplo, computadores) podem formar, eles mesmos, suas próprias estruturas, ou somente podem operar sobre estruturas por eles mesmos produzidas, como é o caso dos seres vivos. "No entendimento de Luhmann, o conceito de *autopoiésis* vai além disso, pois *transfere a idéia da auto-produção das estruturas para os elementos do sistema*. Ou ainda, desloca o princípio da auto-referência do nível estrutural para o nível operativo".[167]

A *neguentropia dos sistemas autopoiéticos*, capazes de adaptar-se às "perturbações" do entorno, garantindo sobrevida e podendo desfrutar de uma expectativa de eternidade (enquanto eficientes seus mecanismos de autocriação), opõe-se à entropia do sistema psíquico que é o homem, fadado à finitude. Fácil perceber que os sistemas sociais sobrevivem aos homens concretos e deles não são diretamente dependentes. Ademais, um mesmo homem pode "desempenhar papéis" em diversos sistemas, simultaneamente, constituindo-se no elo de comunicação entre eles.

Permanecendo a idéia já concebida em sua primeira fase de sistema como forma (e não como objeto), a inserção do conceito de *autopoiésis* importará na concepção de sistema como "operacionalmente fechado". Porém, adverte Luhmann que o conceito de fechamento operacional do sistema não significa "isolamento causal ou solipsismo cognitivo", mas reflete apenas a observação de que nenhum sistema pode operar fora dos seus limites.

Ocorre que, se de um lado, o fechamento operacional é imperioso para realçar a diferenciação do sistema em relação ao entorno, por outro, poderia levar à sua entropia, pela incapacidade de adaptação às perturbações externas produzidas no entorno. Deste modo, para oportunizar a interação com o meio ambiente em que inserido, o que permite a neguentropia dos sistemas autopoiéticos, Luhmann elabora os conceitos de *acoplamento estrutural* e *irritação*. Luciano Fedozzi, em

---

[167] FEDOZZI, Luciano. *Niklas Luhmann – A Nova Teoria dos Sistemas*. In: NEVES, Clarissa Eckert Baeta; SAMIOS, Eva Machado Barbosa (org.). Porto Alegre: Universidade/UFRGS, Goethe – Institut/ICBA, 1997, p. 25 (grifo no original).

uma leitura introdutória à Teoria dos Sistemas de Luhmann, assim escreveu acerca do acoplamento estrutural:

> O *conceito de acoplamento estrutural* é tomado mais uma vez de Maturana com a tarefa de indicar como sistemas autopoiéticos, operacionalmente fechados, podem existir num ambiente que, por um lado é pré-requisito da *autopoiésis* do sistema e, de outro, não intervém nesta *autopoiéisis*. O conceito de acoplamento estrutural designa assim *uma forma para interdependências regulares entre sistemas e relações ambientais*, que não estão disponíveis operacionalmente, mas que precisam ser pressupostas [grifo nosso em itálico].[168]

A idéia de acoplamento poderia sugerir um paradoxo com a de clausura operacional do sistema: se os sistemas podem acoplar-se regularmente, então não há fechamento operativo? Na realidade, o acoplamento não importa em abertura operacional, pois, quando conectados através de instrumentos de intermediação ou pontos de contato, os sistemas continuam operativamente voltados ao seu interior. Além disso, insta frisar o caráter seletivo do acoplamento, que não ocorre simultaneamente com todo o entorno. Operações internas do sistema, ou seja, decisões endógenas acerca das seleções convenientes é que devem determinar quais conexões serão efetuadas. Um exemplo, antes citado, é a linguagem que interliga o sistema psíquico ao sistema social, apesar de que ambos os sistemas continuem operando separadamente, sem que um invada o espaço estrutural do outro. No caso do Direito, há necessidade de este sistema axiológico estabelecer acoplamentos estruturais seletivos com os sistemas político, econômico, administrativo etc., para que possa o ordenamento jurídico desempenhar sua função socioestruturante. Um dos principais instrumentos para engendrar conexões entre o Sistema de Justiça e os demais subsistemas sociais é o processo, donde extrair-se sua evidente função instrumental.

Afirma-se aqui a *função instrumental do processo* no sentido empregado por Cândido Rangel Dinamarco em obra clássica, na qual asseverou que, no estágio atual da teoria do direito processual civil, impõe-se ao jurista a consciência de que os *conceitos* inerentes à sua ciência já chegaram a níveis mais do que satisfatórios, e o processo já não se apresenta como um fim em si mesmo, nem sua teoria deve insistir em uma falsa autonomia, labutando em investigações conceituais metafísicas, destituídas de endereçamento teleológico; cabe-lhe, ao contrário, defender a natureza do processo como instrumento de veiculação de valores concretos da sociedade, notadamente aqueles de assento constitucional, inserindo-o no universo axiológico da modernidade, elevando-o a uma conotação deontológica, permeável, sobretudo aos valores da ordem político-constitucional.[169]

---

[168] FEDOZZI, Luciano. *Niklas Luhmann – A Nova Teoria dos Sistemas*, p. 26.

[169] *A Intrumentalidade do Processo*. 11ª. Edição. São Paulo: Malheiros, 2003, p. 23-5. Na mesma linha de pensamento, Ney Arruda Filho, sustentando a efetividade material do processo como

Ademais, instituições operativas como o Ministério Público e a Defensoria Pública, assim como os advogados privados, podem carrear ao Sistema de Justiça problemas do entorno social, transformando-os em problemas judiciais. Ocorre que, assim selecionando problemas do entorno, o Sistema de Justiça aumenta em complexidade, mas ganha em energia, traduzida em crescente efetividade na concretização dos objetivos centrais da República, sacramentados no art. 3º da Carta de 1988. Trata-se de uma adaptação às perturbações do meio que, nos moldes da evolução darwiniana, se constitui em condição de sobrevivência do Sistema de Justiça.

Com base em conclusões de teorias oriundas sobretudo da biologia, Luhmann conclui que os sistemas só podem sobreviver na linha temporal se tiverem capacidade de adaptação ao seu entorno e suas constantes modificações e exigência. Incapacidade de adaptação ocasiona declínio energético até a completa diluição do sistema no entorno. *Irritações ou perturbações* são fenômenos do entorno, que produzem operações internas do sistema, na medida em que este se ressente daquelas alterações ambientais e produz adaptações ao meio. A insensibilidade dos sistemas às perturbações externas determina efeitos entrópicos, ou seja, seu enfraquecimento e perda de complexidade, em favor de outros sistemas. A maior capacidade de percepção das alterações ocorridas no entorno e adaptação a elas, ao contrário, ocasiona neguentropia, ou seja, sobrevida e aumento da complexidade interna dos sistemas que assim "vão ganhando o mundo". Conclui-se, destarte, que características dos sistemas autopoiéticos – *fechamento operacional e abertura cognitiva* – permitem-lhes observar suas diferenças constitutivas em relação ao ambiente, evitando a diluição entrópica.

Tais considerações sobre a Teoria Sistêmica de Luhmann são lançadas com o objetivo de revelar esta concepção de *sociedade como sistema omniabarcador*, isto é, conjunto de sistemas inter-relacionados entre si, embora operativamente fechados. Esta visão permite entender a sociedade não como um lugar de harmonia, mas como *locus* de interesses plurais em crise, cujo confronto já não se dá no nível individual, mas sim coletivo. Sendo conjunto de subsistemas: o Sistema Político que constitui o Estado será um dos subsistemas do grande Sistema Social, por sua vez, subdividido em subsistemas como o Legislativo, Administrativo e Judiciário e assim em novas e sucessivas subdivisões que o caráter infinitamente complexo da sociedade pressupõe. A sobrevida de sistemas axiológico-estruturais como o Direito ou

direito fundamental, denuncia a crise de eficácia do processo no Brasil, que, em sua visão, decorre do excesso de formalismo ainda dominante nas pré-compreensões dos aplicadores do Direito e suscita um grave questionamento sobre as possibilidades de o processo alcançar maior efetividade em uma sociedade caracterizada por extrema desigualdade (*A Efetividade do Processo como Direito Fundamental*. Porto Alegre: Norton Editor, ano 2005, p. 21-2.

sistemas institucionais-operativos como o Sistema de Justiça, depende de sua capacidade de adaptação ao entorno evolutivo. A discronia evolutiva entre o Sistema de Justiça e seu entorno, ou seja, a incapacidade de efetividade da justiça em face das novas exigências sociais, é fator que ameaça a sobrevivência deste sistema e, tratando-se de sistema estruturante da sociedade, põe em perigo concreto toda o sistema social *omniabarcador*.

2.3.1. Críticas à concepção sistêmica de Luhmann

Todavia, a Teoria Sistêmica da sociedade sofre críticas daqueles que entrevêem nesta matriz teórica uma perspectiva pouco humanitária, posto que não considera o homem, um elemento dos sistemas, e pretende utilizar-se do Sistema Jurídico apenas para simplificar expectativas de comportamento. Deste modo, a proposta sistêmica estaria voltada à compreensão do Direito como controlador da sociedade, e não como instrumento de sua transformação positiva, aproximando-se, destarte, das teorias procedimentalistas. Além disso, para seus críticos, a compreensão sistêmica da sociedade e do Estado também opera uma redução da importância do Estado em face da sociedade, pois que este é compreendido apenas como um subsistema do sistema social, destinado a concorrer com outros, representados nos grandes grupos de poder não-estatal. Nesse rumo, Bercovici, com acuidade, pondera que:

> As teorias sistêmicas destacam a hipertrofia de grupos como o elemento decisivo da política, por meio da auto-organização da sociedade através de grupos de interesse. Boa parte de seus argumentos referem-se à economização da política, à despolitização da política e do Estado, reduzido a mero aparato técnico-burocrático, ou a "ator local". No fundo, segundo Rogério Ehrhardt Soares, trata-se de um novo autoritarismo de uma sociedade dominada por grupos que não conhecem limites às suas pretensões e não querem a política dos Estados limitando-os. A panacéia para todos os problemas sociais passa a ser o desmonte do Estado e a desjuridificação.[170]

No mesmo sentido, Lenio Streck enfatiza que "teses sistêmicas, examinadas sob o ângulo do direito reflexivo, *caminham na contramão* daquilo que se pode denominar de força normativa da Constituição e constitucionalismo dirigente", porquanto, em tal perspectiva, "o direito é entendido apenas como funcionalmente estabilizador de expectativas de comportamento", de modo que não transforma a sociedade, baseando-se em uma proposta utópica de que os vários sistemas agirão coordenados pela idéia de responsabilidade social.[171]

A preocupação dos autores, signatários de críticas à Teoria Sistêmica, parte da constatação de que a desjuridificação nos países centrais surge como possibilidade de ampliação do espaço da cidadania em

---

[170] BERCOVICI, Gilberto. A Constituição Dirigente e a Crise da Teoria da Constituição, p. 134

[171] STRECK, Lenio Luiz. *Jurisdição Constitucional e Hermenêutica*. Vide Capítulo III, item 3.5.2, intitulado "Constituição Dirigente *versus* Direito Reflexivo" (grifos no original).

Direitos Fundamentais Sociais

sociedades fortemente plurais. Entre nós, porém, que já sempre vivemos em uma sociedade desjuridificada, ou em que o Direito jamais teve grandes potenciais metamórficos, mas sobretudo repressivo-autoritários, impõe-se mesmo a juridificação da sociedade para os efeitos de gerar justiça social. Nesse caso, a Teoria Sistêmica, levada às suas últimas conseqüências, poderia significar a potencialização de grupos de ação e, em conseqüência, a deslegitimação do Estado. Considera-se que nem sempre a ação destes "novos atores coletivos" significará uma cidadania emancipatória como se quer acreditar, não se podendo esquecer que uma sociedade civil forte requer um Estado forte, sem o que não poderá atingir finalidades efetivamente justas e emancipatórias em relação ao poder econômico e suas novas formas de servilismo.

Com efeito, e nisto está-se de acordo com os críticos da Teoria Sistêmica, a afirmação destes novos atores coletivos não deve ser assumida de modo ingênuo ou apologético, pois nada assegura que a nova cidadania, ora engendrada, será democrática ou emancipatória. Entretanto, esta constatação somente reforça a importância, mesmo dentro da perspectiva sistêmica, de um Sistema de Justiça forte o suficiente para conter tanto o arbítrio do governo, quanto das grandes organizações ou mobilizações sociais, quando tal se fizer necessário. Indubitável, contudo, que, na operacionalidade dos sistemas circulares, cognitivamente abertos, o surgimento destes novos atores supraindividuais abre o Sistema de Justiça para uma perspectiva externa que permite aos operadores jurídicos, rompendo com sua formação clássica, uma observação da dinâmica do entorno social, atualizando conceitos em face das necessidades históricas, não significando, isto, necessariamente, uma submissão à força dos fatos, senão que, por vezes, até mesmo uma reação às suas imposições menos dignas.[172]

De todas as críticas à Teoria Sistêmica, a mais crucial parece residir em uma interpretação possível de seus cânones, capaz de inibir a judicialização da política, processo real aqui identificado e, até certo ponto, defendido. Com efeito, a Teoria Luhmanniana corrobora a separação entre os Poderes e, rigorosamente, ao privilegiar a organização do Estado como sistema político, subdividido em subsistemas como o Poder Judiciário, cuja organização racional dá supedâneo ao Estado de Direito, parece aconselhar a não-intromissão de um subsistema em operações de outro, pois isto poderia, em uma leitura teorética, conduzir à diluição do Sistema de Justiça, dentro do Sistema Administrativo. Deste modo, a "neutralidade do magistrado", associada à diferenciação entre subsistema jurídico e político, e a preocupação de

---

[172] Vide CAMPILONGO, Celso Fernandes. *Os Desafios do Judiciário*: Um enquadramento teórico, p. 30-51.

Luhmann com a sobrevivência dos sistemas, poderia ser interpretada como azo a um novo conservadorismo da magistratura, alimentado pela rotinização de seus procedimentos, através do que se alcançaria, de um lado, o "controle da contingência" e, de outro, a adesão às soluções prescritas pelos esquemas tradicionais, neutralizando as possibilidades transformadoras do Direito em países subdesenvolvidos, forjando um Direito meramente controlador da sociedade.[173]

Em que pese bastante razoável esta crítica, a verdade é que a Teoria Sistêmica permite outra interpretação da judicialização da política, mais favorável a uma visão metamórfica do Direito. Vale retornar um pouco no tempo e perceber que os modelos formais-liberais já tentavam explicar o Direito e o Estado através de sistemas, porém, tratava-se de organogramas fechados e hierarquizados, portanto, sistemas piramidais de caráter axiomático. A vantagem dos novos sistemas é o seu caráter dinâmico, que prioriza sua operatividade mesmo em prejuízo de sua estrutura, donde resultarem sistemas circulares que engendram tramas entre múltiplas cadeias normativas e numerosas interconexões jurídicas capazes de capturar a crescente complexidade dos novos conflitos sociais, internalizando-as em infindáveis redes de complexidade do próprio sistema. Sem dúvida, a visão sistêmica traz proveitosos instrumentos à compreensão dos fenômenos ocorrentes em uma sociedade crescentemente complexa, tal qual a contemporânea, que, por isso mesmo, precisa organizar sua complexidade caótica. Daí resulta a pré-seletividade intensa de condutas a serem positivadas no direito legislado e a seletividade decorrente de decisões vinculatórias no âmbito do Poder Judiciário. Esta nova visão de sistema pode ir além das pretensões de autofundação de Luhmann, inaugurando uma operatividade jurídica que supere a burocracia dos sistemas axiomáticos piramidais, com o privilegiar de um senso prático peculiar à justiça dos casos concretos, revalorizando a temática da hermenêutica jurídica e da função social do magistrado em "países emergentes" como o Brasil.[174]

Outrossim, inegável que as possibilidades de acoplamento estrutural e abertura cognitiva permitem explorar as potencialidades dos sistemas para além da mera pretensão de uniformidade de expectativas. Pode-se, mesmo dentro da perspectiva sistêmica, conceber o Direito e o Estado como sistemas eficientes a operar transformações positivas no sistema social *omniabarcador*, desde que sensíveis às

---

[173] CAMPILONGO, Celso Fernandes. *Os Desafios do Judiciário*: Um enquadramento teórico, p. 117.

[174] Idem, ibidem, p. 39-40. Enfatiza o autor que o saber pragmático exigido pela nova racionalidade jurídica que encontra supedâneo nos sistemas circulares não autoriza ampliar irresponsavelmente a discricionariedade dos juízes a ponto de submeter os "novos atores" aos seus caprichos subjetivos, ou de advogar decisões puramente contrárias à lei, mas de conhecer proficuamente as situações concretas para extrair o máximo da regra.

Direitos Fundamentais Sociais

transformações ocorridas no entorno, habilitando-se à internalização de conflitos, crescentemente complexos, solucionando-os em conformidade com valores positivados constitucionalmente.

Outrossim, não há necessariamente uma incompatibilidade entre a teoria da Constituição dirigente e a proposta sistêmica, mormente se entendida a Constituição como dirigente de toda a sociedade, e não apenas do Estado.[175] Com efeito, as modernas constituições do pós-guerra não se endereçam exclusivamente à função de organizar o Estado, ou seja, estabelecer o sistema estrutural e operativo do Estado como salientado no âmbito da tradição jurídico-política oitocentista. As constituições modernas existencializam uma normatividade performativa de todo o tecido social, estabelecendo os direitos fundamentais, individuais e sociais, tutelando minorias, sacramentando os princípios basilares da ordem econômica, da ordem social etc., tal como o exemplo da Constituição brasileira de 1988. Deste modo, irradiam-se diretamente como norte sobre o sistema social *omniabarcador* e não apenas sobre o sistema político, de sorte que se impõe a necessidade de uma intermediação entre a Constituição, como sistema de normas, e os diversos subsistemas organizacionais da sociedade, a ser efetivada pelo Sistema Estatal, caracterizado agora como uma tecnologia social, e não mais como fim em si mesmo.

Por outro lado, desde a perspectiva da Hermenêutica Filosófica, abordada no primeiro capítulo, assoma em importância o papel do intérprete na concretização dos projetos constitucionais, mediante a abertura de seu universo cognitivo pré-conceitual aos novos horizontes significativos do texto fundamental. A proposta da matriz hermenêutica é voltada ao homem que interpreta, e este, como salientado, não integra os sistemas, senão que age em face de diversos deles simultaneamente, constituindo seu entorno. O indivíduo, destarte, é o mecanismo de transmissão da Constituição, incumbindo-lhe transferir o ideário constitucional para os diversos subsistemas onde atua. Há uma diferença de níveis entre o sistema jurídico, permeado pelos valores constitucionais, e os sistemas organizacionais da sociedade: o primeiro é um sistema axiológico que deve revelar-se nas estruturas sociais. Disso resulta que a noção sistêmica do Direito como estabilizador de

---

[175] J. J. Gomes Canotilho, sustentando que o referente da Constituição é a sociedade, e não o Estado, cita o art. 16 da Declaração Universal dos Direitos do Homem e do Cidadão, onde consta, expressamente: "toda sociedade, na qual a garantia dos direitos não é assegurada nem a separação dos poderes determinada, não tem constituição". "Como se vê", salienta o mestre coimbrano, "não se fala aqui em Estado mas em sociedade. A *sociedade 'tem'* uma constituição; a constituição é a constituição da sociedade. (...) Nesse sentido se compreende a expressão – *constituição da República* – para exprimir a idéia de que a constituição se refere não apenas ao Estado mas à própria comunidade política, ou seja, à *res publica*" [grifos no original]. (CANOTILHO, Joaquim José Gomes. *Direito Constitucional e Teoria da Constituição*. 5. ed. Coimbra: Almedina, [s.d.], p. 88).

expectativas não é tão nefasta quanto possa parecer à primeira vista, afinal, tudo depende da dimensão que se dê à idéia de expectativa, que, na ótica *ex parte principis* pode ser vislumbrada, tão-somente, com uma função de controle do meio social. Mas entendida desde o ângulo *ex parte populi* é possível apostar em expectativas como promessas de Justiça Social, de realização dos direitos fundamentais sociais, de emancipação e organização da comunidade etc.[176]

Por fim, calha registrar que a Teoria Luhmanniana, sendo uma teoria sociológica, não aspira a um caráter deontológico; assume, ao contrário, uma postura neutral e avalorativa em relação ao fenômeno social, porque finaliza a explicação ontológica da sociedade, complexa e pluralista. Os sistemas são uma tentativa de organização do caos social e, deste modo, não estão em antagonismo necessário e inconciliável, com as teorias político-jurídicas, que sustentam o valor do Constitucionalismo dirigente, da força normativa da Constituição e do Estado Democrático de Direito. Estes conceitos não são valorativamente neutros, mas valiosos aos objetivos de formação de sociedades mais humanas e homogêneas.

Ademais, Direito e Teoria Política, ao contrário da Sociologia, inserem-se na classificação de ciências do espírito, baseadas que estão no julgamento de valor dos seus objetos de estudo. A Sociologia, ao estudar a sociedade, parte do pressuposto da neutralidade axiológica do seu objeto. Destarte, salvo melhor juízo, ao sustentar-se, no Capítulo I, a necessidade de uma hermenêutica concretizadora dos objetivos constitucionais, com base nos aportes teóricos da Fenomenologia

---

[176] Em François Ost, colhe-se a noção de "expectativa" como norteadora do regime contratual aplicável tanto às relações de justiça comutativa como de justiça distributiva. O conceito de "expectativa" pode ser associado às idéias de promessa e lealdade. A temporalização jurídica da promessa situa-se em um tempo constitutivo dos compromissos sociais tanto públicos quanto privados. Trata-se de uma fé, não como crença, mas como relação interativa, positivada na forma da *boa-fé*, geradora de "confiança" e de "lealdades", cuja etimologia remete para a figura da lei (lealdade vem do latim *legalis*) e cujo sentido é o de fidelidade aos compromissos e às instituições. "O direito positivo contém imensos vestígios desta exigência fundamental de lealdade, quer se trate de lealdade constitucional, de lealdade federal ou ainda de hábitos leais (ou desleais) no comércio". E que dizer das promessas divulgadas nas campanhas eleitorais, instituídas nas plataformas políticas dos partidos? Sem dúvida, o pensamento moderno do contrato social (Locke) pressupõe essa base de confiança mútua: o povo confia ao governo a tarefa de estabelecer e executar leis gerais e permanentes com vista ao bem público. "É assumido o compromisso de se sujeitar a ele [ao governo] desde que os governos não ultrapassem nem se desviem da sua missão (caso em que o povo, que continua a ser soberano seria autorizado a exercer seu derradeiro direito de resistência). Estas obrigações recíprocas (obediência à lei contra a promessa de respeitar as condições da delegação do poder) assentam numa fé partilhada, uma confiança geradora de segurança durável no futuro". Essa confiança mútua entre governantes e governados (*trust*) pressupõe a moderna concepção de Estado de Direito, que diferencia os governantes dos gestores administrativos. Os primeiros aplicam normas gerais que garantem igualdade e segurança e que geram "expectativas legítimas e normativas"; os segundos não estão atrelados a regulamentações genéricas, pois seu imperativo de ação é a eficácia econômica, e não a confiança mútua (OST, François. *O Tempo do Direito*, p. 214-6).

Heideggeriana e da Hermenêutica Filosófica de Gadamer, não se entra em contradição com o acatamento da Teoria Sistêmica para explicação da sociedade contemporânea, especialmente, porque a hermenêutica, que lá foi postulada, se refere à atividade compreensiva de um tipo de sistema, o sistema psíquico do intérprete, que compõe o entorno dos sistemas sociais, estes emergentes das relações entre os homens, mormente, as que defluem da comunicação. Frise-se que a linguagem é intensamente valorizada tanto na perspectiva heideggeriana/gadameriana, quanto na proposta sistêmica luhmanniana. Sem dúvida que, dependendo do rumo tomado pela atividade hermenêutica dos homens, o uso que farão da linguagem como abertura ao novo e como clareira em meio ao obscurecimento das pré-compreensões *(Lichtung)*, pode-se aspirar à formação de sistemas sociais mais justos, tanto do ponto de vista estrutural quanto operacional. É precisamente isso o que se defenderá em relação ao Sistema de Justiça que adquiriu estrutura e operatividade sistêmica. Neste norte, no terceiro capítulo deste trabalho, avaliar-se-á a evolução endógena do Ministério Público, instituição que tem se proposto à função de interlocutor entre Estado e Sociedade, carreando demandas sociais ao Sistema de Justiça, valendo realçar seu esforço para adaptar-se às perturbações externas, efetuando transformações estruturais que culminaram em trazer-lhe novas atribuições/operações, gerando neguentropia institucional.

Mas, antes de finalizar este capítulo, há que se estabelecer outros conceitos de vital importância para o prosseguimento das reflexões ainda por realizar. Com efeito, na derradeira seção do capítulo anterior, verificou-se o quanto a *historicidade*, ou seja, o momento fático em que inserido o intérprete, tem relevância para descortinar o sentido dos símbolos lingüísticos do seu mundo mediado pela linguagem. Uma mesma expressão, como Direito, legitimidade, Estado, democracia, sociedade pode encerrar diferentes conceitos, conforme as diversas atribuições de sentido que o intérprete lhes dá. A atribuição de sentido, por sua vez, é condicionada pelo contexto histórico em que está inserido o hermeneuta, donde se lhe desencadeiam pré-compreensões. Assim, a concepção de Direito, no período inicial das revoluções liberais, tinha aquela significação própria dos direitos de primeira geração, ou seja, liberdades públicas. Porém, as metamorfoses históricas produzidas pela Revolução Industrial e pela massificação da sociedade, geradoras de maior complexidade e novas diferenciações, impuseram ao sistema jurídico a produção de inéditas categorias de direitos, sem que se abandonassem as conquistas anteriores. Essas novas dimensões vêm se posicionando em zonas intermediárias entre o público e o privado, tal como tradicionalmente entendidos. Na seqüência deste trabalho, pretende-se enfrentar tais abordagens que indicam a flexibilização desta histórica dicotomia, mediante a formação de canais de interconexão entre os dois sistemas de Direito – o público e o privado.

2.4. A superação da *summa divisio* Público – Privado

Nas décadas finais do Século XIX e início do Século XX, sobretudo na Europa e na América do Norte, "a dinâmica da evolução social começa a opor ao conceito tradicional de que todos são iguais perante a lei, a compreensão de uma crescente desigualdade perante os fatos". A fenomenologia social passa a inspirar os preceitos legais que também se modificam reflexamente sob a influência de fatores jurígenos, "que formam o solo adubado da ordem jurídica". A Revolução Industrial desfez o equilíbrio entre as forças do capital e do trabalho, mobilizando o Direito para tomar partido em favor das classes mais desfavorecidas economicamente,

(...) uma nova ordem jurídica começa, lentamente, a evoluir sob a pressão de causas econômicas e sociais. Um sopro reformista perpassa tanto o direito público como os institutos tradicionais do direito privado. Os interesses se organizam em grupos, provocando conflitos que abalam os alicerces dos sistemas políticos. O Estado é convocado a disciplinar e conter os excessos do capitalismo e da propriedade privada, sujeitando-os aos princípios do bem comum e da justiça social. A tônica da atividade do poder público se desloca da abstenção para a intervenção. A manutenção e sobrevivência do indivíduo, a sua proteção contra os riscos sociais, a defesa da soberania e da autodeterminação impõem ao jurista a criatividade de novas fórmulas: a propriedade, a família, o trabalho, a empresa passam a obedecer a novos pressupostos de interesse coletivo. O individualismo jurídico se decompõe perante a crise das instituições e a socialização do Direito se transpõe gradualmente do plano doutrinário para a criação legislativa e a hermenêutica dos tribunais.[177]

Em tal contexto, são positivados os chamados direitos humanos de segunda e de terceira dimensões, atinentes a grupos organizados que se interpõem entre os indivíduos e o Estado ou mesmo, sinteticamente, referentes à qualidade de vida da população e ao gênero humano. O vácuo entre o público e o privado começa então a ser ocupado por categorias de interesses que estão para além dos interesses individuais, mas que nem sempre configuram interesse público estatal, como as reivindicações sociais dos trabalhadores, as aspirações de igualdade das mulheres em relação ao direito de sufrágio, das minorias étnicas, o direito à educação, à saúde pública, ao lazer, enfim, exemplificativamente, aqueles direitos sociais que os arts. 6° a 11 da Constituição de 1988 estabelecem e outros mais, especialmente, a tutela legal do meio ambiente natural e cultural, a proteção genérica do consumidor, a

---

[177] TÁCITO, Caio. Do Direito Individual ao Direito Difuso. *Revista de Direito Administrativo*, Rio de Janeiro, 157:1-13, jul.-set. 1984, p. 04-5.

Direitos Fundamentais Sociais

prioridade absoluta conferida aos direitos de crianças e adolescentes e as prerrogativas legais e constitucionais dos idosos.[178]

O fosso vazio entre o interesse público e o privado, situados em extremos opostos, é tão amplo que pode ser preenchido por categorias ainda diferenciáveis entre si e que ora se aproximam muito do interesse público, enquanto interesse do Estado, como é o caso dos interesses difusos; ora se acercam bastante aos interesses privados, enfeixados coletivamente, como é o caso dos interesses coletivos *stricto sensu*, conceitos que serão estudados na seqüência desta pesquisa a partir das definições trazidas pelo Código de Defesa do Consumidor, mas aplicáveis a todo o microssistema de direitos transindividuais. Por ora, é suficiente dizer que, para identificar esta zona gris e qualificar a maioria destes interesses intermédios, começou a ser empregada a expressão "interesse social" ou interesses com "relevância social".

Diante de um tal quadro, o próprio conceito de "interesse público" passou a ganhar um novo dimensionamento, mais elástico e bem mais amplo do que outrora. Com efeito, na medida em que aumenta o abismo entre Estado e sociedade civil, setores mais organizados do âmbito social passaram a reivindicar atributos públicos para seus interesses, sob o fundamento da chamada *relevância social*, apanágio moderno de interesses outrora classificáveis como privados e que aos poucos vão se incorporando na agenda de conquistas sociais. Isto também decorria de uma mudança paradigmática do individualismo liberal influenciada pelo *Welfare State*: o indivíduo passou a ser encarado como pessoa, ou seja, como ser humano, dotado de uma dignidade própria e que só pode ser compreendido enquanto pertencente a uma coletividade. Já não se trata tanto de opor o público ao privado, como veremos, mas de opor o coletivo ao individual.[179]

Em tal contexto, aquela visão restritiva de interesse público, que o confundia com o interesse governamental, pois que partia da indistinção entre Estado e governo, começa a se desintegrar, decorrência de lições da Teoria Política iluminista, como aquelas de Rousseau, antes

---

[178] A emergência destes novos conflitos massificados não se deu no mundo todo, ao mesmo tempo, obviamente. Em países como o Brasil, no início do século passado, a sociedade ainda era eminentemente agrária nos moldes feudais, a industrialização somente teve início na Era Vargas, mas não se pode desconhecer e relevância da emergência dessas novas aspirações sociais nos países em desenvolvimento, "por significar não apenas a institucionalização de novas formas de participação na administração da Justiça e de gestão racional dos interesses públicos e privados, mas por assumir também relevante papel promocional de conscientização política. É como se a exigência de solução dos novos conflitos tivesse duas almas: uma adequada às sociedades mais avançadas; outra mais necessária ainda nos países em desenvolvimento" (GRINOVER, Ada Pellegrini. As garantias constitucionais do processo nas ações coletivas. *Revista de Processo*, São Paulo, v. 43, p. 19-30, jul.-set. 1986, p. 21).

[179] Vide SALLES, Carlos Alberto de. Processo Civil de Interesse Público. In: *Processo Civil e Interesse Público*. São Paulo: Revista dos Tribunais e Associação Paulista do Ministério Público, 2003, p. 40.

aludidas, que diferenciam Estado e governo, identificando, naquele, uma entidade perene, uma tecnologia política idealizada, não como um fim em si mesmo, mas como um meio para alcançar fins que estão para além dele,[180] enquanto o governo é um ente concreto e finito, um corpo de cidadãos que assume o poder político, com uma proposta de gestão que deverá ser permanentemente cotejada com os fins sociais do Estado-coletividade.

Em se tratando do Estado Democrático de Direito, os seus fins e interesses "devem ser" coincidentes com os interesses sociais mais generalizados, assim entendida aquela categoria mais ampla do interesse geral a que Rousseau e Sieyès faziam referência nos escólios transcritos no item 2.1 supra. Mas a experiência histórica revela que governos alçados ao poder, ainda que por maiorias eleitorais, podem agir com prioridades que não atendam ao interesse público, ou seja, ao interesse do Estado Democrático.

Dentro dessa perspectiva, pode-se afirmar que interesse público e interesse social são categorias que possuem importantes pontos de intersecção entre si, mas o conceito de interesse social é mais amplo que o de interesse público e permite incursões dentro de esferas antes exclusivas dos interesses privados. Com efeito, a idéia de "relevância social" tem servido de conexão para a infiltração dos princípios próprios ao interesse público em áreas outrora imunes à intervenção estatal, de sorte poder-se afirmar que a tese das esferas independentes está sendo vencida, impondo-se estabelecer um novo paradigma embasado nas *possibilidades dialógicas entre o público e o privado*, ou seja, nas *esferas interdependentes*.

Ricardo Lorenzetti aduziu provas sinalizadoras desta superação no Direito contemporâneo, observando-se crescentemente nítidas as interconexões entre os sistemas de direito público e direito privado. Segundo o professor argentino, a primeira razão usualmente invocada para justificar a independência das esferas pública e privada era que, no plano público, vigorava uma relação de *imperium*, mercê das desigualdades entre os sujeitos da relação jurídica. O Estado era concebido como um ente dotado de império e, portanto, sua relação com o cidadão seria vertical. No direito privado, as partes eram tidas por iguais, mantendo uma relação horizontal.[181]

---

[180] Vide BOBBIO, Norberto. *A Era dos Direitos*, p. 29. Ademais, nos termos do Art. 2º da Declaração Universal dos Direitos do Homem e do Cidadão de 1789, *o objetivo de toda associação política é a conservação dos direitos naturais e imprescritíveis do homem. Estes direitos são a liberdade, a propriedade, a segurança, a resistência contra toda a opressão.* O Estado de Direito tem uma conotação instrumental para a realização dos direitos humanos e para possibilitar a realização tanto mais plena possível da felicidade humana.

[181] Palestra proferida em *aula inaugural* por LORENZETTI, Ricardo. A Superação da Dicotomia entre Direito Público e Privado. In: *Curso de Direitos Coletivos e o Estado Contemporâneo*: o Direito do Consumidor e o Direito Ambiental, proferida em 5 de Abril de 2003, Escola Superior do Ministério Público. Porto Alegre.

Direitos Fundamentais Sociais

Atualmente, entretanto, não se pode negar que, no plano privado, as relações entre partes, apenas formalmente iguais, vêm se apresentando em uma verticalidade maior que na área pública, uma vez que não há como negar a desigualdade material entre pessoas físicas, pequenas e grandes empresas, grandes grupos etc., gerando presunções de hipossuficiência como já se percebeu há mais tempo nas relações de Direito do Trabalho e, mais recentemente, na relação entre consumidor e fornecedor. O reconhecimento da desigualdade substancial justifica o crescente número de normas imperativas no direito privado, semelhante ao que ocorria no direito público.

Em contrapartida, a desigualdade com respeito ao Estado tem diminuído, porquanto o que se constata é que, hoje, não mais existem Estados predominantes em face da sociedade, ao menos no mundo ocidental. Em geral, onde o Estado é forte, a sociedade também o é. O Estado atual não abrange toda a sociedade civil como pretendera o Estado Social ou o Estado Civil do jusnaturalismo contratualista, mas constitui-se em um sistema, em meio a outros sistemas sociais, operando atividades de mediação entre interesses setoriais na busca de soluções de consenso transacionais, pois sua soberania frente aos grandes grupos multinacionais e grupos internos detentores de parcelas do poder fático não lhe permite mais se impor, absolutamente, como outrora.[182]

Ademais, a clássica distinção entre lei e contrato, que decorria, respectivamente, dos diferentes sistemas de direito público e privado, nas práticas cotidianas atuais parece já não se revelar tão nítida. No âmbito público, sempre se entendeu a lei como declaração de vontade inexorável e exclusiva do soberano, enquanto, nos domínios do direito privado, o contrato revelava a vontade livre das partes contratantes donde resultar sua obrigatoriedade. Entretanto, hoje as leis são produto de negociações amplas, como autênticos contratos, tanto para sua elaboração, quanto para sua aplicação. Na fase de elaboração, movimentam-se fortíssimos *lobbies* corporativos no Parlamento, realidade hoje indisfarçável e até já incorporada à práxis legislativa.[183] No tocante à aplicação e execução de leis de difícil inserção, as autoridades devem ser ponderadas em relação aos interesses em jogo, evitando imposições

---

[182] Vide MORAIS, Jose Luis Bolzan de. Revisitando o Estado, p. 72-75, onde o mencionado autor analisa a crise na soberania do Estado-nação em face dos organismos supranacionais de regionalização e globalização, dos grandes conglomerados econômicos, das organizações não-governamentais internacionais e nacionais e das próprias características solidaristas do Estado Social, incompatíveis com a idéia de soberania como poder incontrastável.

[183] Frente ao insofismável desta afirmação é que Bobbio, lamentando o déficit de democracia da sociedade contemporânea, lança aguda crítica, sustentando que "o parlamento, na sociedade industrial avançada, não é mais o centro do poder real, mas apenas, freqüentemente, uma câmara de ressonância de decisões tomadas em outro lugar" (BOBBIO, Norberto. *A Era dos Direitos*, p. 151).

imperativas que possam trazer resistências de difícil dissuasão. Nesse sentido, vale realçar a importância dada, pelo novo processo civil, às soluções conciliatórias. Outrossim, para citar um exemplo tangente aos transindividuais, os órgãos públicos, especialmente o Ministério Público, na sua atividade extrajudicial, tem utilizado outro poderoso instrumento de tutela desses interesses, que é o *compromisso de ajustamento às normas legais*, cuja elaboração admite margens de negociação para execução dos *enforcements* legais.[184]

Ora, se a lei é elaborada e aplicada com aspectos transacionais, em contrapartida, o contrato, que reinava absoluto no direito privado, alicerçado nos princípios da autonomia da vontade e do *pacta sunt servanda*, está hoje limitado por leis imperativas que instituíram tecnologias legais capazes de evitar o predomínio do mais forte sobre o mais fraco e equilibrar as desigualdades materiais finalmente reconhecidas pelo sistema jurídico.[185] Há restrições severas ao poder de contratar quando o contrato versar sobre direitos com repercussão social, havendo necessidade de interpretar suas cláusulas em face do interesse público, quando as matérias versadas refletirem na órbita transindividual.

Outro ponto de histórica diferença entre público e privado foi o paralelismo destes conceitos com os de justiça distributiva e justiça comutativa. A justiça distributiva sempre vigorou no setor público, significando o direito que o cidadão tem contra o Estado de receber parte dos bens públicos, independentemente de sua contribuição para

---

[184] Efetivamente, o § 6º do art. 5º da Lei 7.347/85 estabelece que "os órgãos públicos legitimados poderão tomar dos interessados compromisso de ajustamento de sua conduta às exigências legais, mediante cominações, que terá eficácia de título executivo extrajudicial". Insta frisar, contudo, que o compromisso de ajustamento não é um contrato sinalagmático, pois não se permite que o órgão público legitimado obtenha compromisso de ajustamento fazendo renúncias que atinjam significativamente o núcleo da obrigação descumprida pelo agente, senão concessões circunstanciais, notadamente aquelas atinentes a prazos para cumprimento do compromisso, valores de reparações, etc.

[185] Uma destas tecnologias jurídicas de inibição das desigualdades contratuais é o reconhecimento legal de *cláusulas abusivas* nos contratos, cuja origem está na idéia de abuso de poder no mercado, assunto que, por sua vez, diz respeito ao direito público, porque relacionado à imposição feita ao Estado de regulação do mercado (art, 5º, XXXII, e art. 170, IV e V, da CF). Assim, havendo regulação estatal do mercado coerente com as normas que regulamentam as cláusulas abusivas, haverá mais concorrência, menos abuso de poder no mercado, e o problema das cláusulas abusivas será prevenido (vide Lei 8.078/90 – CDC). Outra ferramenta normativa hoje muito importante para o sistema jurídico brasileiro é a noção de *função*, que limitou o direito individual de propriedade, inclusive no tangente à função socioambiental da propriedade (vide art. 5º, XXIII, da CF/88 e art. 1228 e seus §§ do Código Civil de 2002). Trata-se de instrumento jurídico de conectividade entre o direito público e o privado. Releva, ademais, a instituição *da função social do contrato* prevista no art. 421 do CC/2002, que imporá limites à liberdade de contratação, ou seja, reduz-se a autonomia contratual quando se tratar de contratos que versem sobre interesses metaindividuais ou individuais relativos à dignidade da pessoa humana. Versando sobre interesses públicos, a autonomia da vontade é limitada nos contratos. Até mesmo o princípio da licitude dos empreendimentos pode ser excepcionado pela função social da propriedade.

Direitos Fundamentais Sociais

tal, ou seja, sem uma correspondência precisa entre as prestações. No setor privado, prepondera a justiça comutativa que concerne às prestações a que cada um tem direito, equivalentes ao adimplemento de sua obrigação e onde se presume permutatividade e equilíbrio entre as partes. Tais concepções também vêm se alterando na atualidade: no setor público, sobretudo como decorrência do *Welfare State*, vê-se questões relativas a indivíduos excluídos do mercado de trabalho que apresentam pretensões jurídicas bem particularizadas perante as políticas distributivas, postulando emprego, serviços de saúde, medicamentos, transporte, lazer etc., de modo que tais pretensões adquirem uma feição crescentemente social. Mas, em contrapartida, quando o Estado começa a privatizar diversas das atividades que, anteriormente, desenvolvia gratuitamente, ele, por si ou por seus delegatários, passa a cobrar preços públicos, havendo necessidade de levar em conta aspectos da justiça comutativa nestas novas relações, donde impor-se ao Estado, por exemplo, regras protetivas do consumidor dos serviços públicos, próprias das relações entre fornecedores e consumidores privados.

De outra parte, na área do direito privado, os critérios distributivos passaram a ter importância, vejam-se, por exemplo, as modernas teorias sobre responsabilidade civil, onde ponderações de fracionamento e divisão de custos devem ser levadas em conta pelo juiz ao decidir, não ignorando os resultados econômico-sociais de sua decisão, ou seja, utilizando parâmetros de justiça distributiva, mesmo contra responsáveis privados. Atente-se, no pertinente à matéria de responsabilidade civil, à evolução de uma responsabilidade antes plenamente subjetiva do fornecedor, em face do consumidor; do empreendedor, diante do meio ambiente natural ou cultural; da administração pública, em face do administrado, para uma responsabilidade cada vez mais decorrente do mero risco da atividade. [186]

Nesta abertura, muitas áreas migraram do privado para o público, aumentando em importância os princípios próprios do direito público. Os problemas ambientais, por exemplo, eram originalmente resolvidos no âmbito do direito das coisas, em sede de mau uso da propriedade e compreendidos como controvérsias entre duas pessoas em condições de paridade, mas a dimensão que a questão ecológica foi tomando na sociedade pós-industrial transformou os antigos conflitos ambientais

---

[186] O Código Civil de 2002, embora mantenha a regra da responsabilidade civil subjetiva no *caput* do art. 927, no seu parágrafo único, estabeleceu uma exceção, em cláusula geral, a ser preechida pelo juiz, que preconiza a responsabilidade civil pelo "risco da atividade". A norma, seguindo esta inspiração de atribuir grande poder ao julgador, outorga-lhe a possibilidade de decidir diante do caso concreto se a responsabilidade será objetiva ou subjetiva, apenas sob o critério de sua natureza.

horizontais em conflitos verticais, reconhecendo-se o meio ambiente como bem jurídico difuso.

Importante realçar que os direitos sociais modernos impõem-se não apenas em face do Estado, mas também diante do mercado, pois de nada adiantaria resguardar o indivíduo contra o poder político, tal como pretendeu o liberalismo revolucionário, e deixá-lo desprotegido, entretanto, face ao poder econômico, hoje muito mais agressivo e descontrolado. Um tal quadro impôs a constatação de que, submetidos os cidadãos à força real deste poder – sujeitos apenas ao livre jogo das "leis do mercado" – restabelecida estava a antiga dominação que se pretendera eliminar, ainda que agora com novos figurantes. Dessa verificação e da necessidade de superar a ameaça de dominação do mercado é que os preceitos de justiça distributiva deslocaram-se daqueles domínios restritos da área pública para o meio mais amplo da esfera privada, onde prevalecem relações econômicas entre os indivíduos e seus grupos. Objetivou-se também limitar o poder do empresário, do capitalista, do detentor dos meios de produção, pelo que se reclamou a intervenção do Estado no domínio econômico, com vistas ao controle do processo de produção capitalista, e a proteção do indivíduo, em face do poder econômico, na sua condição de trabalhador, cidadão ou de consumidor. Sobre o tema, vale colacionar magistério de Calmon de Passos:

> Nosso século transportou para a área privada a reflexão que fora feita para o setor público. Passou-se a falar em função social da propriedade, da empresa, do capital etc. As forças que haviam aberto brechas na muralha política tentam agora também fazê-las na muralha econômica. E essa reflexão produziu frutos com o Estado de Direito Democrático Social mediante o denominado dirigismo contratual e pela intervenção estatal no domínio econômico, inclusive o desafio dos nossos dias de definir a função social dos meios de comunicação. Já não é apenas o agente público que deve exercitar os poderes que lhe foram atribuídos como dever de servir e nos limites da outorga que lhe foi conferida, também aos agentes privados interditou-se o exercício das faculdades que decorrem da liberdade, que lhes é reconhecida e assegurada, quando de modo a determinar um desserviço aos interesses sociais.[187]

Surgem, pois, em sede de direitos positivos, novas aspirações situadas entre o interesse público e o privado, resumidamente identificadas como sendo "direitos de relevância social", cuja definição, entre nós, não foi ainda suficientemente elucidada, decorrência da curta história de tutela prática desses novos direitos que, no Brasil, recentemente está-se a identificar e estatuir. Não há uma elaboração teórica profunda para solucionar os problemas que surgem na esfera social, normalmente considerados questões políticas, em relação aos quais a intervenção do Sistema de Justiça não é tradicional e vem sendo

---

[187] CALMON DE PASSOS, Joaquim José. *A Função Social do Processo.* In: Revista Trabalho & Doutrina, n° 14, set. 1997.

Direitos Fundamentais Sociais

contestada pelos demais Poderes, embora, aparentemente, apreciada pelos setores mais desfavorecidos da sociedade civil.[188]

Partindo-se da premissa de que interesse público é o interesse do Estado (Estado-coletividade ou Estado-nação) que, como regra, deve ser o mesmo interesse social, surge a questão de como classificar o interesse do Governo (Estado-administração) que, costumeiramente, também é conceituado como interesse público? Para responder a esta pergunta, Hugo Nigro Mazzilli, com base no publicista italiano Renato Alessi, assevera que, no conceito de interesse público, deve prevalecer sua caracterização como imanente à promoção do bem comum e, só secundariamente, sua acepção identificadora dos interesses escolhidos pela administração pública. Assim, distingue o interesse público primário, ditado pelo bem geral, do interesse público secundário, que traduziria "o modo como os órgãos públicos vêem o interesse público".[189] Visto por este ângulo, o interesse público primário é o próprio interesse social-geral, que informa o interesse público secundário, ou seja, o interesse do Estado-administração. Quando houver discrepância entre um e outro, prevalecerá o primeiro.

Deste modo, poder-se-ia conceituar interesse público (primário) como o interesse que tem por *sujeito* a generalidade social e por *objeto*, bens ou valores essenciais para a vida em comunidade, tais como a tutela da infância e da juventude, probidade administrativa, saúde pública, patrimônio cultural, meio ambiente, etc. e, neste ponto, pode-se sustentar que interesse público primário coincide com o interesse social.

2.5. Dos interesses transindividuais

Consoante já amplamente aludido, entre o interesse público primário ou interesse social e os interesses puramente individuais, existem classes intermediárias de interesses que excedem o âmbito

---

[188] Celso Fernandes Campilongo identifica, no que designa "Estado pós-social" a presença de novos atores sociais a substituir os sindicatos e partidos políticos, principais atores do Estado social. Estes novos atores sociais ganham notoriedade com o alargamento da legitimação para agir em face da positivação dos interesses difusos e com a ampliação da política para além do marco regulatório do Estado. Em tal contexto, aparecem na arena social os chamados movimentos sociais capazes de agir coletivamente sobre os poderes oficiais e extra-oficiais. Para o pesquisador, sem embargo da discussão acerca da adequação do Judiciário para tutela de políticas públicas, estes "novos atores" não demonstram a menor disposição, num país igualitário como o Brasil, de livrar o Estado das obrigações decorrentes da cidadania social. Portanto, especialmente os setores mais fragilizados da sociedade – com menos capacidade de conflitos, organização e luta pela garantia de seus direitos – continuarão vendo na magistratura, cada vez mais, uma instituição para a afirmação de seus direitos (CAMPILONGO, Celso Fernandes. Os Desafios do Judiciário: Um enquadramento teórico, *passim*).

[189] MAZZILLI, Hugo Nigro. Ministério Público e Defesa do Regime Democrático. In: *Ministério Público II*. São Paulo: Atlas, 1999, p. 3.

exclusivamente individual, mas nem sempre se inserem na concepção acima esboçada de interesse público. São interesses supra-individuais, denominados também, meta-individuais ou transindividuais, normalmente divididos entre difusos e coletivos.

Os interesses difusos são tão relevantes socialmente, posto concernentes a uma melhoria da "qualidade de vida geral",[190] que se confundem com o interesse público ou, até mesmo, ultrapassam tal parâmetro conceitual, na medida em que possuem uma vocação supranacional. O interesse pela proteção do meio ambiente pode assumir, diante de situações concretas, proporções tão abrangentes que extravasem as fronteiras territoriais de um país. Nesse sentido, ele tende a adquirir uma feição tão amplamente difusa que toma uma dimensão de aspiração universal, ou seja, de direito dos povos. Do mesmo modo, com a abertura de barreiras econômicas e o incremento do comércio internacional, no fenômeno econômico-comercial nominado globalização da economia, alguns interesses dos consumidores de diversas nações assumem proporção universal, ultrapassando os limites conceituais do interesse público do Estado-nação. Este fenômeno de universalização de alguns interesses, que concernem ao próprio "gênero humano", se insere bem no conceito de interesse difuso. Eis que surge a questão: qual o ponto em comum entre as diversas sociedades do globo terrestre? Todas devem ter interesse em comercialização de produtos não prejudiciais à saúde humana, em um meio ambiente equilibrado e saudável, bem como na proteção de seus valores históricos e culturais mais caros.[191]

Entre nós, o art. 129, III, da Constituição Republicana de 1988, estabeleceu ser função institucional do Ministério Público "promover o inquérito civil e a ação civil pública, para proteção do patrimônio público e social, do meio ambiente e de outros interesses *difusos e*

---

[190] No memorável artigo: A tutela jurisdicional dos interesses difusos. *Revista Forense*, Rio de Janeiro, v. 75, n. 268, p. 67-78, out.-dez. 1979, Ada Pellegrini Grinover, antes mesmo do surgimento da Lei 7347/85 no cenário jurídico nacional, discorrendo sobre o fenômeno jurídico do surgimento de interesses difusos, assim se pronunciava: "surgem, agora, a nível de massa, e por via substancial – enquanto o direito burguês concebia, normalmente, posições adquiridas por via formal e colocava o indivíduo, isoladamente considerado no centro do sistema – *interesses difusos:* ou seja, aspirações espalhadas e informais à tutela de necessidades coletivas, sinteticamente referidas à 'qualidade de vida'. Necessidades e interesses, esses que sofrem constantes investidas e agressões, também de massa, o que põe à mostra a existência de outros conflitos metaindividuais, nem sempre e somente reconduzíveis ao contraste autoridade-indivíduo" (grifo nosso).

[191] Daí por que, como regra, o interesse difuso é uma espécie do gênero interesse público. Alguns autores, entretanto, apontam uma diferença apenas para efeitos didáticos, sustentando que o interesse difuso relaciona-se sempre a objeto corpóreo – de regra, bens públicos, de uso comum do povo (o ar, os rios, o mar, a fauna e a flora, as paisagens, os bens de valor estético, histórico, artístico etc.) ou particulares, como um bem de valor histórico ou cultural, administrativamente tombado. Por outro lado, o interesse público em sentido estrito está predominantemente associado a valores, normas ou princípios essenciais à vida em sociedade, como a moralidade administrativa, a regularidade dos registros públicos, o regular exercício da cidadania, etc. (In: FERRAZ, Antônio Augusto Mello de Camargo. Interesse Público, Interesse Difuso e Defesa do Consumidor. *Revista JUSTITIA*, São Paulo, v. 49(137), p. 49-56).

coletivos". Deste modo, pode-se afirmar que os interesses essencialmente supra-individuais ou transindividuais, como nominados na Constituição, no art. 1º da Lei 7347/85, e no art. 81 do CDC,[192] classificam-se em "interesses difusos ou coletivos". Já uma terceira categoria é a dos "interesses individuais homogêneos",[193] que admitem a tutela coletiva por sua relevância social, embora conceptualmente não constituam interesses supra-individuais. Na seqüência, passar-se-á à análise e definição de cada uma dessas categorias.

2.5.1. Dos interesses difusos

Interesses difusos são legalmente conceituados como "os transindividuais, de natureza indivisível, de que sejam titulares pessoas indeterminadas e ligadas por circunstâncias de fato".[194] Destarte caracterizam-se por:

a)indeterminação dos titulares, pois concernem a conjunto de pessoas indeterminadas e geralmente indetermináveis;

b)situação fática comum, os titulares do direito difuso são unidos por uma situação fática comum a todos eles, e não por uma relação jurídica básica preexistente e,

c)indivisibilidade do objeto, vez que a satisfação de um só membro da coletividade de titulares, implica, forçosamente, a satisfação de todos.

A indeterminação dos sujeitos e a fluidez do objeto traçam ao interesse difuso uma estrutura muito peculiar e de difícil compreensão em face da tradicional formulação conceitual do direito subjetivo, tradicionalmente entendido como vantagem individual. O interesse difuso está relacionado aos debates acerca da melhoria de itens da qualidade de vida, os quais tendem a eternizar-se. A progressiva concreção de tais aspirações sociais gera a noção de direitos exigíveis socialmente, na medida em que ganhem valoração normativa explícita, como é o caso dos direitos sociais fundamentais expressos no art. 6º da Constituição Federal de 1988.[195]

---

[192] Estabelece, expressamente, o art. 81, inc. I, do CDC: "Art. 81 – A defesa dos interesses e direitos dos consumidores e das vítimas poderá ser exercida em juízo individualmente, ou a título coletivo. Parágrafo único – A defesa coletiva será exercida quando se tratar de: I – interesses ou direitos difusos, assim entendidos, para efeitos deste Código, os transindividuais, de natureza indivisível, de que sejam titulares pessoas indeterminadas e ligadas por circunstâncias de fato; II – interesses ou direitos coletivos, assim entendidos, para efeitos deste Código, os transindividuais, de natureza indivisível, de que seja titular grupo, categoria ou classe de pessoas ligadas entre si ou com a parte contrária por uma relação jurídica base; III – interesses ou direitos individuais homogêneos, assim entendidos os decorrentes de origem comum".

[193] Acrescentada e conceituada pelo inciso III do parágrafo único do art. 81 do CDC.

[194] Art. 81, parágrafo único, inciso III, do Código de Defesa do Consumidor.

[195] Estabelece a Constituição Federal em seu art. 6º: "São direitos sociais a educação, a saúde, o trabalho, a moradia, o lazer, a segurança, a previdência social, a proteção à maternidade e à infância, a assistência aos desamparados, na forma desta Constituição".

Os interesses difusos estão predominantemente situados na terceira dimensão de direitos, referida no primeiro capítulo. As palavras-chave para sua compreensão são "qualidade de vida" e "afetação ao gênero humano", daí por que constituem interesses de grupos indefinidos, que podem ser restritos, como os usuários do sistema de abastecimento de água de um bairro, interessados na salubridade desta água ou tão amplos como os interesses de toda a humanidade na proteção da camada de ozônio, na diminuição das conseqüências do efeito estufa, ou na certeza científica acerca da segurança alimentar em face do consumo de organismos geneticamente modificados.

No campo da relação de consumo, três exemplos constituem interesses difusos modo preciso: a) publicidade enganosa ou abusiva, veiculada pela imprensa, a atingir número incalculável de pessoas, vedada pelo art. 37 do CDC; b) colocação no mercado de produtos altamente nocivos ou perigosos à saúde humana, prática proibida nos termos do art. 10 do CDC; c) proibição de inserção de cláusulas abusivas em contratos de adesão ainda não firmados. Em todas essas hipóteses, inexiste uma relação jurídica base entre todos os potenciais atingidos. O fato ocasiona um interesse difundido entre consumidores indeterminados e tal interesse não pode ser dividido, pois a cessação da publicidade enganosa, a retirada do produto nocivo ou perigoso do mercado ou a exclusão da cláusula abusiva satisfaz a todos os interessados atuais e potenciais, indistintamente.

Outros exemplos de interesses difusos são os que dizem com a proteção do meio ambiente. A Constituição da República, em seu art. 224, *caput*, estabelece que "todos têm direito ao meio ambiente ecologicamente equilibrado, bem de uso comum do povo e essencial à sadia qualidade de vida, impondo-se ao Poder Público e à coletividade o dever de defendê-lo e de preservá-lo para as presentes e futuras gerações". Nos diversos incisos do § 1º deste dispositivo, encerra o texto constitucional imposições dirigidas ao Poder Público como incumbências destinadas a assegurar a efetividade do direito difuso a um ambiente equilibrado e sadio, bem de "uso comum do povo e essencial à sadia qualidade de vida".[196]

O reconhecimento legislativo do ambiente natural, definido formalmente na Lei 6.938/86 como o "conjunto de condições, leis, influências e interações de ordem física, química e biológica que permite reger a vida em todas as suas formas" inaugura, no Brasil, a proteção legal a bens difusos. O meio ambiente é mais que um bem corpóreo somente,

---

[196] Nos incisos II e IV do § 1º deste art. 224 da CF, há referências, respectivamente, às obrigações estatais de "fiscalizar as entidades dedicadas à pesquisa e manipulação de material genético" e "exigir, na forma da lei, para a instalação de obra ou atividade potencialmente causadora de significativa degradação do meio ambiente, estudo prévio de impacto ambiental a que se dará publicidade".

Direitos Fundamentais Sociais

constituindo uma relação formal que sustenta a vida em todas as suas formas, transferindo-se daquela concepção antropocêntrica que o Direito liberal engendrara no âmbito tradicional do direito das coisas, para adotar um sentido holístico e ecocêntrico. À tutela do ambiente natural seguiu-se o reconhecimento e a proteção legal de outros ambientes como o ambiente de trabalho, cultural, histórico, paisagístico, turístico etc., todos considerados bens difusos.

Como princípio, o amparo administrativo, legal e judicial dos interesses difusos impõe-se com precedência lógica sobre interesses individuais. Em casos tais, o aplicador do Direito deve optar pelo privilegiamento do bem difuso, pois a norma que o protege é hierarquicamente superior às que apenas tutelam simples interesses individuais. No caso do meio ambiente, os princípios ambientais devem perpassar e pautar toda a legislação, seja privada ou pública, conquanto caracterizem princípio estruturante de toda a ordem jurídica.[197]

Outros valores sociais de máxima relevância devem ser mencionados como interesses difusos, tais a prioridade absoluta dos direitos da criança e do adolescente (art. 227 da CF) e o direito à vida e dignidade das pessoas idosas (art. 230 da CF). Além disso, a obediência aos princípios gerais da administração pública, insculpidos no *caput* do art. 37 da Constituição de 1988, constitui um relevante interesse difuso da sociedade brasileira, desde sempre acometida pela crise ética no serviço público.

Em síntese, os interesses difusos são aqueles que pertencem a todos indeterminadamente, sendo muito raro que alguém, isoladamente, fosse chamar a si o ônus de defender alguma dessas aspirações em juízo ou em órgãos administrativos de proteção. Os percalços e contingências de uma batalha judicial contra um ente público ou privado, litigante habitual e organizado, que se omitiu de suas obrigações legais, frustrando expectativas, veiculou propaganda enganosa ou que despejou efluentes líquidos não tratados em um rio, por exemplo, o desanimariam da contenda. Nisto reside, em parte, a fraqueza do

---

[197] Em se tratando de bem difuso ambiental, há que se atentar, por exemplo, ao "princípio de sustentabilidade ecológica" que impõe o dever de não degradar oposto ao direito de explorar. A sustentabilidade ecológica é um limite ao direito de propriedade e à discricionariedade estatal, trata-se de valor estruturante do Direito. Se o desenvolvimento deve ser sustentável, também o consumo, o direito de propriedade e o serviço público devem sê-lo. Outra regra básica estruturante é a obrigação de preservar a qualidade de vida das gerações futuras. Inicialmente, se a considerou norma programática, mas hoje vem se impondo sua aplicação imediata, importando em alteração da temporalidade da teoria da ação, porque, no Direito privado tradicional, o empresário levava em conta apenas a racionalidade econômica – riscos e benefícios econômicos de sua atividade – atualmente, entretanto, a temporalidade futura introduzida pelo princípio determina-lhe levar em conta as novas gerações a longo prazo. O juiz não pode atentar apenas para o passado e o presente, mas o futuro distante que poderá ser afetado. Neste ponto, vale realçar considerações lançadas no Capítulo I, onde abordadas a noção de "sociedade de risco" e a ética da responsabilidade para com as gerações futuras.

interesse difuso: em que pese a possibilidade legal, raramente algum indivíduo, solitariamente, assumiria sua defesa. A carga anímica individual para tal empreitada jurídica não seria suficientemente motivadora. Entretanto, se visto em sua proporção social, não-fragmentária, mas unida em grandes mosaicos comunitários, os esforços tutelares de interesses difusos adquirem enorme projeção e relevância social, porquanto instrumentalizam possibilidades concretas de implementação de autênticos direitos humanos sociais, vocacionados à conquista de melhor qualidade de vida aos membros da coletividade, sobretudo aos menos favorecidos. Trata-se de um instrumento de emancipação social que não se opera mais apenas em face do Estado, mas principalmente em face de agressores ainda mais potentes, cujas possibilidades nocivas seria ingênuo descurar.

2.5.2. Dos interesses coletivos

Ainda no campo dos direitos transindividuais situa-se a categoria dos "interesses coletivos", concebidos pelo legislador como "os transindividuais, de natureza indivisível, de que seja titular grupo, categoria ou classe de pessoas ligadas entre si ou com a parte contrária por uma relação jurídica base".[198] Três características fundamentais podem ser extraídas do conceito legal:

a)pertencem a grupos de pessoas determináveis, ou seja, pessoas identificáveis ou identificadas nominalmente;

b)ligadas por relação jurídica-base, preexistente à lesão ou ameaça de lesão a direito, esta relação jurídica preexistente tanto pode existir entre os próprios membros do grupo, como de cada um deles em relação à parte adversa; e, por fim,

c)o objeto do direito é indivisível, de sorte que a satisfação de um dos membros do grupo favorece identicamente aos demais.

Entre os interesses difusos e coletivos, merecem destaque dois pontos de identificação: quanto aos sujeitos do interesse, em ambos, aparece a característica da transindividualidade, de modo que hão de ser tratados em seu conjunto e não levando em conta a titularidade individual do interesse. Ademais, quanto ao próprio objeto de interesse, este é indivisível, e, uma vez alcançado, não pode beneficiar modo diferente cada integrante do grupo. Tal direito merece proteção total, abstraindo-se a situação jurídica individual de cada beneficiário.

Por outro lado, a diferença entre ambos reside em que é difuso o direito ou interesse que atinge número indeterminado de pessoas e, normalmente, indeterminável ou de difícil determinação, ligadas por relação meramente factual, enquanto seriam coletivos aqueloutros

---

[198] Art. 81, parágrafo único, II, do CDC.

Direitos Fundamentais Sociais

interesses e direitos, pertencentes a grupo ou categoria de pessoas determináveis, ligadas por uma mesma relação jurídica base. Assim, a indeterminação dos titulares seria a característica básica dos interesses difusos, enquanto a determinabilidade acusaria de coletivo o direito ou interesse. Ambos são de natureza indivisível.

2.5.3. Dos interesses individuais homogêneos

Finalmente, a lei conceitua "interesses individuais homogêneos" como "os decorrentes de origem comum",[199] ou seja,

a) *pertencem a indivíduos determinados;*
b) *ligados por uma origem fática comum;*
c) *o objeto é próprio,* pois pertence a cada indivíduo, separadamente.

Deste modo, seus titulares são individualizáveis, detentores de direito próprio. O que une esses titulares a ponto de propiciar a defesa coletiva desses direitos individuais é a origem comum do pedido que pretendem fazer em juízo. Insta frisar que origem comum não significa, necessariamente, uma unidade factual e temporal, pois as vítimas de uma publicidade enganosa veiculada por vários órgãos de imprensa e em repetidos dias, ou de um produto nocivo à saúde adquirido por vários consumidores, num largo espaço de tempo e em várias regiões, têm, como causa de seus danos, fatos com homogeneidade tal, que os tornam a "origem comum" de todos eles.

Os interesses individuais homogêneos têm pontos em comum e pontos em diversidade com os interesses difusos e coletivos. Com os primeiros, têm em comum o fato de decorrerem ambos de uma situação fática, e não de prévia relação jurídica entre as partes antagônicas, mas deles diferem porque seus titulares são determináveis e seu objeto é divisível. Dos coletivos, assemelham-se pela determinação dos sujeitos, mas divergem porque, nestes, o objeto é indivisível e a origem não é factual, já que deita raízes em prévia relação jurídica entre os componentes do grupo e a parte contrária, que ameaça ou lesa o interesse.

Cumpre registrar, porém, que um mesmo fato pode gerar interesses difusos, coletivos e individuais homogêneos. A distinção deverá ser feita, no plano processual, através da causa de pedir e do próprio pedido. Por exemplo, há um interesse difuso contrário à ocorrência de publicidade enganosa, que atinge número indeterminado de pessoas. Uma ação coletiva que tivesse por causa de pedir apenas a ocorrência de publicidade enganosa e, por pedido, fazer cessar sua veiculação, buscaria guarida estatal de interesses difusos. Se, contudo, esta publicidade viesse a prejudicar consumidores determinados, o mesmo fato – a

---

[199] Art. 81, parágrafo único, III, do CDC.

publicidade enganosa – faria surgir entre estes o interesse individual, mas homogêneo em razão da origem comum, autorizando-os buscar a reparação dos danos individualizáveis sofridos por cada um, em maior ou menor grau.

Para concluir, reproduz-se quadro sinóptico baseado em Hugo Nigro Mazzilli, que resume claramente as diferentes categorias antes estudadas:

Interesses	Titulares	Objeto	Origem
Difusos	Indetermináveis	Indivisível	Situação de Fato
Coletivos	Determináveis	Indivisível	Relação Jurídica Prévia
Individuais Homogêneos	Determináveis	Divisível	Situação de Fato

(Quadro sinóptico dos direitos difusos, coletivos e individuais homogêneos)[200]

Na medida em que se aproxima o final deste capítulo, convém relembrar que, até este momento, foram empenhados esforços no sentido de isolar conceitos instrumentais, bem como nas análises evolutivas dos direitos humanos, concebidos, que foram, em elucubrações filosóficas de todos os tempos, donde sedimentaram-se nas positivações nacionais, conquistando máxima normatividade nas Constituições; registrou-se, ademais, que os direitos humanos, mais recentemente, têm sido objeto de tentativas de universalização, mediante tratados internacionais e mercê da ação dos organismos tutelares supranacionais. Agora se impõe adentrar na fase da concretização dos direitos humanos, da qual, especialmente a jovem democracia brasileira, premida por necessidades elementares, ainda se encontra em lamentável distanciamento.

---

[200] MAZZILLI, Hugo Nigro. *A Defesa dos Interesses Difusos em Juízo*. 10. ed. São Paulo: Saraiva, 1998, p. 07. Registre-se que o quadro tem função sinóptica, ou seja, visa a resumir a classificação legal das características dos direitos difusos, coletivos e individuais homogêneos, facilitando a compreensão dos diferentes conceitos no microssistema do Código de Defesa do Consumidor e Lei da Ação Civil Pública (Lei 7347/85). A referência a "relação jurídica" e "situação de fato" não significa admitir a dicotomização metafísica entre "questão de fato" e "questão de direito" contrária aos postulados da hermenêutica filosófica, uma vez que metodológico-subsuntiva. As expressões "relação jurídica" e "situação de fato" não têm correspondência com "questão de direito" e "questão de fato", pois enquanto estas se referem à comparação entre a previsão abstrata da norma (suporte fático *in abstracto*), e a ocorrência fática correspondente, ou seja, uma relação entre abstração e concretude, e, portanto, subsuntiva, aquelas – situação de fato e relação jurídica – são expressões significativas de categorias que se encontram no mesmo plano, isto é, ambas são "causas de pedir" dos interesses transindividuais, podendo, sinteticamente, dizer-se que a primeira refere-se à responsabilidade extracontratual e, a segunda, às hipóteses de responsabilidade contratual. Repetindo, situação de fato (frise-se, não é o mesmo que "questão de fato") significa uma ocorrência real sem prévia relação jurídica, como um ato de poluição, uma propaganda enganosa, enfim, um fato que dá ensejo à responsabilidade civil material ou moral extracontratual, ao passo que a "relação jurídica" prévia, significa que a origem da obrigação de reparar o dano é contratual.

Direitos Fundamentais Sociais

Ademais, discorreu-se detidamente sobre as três dimensões ou gerações de direitos humanos que, quando positivados, tornam-se direitos fundamentais, sempre entendidos como direitos individuais e sociais, já que na era da sociedade de massas, a dimensão social dos interesses assume lugar cimeiro. Posteriormente, foram repassadas concepções de sociedade, enfatizando-se a compreensão da sociedade através da teoria sistêmica luhmmaniana e, por último, ingressou-se na análise da dicotomia interesse público – interesse privado, revelando-se as categorias intermédias dos direitos transindividuais, conceituados a partir de suas características jurídicas.

Este trabalho propôs-se à análise da legitimidade do Ministério Público brasileiro nas tutelas judicial e extrajudicial de interesses difusos, coletivos e individuais homogêneos como forma de consolidação da cidadania. A problemática predominante reside no conflito jurisprudencial e doutrinário acerca da legitimidade do Ministério Público, enquanto instituição estatal, para defesa de interesses transindividuais e, de outra parte, de interesses coletivos ou individuais homogêneos com acentuada concentração individual. Tese ampliativa da legitimação pode levar a instituição à defesa judicial de interesses de pouca ou nenhuma relevância social, descaracterizando sua destinação institucional. Por outro lado, entendimentos restritivos ensejariam desproteção a interesses de grupos com menor poder econômico e político, em prejuízo da garantia constitucional do acesso à Justiça e da efetividade dos direitos constitucionais, sobretudo considerando o momento histórico brasileiro em que inexistentes (ou insuficientes) outras instituições públicas ou privadas co-legitimadas para a mesma ação protetiva.

O Ministério Público brasileiro, homenageado pelo poder constituinte originário de 1988 com as prerrogativas da independência funcional e da autonomia administrativa, bem como as garantias da inamovibilidade, vitaliciedade e irredutibilidade de vencimentos; e tendo reconhecida, no texto fundamental, sua condição de legitimado à ação civil pública e ao inquérito civil, para tutela de interesses sociais e individuais indisponíveis, é, sem dúvida, um poderoso instrumento para a implementação dos direitos sociais. Mas resta estabelecer limites para esta atuação, a fim de que a instituição não resulte seduzida a uma atuação banal na defesa de interesses que não possuam relevância social ou, ao contrário, tenda a ingressar irresponsavelmente em questões de exclusiva competência do Legislativo ou do Executivo. O melhor critério para aferição das legitimações judicial e extrajudicial (esta através do inquérito civil e compromisso de ajustamento) é a que avalia o interesse a ser tutelado através de sua conformidade à destinação institucional do Ministério Público.

Outrossim, em um momento em que se verifica uma crescente demanda social pela implementação dos direitos assegurados constitucionalmente, especialmente os direitos prestacionais, e, considerando que o Ministério Público tem sido o grande protagonista dessa demanda, ao canalizar para o Sistema de Justiça, questões que ultrapassam a órbita tradicional da justiça comutativa, torna-se necessário enfrentar o tema da judicialização da política ou politização da justiça, apurando causas e conseqüências e sugerindo alguns critérios para determinação das hipóteses de legitimidade política do Ministério Público, mesmo em pleitos que o senso comum sustenta serem monopólios da administração pública.

Destarte, para introduzir-se neste assunto, há primeiro que se avaliar qual é essa destinação institucional do Ministério Público brasileiro, temática que será abordada no próximo capítulo, a partir de um breve escorço histórico da instituição, concentrando-se, especialmente, nas últimas décadas e nos trabalhos preparatórios para a Constituição de 1988.

Direitos Fundamentais Sociais

3. Ministério Público no Brasil: escorço histórico e vocação institucional

Não se constrói o novo sem conhecer o passado, porquanto é sobre sua superação que são edificadas novas estruturas. O Ministério Público tem uma memória inserta em seu passado genealógico e, objetivando-se aqui traçar as bases de sua natureza institucional, há que se lançar um olhar indagador e crítico sobre a sua história, valorizando a análise da dimensão fundacional dos valores institucionais do Ministério Público brasileiro.

Deste modo, colima-se identificar, neste capítulo, a vocação institucional do Ministério Público brasileiro e qual a esperança nele depositada pelo legislador constituinte de 1988 e pela sociedade de modo geral. Ademais, pretende-se averiguar os efeitos da atuação institucional sobre todo o sistema de justiça.

3.1. Da genealogia institucional do Ministério Público

Há estudos "arqueológicos" do Ministério Público que indicam suas origens no Mundo Egípcio, há cerca de 4.000 anos, identificando ainda formas similares na Grécia e na Roma clássicas. Mais recentemente, na História moderna, o berço da instituição é comumente situado na França Absolutista,[201] cujo modelo foi ainda incorporado no Código Napoleônico.[202]

O que se constata das pesquisas históricas é que o Ministério Público nasceu como instituição ligada ao poder soberano e sua

---

[201] LYRA, Roberto. *Teoria e Prática da Promotoria Pública*. 2. ed. Porto Alegre: Escola Superior do Ministério Público, SAFE, 1989, p. 17-21.

[202] Mazzilli anota que "o mais usual, porém, é indicar-se a origem do Ministério Público na Ordenança de 25 de março de 1302, de Felipe IV, o Belo, Rei da França, que impôs aos seus procuradores, antes de tudo, prestassem o mesmo juramento dos juízes, vedando-lhes patrocinarem outros que não rei". Acrescenta, mais adiante, que "a Revolução Francesa teria estruturado mais adequadamente o Ministério Público, enquanto instituição, ao conferir garantias a seus integrantes; contudo, foram os textos napoleônicos que instituíram o Ministério Público que a França veio a conhecer na atualidade" (MAZZILLI, Hugo Nigro. *O Ministério Público na Constituição de 1988*. São Paulo: Saraiva, 1989, p. 03-4).

Direitos Fundamentais Sociais

evolução corresponde à evolução do próprio Estado. No Estado absolutista, entretanto, como regra, a soberania tinha um único titular: o monarca. Este, ora invocando razões teológicas (sua descendência direta do primeiro patriarca), ora utilizando a força bruta, impunha-se como exclusivo titular do poder soberano e nem sequer se cogitava aferir a legitimidade deste poder a partir da opinião que os súditos pudessem ter acerca dele. A soberania absolutista não era do povo, mas do monarca. Os súditos, ao contrário, deveriam considerar o poder soberano do rei uma benção também para si, pois os livrava de sua infeliz condição de "guerra de todos contra todos", vigorante no estado de natureza de concepção hobbesiana. Nesta etapa histórica, o rei, como bom pai, tinha a incumbência de defender seu povo, zelar pela justiça e até de prover suas condições materiais mais elementares, como um pai a um filho. Daí a evidente característica paternalista da maioria dos despotismos,[203] característica que não concorria para a emancipação individual ou social.

Dentro de um tal quadro, qualquer agente estatal, semelhante ao Ministério Público de hoje, possuía muito poder, mas sua ação se confundia com a do soberano paternalista e absolutista, inexistindo como instituição autônoma, pois carecia de independência funcional e administrativa apta a ensejar a defesa de interesses sociais que, muitas vezes, são contrapostos à própria administração pública.

Porém, em que pese os pontos em comum, cada instituição nacional tem uma história diversa daquela de suas congêneres no Direito comparado, porque acompanha, passo a passo, a história de seu país. Com o Ministério Público brasileiro não é diferente: ele também teve seus fluxos e refluxos ante a conhecida alternância de regimes ditatoriais e processos de redemocratização do Brasil.

Deste modo, no tangente à história do Ministério Público brasileiro, os pesquisadores mais atentos têm identificado formas embrionárias da instituição tanto no Brasil Colônia, quanto no Brasil Império, mas, nestas fases históricas, não se podia considerá-lo uma instituição sequer próxima de sua configuração atual, posto que não possuía uma organização autônoma, garantias ou independência dos seus membros, então nomeados pelo Executivo. A legislação não contemplava o Ministério Público como uma instituição, pois só mencionava os seus agentes, isto é, os "promotores públicos", de forma que, não referidos na Constituição Imperial de 1824, o primeiro Decreto que regula a atuação destes agentes é o de n. 120, de 21 de janeiro de 1843, onde se constata a ausência absoluta de garantias e de independência em relação ao Poder Executivo, como segue:

---

[203] KANT, Immanuel. Sobre a expressão corrente: isto pode ser correto na teoria, mas nada vale na prática, p. 75.

Os promotores serão nomeados pelo Imperador no Município da Corte, e pelos presidentes nas províncias, por tempo indefinido; e servirão enquanto convier a sua conservação ao serviço público sendo, caso contrário, indistintamente demitidos pelo Imperador, ou pelos presidentes das províncias nas mesmas províncias.

Tal como ocorreu na França com o Código Napoleônico, no Brasil, o Ministério Público também inicia sua vida legal na planície infraconstitucional, antes de subir aos locais privilegiados que o Constitucionalismo contemporâneo lhe reservou, de modo que a primeira Constituição da República de 1891 não lhe fez qualquer alusão. Com o processo de codificação do Direito nacional, que se seguiu à Proclamação da República, o Ministério Público foi recebendo variadas atribuições, consolidando sua posição institucional nos mecanismos judiciais e legais vigentes.[204] Nesta fase histórica, muitos autores atribuem ao Ministro da Justiça do Governo Provisório, Campos Salles, o passo inicial para uma caracterização institucional do Ministério Público, porquanto na exposição de motivos do Decreto 848, de 11 de outubro de 1890, que dispunha sobre a Lei Orgânica da Justiça Federal, o então Ministro da Justiça fez consignar que, "o Ministério Público é instituição necessária em toda organização democrática e imposta pelas boas normas de justiça, à qual compete: velar pela execução das leis, decretos e regulamentos que devam ser aplicados pela Justiça Federal e promover a ação pública onde ela convier".

Destarte, a contextualização do Ministério Público nas Constituições brasileiras não guarda relação de proporção com sua evolução institucional, iniciada no plano da infraconstitucionalidade. Mas, em que pesem os avanços e recuos de sua regulamentação constitucional, a instituição sempre manteve aquelas funções que, legal e socialmente, conquistara junto ao Poder Judiciário, firmando-se como uma necessidade da organização estrutural do Sistema de Justiça no Estado brasileiro, que ultrapassava sua condição legal momentânea, ditada ao sabor dos interesses políticos de cada fase histórica. A esse respeito, calha transcrever o seguinte escólio que sintetiza bem as conclusões ora adotadas:

> Constata-se, portanto, que a evolução histórica do Ministério Público não pode, de maneira alguma, ser confundida com o tratamento a ele dispensado pelos vários textos constitucionais, decorrência de circunstâncias políticas e legislativas, sem uma repercussão direta na vida da instituição. Na mesma medida, o sensível progresso que representou o texto constitucional de

---

[204] Convém registrar que o Código Civil de 1916 incumbiu ao Ministério Público, por exemplo, a curadoria das fundações (art. 26); a legitimidade para propor ação de nulidade de casamento (art. 208, parágrafo único, inc. II), defesa dos interesses de crianças e adolescente (art. 394, *caput*), legitimidade para promover a interdição (art. 447, III), promover a nomeação de curador de ausentes, entre outras. Por outro lado, o Código de Processo Civil de 1973 deu-lhe tratamento sistemático no Título III do Livro I, além de diversas referências esparsas. O CPP de 1941, já anteriormente, havia consolidado a posição do Ministério Público como titular da ação penal, a qual passou a ser a regra, e estabeleceu o poder de requisição de inquérito policial e de diligências à autoridade policial.

Direitos Fundamentais Sociais

145

1988, em grande parte, apenas espelhou um crescimento institucional que já se verificara na prática na legislação infraconstitucional.[205]

Pode-se resumir a história constitucional do Ministério Público, asseverando que, se por um lado, a Constituição do Império de 1824 e a primeira Constituição da República de 1891, praticamente, em nada contribuíram para a formação atual do Ministério Público, foi na Constituição promulgada de 1934 que esta instituição ganhou regramento formal, integrada ao Capítulo VI, na condição de *órgão de cooperação nas atividades governamentais*. O Procurador-Geral da República continuava sendo nomeado pelo Presidente da República, mas mediante prévia aprovação do Senado, ao passo que os demais integrantes ingressariam na carreira mediante concurso público e adquiririam estabilidade, sendo esta a única garantia da classe, que condicionava a perda da função a um processo administrativo em que assegurada ampla defesa. Ademais, foi determinada a organização do Ministério Público nos Estados e Territórios, mediante lei federal. Para Gunter Axt, "as conquistas institucionais e funcionais asseguradas ao Ministério Público nesse momento inscrevem-se num movimento amplo de formação da sociedade burguesa, quando, simultaneamente, começam a ser reconhecidos os direitos coletivos e os *interesses indisponíveis* e conquista-se espaço também para os direitos individuais da cidadania".[206]

A Constituição Ditatorial de 1937, todavia, regrediu em relação ao texto anterior, silenciando a disciplina anteriormente estatuída e, apenas vagamente, mencionava a livre escolha do procurador-geral pelo chefe da Nação, situando o Ministério Público como "agente do Poder Executivo", função que viria a desempenhar com vigor no regime militar pós-1969. A expansão institucional que a carta anterior, em sua curta existência, anunciava, acabou refluindo no Estado Novo. A extinção da Justiça Federal, não extinguiu o Ministério Público Federal, mantendo-o como em um limbo junto às instâncias estaduais, sobretudo nas capitais, onde exercia "uma espécie de procuradoria da Coroa, dos tempos dos reis portugueses".[207] Acentua, todavia, o historiador gaúcho que:

> (...) paradoxalmente, nos Estados, o Ministério Público não deixou de crescer, tanto em envergadura quanto em atribuições. O Código de Processo Civil, de 1939, e o Código de Processo Penal, de 1941, consolidaram atribuições e padronizaram procedimentos em todo o País. Nesse sentido, a instituição acompanhava as tendências de complexificação das relações

---

[205] SALLES, Carlos Alberto de. Entre a Razão e a Utopia: A Formação Histórica do Ministério Público. In: VIGLIAR, José Marcelo Menezes; MACEDO JÚNIOR, Ronaldo Porto (org.). *Ministério Público II* – Democracia. São Paulo: Atlas, 1999, p. 28.

[206] AXT, Günter. *Ministério Público no Rio Grande do Sul* – Evolução Histórica. Projeto Memória. Porto Alegre: Procuradoria-Geral de Justiça, 2001, p. 84-5.

[207] Idem, ibidem, p. 89.

sociais e de ampliação da esfera de intervenção do Estado na sociedade. Em contrapartida, houve um verdadeiro refluxo em matéria de garantias funcionais.[208]

A Carta de 1946, defluente da redemocratização do país, deu ao Ministério Público um *status* equiparável apenas ao da Constituição de 1988, disciplinando-o em título próprio, sem vinculação a qualquer dos Poderes do Estado. Como costuma ocorrer nas Cartas democráticas, na regulamentação de 1946, o Ministério Público passou a contar com as garantias de estabilidade e inamovibilidade, fixando-se regras de ingresso na carreira por concurso de provas e títulos.

No texto constitucional de 1967, mesmo após a Emenda de 1969, manteve-se, em regra, a mesma estrutura do Ministério Público de 1946, porém, enquanto em 1967, o Ministério Público passou a integrar o Capítulo do Poder Judiciário; com a Emenda de 1969 foi transferido para o capítulo do Poder Executivo. Neste ponto, paradoxalmente, houve notável crescimento das atribuições do chefe do Ministério Público da União, porque nomeado e demitido livremente pelo presidente da República, ou seja, como havia possibilidade plena de controle sobre o Procurador-Geral da República, que sequer deveria ser escolhido entre os integrantes da carreira, era conveniente aquinhoá-lo com amplos poderes, dando ao regime uma aparência de legalidade. Nesse sentido, o monopólio da iniciativa do controle concentrado de constitucionalidade, atribuído ao chefe do Ministério Público Federal, que impedia o exercício dessa potencialidade por outros entes políticos ou sociais, tal como se possibilita na sistemática atual, funcionou muito bem para os governos ditatoriais posteriores a 1964, garantindo-lhes verdadeira exclusividade em tal controle.[209]

De outra parte, apesar de eventualmente as constituições anteriores à de 1988 regulamentarem organicamente o Ministério Público, não tiveram nenhuma preocupação com sua definição institucional, natureza e funções. Vale dizer que elas estabeleceram *"como era*, mas não disciplinaram *o que era* e *para o que era* o Ministério Público. Faltou sempre estabelecer quais eram as características fundamentais da instituição, dando-lhe uma definição precisa e determinando suas atribuições próprias".[210] Como destacado, isto se explica por duas

---

[208] AXT, Günter. *Ministério Público no Rio Grande do Sul* – Evolução Histórica, p. 89.

[209] Insta frisar, por oportuno, que a ampliação da legitimidade ativa para o controle concentrado de constitucionalidade ocorrida em 1988, é sem dúvida uma das mais relevantes razões do processo de juridicização da política a ser analisado na seqüência deste trabalho, pois, enquanto monopolizado este controle pelo chefe do Ministério Público Federal, houve um represamento da contestação a diplomas legislativos acoimados de inconstitucionalidade, cuja denúncia não chegava ao Supremo Tribunal Federal. A abertura importou no rompimento da represa, deslocando o eixo de poder, centrado precipuamente no Executivo, para a jurisdição constitucional que passou a ser o palco de discussões sobre temas de grande repercussão social e política.

[210] SALLES, Carlos Alberto de. Entre a Razão e a Utopia: A Formação Histórica do Ministério Público. In.: VIGLIAR, José Marcelo Menezes; MACEDO JÚNIOR, Ronaldo Porto (coord.). *Ministério Público II – Democracia*. São Paulo: Atlas, 1999, p. 30 (grifos no original).

Direitos Fundamentais Sociais

razões: a) preexistência das funções institucionais já tradicionalmente consolidadas junto ao serviço jurisdicional do Estado; b) conveniência de perpetuar mecanismos de controle do poder central sobre aqueles que, formalmente, podiam processar o chefe do Executivo e que uma completa regulamentação constitucional viria a dificultar.[211]

A Carta Constitucional vigente inovou em relação às anteriores, porquanto definiu precisamente o Ministério Público, assegurando-lhe autonomia funcional e administrativa; organizou a instituição, estabeleceu critérios formais para escolha do Procurador-Geral, fazendo submeter a demissão do Procurador-Geral da República à aprovação do Senado, e a dos Procuradores-Gerais dos Estados, às Assembléias Legislativas, consagrou garantias e funções. Deu exclusividade ao Ministério Público para a ação penal e ampliou sua titularidade para o inquérito civil e para a ação civil pública em relação a "outros interesses difusos e coletivos". Para testemunhar esta evolução legislativa na Carta de 1988, traz-se à colação depoimento do Ministro José Paulo Sepúlveda Pertence, Procurador-Geral da República ao tempo da sua promulgação:

> Tenho podido repetidamente enfatizar – desde as vésperas da sua promulgação – que, na Constituição de 1988, nenhuma instituição do Estado saíra tão fortalecida e prestigiada como o Ministério Público, em relação aos textos constitucionais anteriores: deu-se-lhe, no texto fundamental de 1988 – reafirmei no Tribunal – "um tratamento constitucional de riqueza inédita, em termos de abrangência e densidade normativa, no Brasil e alhures, seja sob o prisma da organização e da autonomia da instituição em relação aos Poderes de Estado, seja sob o estatuto básico das garantias e das atribuições dos seus órgãos de atuação" (grifos no original).[212]

Convém registrar que a consagração do Ministério Público na Constituição Federal de 1988 representa o resultado de uma constelação de razões que a isso concorreram. Contribuíram razões políticas e sociais, como momentos históricos favoráveis, mas, especialmente, pode-se atribuir esta história de sucesso aos esforços endógenos da instituição, onde se saíram vitoriosos grupos ideologicamente voltados a uma atitude transformadora da sociedade brasileira e abarcadora de novas e imensas responsabilidades. Ações inteligentes e bem articuladas com o mundo político governamental foram selando vitórias legislativas da instituição. Tal como ocorre com os direitos fundamentais, a concepção atual do Ministério Público brasileiro nasceu no plano

---

[211] Quanto ao ponto, Mazzilli ressalta com ênfase: "absurdamente, até muito pouco tempo, c próprio chefe do Ministério Público Federal, o Procurador-geral da República, não gozava. entretanto, das garantias legais mínimas, pois era nomeado livremente, bem como era demissível *ad nutum* (Carta de 1969, art. 95), princípio de que não abriram mão os governantes, que não queriam perder o direito de escolher e demitir aquele que teria em tese o poder-dever de acusá-los *(et pour cause....)*" (MAZZILLI, Hugo Nigro. *O Ministério Público na Constituição de 1988*, p. 13).

[212] PERTENCE, José Paulo Sepúlveda (prefácio). In: ALMEIDA, João Batista de. *Aspectos controvertidos da Ação Civil Pública*. São Paulo: Revista dos Tribunais, 2001, p. 09.

ideológico-filosófico de autênticos *founding fathers* da instituição, aos poucos ganhou espaço nas planícies infraconstitucionais, reforçado por práticas cotidianas dos seus agentes, e, por fim, foi situar-se no altiplano constitucional, especialmente em 1988.[213]

Para explicar um pouco melhor as fundações tradicionais do Ministério Público, convém retroagir à sua função acusatória no processo penal, atribuição clássica em todo o mundo, ponto comum da sua história geral. Com efeito, é consabido que a instituição foi concebida com a incumbência de representar o braço acusatório do Estado no instante em que se percebeu que a diferenciação entre acusador e julgador era uma exigência de boa justiça criminal, pois substituía o princípio inquisitório medieval pelo princípio acusatório do Estado de Direito, com os consectários do contraditório e da ampla defesa. Destarte, promotores de justiça alcançaram a tradicional função de titulares da ação penal pública, e, na sua esteira, um primeiro grande reconhecimento: o de advogados da sociedade nas causas de natureza criminal. Com efeito, quando, na aurora da Idade Moderna, o Estado foi avocando do particular o direito de punir os crimes, surgem os primeiros agentes públicos responsáveis pelo mister acusatório. Todavia, como já se salientou, inicialmente a soberania era qualidade imanente do monarca, e os advogados do rei, acusavam em seu nome.[214] A partir do Século XVIII, porém, o liberalismo revolucionário então emergente alimentava o propósito de limitar o poder do Estado em face do cidadão, de modo que a noção de um Estado absenteísta que respeitasse os limites individuais de liberdade e dignidade era pouco conciliável com a idéia da absoluta titularidade estatal do poder acusatório. Convinha apregoar que a acusação se fazia necessária no interesse da sociedade, como parte do novo contratualismo, que transferia a noção de soberania do monarca para o povo, conforme o ideário

---

[213] Talvez o próximo passo seja a criação de Ministério Público com atribuições internacionais em face do caráter supranacional de interesses tutelados por esta instituição como segurança, saúde e meio ambiente. Especialmente, no que tange ao crime organizado, um enfrentamento internacional já soa como necessidade inafastável e, segundo se sabe, na União Européia, já se concebeu, como projeto, a criação de um Ministério Público Europeu, ou seja, supranacional, para fazer frente às necessidades internacionais de combate ao terrorismo e ao crime organizado, a exemplo do que já vem ocorrendo com a atividade policial (Europol, Interpol).

[214] Nesse sentido, preleciona Carlos Alberto Salles que "no final da Idade Média, com o crescimento do poder real, ocorre o declínio das acusações privadas [só possíveis aos ricos e poderosos], substituídas pela persecução criminal de ofício, abrindo espaço para desenvolvimento do que viria a ser o Ministério Público, tendo como ponto de partida as figuras judiciárias já existentes. O Ministério Público tem seu desenvolvimento e sua definição institucional identificados com o crescimento do poder real, na condição de órgão destinado a fazer valer a soberania do rei, que, gradualmente, se sobrepõe ao poder da Igreja e dos senhores locais. A partir de então passaram a valer as máximas segundo as quais 'o rei é o imperador em seu reino'e 'toda a Justiça emana do Rei'" (SALLES, Carlos Alberto de. Entre a Razão e a Utopia: A Formação Histórica do Ministério Público. In.: VIGLIAR, José Marcelo Menezes; MACEDO JÚNIOR, Ronaldo Porto (coord.). *Ministério Público II – Democracia*, p. 19).

Direitos Fundamentais Sociais

de Rousseau. Por outro lado, não havia como retroceder à práxis da acusação privada, pois, dentre as funções que o liberalismo pretendia conservar com o Estado, estavam as de segurança pública e justiça. Assim, afigurava-se como solução estabelecer que, se o Poder Judiciário era um Poder Estatal, que exercia parte da soberania delegada pelo povo, o órgão acusatório era um órgão que representava o interesse da sociedade na apuração e punição dos crimes. Nisto já reside a primeira guinada histórico-filosófica do Ministério Público que, de representante do rei no papel acusatório, passou a assumir um discurso de elevado poder ideológico, tão propagado na sua atuação funcional, consistente em atribuir-se a si próprio a missão de defesa de interesse da sociedade, quando acusava criminalmente os infratores.[215]

Para entender o desenvolvimento do Ministério Público brasileiro nas últimas décadas, cumpre atentar para outro aspecto de sua história, qual seja, sua aproximação informal com o Poder Executivo, às vezes, apontada como negativa, mas que, a bem da verdade, trouxe bons resultados para o crescimento institucional. Com efeito, parece não ser exagero afirmar que, ao contrário de alguns congêneres europeus, onde seus integrantes se confundem com aqueles do Poder Judiciário em carreiras únicas e sob a titulação genérica de "magistrados", o Ministério Público brasileiro tem uma origem mais política do que jurídica, pois sempre foi comum seus membros integrarem postos dos Poderes Legislativo e Executivo, seja porque alçados pelo voto popular, seja pela convocação de governantes para pastas de relevância na área de justiça, segurança pública, serviços penitenciários, infância e juventude etc.

Isto deu à instituição, notável experiência de barganha política, aumento de influência sobre os demais Poderes para obter vitórias legislativas e condições estruturais de ação, e, o que se caracteriza como ponto positivo: consciência da responsabilidade social da instituição. Por suas interconexões com o Legislativo e o Executivo, o Ministério Público brasileiro sempre apresentou uma tendência a agir prioritariamente nos domínios da justiça distributiva e inspirar-se em seus princípios no empenho de defesa dos interesses sociais.

A vocação institucional para a tutela de interesses sociais e sua intensa politização são características históricas do Ministério Público brasileiro. Para comprová-las, podem ser garimpadas alusões nos escritos dos seus mais destacados patriarcas da *parquet* brasileiro. A

---

[215] Vale registrar que esta mudança de atitude do Ministério Público na sua atuação criminal é um traço ainda mais perceptível no Brasil dos últimos anos, quando a instituição passou a priorizar o combate aos atos criminosos contra o patrimônio e o interesse público, como ocorre nas demandas criminais em face de agentes públicos ímprobos. Em tais casos, mostra-se patente a opção institucional pela defesa da comunidade e o bom uso que pode fazer da independência em relação aos demais Poderes.

seguinte passagem de Carlos Süssekind de Mendonça, famoso promotor do Júri no Rio de Janeiro, transcrita por Roberto Lyra, em obra escrita em 1937, enfatiza um pensamento de vanguarda para a época e que, mesmo hoje, é de notável conteúdo progressista, revelando a inspiração institucional para a defesa da sociedade, ainda que contra os interesses governamentais:

> O Ministério Público não é um acusador sistemático. Não é um acusador de ofício. Não é um advogado dos Governos. Não é sequer um advogado do Estado. Não é, mesmo, o defensor incondicional da Lei como expressão da ordem política e social vigente. É – já disse – *o curador do interesse geral, o patrono do interesse coletivo.* Quando o Estado encarna este interesse e o Governo corresponde realmente às necessidades do Estado assim compreendido – o Ministério Público aparece legitimamente como um órgão do Estado e do próprio Governo. Basta, porém, que o Governo decaia da confiança das forças organizadas do Estado, para que o Ministério Público continue a ser o órgão do Estado, mas não mais do Governo. E sempre que o Estado se divorcie, ele próprio, do interesse coletivo, do interesse geral, o Ministério Público deixará de ser o advogado do Estado para ser o advogado da coletividade, da generalidade dos cidadãos, a que nem sempre o Estado serve, a que por vezes atraiçoa. (...) Sem o governo e sem o Estado – contra o Governo e contra o Estado – se necessário for – *se a tanto obrigarem o bem geral e a felicidade coletiva, que são as nossas únicas razões de ser.* É assim que eu compreendo o Ministério Público – é assim que eu me esforço, há quatro anos por exercê-lo [grifo nosso].[216]

Contudo, se a postura de defensor social na acusação penal e a rotineira ocupação de cargos públicos foi conferindo ao Ministério Público brasileiro esta natureza de agente político, é preciso que se diga que a atuação na justiça civil é que revolucionou a instituição nas últimas décadas, inclusive alterando profundamente sua atividade na *persecutio criminis.* É que as funções exercidas na área penal, inicialmente, reservavam à instituição um pequeno espaço entre dois grandes campos de atuação. De um lado, antes dele estava a larga área das instituições policiais, ainda mais antigas que o Ministério Público e bem mais poderosas.[217] De outro, o Poder Judiciário a julgar e executar a pena. A função do Ministério Público neste contexto era a de um burocrata da lei penal, o que vinha reforçado pela postura procedimentalista que dominava o imaginário dos seus agentes, e recomendava atitudes passivas e meramente formais, em face dos casos de corrupção, abuso de poder público ou privado, sonegação de impostos, defraudações etc.

---

[216] LYRA, Roberto. *Teoria e Prática da Promotoria Pública,* p. 70.

[217] As atividades policiais são tão antigas quanto as formas mais primitivas de Estado. Mesmo as formas estatais da Antiguidade clássica já organizaram suas atividades policiais como necessárias à função de controle social e até pouco tempo a atividade acusatória era desempenhada pela própria polícia, basta ver os procedimentos judicialiformes existentes no Brasil até 1988, e felizmente ali encerrados. Até hoje a polícia judiciária agarra-se obstinadamente à defesa de um alegado monopólio da investigação policial, o que, injuridicamente, por vezes, conta com a ratificação até de ministros do Supremo Tribunal Federal (para um aprofundamento da questão, ver STRECK, Lenio Luiz; FELDENS, Luciano. *Crime e Constituição – A Legitimidade da Função Investigatória do Ministério Público*).

Direitos Fundamentais Sociais

Em tal realidade e para sobreviver à evidente perda de função social a que seu limitado sistema se sujeitava, agindo sempre à sombra da estrutura policial e judiciária, afigurou-se ao Ministério Público brasileiro a possibilidade de investir esforços em uma atuação extrapenal, ganhando espaços na jurisdição civil e, posteriormente, na sua atuação administrativa. Talvez não imaginassem os precursores dessa idéia, que ela desembocaria na construção de uma instituição de tamanha relevância social no Brasil, que a democracia brasileira contemporânea dela não conseguiria prescindir. A instituição foi sensível às mudanças históricas e, balizada por elas, buscou ir redimensionando sua função social, adaptando-se cotidianamente, para evoluir junto com a sociedade.

3.2. O limiar da atuação institucional na esfera não-criminal: a tutela do interesse público

Não é suficiente à compreensão da evolução histórica do Ministério Público a investigação acerca de sua regulamentação legal, pois esta mais reflete as conquistas institucionais já protagonizadas na práxis institucional, do que propriamente abre perspectivas inéditas. O Ministério Público nasceu e vem se desenvolvendo antes de sua regulamentação legal e para além dela, notadamente, como decorrência de esforços endógenos da instituição e suas bem-sucedidas interconexões com o sistema político e social, tanto que, somente com a Lei Complementar 40, de 14 de dezembro de 1981, passou a ter estatuto legal específico, o qual outorgou unidade administrativa e estrutural aos Ministérios Públicos estaduais, até então muito diferentes entre si, mas já de muito atuantes no país.[218]

Todavia, é forçoso convir que o grande mérito da regulamentação normativa foi dar um sentido teleológico e unitário à instituição, do qual carecia até então. Faltando-lhe um propósito, ou seja, um critério legal capaz de definir os fins para os quais se volta, e estando heterogeneamente organizado no país, o Ministério Público, em meados do século passado, conquanto já colecionasse diversas atribuições na esfera cível, sofria de uma crise de identidade, pois não sabia ao

---

[218] Carlos Alberto Salles, acerca dessa antecipação institucional em relação às regulamentações legais do Ministério Público, assim preleciona: "constata-se, portanto, que a evolução histórica do Ministério Público não pode, de maneira alguma, ser confundida com o tratamento a ele dispensado pelos vários textos constitucionais, decorrência de circunstâncias políticas e legislativas, sem uma repercussão direta na vida da instituição. Na mesma medida, o sensível progresso que representou o texto constitucional de 1988, em grande parte, apenas espelhou um crescimento institucional que já se verificara na prática na legislação infraconstitucional" (SALLES, Carlos Alberto de. *Entre a Razão e a Utopia*: A Formação Histórica do Ministério Público, p. 28).

certo qual era sua destinação institucional fora da área criminal. Buscava, destarte, ocupar espaços de ação que justificassem seu custo público e mais, que lhe autorizassem as mesmas garantias e prerrogativas da magistratura, inclusive quanto à carreira e à remuneração. A exemplo dos Ministérios Públicos de vários países europeus, alimentava-se o sonho de dar ao promotor de justiça o *status* legal de magistrado.[219] Neste escopo, a instituição foi recebendo e aceitando atribuições que muito pouco correspondiam à natureza institucional que viria a almejar e edificar no futuro, mas que, naquela quadra histórica, significavam avanços para além dos limites da atuação criminal, cuja perspectiva de crescimento parecia então esgotada.

Com efeito, afora as atribuições acusatórias no processo penal, o Ministério Público no Brasil, de longa data, vinha representando a União nas causas em que fosse interessada como autora, ré, assistente ou opoente, tarefa que somente veio a ser afastada na Constituição de 1988, representando, pois, a opção da Assembléia Nacional Constituinte de colocar o Ministério Público ao lado da sociedade civil, e não mais na função de tutela de interesses da administração pública. Todavia, é forçoso reconhecer que esta atividade de representação da União, no passado, concorreu para o engrandecimento da instituição, em um tempo em que nem sequer as mesmas garantias da magistratura o Ministério Público alcançara, tanto é verdade que a perda desta função de representação dos interesses da União Federal foi alvo de resistências no Ministério Público Federal quando dos trabalhos preparativos da Carta cidadã de 1988.

Sobre o tema, retornando na história, vale registrar que Mário Dias, então Promotor de Justiça no Rio de Janeiro, em obra publicada em 1942, na vigência da Constituição outorgada de 1937, lecionava que, com a extinção da Justiça Federal por esta carta constitucional, baixou o Governo Republicano, o Decreto-Lei n. 2.139/37, mantendo a instituição do Ministério Público Federal e dando-lhe atribuições de representação da União nas instâncias inferiores sempre que houvesse interesse da União. Assim, todos os feitos cíveis e criminais da extinta Justiça Federal passaram à Justiça Comum, frente à qual militariam os membros do Ministério Público Federal, mas, nas comarcas do interior, esta tarefa caberia aos promotores de justiça estaduais, que deveriam considerá-la uma elevada distinção, segundo aquele autor.[220]

---

[219] MACEDO JÚNIOR, Ronaldo Porto. Ministério Público Brasileiro: Um Novo Ator Político. In: VIGLIAR, José Marcelo Menezes; MACEDO JÚNIOR, Ronaldo Porto (coord.). *Ministério Público II – Democracia*, p. 104.

[220] DIAS, Mário. *Ministério Público Brasileiro* (Instituição, atribuições, processo). Rio de Janeiro: Livraria Jacintho, 1942, p. 27-8. Para o mencionado autor, "é uma grande distinção e uma elevada prova de confiança dadas pelo governo da República e às quais devem os promotores de justiça, procurar corresponder com a maior dedicação, operosidade e zelo".

Direitos Fundamentais Sociais

Outro campo de atuação no Processo Civil que se abriu ao Ministério Público foi a atuação intervencional em processos cíveis, que se lhe oportunizava, excepcionalmente, em razão de causas resumíveis às hipóteses de incapacidade individual de uma das partes ou indisponibilidade de certos direitos.

Dentro de uma concepção liberal do Direito e da sociedade, então vigorante, a intervenção do Ministério Público fora do Direito Penal era medida excepcional que deveria sofrer interpretação restritiva, pois importava intervenção do Estado na esfera privada de disponibilidade dos direitos, o que deveria ser evitado ante o virtual prejuízo do princípio da realização da liberdade individual.[221]

Contudo, se, por um lado, a concepção liberal que informou predominantemente a produção legislativa brasileira no século passado, inclusive o Código de Processo Civil de 1973, queria evitar dispositivos capazes de oportunizar um paternalismo estatal, por outro, é forçoso concluir que um tal paternalismo pré-moderno e despótico é diferente da concepção jurídica da incapacidade individual ou da indisponibilidade de direitos determinados, que ainda remanesce no sistema jurídico, pois, enquanto aquele se caracterizava pelo exercício desregrado e irresistível do poder, a atuação tutelar do Estado, mesmo nos regimes liberais democráticos, se submete ao princípio mais amplo do Estado de Direito e da limitação do poder político. Justificou-se, pois, a "excepcionalidade da intervenção tutelar do Estado na esfera cível, nos casos em que direitos individuais ganham dimensão de ordem pública, e por isso carecem de proteção especial".[222]

Destarte, além das hipóteses clássicas de incapacidade da parte ou indisponibilidade de certos direitos, o Código de Processo Civil de 1973 introduziu, através do inciso III do seu art. 82, uma cláusula genérica para justificar a intervenção do Ministério Público nos feitos civis, qual seja, a defesa do interesse público, "evidenciado pela natureza da lide ou qualidade da parte".

O promotor gaúcho, Sérgio da Costa Franco, foi o provável formulador da proposta de inclusão deste inciso III ao art. 82 do CPC, em tese apresentada no I Congresso do Ministério Público do Estado de

---

[221] Para Rogério Bastos Arantes, "deve-se lembrar que essa intervenção constitui exceção no processo judicial típico do direito liberal clássico. Em outras palavras, o ordenamento jurídico moderno está baseado nos princípios da autonomia pessoal e da disponibilidade dos direitos individuais como formas de realização da almejada liberdade individual. Nesse sentido, no plano jurídico, somente situações excepcionais permitem que o Estado intervenha na esfera privada sem ser chamado. Como se viu, o art. 82, incisos I e II do CPC autoriza o Ministério Público a intervir na esfera cível, naqueles casos especiais, a despeito da vontade das partes envolvidas. Nesse sentido, trata-se de um princípio pré-liberal, mas que sobreviveu à fundamentação individualista do direito moderno" (ARANTES, Rogério Bastos. *Ministério Público e Política no Brasil*. São Paulo: Educ: Sumaré: Fapesp, 2002. Série Justiça, p. 27)

[222] ARANTES, Rogério Bastos. *Ministério Público e Política no Brasil*, p. 27.

São Paulo no ano de 1971, com o título "Sobre a Conveniência da Ampliação das Atribuições Processuais do Ministério Público como *custos legis"*. Nesta tese, Costa Franco defendia a presença do Ministério Público em todos os processos onde houvesse "interesse de pessoas jurídicas de direito público (...) para vigiar a estrita observância das normas legais, como também para coadjuvar a defesa do interesse público ameaçado, quando os procuradores dos municípios, do Estado ou de suas autarquias se mostrem omissos ou negligentes no desempenho do seu cargo". Em tais casos, o Ministério Público estava em melhores condições de fiscalização do dinheiro público, por "sua independência e isenção, relativamente às alternativas da dominação político-partidária".[223]

A tese resultou na proposição de iniciativa do Deputado gaúcho, Amaral de Souza, e restou aprovada no parlamento quando da promulgação do Código de Processo Civil de 1973, assegurando competir ao Ministério Público "intervir em todas as demais causas em que há interesse público, evidenciado pela natureza da lide ou qualidade da parte".

Sublinhe-se que a idéia original de Costa Franco e Amaral de Souza era limitar esta intervenção excepcional do Ministério Público aos casos em que os litígios envolvessem interesses de pessoas jurídicas de direito público, mas como o legislador não definiu "interesse público", nem deixou a tarefa para leis posteriores, "no final, a formulação genérica quase perdeu de vista a intenção original da proposta e autorizou o Ministério Público a atuar num raio muito maior do que a visada proteção das pessoas jurídicas de direito público". Assim, "sob o argumento de que *mens legis* (intenção da lei) prepondera sobre a *mens legislatoris* (intenção do legislador), integrantes do Ministério Público advogaram a tese de que inciso III não só exigia a sua presença em todas as causas envolvendo interesses públicos, como caberia ao próprio órgão do Ministério Público interpretar a existência ou não desse interesse nos casos concretos".[224]

Tem-se aqui, na transformação ocorrida no conceito de *interesse público*, uma demonstração de que o texto legal não vigora em si e por si de modo atemporal e absoluto, senão que só existe na cosmovisão significativa do intérprete, ou seja, limitada ou ampliada sua compreensão pela historicidade do aplicador, tal como afirmado no âmbito da hermenêutica filosófica, abordada no Capítulo I. Como ali assentado, a hermenêutica filosófica gadameriana assenta-se na análise da *"estrutura 'pré-conceitual' de toda a compreensão"*. Para explicá-la, parte-se do princípio de que nossa compreensão do mundo provém de

---

[223] ARANTES, Rogério Bastos. *Ministério Público e Política no Brasil*, p. 32.

[224] Idem, p. 34.

Direitos Fundamentais Sociais

expectativas de sentidos geradas em nossa tradição histórica peculiar, à qual temos de nos submeter. Compreende-se, pois, que o universo ideológico do início do regime militar de 1964, no qual foi produzida nossa última codificação processual civil, era diverso daquele que passou a prevalecer no final do regime, quando a desconfiança social para com o governo e, de resto, para com o próprio Estado, era visível na sociedade civil. O desgaste do regime ditatorial afigurava-se imenso e todas as suas instituições passavam pela mesma crise de legitimidade, enquanto a sociedade ansiava por alcançar sua independência no iminente processo de redemocratização, já de muito anunciado, mas sempre protelado. Neste contexto, inseridos nesta condição fática, integrantes mais ativos do Ministério Público assimilaram aquele momento histórico e passaram a defender uma noção de interesse público como interesse da sociedade e não mais como interesse da administração pública. Assim, idêntica locução, no mesmo texto legal, passou a sofrer outra atribuição de sentido, por outros intérpretes, ou talvez pelos mesmos, mas receptivos ao novo horizonte significativo, o que revela o caráter pré-conceitual de toda compreensão. Deste modo, não há como estudar uma instituição como o Ministério Público somente a partir dos textos legais que acerca dele tratam, estes, no mais das vezes, refletem realidades anteriores, pois as mudanças institucionais são concebidas no âmbito da história, que molda as consciências humanas e constitui os universos psíquicos individuais concedentes de sentido aos símbolos lingüísticos. Assim, a locução "interesse público" não vale por si mesma como se fosse imune ao inexorável fluxo do tempo, impondo-se-lhe moldar-se aos diversos panoramas significativos que o câmbio perene da história forja em cada intérprete.

Destarte, se, quando da elaboração do Código de 1973 nas oficinas do Parlamento, a intenção do legislador era definir "interesse público" como interesse da administração pública, porque era esta a dimensão significativa que aquele momento histórico, de ênfase na força estatal, aconselhava; a partir da década de 1980, inspirados na onda de desconfiança em relação ao Poder Público, lideranças ideológicas do Ministério Público, sensíveis às perturbações externas que o novo panorama ensejava, passaram a defender a tese de que a noção de "interesse público" era mais ampla que a de interesse da administração estatal, situando-se aqui o "ponto de inflexão" na virada histórica do Ministério Público rumo à almejada posição de tutor dos interesses da sociedade.

Como já frisado anteriormente, autores como Hugo Nigro Mazzilli, com base na clássica doutrina do publicista italiano, Renato Alessi, estabeleceram uma distinção entre *interesse público primário*, que se traduz no interesse geral na busca do bem comum, com o *interesse público secundário* que é o interesse da administração pública, ou a visão que esta tem do interesse público. Assim, nem sempre coincidem "interesse público primário e secundário" e é por aquele que o Ministério Público deve zelar.[225] Poder-se-ia acrescentar que o interesse público primário é aquele que o Estado, como instrumento idealizado para fins sociais, deveria sempre perseguir, ao passo que, o interesse público secundário é o interesse que o Governo, sempre temporário, efetivamente persegue em dada dimensão espaço-temporal. O Ministério Público, como guardião dos valores perenes do Estado, está vocacionado à proteção do "interesse público primário", ou seja, do interesse geral da sociedade, que uma adequada interpretação constitucional deve refletir.

Corroboraram, ainda, esta *nova compreensão do interesse público*, os dois princípios que, na tradição, já vinham determinando a intervenção e até mesmo a ação do Ministério Público: o princípio da *"incapacidade da parte"* e o da *"indisponibilidade do direito"*, de certo modo, justificantes, respectivamente, dos incisos I e II, do art. 82 do Código de Processo Civil. Inicialmente, estas *ratio legis* eram historicamente entendidas em uma dimensão individual, a qual, a bem da verdade, ainda remanesce, mas as transformações sociais e o surgimento da aludida sociedade massificada foram emprestando a estes dois conceitos uma *extensão transindividual*.

De fato, na dialética entre as idéias e as realidades históricas, ver-se-á que a noção de parte incapaz foi sendo paulatinamente transferida do indivíduo incapaz, para uma *sociedade civil também impotente para a defesa dos seus direitos,* como decorrência da fragilidade da democracia brasileira, ainda incipiente, após mais um longo período ditatorial. Esta sociedade, incapaz de defender seus interesses, transforma-os em *indisponíveis,* pois que uma das razões da indisponibilidade é a incapacidade do seu titular. Deste modo, o reconhecimento de novas exigências de feição transindividual veio acompanhado da identificação de uma característica indisponível dessas exigências e da ineficiência da sociedade, sua titular, para a missão de tutelá-los. Paulo Sérgio Cornacchioni, abordando esta questão, preleciona o seguinte:

> Nos países *desenvolvidos*, vê-se hoje a sociedade civil altamente organizada e capaz de reagir a toda sorte de vilipêndio assim dos direitos e garantias individuais como dos interesses transindividuais. As ONG (organizações não governamentais) – de que os sindicatos podem ser tidos como embriões – multiplicam-se vertiginosa e prosperamente, erigindo-se em instrumentos extremamente hábeis e eficazes no exercício da defesa dos indivíduos e coletividades, no âmbito da justiça cível.
> Daí por que a intervenção do Estado em tal seara – por intermédio do Ministério Público – se revela de todo despicienda, bem por isso evoluindo para a timidez ou até para a extinção.
> Nos países *em desenvolvimento* (como usualmente se classifica o Brasil), essa intervenção, no

---

[225] MAZZILLI, Hugo Nigro. *Manual do Promotor de Justiça.* São Paulo: Saraiva, 1991, p. 43.

Direitos Fundamentais Sociais

entanto, se apresenta pertinente, dado que a sociedade civil, ainda precária e pontualmente organizada, não dá conta do mister.[226]

Desse modo, o mesmo processo que, nos anos de 1980, defenderá o reconhecimento legal dos novos direitos difusos e coletivos e a legitimação do Ministério Público para sua tutela, rompendo com o princípio individualista no processo civil e admitindo uma dimensão coletiva e social de novos conflitos, também basear-se-á no poderoso discurso da indisponibilidade dos novos direitos sociais e da incapacidade da sociedade para defendê-los por conta própria, pois hipossuficiente.[227] A idéia é poderosa e tomou lugar nas leis e na doutrina a partir de então, mas também é discutível, pois a liberação das forças sociais no rumo de sua emancipação era um dos propósitos da redemocratização do país em meados da década de 1980. Ademais, muitos dos direitos hoje classificados como transindividuais são, em realidade, acentuadamente disponíveis e predominantemente privatísticos, embora enfeixáveis coletivamente, daí por que a tese defendida neste trabalho incentiva uma limitação da legitimidade do Ministério Público às hipóteses de interesses originalmente, e não apenas presumivelmente sociais. Além disso, sustenta-se uma crescente perda de legitimação institucional na mesma proporção em que aumentem as possibilidades de organização social e autodefesa dos interesses transindividuais, reservando-se ao Ministério Público a tutela de interesses comunitários mais valiosos e abrangentes. Mas, neste quadrante, impõe-se também uma abordagem sobre os limites superiores da legitimação institucional, em face das invectivas, ora levadas a efeito, de que demandas veiculadas pelo Ministério Público vêm transpondo os parâmetros de sua atribuição legal, para ingressar na seara reservada ao poder político, provocando invasão da Política pelo Direito.

De qualquer sorte, transferida a noção de interesse público do domínio restrito da administração pública para o dos interesses mais gerais da sociedade, ganha valor a tese sobre a necessidade de independência do Ministério Público em relação aos poderes políticos, pois, sendo o interesse social um interesse alegadamente indisponível, requer um tipo de proteção pública e, nesse caso, o único órgão estatal credenciado à função de tutor era aquela instituição. Se o novo interesse público não se confunde com o interesse "particular" da administração, então o Ministério Público teria que se afastar dela, para tutelar esses interesses sociais, muitas vezes contrapostos aos interesses do Estado-administrador. Este argumento foi decisivo para a conquista das garantias institucionais na década de 1980.

---

[226] CORNACCHIONI, Paulo Sérgio. Uma Visão Crítica (e Autocrítica) da Dicotomia Cível – Crime. In: *Ministério Público – Instituição e Processo*. 2. ed. São Paulo: Atlas, 1999, p. 273-4.

[227] ARANTES, Rogério Bastos. *Ministério Público e Política no Brasil*, p. 29.

3.3. A transposição institucional do Ministério Público da "Sociedade Política" para a "Sociedade Civil"

No período ditatorial militar pós-1964, paralelamente ao esforço por dar uma nova interpretação ao conceito de *interesse público* do Código de Processo Civil de 1973, e consagrar-se como defensor da sociedade, estava o Ministério Público na difícil situação de "braço institucional do regime militar".[228] Paradoxalmente, entretanto, havia um ponto em comum entre o ideal institucional e o papel que a ordem militar lhe delegara: o controle da administração pública, especialmente nos casos de corrupção e desobediência às ordens do regime militar.

Na Emenda Constitucional de 1969, o Ministério Público saiu do capítulo do Poder Judiciário e passou ao do Poder Executivo. O Procurador Geral da República era nomeado e demitido pelo Presidente da República e assumiu atribuições de grande poder inclusive contra membros do Parlamento. Não é novidade o papel de destaque do Ministério Público em regimes autoritários, tal como ocorreu no nazismo e no comunismo soviético. Assim, também no regime autoritário pós 1964, a instituição adquiriu grande vigor, porém, na mesma proporção, perdeu em autonomia, conquanto sempre atrelada fortemente ao Poder Executivo, especialmente através do controle admissional e demissional do Procurador Geral da República. Hugo Nigro Mazzilli pontificou com clareza peculiar esta comparação do Ministério Público nos regimes autoritários e nos regimes democráticos, em passagem consagrada que vale transcrever:

> Em rigor, portanto, o Ministério Público pode existir seja num regime autoritário, seja num regime democrático; poderá ser forte tanto num como noutro caso; porém, só será verdadeiramente independente num regime essencialmente democrático, porque não convém a governo totalitário algum que haja uma instituição ainda que do próprio Estado, que possa tomar, com liberdade, a decisão de acusar até mesmo os próprios governantes ou de não processar os inimigos destes últimos.[229]

Em que pese a perda de autonomia em relação ao Executivo autoritário, o reforço da função pública do Ministério Público permitiu à instituição antecipar-se à transição democrática, ocupando de antemão esta função de tutor do interesse público, que continuou reivindicando após a redemocratização. Ademais, como já se mencionou, nem

---

[228] O regime militar brasileiro buscava "institucionalizar a revolução" para governar não só pela força, mas também pela lei. Nesse ponto, a Procuradoria-Geral da República desempenhou função estratégica do regime, pois detinha, com exclusividade, a iniciativa da representação de inconstitucionalidade de leis e atos normativos federais e estaduais. Nesse caso, mesmo quando a oposição tentou recorrer ao Supremo Tribunal Federal para afastar a legislação do regime, esbarrou no monopólio do Procurador-Geral da República, que podia arquivar as pretensões oposicionistas.

[229] MAZZILLI, Hugo Nigro. Ministério Público e Defesa do Regime Democrático, p. 89.

mesmo o período ditatorial logrou eliminar no Ministério Público brasileiro o clamor por uma instituição independente e voltada para defesa dos valores democráticos. Em diversos congressos institucionais pelo Brasil afora, líderes institucionais sempre pugnaram por uma definição institucional do Ministério Público como instrumento de preservação da liberdade democrática. Este esforço fez desenvolver uma *consciência nacional de Ministério Público*, identificando-se-lhe um fim a realizar no meio social. Das reivindicações regionais e isoladas, passou-se à luta por prerrogativas nacionais, considerando-se o deslocamento do poder dos Estados para a União. Esta consciência nacional permitiu a identificação de um Ministério Público nacional, com relevantes trocas de experiências que exigiam uma regulamentação normativa mais homogênea no nível federativo.[230]

No plano das idéias, a instituição já voava longe, defendendo discursos de vanguarda, mas a realidade institucional ainda era precária, e, se no plano federal, o Ministério Público, até a década de 1980, ainda mantinha-se muito fiel ao Poder Executivo, inclusive exercendo atividades típicas de advocacia da União. Nos Estados, era organizado de modo bastante heterogêneo, o que dificultava uma caracterização nacional da instituição. Diante de tal realidade, em 1981, atendendo, sobretudo, ao interesse de uma unificação organizacional dos Ministérios Públicos Estaduais, entrou em vigor a Lei Complementar n. 40, dita Lei Orgânica do Ministério Público.[231] Para explicar a contribuição desta Lei à caracterização contemporânea do Ministério Público, basta salientar que a Constituição Federal de 1988 basicamente repetiu a sua

---

[230] Quando o regime autoritário dava mostras de seu esgotamento e avizinhava-se a transição democrática, este desejo da instituição, de tutelar o interesse social, começa a despertar ainda mais. Hugo Mazzilli colaciona excerto de artigo do hoje Ministro do Supremo Tribunal Federal, então Promotor Público paulista, José Celso de Mello Filho, publicado no Jornal "O Estado de São Paulo", em 18 de abril de 1982, sob o título "Ministério Público e a Legalidade Democrática", no qual afirmou: "... a Associação Paulista do Ministério Público, por deliberação de sua Assembléia Geral Extraordinária tomada por maioria de votos, deverá postular uma redefinição do conceito de Ministério Público, a fim de que nele se passe a vislumbrar o instrumento de preservação de uma legalidade que se qualifique como essencialmente democrática. Em conseqüência, o Ministério Público deixará de ser o fiscal de qualquer lei para se converter no guardião de um ordenamento jurídico cujos fundamentos repousem na vontade do povo, legitimamente manifestada através de seus representantes. O Ministério Público deixa, pois, de fiscalizar a lei pela lei, inútil exercício de mero legalismo. Propõe-se, agora, que o Ministério Público avalie, criticamente, o conteúdo da norma jurídica, aferindo-lhe as virtudes intrínsecas, e neutralize, desse modo, o absolutismo formal de regras legais, muitas vezes divorciadas dos valores, idéias e concepções vigentes na comunidade em dado momento histórico cultural" (Apud MAZZILLI, Hugo Nigro. Ministério Público e Defesa do Regime Democrático. In: VIGLIAR, José Marcelo Menezes; MACEDO JÚNIOR, Ronaldo Porto (coord.). *Ministério Público II*. São Paulo: Atlas, 1999, p. 91).

[231] Segundo Gunter Axt, "em junho de 1942, realizou-se em São Paulo o primeiro Congresso Nacional do Ministério Público, que objetivou traçar linhas comuns de procedimentos entre os órgãos estaduais e ampliar as garantias funcionais da categoria"; se observarmos que nessa época o país estava em plena ditadura Vargas, a iniciativa revela a vocação institucional para a independência (AXT, Günter. *Ministério Público no Rio Grande do Sul* – Evolução Histórica, p. 91).

definição de Ministério Público, bem como os conhecidos princípios institucionais da unidade, indivisibilidade e da autonomia funcional já consagrados naquele estatuto legal.

Centrado em tal análise, Rogério Bastos Arantes contraria o entendimento pacífico de que foi a Constituição de 1988 que deu ao Ministério Público um novo perfil. Para este pesquisador da instituição, há aqui outro paradoxo desta intrigante história institucional: "o que hoje se valoriza no Ministério Público como contribuição para a democracia no Brasil – seu novo perfil institucional – foi-lhe atribuído em grande medida antes do pacto constitucional de 1988". E acrescenta o pesquisador "houve mais continuidade do que ruptura em 1988, do ponto de vista tutelar do papel institucional do Ministério Público, especialmente no que diz respeito à fiscalização do interesse público, cada vez mais identificado com os interesses gerais da sociedade".[232]

Frise-se que esta constatação não desmerece a Carta Republicana de 1988, sempre citada neste livro como um novo paradigma constitucional, sem precedentes na história brasileira. Ao contrário, vem corroborar o que já se afirmou no Capítulo I, ou seja, que a positivação legal das conquistas sociais é precedida da formulação filosófica e, às vezes, pragmática, dessas conquistas. Com efeito, o perfil constitucional do *parquet*, sedimentado em 1988, é o de uma garantia social para tutela dos direitos fundamentais individuais e sociais. O próprio Ministério Público, enquanto instituição dotada de uma estrutura e de um papel a ser exercido junto ao Sistema de Justiça e ao Sistema Político, conectando-os operativamente, alinha-se como uma conquista social, um instrumento da cidadania, que atende aos reclamos das teorias realistas dos direitos fundamentais,[233] pois que destinado à implementação desses direitos.

Destarte, ainda que a Constituição cidadã mais tenha plasmado conquistas legislativas e pragmáticas do Ministério Público já anteriormente alcançadas, não se pode negar o grande mérito do constituinte de 1988 ao cristalizar uma independência institucional em relação aos outros Poderes que lhe facilitou intermediar os conflitos entre governo, poder econômico e sociedade, responsabilizando-se, cada vez mais, pelo cumprimento das leis e da Constituição, assumindo crescentemente a função de "agente político da lei".[234]

---

[232] Vide ARANTES, Rogério Bastos. *Ministério Público e Política no Brasil*, p. 46. No entanto, isto apenas confirma o que já se afirmou ao analisar os postulados de Konrad Hesse no primeiro capítulo, o qual assevera que a *força normativa da Constituição* depende, entre outros fatores, desta encontrar alguma correspondência anterior na realidade que ela pretende regular.

[233] Vide Capítulo I, item 1.2.3, onde são abordadas as teses realistas dos direitos humanos, especialmente o pensamento de Norberto Bobbio acerca da importância, hoje mais premente, de implementar os direitos humanos, transferindo-os da solenidade dos textos, para a práxis diária. Outrossim, é de se referir a ênfase de Gregório Peces-Barba para com as garantias instrumentais dos direitos humanos, ao sustentar que os direitos valem os mesmo que suas garantias.

[234] ARANTES, Rogério Bastos. *Ministério Público e Política no Brasil*, p. 80.

Direitos Fundamentais Sociais

O discurso utilizado para ampliar a noção de interesse público de forma a abranger, prioritariamente, o interesse social e, só secundariamente, o interesse da administração pública, serviu de impulso para que a instituição invocasse, para si, a tutela da sociedade. Deste modo, em um momento histórico em que os poderes estatais eram fortemente criticados no Brasil, o Ministério Público soube transpor o muro e partir para o lado da sociedade, embora, paradoxalmente, conservasse a condição de instituição estatal.

Marcelo Pedroso Goulart resume, com acuidade, que, se na sua origem, o Ministério Público desempenhou o papel de advogado da Coroa e da Administração Pública, à medida que foi se desenvolvendo o processo de abertura democrática nas sociedades modernas, ele foi ganhando autonomia, para afinal, protagonizar o exclusivo papel de defensor do povo.[235] Com tal inspiração e centrado no conceito que Gramsci elabora na sua teoria do Estado acerca deste como superestrutura, subdividida em *sociedade política e sociedade civil*, Goulart registra que nestas últimas décadas,

> (...) o Ministério Público *muda de função* ao transitar da *sociedade política* para a *sociedade civil*. Ou seja, desvincula-se do *aparelho coercitivo do Estado* (do aparato burocrático responsável pela *dominação* através da *coerção*) para integrar, no âmbito da sociedade civil, a parcela das *organizações autônomas responsáveis pela elaboração, difusão e representação dos valores e interesses que compõem uma concepção democrática de mundo e que atuam no sentido da transformação da realidade* (os sujeitos políticos coletivos que buscam a *hegemonia democrática* na batalha ideológica que se trava no seio e através da sociedade civil) [grifos no original].[236]

A transposição institucional do Ministério Público da esfera do poder político para a do poder social assenta-se em um tripé de razões. De início, há uma *razão social*: a antiga vocação institucional para a defesa dos interesses da sociedade. Posteriormente, uma *razão política*: a instituição, ao longo da sua história, foi assumindo um compromisso com a tutela do regime democrático e suas instituições. Por fim, uma *razão jurídica*, defluente das conquistas legislativas do Ministério Público, culminantes no texto constitucional de 1988, que lhe concederam autogestão administrativa, independência funcional, garantias idênticas às da magistratura, e conferiram-lhe várias atribuições para a defesa dos interesses sociais.[237]

---

[235] GOULART, Marcelo Pedroso. *Ministério Público e Democracia* – Teoria e Práxis. Leme –São Paulo: Ed. de Direito, 1998, p. 95. Vide, acerca do conceito de sociedade em Gramsci, o tema abordado no Capítulo II.

[236] GOULART, Marcelo Pedroso. *Ministério Público e Democracia* – Teoria e Práxis, p. 96. Porém, conforme alerta Gregório Assagra de Almeida, "observa-se que esse deslocamento da *sociedade política* para a *sociedade civil* é muito mais *funcional* que *administrativo*, pois administrativamente o Ministério Público ainda permanece com estrutura de instituição estatal, com quadro de carreira, lei orgânica própria e vencimentos advindos do Estado, o que é fundamental para que ele tenha condições de exercer o seu papel constitucional em pé de igualdade com os poderes por ele fiscalizados"[grifos no original] (ALMEIDA, Gregório Assagra de. *Direito Processual Coletivo Brasileiro*. São Paulo: Saraiva, 2003, p. 509-10).

[237] ALMEIDA, Gregório Assagra de. Op. Cit. p. 509.

Entretanto, esse avanço do Ministério Público que o legitimou e cercou-o de garantias imprescindíveis à tutela judicial de interesses supraindividuais impôs, antes mesmo da redemocratização do país, a necessidade de se definir em que casos a instituição atuaria em defesa dos interesses sociais, haja vista a regra do Processo Civil tradicional que vincula a legitimidade do autor da demanda à afirmação da titularidade do direito em questão. Para a dogmática jurídica clássica, as hipóteses de *legitimação extraordinária* são excepcionais e devem assim ser minudentemente explicitadas em lei, na medida em que representam uma afronta ao princípio liberal da livre iniciativa à demanda.

Jean-Louis Bergel, citando Virally, sustenta que, se por um lado, é verdade que "toda norma jurídica é uma tentativa de estabilização das relações sociais em perpétuo devir, e toda ordem jurídica é um desafio ao tempo, um esforço de conservação do estado social que ela estabelece" por outro lado, não é menos verdadeiro que "o direito, construção social, sistema de representações intelectuais, não tem condições de estratificar a evolução das sociedades. Deve adaptar-se continuamente para conservar sua efetividade em face das transformações sociais". Para o autor, o Direito pode canalizar os movimentos históricos com o fito de instaurar uma nova ordem a partir de uma tensão "entre as forças de conservação e forças de mudança, cujo resultado é tal que essa ordem não pode imobilizar eternamente as normas que constituem e tampouco renovar-se integralmente de um dia para o outro: essa transformação permanente é o que se denomina a continuidade do direito".[238]

Com efeito, a visão clássica dos direitos subjetivos individuais que o liberalismo cunhou procurava resistir às mudanças sociais que se insinuavam nas sociedades modernas. Para tanto, impedia-se, na prática, o acesso à Justiça, admitindo-se apenas a possibilidade formal de acesso, e tratava-se a questão social como caso de polícia. Mas o desenvolvimento tecnológico ocasionado pela Revolução Industrial no Brasil, a partir do primeiro governo Vargas, teve, por efeitos colaterais, a explosão demográfica, o êxodo rural, produção e consumo em massa, agressões ambientais, concentração de renda e todos esses fenômenos já conhecidos. Numa sociedade como essa – uma sociedade massificada – há que existir, igualmente, um *processo civil de massa*, impondo-se à socialização do processo, mediante a liberação dos mecanismos de legitimação *ad causam*, realizando o escopo constitucional de *facilitação do acesso à Justiça*.

Neste ponto, calha trazer a lume a crítica de Lenio Streck, para quem o paradigma liberal dos conflitos interindividuais, do tipo Caio

---

[238] BERGEL, Jean-Louis. *Teoria Geral do Direito.* São Paulo: Martins Fontes, 2001, p. 133-4.

Direitos Fundamentais Sociais

versus Tício, engendra uma "crise do modelo de produção do Direito", porquanto, em plena sociedade pós-moderna e repleta de conflitos transindividuais, o Sistema Jurídico continua operando com a perspectiva de um Direito cunhado para tutelar apenas direitos subjetivos individuais.

Destarte, um Direito de viés liberal caracteriza-se por um excessivo individualismo e formalismo na visão de mundo. O individualismo é traduzido na convicção de que a parte precede o todo, ou seja, de que os direitos do indivíduo estão acima dos direitos da comunidade e, no seu extremo, tende a transbordar em atomismo. Já o formalismo decorre do apego a um conjunto de ritos e procedimentos burocratizados e impessoais, justificados pela certeza jurídica e pela "segurança do processo". Estas características do Sistema Jurídico entraram em crise quando as novas exigências sociais, típicas da sociedade industrial, impuseram a proteção dos direitos transindividuais e o tratamento preferencial aos segmentos economicamente desfavorecidos.[239]

Tomando-se a sociedade brasileira no período de 1940 a 1980, ver-se-á a drástica mudança. Neste período, sua população cresceu de 41 milhões para 119 milhões de habitantes. Outra diferenciação foi a evolução de uma sociedade agrária para outra urbana e industrial, pois, se, em 1940, a população urbana era de 31,2% contra 68,8% que vivia no meio rural; em 1980, o quadro inverteu-se completamente, passando as cidades a abrigar 67,6% da população. Em 1991 a população urbana chegou a 76% e pode-se crer que este percentual esteja em permanente crescimento.

O desenvolvimento precipitado de metrópoles sem infra-estrutura para o recebimento abrupto de todo o contingente que para lá migrou e a concentração das terras no campo ocasionou uma deterioração da qualidade de vida do brasileiro, evidenciada pelos péssimos indicadores sociais. A participação da renda nacional dos 50% mais pobres caiu, entre 1960 e 1990, de 18% para 12%, enquanto, no mesmo período, os 20% mais ricos elevaram de 50% para 65% seu controle sobre a renda do país. Nas áreas de saúde e educação ainda os dados são alarmantes, estando o Brasil entre as nações com maior número de analfabetos e acidentes de trabalho em toda a América.[240]

Estas mudanças sociológicas observáveis no Brasil, obrigatoriamente, repercutem na esfera do Direito, forçando a proteção legal de direitos difusos e coletivos, ou seja, direitos supraindividuais. O Ministério Público, observando atentamente as transformações sociais, foi conquistando a missão institucional de defesa destas novas catego-

---

[239] STRECK, Lenio Luiz. *Hermenêutica Jurídica e(m) crise*, p. 34-5.

[240] GUIMARÃES JÚNIOR, João Lopes. Papel Constitucional do Ministério Público. In: *Ministério Público* – Instituição e Processo. São Paulo: Atlas, 1999, p. 92-3.

rias jurídicas, como forma de não cair na obsolescência, enquanto assistiria sua perda de importância social em face do novo contexto histórico. Mas sua pretensão, já bem embasada na filosofia institucional, ainda encontrava resistências na doutrina, inclusive internacional, e havia pela frente o longo caminho dos enfrentamentos de interesses no Parlamento em face da positivação dos direitos transindividuais.

3.4. A positivação jurídica dos direitos difusos e coletivos no Brasil e sua tutela mediante a ação civil pública: as razões de uma disputa por legitimidade processual e política

Pode-se dizer que, após uma fase de elaboração ideológica dos direitos transindividuais e da sua tutela pelo Ministério Público, as vitórias institucionais no plano legislativo da infraconstitucionalidade foram dando-se, circunstancialmente, de modo que o marco legal inicial na tutela dos direitos supraindividuais no Brasil foi a Lei 6.938, de 02 de setembro de 1981– Lei da Política Nacional do Meio Ambiente – que é a primeira lei a formalizar a existência de um direito difuso – o meio ambiente – conceituando-o como objeto de proteção específica do Direito pátrio. Esta norma conferiu, com exclusividade, a primeira ação coletiva brasileira ao Ministério Público para responsabilização do poluidor por danos ambientais e, por esse motivo, seu nome de batismo acabou sendo "ação civil pública", posto ação de sua titularidade, por similaridade à ação penal pública.[241]

Apenas três meses depois de entrar em vigor a mencionada Lei 6.938/81, outro importante texto legal, dedicado à regulamentação do Ministério Público e, secundariamente, à proteção dos direitos supraindividuais, a Lei Complementar n° 40, de 14 de dezembro de 1981, definiu como uma das funções institucionais do Ministério Público "promover a ação civil pública, nos termos da lei" (art. 3°, inc. III). Esta foi a primeira referência expressa ao termo "ação civil pública" em uma lei brasileira. O Ministério Público paulista, então estribado na Lei Orgânica Estadual da instituição (Lei Complementar n° 304, de 28 de dezembro de 1982, art. 41, I), iniciou atividades de curadoria do meio ambiente, consumidor, patrimônio cultural e paisagístico.

---

[241] Estabelece o § 1°. do art. 14 da Lei 6.938/81 que "sem obstar a aplicação das penalidades previstas neste artigo, é o poluidor obrigado, independentemente da existência de culpa, a indenizar ou reparar os danos causados ao meio ambiente e a terceiros, afetados por sua atividade. O Ministério Público da União e dos Estados terá legitimidade para propor ação de responsabilidade civil e criminal, por danos causados ao meio ambiente". Vale sublinhar que, ao atribuir responsabilidade objetiva pelos danos causados ao meio ambiente, a Lei 6938/81 acabou dando a este interesse o estatuto de interesse público, acima dos interesses particulares imediatos do poluidor, pois desconsiderada a culpa deste pelo evento danoso.

Direitos Fundamentais Sociais

No Rio Grande do Sul, por sua vez, a Lei Orgânica Estadual n°. 7.669, de 17 de junho de 1982, no seu art. 32, inciso II, foi ainda mais longe ao estabelecer:

Art. 32 – No exercício de suas funções, os membros do Ministério Público poderão:
I – (...)
II – promover o inquérito civil e a ação civil pública, na forma da lei:
a) para proteção, prevenção e reparação dos danos causados ao meio ambiente, aos bens e direitos de valor artístico, estético, histórico, turístico e paisagístico, ao consumidor e a outros interesses difusos, coletivos, individuais homogêneos e individuais indisponíveis;
b) para anulação ou declaração de nulidade de atos lesivos ao patrimônio público ou à moralidade administrativa do Estado ou de Município, da administração indireta ou fundacional ou de entidades privadas de que participem;
c) para proteção da criança e do adolescente;
d) para proteção da saúde, cidadania, da pessoa do idoso, dos direitos humanos.

A Lei gaúcha ainda autorizava a instauração de inquérito civil, atribuindo ao Promotor de Justiça importantes poderes para sua instrução, tais como, notificações para coleta de depoimentos, requisição de informações, exames e perícias de órgãos públicos, promoção de inspeções e diligências, estabelecendo, ademais, o sigilo das investigações, quando a matéria versada o determinasse.

Estas legislações estaduais, na esteira da Lei Complementar 40/81, estavam em harmonia com a evolução teórica do Direito que, na década de 1970, se encaminhava para o reconhecimento da dimensão difusa e coletiva de certos interesses sociais, situando o problema do acesso à Justiça no âmbito sociológico e real e não mais apenas naquela dimensão formal que se satisfazia com a simples possibilidade de acesso, típica do Direito liberal individualista.

Destacaram-se no Brasil os estudos de José Carlos Barbosa Moreira, Waldemar Mariz de Oliveira Jr. e Ada Pelegrini Grinover, baseados sobretudo nos processualistas italianos: Mauro Cappelletti, Vittorio Denti e Andréa Proto Pisani. Para Cappelletti urgia tornar possível o acesso dos "grupos intermediários" à Justiça, ou seja, dos interesses difusos e coletivos da sociedade civil, pois indivíduos isolados estariam em desvantagem em conflitos de massa. O jurista italiano, entretanto, rejeitava uma solução exclusivamente pública, ou seja, a que entregasse ao Ministério Público a tutela desses novíssimos interesses, baseando-se nos seguintes argumentos:

a) o Ministério Público é muito semelhante aos juízes (...) por ser idôneo cultural e psicologicamente, o que lhe retira dinamismo necessário para esta tutela. Mauro Cappelletti cita doutrinadores de diversos países europeus que testemunham a inação desta instituição fora da justiça tradicional;

b) o Ministério Público é historicamente relacionado com o Poder Executivo, outro aspecto que lhe retiraria idoneidade, pois muitos conflitos seriam contra o próprio Estado-administração;

c) é uma instituição hierárquica e organizada em carreira de modo que os postos de comando pertencem a pessoas mais idosas e isoladas das novas realidades sociais, avessas à defesa de interesses e necessidades não tradicionais;

d) faltava ao Ministério Público formação especializada para a tutela desses novos direitos.[242]

Assim, para solucionar o problema dos interesses coletivos, Mauro Cappelletti sugeria, em lugar do Ministério Público, a criação de organismos públicos altamente especializados para cada área de interesses transindividuais, composta por profissionais da respectiva matéria. Percebendo a insuficiência também desta solução, pois, tal como o Ministério Público, estes órgãos públicos padeceriam de uma certa lentidão e pouca agressividade em face destes novos e complexos tipos de abusos, muitas vezes provenientes de grandes centros de poderes políticos e econômicos, sugeria, ainda a legitimação concorrente de associações da sociedade organizada. Defendeu, ademais, um maior poder discricionário do juiz no processo civil, para decidir demandas que versassem sobre estas novas classes de direitos.

Entretanto, as críticas de Mauro Cappelletti tinham em vista um modelo de Ministério Público tipicamente europeu e, como ele próprio veio a reconhecer posteriormente, não seriam aplicáveis à instituição brasileira, em face da independência conquistada em relação ao Poder Executivo no último paradigma constitucional.

Mesmo assim, neste aspecto, seu pensamento foi importado, acriticamente, ao Brasil, por um grupo de notáveis processualistas, de modo que, a partir de 1982, iniciou-se uma disputa entre duas propostas de projetos de lei da ação civil pública: de um lado, um anteprojeto elaborado por uma comissão de juristas, formada por Ada Pellegrini Grinover, Kazuo Watanabe, Cândido Dinamarco e Waldemar Mariz de Oliveira Júnior, inspirados em Cappelletti e outros doutrinadores italianos; e, de outro, um projeto elaborado por membros do Ministério Público de São Paulo – Édis Milaré, Nelson Nery Jr. e Camargo Ferraz. Fácil perceber que este último grupo priorizava a legitimidade do Ministério Público para tutela dos interesses transindividuais; ao passo que aquele, formado pela comissão de processualistas, pretendia fazer predominar a iniciativa de organizações da sociedade.

Na verdade, o projeto encaminhado pelos membros do Ministério Público de São Paulo era baseado no da Comissão de Juristas, porém mais amplo, pois, enquanto este se limitava a regular a proteção do meio ambiente e de outros valores artísticos, culturais ou paisagísticos, o projeto dos promotores paulistas tutelava, ainda, os interesses do

---

[242] Cfe. CAPPELLETTI, Mauro. Formações Sociais e Interesses Coletivos diante da Justiça Civil, p. 137-40.

Direitos Fundamentais Sociais

consumidor e continha a expressão genérica "outros interesses difusos e coletivos", facilitando a tutela futura de novas aspirações sociais. Além disso, a proposição legislativa do Ministério Público previa meios de controle para o arquivamento do inquérito civil pelos promotores de justiça, ponto no qual era silente o projeto dos juristas.

Por outra, em que pese ao tempo do encaminhamento destes projetos, o Ministério Público já detivesse legitimidade positivada para propor ações civis públicas em defesa do meio ambiente, nos termos da Lei 6.938/81 e da Lei Complementar 40/81, o anteprojeto de Ada Pellegrini Grinover e seu grupo foi debatido com a classe dos advogados e dos magistrados, mas não com integrantes do Ministério Público. Possivelmente esta a razão de o Ministério Público de São Paulo elaborar um anteprojeto próprio, encaminhado pelo então presidente da CONAMP – Luiz Antônio Fleury Filho – ao então Ministro da Justiça, Ibrahim Abi-Ackel. Na época, o Ministério da Justiça encampou este projeto, enviando-o ao Congresso Nacional como projeto do Poder Executivo, sujeitando-se a andamento mais célere e acabou sancionado em 24 de julho de 1985, pelo Presidente José Sarney. Até a promulgação da Lei houve intenso debate, sendo que o grupo de juristas, liderado por Ada Grinover, sustentava que o projeto original, por eles elaborado, tinha sido deturpado no sentido de favorecer o poder do Ministério Público em detrimento das associações civis. A razão maior das críticas era o art. 9º, que autorizava a instituição a arquivar os autos do inquérito civil caso se convencesse da inexistência de fundamento para propor a ação civil pública. Nesse caso, previa-se uma espécie de recurso das instituições ao Conselho Superior do Ministério Público responsável pela homologação do arquivamento. Imaginava-se, erroneamente, que a possibilidade de arquivamento do inquérito civil impediria as associações de ajuizarem suas demandas, tal como ocorre quando é arquivado o inquérito policial.

Mas havia razões circunstanciais para a preocupação do grupo de juristas liderado por Ada Grinover. Na época, antes da Constituição de 1988, o Ministério Público era constitucionalmente vinculado ao Poder Executivo, o que tornava o art. 9º ainda mais perigoso para as associações civis, pois remanescia um temor de manipulação dos arquivamentos em proteção ao Executivo, tornando inócua a atuação da lei.

A evolução constitucional do Ministério Público a ser analisada a seguir, entretanto, transformou-o em uma instituição independente, com garantias eficientes para oportunizar-lhe fazer frente a poderosos interesses políticos e econômicos, fazendo jus à legitimação que lhe fora outorgada pelo legislador para a tutela judicial e extrajudicial desses novos direitos sociais.

3.5. A inserção Constitucional do Ministério Público na Carta de 1988

Sem embargo de admitir-se neste trabalho uma crise do Estado Democrático de Direito e do Direito Constitucional no Brasil, é forçoso convir que jamais, em nossa História, uma Constituição conseguiu posicionar-se tão no centro do mundo jurídico, tão inspiradora da infraconstitucionalidade, como vem ocorrendo com a Constituição de 1988. A nova hermenêutica tem no texto constitucional seu *locus* interpretativo privilegiado. Os recentes diplomas legais só podem ser justamente aplicados se filtrados pelas diretivas mestras da Carta fundamental que, crescentemente, passam a integrar os horizontes de sentido dos intérpretes. Se no passado recente, era o Código Civil o centro do mundo jurídico, sem falso otimismo, hoje parece não haver dúvidas de que este local é ocupado pela Constituição, em que pese haver ainda muito caminho a trilhar.

O Ministério Público empenhou-se para conquistar sua independência e proteger suas prerrogativas institucionais na Constituição de 1988. Seu reconhecimento pelo Parlamento constituinte decorreu, como já se salientou, dos espaços socialmente importantes, anteriormente conquistados, principalmente a partir do Código de Processo Civil de 1973, com a tutela dos interesses individuais indisponíveis e do interesse público.

O processo constituinte de 1988 sacramentou, em texto constitucional, vitórias já alcançadas no plano da infraconstitucionalidade pelo Ministério Público, especialmente, na Lei Orgânica 40/81, na Lei 6.938/81 e na Lei 7.347/85. A grande novidade, no entanto, foi ter alcançado à instituição sua independência em face dos demais poderes, justificável no fundamento lógico de que a defesa dos interesses sociais a exigia, constituindo-se em uma garantia da própria sociedade.

Esta concepção de Ministério Público como garantia constitucional da sociedade foi defendida por Eduardo Ritt, que, após séria e proveitosa reflexão lastreada em respeitáveis nomes da teoria constitucional brasileira e estrangeira, concluiu que no binômio *direitos fundamentais e suas garantias* o *parquet* se enquadra entre estas últimas, posto que "a regra do art. 5º, § 2º, da Lei Fundamental de 1988, consagrou o princípio de que, para além do conceito formal de Constituição, há um conceito material, no sentido de existirem direitos que, por seu, conteúdo, por sua substância, pertencem ao corpo fundamental da Constituição, mesmo não constando do catálogo".[243] Com efeito, a doutrina constitucional do Brasil é unânime em afirmar que o rol de

---

[243] RITT, Eduardo. *O Ministério Público como Instrumento de Democracia e Garantia Constitucional.* Porto Alegre: Livraria do Advogado, 2002. p. 175.

direitos e garantias fundamentais do art. 5º da Constituição da República não é exaustivo, pois o § 2º do mencionado dispositivo constitui cláusula aberta, que inclui entre os direitos e garantias fundamentais outros decorrentes "do regime e dos princípios por ela adotados". Fundando-se na idéia de que os direitos fundamentais valem o mesmo que suas garantias, Ritt irá caracterizar o Ministério Público "como uma verdadeira garantia institucional fundamental, eis que serve como instrumento de efetivação dos direitos fundamentais, em especial, os direitos sociais e, neste sentido, possui 'a mesma dignidade jurídico-constitucional' que os direitos fundamentais". Decorre desta dignidade constitucional a blindagem da instituição contra o poder reformador da Constituição, assumindo autêntica condição de cláusula pétrea. Ademais, para o promotor gaúcho, a missão constitucional do Ministério Público, consagrado à defesa do regime democrático e dos interesses sociais e individuais indisponíveis, protege-o contra o risco de retrocesso social, proibido nos termos do constitucionalismo democrático.[244]

Esta condição de garantia constitucional dos direitos fundamentais em forma institucional existencializa-se concretamente mediante as garantias explícitas que a Carta Republicana outorgou ao Ministério Público. Nessa trilha, Rogério Bastos Arantes registra que o texto constitucional acabou dando ao Ministério Público uma independência bidimensional, ou seja, a) uma *independência positiva*, por meio de mecanismos de autogoverno e de garantias contra outros poderes; b) uma *independência negativa*, por meio do afastamento de funções estranhas à missão mais nobre da instituição, e da proibição, a seus integrantes, de exercerem funções desvinculadas da carreira.[245]

Ademais, o legislador constituinte situou a instituição sob o Título IV (Da Organização dos Poderes), mas separada dos três Poderes, no capítulo IV, denominado "Das Funções Essenciais à Justiça". Foram confirmadas as autonomias administrativa e financeira introduzidas pela Lei orgânica de 1981 e a expressão "autonomia funcional" substituída por "independência funcional", que se traduz pela subordinação apenas à lei e à consciência, o que elevou o Promotor de Justiça à condição de *agente político da lei*.[246] Para o cientista político, "a garantia de independência no exercício de suas funções tem permitido a promotores e procuradores atuarem com extrema desenvoltura e

---

[244] Idem, p. 179-85.

[245] ARANTES, Rogério Bastos. *Ministério Público e Política no Brasil*, p. 77.

[246] Arantes identifica a função atual dos promotores de Justiça na expressão "agentes políticos da lei", todavia sustenta que ela encerra um paradoxo quando se refere a "um agente com a independência típica dos órgãos judiciais *inertes e neutros*, porém destinado à ação política de defesa de interesses da sociedade, num quadro em que a lei, como o céu, é o limite" (ARANTES, Rogério Bastos. *Ministério Público e Política no Brasil*, p. 80).

autonomia – particularmente nos conflitos de dimensão social e política – contra as pressões externas e até mesmo internas, advindas dos estratos superiores da instituição".[247]

Outro importante avanço institucional ocorreu no tangente à escolha dos dirigentes institucionais, em que se conseguiu constitucionalizar o mecanismo da lista tríplice nos Estados e a escolha entre os integrantes da carreira no plano federal, restringindo o controle absoluto do Executivo sobre o ápice da instituição, que se verificou, mormente, na ditadura militar, a contar da Emenda Constitucional 01/69.

No plano da independência negativa, destacaram-se as vedações à advocacia, atividade político-partidária, e ao exercício de quaisquer outras atividades, salvo uma de magistério. Percebia-se que o envolvimento do Ministério Público com outras atividades resultava no dispêndio de energia pessoal que deveria vir canalizada para o exercício das nobres e ousadas funções que doravante ser-lhe-iam atribuídas. Além disso, uma maior exclusividade funcional fixaria melhor o agente à carreira e garantiria uma imagem de neutralidade institucional.

A independência negativa em relação ao Poder Executivo foi ainda reforçada com a proibição de representação judicial e consultoria de entidades públicas, introduzida pelo inciso IX do Art. 129 da Constituição Federal.[248] Tal vedação evidenciou melhor que o interesse público defendido pelo Ministério Público não era mais, exclusivamente, o interesse da administração pública, como inicialmente se imaginou, quando da elaboração legislativa da regra do art. 82, III, do Código de Processo Civil. Se ao Ministério Público era outorgada constitucionalmente a tutela dos interesses sociais, estes não eram precisamente os interesses governamentais, cuja proteção direta e permanente estava-lhe vedada, embora fosse uma de suas antigas atribuições.

Em síntese, essa soma de independência, positiva e negativa, como resultado geral das alterações constitucionais de 1988, alçou o Ministério Público brasileiro a uma condição paradigmática dentre as instituições congêneres existentes no mundo. O grande dilema do

---

[247] Idem, ibidem.

[248] É sintomático desta transposição da sociedade política para a sociedade civil, que o Ministério Público tenha lutado para livrar-se de uma atribuição que no passado tanto orgulhou a instituição e que, ademais, ainda é comum em outros países. Mário Dias, em sua obra publicada em 1942, tratando sobre esta tarefa de ampla representação dos interesses da União, prelecionava que "a cobrança de dívida da União é regulada pelo Decreto-Lei federal n. 960, de 17 de Dezembro de 1938 (a), que dá aos procuradores da República e aos promotores de Justiça essa atribuição. (...) Devem os promotores de Justiça do interior, ter sempre em vista, cumprindo-os à risca, os dispositivos acima citados, para que assim correspondam à confiança neles depositada pelo governo da União. Seria de grande desprestígio para a classe a aplicação em qualquer de seus membros, da sanção contida no art. 33, oportunidade essa que, para honra da classe, não se ofereceu ainda, ao que nos conste, até a presente data" DIA, Mário. *Ministério Público Brasileiro* - Instituição, atribuições, processo, p. 273.

Direitos Fundamentais Sociais

Ministério Público hoje é que o não-aproveitamento dessa independência funcional o coloca exposto à justa crítica, senão à execração social, como resultado das grandes expectativas que setores da mídia acabaram por lhe criar no meio comunitário;[249] ao passo que o uso de suas prerrogativas contra apetites poderosos dos setores público e privado, vem sendo a causa dos movimentos legiferantes, tendentes ao cerceamento dessas mesmas garantias.

Outro aspecto interessante a analisar no tocante aos trabalhos constitucionais de 1988, alusivos à defesa dos interesses sociais, foi a proposta tendente a quebrar o monopólio do Ministério Público, mediante a criação do *ombudsman* brasileiro ao estilo dos países nórdicos.[250] No Brasil sempre caiu bem a importação de soluções estrangeiras e esta vinha a calhar em um ambiente ideológico favorável, em que as desconfianças contra o setor público eram justificadas depois do longo período ditatorial que se encerrava. Paulo Sérgio Cornacchioni, refletindo sobre este momento de redemocratização do país, recorda que "ainda exalando algum odor do mofo impregnado em suas becas durante mais de vinte anos de obscurantismo instituído pelo regime militar, a intelectualidade jurídica encheu os pulmões com ares da anistia política, da liberdade de imprensa e da prometida democratização das instituições" e, em tal contexto de deslumbramento democrático, "as notícias – de além-mar trazidas, como autênticas especiarias de longínquas origens – sobre a lírica figura do *ombudsman*, encontrado em sistemas jurídicos alienígenas, fez despertar o espírito romântico e criativo dos juristas pátrios, sedentos por novos e eficazes

---

[249] Em um contexto real em que o poder da mídia parece não encontrar limites, é preciso reconhecer que ela, ao mesmo tempo em que aumenta em muito a autoridade do sistema de justiça, contribuindo para a fiscalização da sociedade sobre os poderes político e econômico, ela também pode trazer graves prejuízos à justiça das decisões, tornando instituições como o Ministério Público, reféns das suas tendências e sumárias decisões. A imprensa age em tempo real, enquanto os processos de justiça *lato sensu* operam em um tempo catártico, e a assimetria temporal então resultante, se minimizada, poderá ser prejudicial ao potencial de justiça das decisões, ao passo que, se ignorada, pode ser danosa à imagem social das instituições de justiça. Ou seja, as relações entre Justiça e imprensa, em um mundo dominado pelas tecnologias de informação, é uma relação arriscada para a Justiça, na medida em que esta fica submetida ao terrível dilema: agilizar julgamentos para satisfazer a pressa da mídia, pode levar à negação da própria justiça; ao passo que seguir os normalmente morosos ritos judiciais, em um mundo que se comunica todo em tempo real eqüivale a expor-se às invectivas de ineficiência e impunidade.

[250] Rogério Bastos Arantes explica que o modelo do *ombudsman* foi também adotado na América hispânica após as ditaduras sob a denominação *defensor del pueblo*. Segundo este autor, "o *ombudsman* ou *defensor del pueblo* manteve suas características básicas de organismo não judicial, normalmente ocupado por pessoas escolhidas pelo legislativo mas independentes dele após a nomeação, com poderes para receber reclamações do cidadão e dar publicidade a elas, provocando os órgãos competentes a encaminhar soluções para os órgãos apontados (...) não têm função jurisdicional e não estão habilitadas a buscar remédio judicial para lesões de direitos, tarefa que caberá aos órgãos públicos ou à advocacia privada (dependendo do caso) autorizados a ingressar em juízo" (ARANTES, Rogério Bastos. *Ministério Público e Política no Brasil*, p. 87).

mecanismos para a realização da *justiça* na nascente democracia brasileira".[251]

E com efeito, não era de todo injusto defender a novidade e resistir em entregar o desempenho da função de *ombudsman* ao Ministério Público, mormente porque este, durante o antigo regime, havia colaborado com o Poder Executivo nas tarefas repressoras e inibido o controle de constitucionalidade das leis, ao monopolizar a iniciativa das ações de inconstitucionalidade perante o Supremo Tribunal Federal.

Mas, em contrapartida, era indisfarçável que a instituição, sobretudo no seu segmento estadual, estava presente em distantes e isoladas comarcas do interior brasileiro, e já vinha desempenhando, espontaneamente, uma autêntica função de *defensor del pueblo*. Foram aqueles primeiros promotores de justiça, das pequenas cidades interioranas, que forjaram uma imagem da instituição a exemplo de um verdadeiro *ombudsman* brasileiro. O atendimento de pessoas humildes, sedentas de justiça e esclarecimento, a solução de pequenos conflitos, o aconselhamento, a humanidade daquelas figuras da história institucional, foram outorgando legitimidade à instituição e desenhando um perfil próprio do *ombudsman* escandinavo entre nós. O Deputado Constituinte e Promotor Paulista, Relator do Projeto do Ministério Público na Assembléia Nacional Constituinte, Plínio Arruda Sampaio, mencionou haver sido pressionado a introduzir a novidade do *ombudsman* no Brasil, mas reagira negativamente a ela, afirmando, na época, que "o *ombudsman* desse país é o Ministério Público. Tem um *ombudsman* em cada cidade. Então um *ombudsman* nacional não serve para nada. Não vai fazer coisa nenhuma, vai ser envolvido por dois ou três processos que interessam a algum grupo. Esse órgão não terá o *know-how* que o Ministério Público tem (entrevista concedida em 07/07/1995)".[252]

Consciente de que o Brasil já tinha um *ombudsman* natural, o Constituinte de 1988 optou, então, por outorgar esta função ao Ministério Público. Não há dúvidas de que esta opção foi acertada, pois valorizou uma solução já encontrada no sistema jurídico brasileiro. A função de ouvidoria e encaminhamento dos problemas populares já vinha sendo desempenhada pela instituição, com maior ou menor eficiência, dependendo da região do país e dos esforços pessoais de cada promotor, pois o Ministério Público não dispunha de quadros suficientes para cobrir todo o vasto território nacional, mas, de qualquer sorte, estava bem mais presente do que poderia vir a estar qualquer novidade institucional que o momento, de um certo deslumbramento democrático, parecia instigar.

---

[251] CORNACCHIONI, Paulo Sérgio. Uma Visão Crítica (e Autocrítica) da Dicotomia Cível – Crime, In: FERRAZ, Antônio Augusto Mello de Camargo (coord.). *Ministério Público – Instituição e Processo*. 2. ed. São Paulo: Atlas, 1999, p. 270.

[252] Apud ARANTES, Rogério Bastos. *Ministério Público e Política no Brasil*, p. 86.

Direitos Fundamentais Sociais

Ver-se-á, todavia, que esta opção foi o gérmen do fenômeno de judicialização da política hoje plenamente observado no país. O *ombudsman* nórdico não seria um órgão de justiça, mas um órgão político-administrativo, de modo que os problemas a ele conduzidos receberiam tratamento político ou administrativo. Visto desse modo, parece óbvio que uma tal figura seria meramente decorativa, pois não exerceria parcela suficiente de poder para coagir o Executivo brasileiro em face de agressões aos direitos individuais ou omissões diante dos direitos sociais. Nem teria maior influência ou coercibilidade ante poderosos interesses econômicos que, hodiernamente, mostram-se ainda mais nocivos e controladores da sociedade do que o próprio Estado.

Efetivamente, ao conceber o Ministério Público como "defensor do povo", historicamente um órgão de justiça que oficiava nos foros e era parceiro do Poder Judiciário, o legislador constituinte acabou conectando dois sistemas então diferenciados – o sistema jurídico e o sistema político. O elo de ligação foi o Ministério Público, que, então, obteve a possibilidade de selecionar conflitos sociais, alguns contra a administração e outros relativos a interesses coletivos *lato senso* contra grupos econômicos poderosos, antes questões da exclusiva esfera política – administrativa ou legislativa – para introduzi-los e solucioná-los no âmbito do Sistema Jurídico.

O momento era propício, como continuou sendo no período posterior à entrada em vigor da Constituição de 1988. O Poder Judiciário e o Ministério Público mantinham-se como "reserva moral da nação" e, destarte, sua aparente neutralidade política, associada às possibilidades de exercício do poder estatal de que dispunham, seriam mais efetivos à fiscalização do Poder Público e à realização dos direitos transindividuais. Este modelo hoje vem recebendo importante oposição no meio político e econômico, enquanto a maior parte da população e a mídia parece aplaudi-lo. De qualquer sorte, a práxis, inaugurada em 1988, tem servido para resgatar o valor do Ministério Público e do Poder Judiciário no contexto nacional, revelando uma nova engenharia de poder e um rearranjo sistêmico da sociedade brasileira.

É verdade que, deste processo de constitucionalização dos direitos sociais, o Ministério Público saiu com mais possibilidades de ação que o Poder Judiciário, tradicionalmente inerte e, portanto, dependente de iniciativas externas. Por outro lado, parece que o Poder Judiciário, mostrou-se, de início, ainda mais reticente ao desconforto que a nova realidade constitucional lhe oportunizava. Olhando o novo com os olhos do velho, os princípios constitucionais ainda não se descortinaram a alguns setores do Judiciário e também do Ministério Público, acostumados às comodidades neutrais da justiça comutativa. Com efeito, melhor resguardar-se nas cômodas sentenças e pareceres, cuja erudição dogmática satisfaz o ego dos seus autores, ocultando-se da monstruosa injustiça social que grassa no lado de fora dos seus gabinetes. Há, ainda, a tradicional vagareza do Judiciário, especialmente problemática quando se trata da tutela de bens transindividuais, que demandam, reiteradamente, proteção urgente, considerando, por vezes, a impossibilidade de sua reparação; e o aprisionamento aos ritos processuais elucubrados nos limites de uma teoria processual vetusta, imprópria para a tutela jurisdicional desses novos interesses jurídicos. Tais fatores, em conjunto, têm se constituído em obstáculos à efetivação dos direitos metaindividuais no âmbito do Sistema Judiciário.

Premido por esta realidade: a obsolescência dos ritos, a impropriedade do processo clássico para tutela de direitos transindividuais e o pouco engajamento de alguns setores do Poder Judiciário, o Ministério Público tem optado por privilegiar a fase pré-processual – por meio do uso intensivo de um procedimento administrativo para coleta de informações – o inquérito civil – em cujo seio pode obter o nominado compromisso de ajustamento de conduta (acordo bilateral de adequação da conduta à vontade legal) ou as recomendações de caráter unilateral e admonitório – para antecipar a solução de litígios sem ter de recorrer às instâncias judiciais. Deste modo, a instituição veio a adquirir uma forte característica administrativa, que a emancipou também em face de seu histórico parceiro – o Poder Judiciário – abrindo-se-lhe um importante horizonte de ação, mais célere e menos dispendioso e, paradoxalmente, aproximando-o, ainda mais, da figura administrativa do *ombudsmann*, com uma importante peculiaridade: o poder exercido através dos inquéritos civis que resultam em compromissos de ajustamento ou recomendações, é um poder potencialmente transacional, mais persuasivo que coercitivo, portanto, mais legítimo, na medida em que parte de uma prévia investigação concreta e da ponderação das possibilidades, com isso, mais consentâneo com o regime democrático. O inquérito civil, instruído com a oitiva dos interessados, de líderes comunitários, com audiências públicas cotejadas com provas técnicas, é um foro de democracia e legitimação política do Ministério Público, afinal, ninguém sustentará, em sã consciência, que apenas o depósito de um voto na urna eleitoral outorgue legitimidade ao eleito, porquanto a legitimidade dos representantes eleitos será mesmo haurida do seu engajamento em honra dos votos recebidos, assunto a ser melhor analisado no próximo capítulo.

Destarte, na esteira de uma democracia regulada pelo Direito ou, como já se disse, uma democracia constitucional, mais constitucional do que democrática; resistente contra forças neoliberais nos tempos da globalização que se pretende meramente econômica; alcança máxima relevância, no campo da Sociologia Jurídica, o problema do acesso à Justiça e da legitimidade política do Ministério Público em questões de interesse social, na esteira da qual vai também a legitimação política do Poder Judiciário. O próximo capítulo versará sobre esta tormentosa questão, não pretendendo esgotar um tema que está na ordem do dia, fruto de polêmicas intermináveis e conflitos cotidianos de poder, que não chegam a desesperar, nem devem engendrar uma visão pessimista do futuro como sugerem alguns, afinal, a democracia é o reino da incerteza e da justificação permanente das decisões, uma democracia planejada, sem conflitos, seria uma aparência democrática, mascarando um totalitarismo hipócrita tal como antevira George Orwell no clássico "1984".

4. Legitimidade do Ministério Público: Alguns parâmetros para sua delimitação no plano político e processual e os reflexos no sistema de justiça e suas interconexões

As questões até aqui referenciadas acerca do Ministério Público brasileiro e de sua função institucional, crescentemente vocacionada à implementação dos direitos fundamentais, notadamente os de caráter social, engendram o questionamento sobre qual o futuro da instituição que passa por um grande dilema existencial: avançar no rumo que vem tomando e identificar-se com a sociedade civil ou resguardar-se na tradicional atividade estatal? Como manter o contínuo processo de adaptação ao momento histórico, que, na era do tempo real informático, acaba exigindo uma adaptação incessante e diariamente legitimada? Com efeito, após alcançar a posição hoje assumida na tutela de interesses sociais situados além do interesse público secundário, ou seja, do interesse da administração pública, decisões endógenas do Ministério Público apontam a conveniência de ampla redução da atividade intervencional e restrição ou diminuição da legitimidade ativa para atuação judicial, civil e penal, e extrajudicial, em defesa de interesses com pouca ou nenhuma relevância social, próprios do paradigma liberal-individualista que dominava os horizontes significativos anteriores à Constituição de 1988. Nesse sentido, "há sinais partindo da própria instituição no sentido de rever o conjunto de suas atribuições e de descartar aquelas consideradas menos relevantes, diminuindo a 'quantidade' e melhorando a 'qualidade'. Para tanto, uma das novas frentes de debate tem sugerido a revisão do conceito de 'interesse público', aquele que em 1973 credenciou o Ministério Público a iniciar sua longa e vitoriosa trajetória de reconstrução institucional".[253]

Desta forma, pode-se afirmar ser "premente uma profunda revisão das atribuições cíveis do promotor de justiça", pois "se temos hoje um novo perfil de Ministério Público desenhado na Constituição

---

[253] ARANTES, Rogério Bastos. *Ministério Público e Política no Brasil*, p. 108.

Federal, cabe indagar se ele é compatível com funções mais antigas e até tradicionais". O promotor, conectado a seu tempo histórico, deve acompanhar as mudanças sociais, sob pena de ver seu trabalho tornar-se obsoleto e distante de sua verdadeira missão. Neste ponto, a legislação que prevê a intervenção do Ministério Público no processo civil surge como um dos entraves a uma atuação mais efetiva da instituição, impondo uma nova postura, pois tal legislação, além de não acolhida expressamente na Constituição de 1988, em muitos casos apresenta os seguintes inconvenientes:

a) pouca abrangência do processo, com efeitos limitados aos litigantes;
b) atuação geralmente limitada às parcelas mais favorecidas da sociedade que conseguem recorrer ao Poder Judiciário;
c) zelo por interesses individuais disponíveis em muitos casos;
d) posição de passividade, porquanto dependente da iniciativa das partes.[254]

Não há dúvidas de que a atividade intervencional deve ser repensada no âmbito do Ministério Público em razão do dispêndio de energia institucional com temas que, neste momento histórico, já não apresentam a mesma relevância de outrora. Sirva como exemplo o direito de propriedade e o casamento, institutos jurídicos que nos últimos anos passaram por uma crescente metamorfose quanto à relevância pública, de sorte que a intervenção em processos de separações e extinção de união estável, que não envolvam questões sobre guarda e alimentos de filhos menores; partilha de bens sem partes incapazes; ações de alimentos entre partes capazes; pedidos de alvará sem interesses indisponíveis, etc., já não se justifica em face de uma demanda social muito mais importante e abrangente a aguardar a pronta atenção dos membros do Ministério Público.[255]

---

[254] GUIMARÃES JÚNIOR, João Lopes. Papel Constitucional do Ministério Público, p. 101-2.

[255] Esta questão vem sendo objeto de discussão no âmbito das Corregedorias-Gerais do Ministério Público, preocupadas, inclusive, com o limite orçamentário de 2%, imposto à instituição pela Lei de Responsabilidade Fiscal que, estaria ressuscitando a tese inconstitucional do Promotor *ad hoc* ante a impossibilidade da presença institucional em todas as comarcas. Com efeito, reunido na cidade pernambucana de Ipojuca, nos dias 11 a 13 de maio de 2003, o Conselho Nacional de Corregedores-gerais do Ministério Público dos Estados e da União, considerando "a necessidade de otimizar a intervenção do Ministério Público no Processo Civil, notadamente em função da utilidade e efetividade da referida intervenção em benefício dos interesses sociais, coletivos e individuais indisponíveis" (...) "em respeito à evolução institucional do Ministério Público e ao perfil traçado pela Constituição da República (artigos 127 e 129), que nitidamente priorizam a defesa de tais interesses na qualidade de órgão agente" deliberou a denominada "Carta de Ipojuca" que recomenda diversas medidas tendentes a reduzir a atividade interventiva, sugerindo-a desnecessária nas hipóteses citadas no texto e outras, como: ações previdenciárias sem interesse de incapazes; ações decorrentes de acidente do trabalho; ações de usucapião, salvo aquelas decorrentes da Lei 10.257/2001 – Estatuto da Cidade (porque nesse caso há interesses coletivos em questão); requerimento de falência na fase pré-falimentar; ações em que seja parte sociedade de economia mista; ação individual em que seja parte sociedade em liquidação extrajudicial; ações em que faça parte a Fazenda ou o Poder Público (Estado, Município, Autarquia ou Empresa Pública), com interesse meramente patrimonial *e sem aplicações de ordem constitucional;* ação de desapropriação, direta ou indireta, entre partes capazes, desde que não envolvam terras rurais, objeto de litígios possessórios, ou que encerrem fins de reforma

Todavia, em que pese a Constituição tenha priorizado a atividade promocional do Ministério Público, não se pode afirmar que a atribuição interventiva seja inconstitucional. Em realidade, a ação de "promover" pode-se dar também através de uma zelosa atividade intervencional, autorizada ademais pela regra de abrangência do inciso IX do art. 129 do Texto Fundamental. O que vale salientar é que a intervenção de hoje deve priorizar os processos que tratem sobre questões de interesse social e transindividual, considerando a nova configuração do interesse público. Parece que a proposta de tornar as Promotorias de Justiça, grandes escritórios de advocacia pública em favor dos interesses sociais, em demandas criminais e não criminais, não dispensa, ao menos de pronto, a atividade interventiva, que poderá alcançar, no futuro, uma relevância ainda maior do que a atual, desde que corretamente revista e despojada das hipóteses em que já não se justifica. Ocorre que, uma vez crescendo o papel ativo das organizações não-governamentais em demandas coletivas, objetivou o legislador que a intervenção do Ministério Público em tais ações servisse para controlar os excessos das associações, sobretudo quando houvesse conflito de interesses sociais, ou para remediar suas negligências e omissões processuais; porquanto, como já vem ocorrendo em relação à ação popular, o Ministério Público deverá coadjuvar a defesa dos interesses mais caros à sociedade e, sendo o caso, assumir a

---

agrária (art. 18, § 2º, da Lei Complementar 76/93); ação que verse sobre direito individual não-homogêneo de consumidor, sem a presença de incapazes; ação que envolva fundação de entidade de previdência privada e ação em que, no seu curso, cessar a causa de intervenção. As hipóteses que a Carta de Ipojuca relaciona têm caráter exemplificativo e, na realidade, trata-se de uma mera sugestão de prescindibilidade de intervenção. Todavia, é certo que, partindo esta recomendação das Corregedorias, haverá uma forte tendência a influenciar os agentes do Ministério Público a acolhê-la. É perceptível, entretanto, que, em algumas destas hipóteses, seria conveniente reflexão mais profunda, pois parece um contra-senso que, em meio a tantas denúncias de milionárias fraudes na Previdência Pública, se pudesse prescindir da intervenção do Ministério Público em tais feitos, ao menos de forma eletiva. Da mesma forma, em se tratando de causas coletivas, envolvendo previdência privada, por se tratar de interesse coletivo com evidente relevância social, também a intervenção do Ministério Público pode ser necessária para averiguar possíveis desvios e preservar aspirações sociais, vez que a falência da previdência pública, vem impondo a previdência privada como alternativa aos cidadãos. Por fim, é muito temerária uma orientação que dispense, modo geral, a intervenção em causas que envolvam a Fazenda Pública, sob o fundamento de que se trata de causas com mero interesse patrimonial. Ocorre que se a causa é imediatamente de interesse patrimonial do Erário, mediatamente há um interesse social do Estado na coleta ou no não perdimento de recursos públicos, pois que com estes é que desenvolve sua função social. Assim, toda causa que disser respeito a interesses patrimoniais do Poder Público de forma direta, indiretamente veicula interesses sociais, pois o Estado necessita recursos orçamentários para fazer frente às suas funções constitucionais. Além disso, sabe-se que, no seio de muitas demandas com interesse da Fazenda Pública, serão antevistas possíveis improbidades ou omissões do Estado a serem remediadas ou punidas pela ação do Ministério Público, de modo que sua intervenção em tais processos concretiza uma possibilidade de fiscalização da administração pública. Parece certo, todavia que a Carta de Ipojuca é um marco referencial para iniciar uma discussão com a sociedade, a fim de determinar um novo modelo de Ministério Público que, certamente, deve ser mais ativo que interventivo.

Direitos Fundamentais Sociais

titularidade ativa de demandas abandonadas pelos atores sociais.[256] Por fim, em se tratando de direitos indisponíveis relacionados a partes hipossuficientes como crianças e adolescentes, idosos e portadores de necessidades especiais, de um modo geral, a intervenção impõe-se por razões de eqüidade/fraternidade, pois possibilita equilibrar as diferenças fáticas e técnicas entre as partes.

Retornando, entretanto, aos trilhos da pesquisa projetada inicialmente, calha relembrar que o objetivo deste trabalho é estabelecer uma reflexão teórica acerca da atividade do Ministério Público enquanto autor de demandas que versem sobre interesses transindividuais. As hipóteses formuladas destinam-se a investigar a legitimidade ativa da instituição em demandas com pouca concentração individual, procurando estabelecer alguns critérios elásticos para determinar esta legitimidade de forma abstrata. Vale realçar que tais critérios não podem servir de "camisa de força" a restringir a atividade institucional em situações especiais, pois se tem por premissa que o fato concreto, contingenciado pela realidade local e histórica, deve sempre preponderar sobre parâmetros gerais e abstratos. Ninguém melhor para avaliar sua legitimidade do que o próprio agente do Ministério Público, que está em contato com sua comunidade e conhece as condições desta para organizar-se e defender, por si, seus interesses, sem recorrer ao amparo público que o órgão pode ensejar. Os critérios aqui aludidos não devem servir para cerceamentos externos da legitimidade institucional, salvo quando esta se mostrar realmente disparatada e até suspeita, pois, se uma aproximação muito grande com o Estado-administração tornava o Ministério Público inidôneo para defesa dos interesses da sociedade civil, um acercamento intenso a setores altamente privatísticos da sociedade civil produz efeito ainda pior, levando o órgão ministerial a sustentar aspirações de pouca ou nenhuma relevância social, expondo a instituição ao descrédito público. Tais interesses podem ser tutelados judicialmente, mas pelos próprios grupos titulares dessas aspirações, cuja organização deve ser fomentada como recurso à emancipação da sociedade civil. À medida que esta organização torna-se mais efetiva, a legitimidade ativa do Ministério Público tende a ceder espaço às organizações comunitárias, sobretudo, em questões de maior afetação individual, reservando-se a instituição para demandas contra atores mais poderosos e na tutela de bens mais difusos e interesses mais publicizados onde suas garantias possam melhor justificar-se e produ-

---

[256] No tocante à Ação Civil Pública, o art. 5º, § 1º, da Lei 7347/85 estabelece a obrigatoriedade de intervenção do Ministério Público nas demandas por ele não promovidas. O § 3º já o autoriza a assumir a legitimidade ativa da demanda em caso de desistência infundada ou abandono da ação por associação legitimada. No que tange à Ação Popular, da mesma forma, é obrigatória a intervenção do Ministério Público, que também poderá assumir a demanda em caso de desistência pelo autor popular, conforme consta expressamente do art. 9º da Lei 4.717/65.

zir resultados mais efetivos. Mas também aqui há que se questionar as razões que têm levado a instituição à tutela de macrointeresses sociais no denominado fenômeno de judicialização da política.

Para inaugurar uma tal discussão, objeto central deste último capítulo, é fundamental iniciar pelo tema do acesso à Justiça e suas implicações na democracia contemporânea. Acesso à Justiça aqui entendido em sentido muito amplo de acesso ao Sistema de Justiça, porquanto, como já reiterado inúmeras vezes, o Ministério Público tem realizado o Direito antes mesmo do acesso ao Poder Judiciário, graças às faculdades inerentes ao inquérito civil e compromisso de ajustamento, oportunizando formas autônomas e peculiares de solução de conflitos, nas quais o caráter transacional do Direito e modos racionalmente persuasivos de sua realização sucedem a justiça coercitiva de outrora.

4.1. O acesso ao Sistema de Justiça como possibilidade de exercício de poder pela sociedade civil, diante da insuficiência da democracia representativa na Pós-Modernidade

Antes de ingressar no problema do acesso à Justiça, há que se abordar a temática precedente do acesso ao Direito, ou seja, a questão da possibilidade que tem o cidadão de obter e tutelar direitos em face de todos os poderes estatais, inclusive, a oportunidade de maior participação na própria elaboração legislativa. A legitimidade do Estado será tanto maior, quando maior for este ensejo de acesso igualitário, amplo e sem discriminações em todas as esferas de poder, para tutela de direitos. Como regra, funcionando bem o acesso nos âmbitos legislativo e administrativo, o Poder Judiciário terá reduzida sua missão no enfrentamento de conflitos resultantes de natureza sociopolítica. Indubitavelmente, a razão da crise de acesso ao Poder Judiciário, crescentemente chamado a resolver conflitos de interesse público, somente revela disfunções de legitimidade no Legislativo e de impotência/recalcitrância do Poder Executivo, em face de suas novas obrigações para com setores desassistidos da sociedade civil.

Tendo a Carta Fundamental de 1988, no *caput* do seu art. 1º, atribuído ao Brasil a condição jurídica de Estado Democrático de Direito, como consectário, no parágrafo único deste dispositivo estabeleceu que o poder será exercido pelo povo por meio de seus representantes, ou "diretamente", nos termos da Constituição. Deste modo, para atender ao mandamento de otimização do texto constitucional próprio das teses realistas dos direitos humanos (vide capítulo I), impõe-se uma ampliação da base humanitária de legitimação: a) das

Direitos Fundamentais Sociais

181

políticas e dos empreendimentos públicos, através do acesso social às atividades da administração pública; b) da elaboração legislativa através dos meios constitucionais de interferência direta na função legislativa e, c) por certo, através da possibilidade de acesso amplo e efetivo ao Sistema de Justiça, para resguardo de direitos individuais e coletivos. Por isso afirmar-se que,

> a Constituição gerou uma "cidadania ativa", criando mecanismos de participação na atividade legislativa, administrativa e jurisdicional. Temos assim o plebiscito, o referendo e a iniciativa popular de lei na esfera legislativa. Na atividade jurisdicional, os processos coletivos permitem a participação dos cidadãos individualmente, como no caso da ação popular, ou de forma associada, como na ação civil pública, no mandado de segurança coletivo. Na atividade executiva a participação pode se dar através dos seguintes instrumentos, dentre outros enumerados por Diogo Figueiredo Moreira Neto: coleta de opinião, debate público, audiência pública, provocação do inquérito civil e atuação em colegiado público, a exemplo dos conselhos de saúde, de assistência social, de meio ambiente.[257]

A participação democrática na administração é uma exigência do novo paradigma do Estado Democrático de Direito, porque, em sociedades complexas e plurais, como as democracias contemporâneas, o Executivo, que tem mais variadas funções e administra a maior participação orçamentária, lidera o processo de tomada de decisões. Com efeito, há várias razões que facilitam o eclipse do Legislativo pelo Executivo: de um lado, a proposta do Estado Social transfere maiores obrigações ao Poder Executivo, incumbido de levar a cabo políticas públicas tendentes ao bem-estar social. De outro, a verdade é que, mesmo entre nós, a atividade legislativa parece ter chegado a um certo esgotamento de suas possibilidades – temos legislações muito avançadas, mesmo na área dos direitos sociais – e a dificuldade tem residido, sobretudo, na implementação desses direitos, tarefa que incumbe ao Executivo, especialmente.

Ocorre que, em sociedades periféricas, com experiência democrática frágil e incipiente, a crise do Estado é tanto mais evidente, que se opera não apenas como pressões externas sobre a soberania estatal, [258]

---

[257] RODRIGUES, Geisa de Assis. *Ação Civil Pública e Termo de Ajustamento de Conduta*: Teoria e Prática. Rio de Janeiro: Forense, 2002, p. 25. Cumpre registrar, a bem da verdade que, conquanto a Constituição de 1988 constitua o Brasil um Estado Democrático de Direito, isto não significa que ele já o é, senão que deve sê-lo. A Constituição não é um texto acabado, mas uma prática cotidiana. Não é o fato dela dizer que o Brasil é um Estado Democrático de Direito que assim o fará do dia para noite. Este símbolo lingüístico - Estado Democrático de Direito – não dispensa a ação de cada um no sentido de torná-lo realidade. Com efeito, o Brasil nem sequer constituiu-se plenamente em Estado Social de Direito, pois nossa história tem mostrado que, quando mais se avançou como Estado Social, fomos menos Estado de Direito (por exemplo na Ditadura de Vargas), o que fez José Murillo de Carvalho concluir que, no Brasil, a pirâmide dos direitos foi invertida, tendo sido alcançados primeiro direitos sociais e, somente depois, direitos políticos (CARVALHO, José Murilo de. *Cidadania no Brasil* – O Longo Caminho, p. 123-4).

[258] Segundo Nicola Matteuci, a noção clássica de soberania entra em crise no Estado Contemporâneo. A crise teórica advém do Constitucionalismo que limita o poder estatal às regras de Direito. Quanto à crise prática, vê-se que o Estado não é mais capaz de apresentar-se como centro único e autônomo de poder, sujeito exclusivo da política, único protagonista na arena

mas como decorrência de sua própria conformação que, a par de autoritária e ineficaz, é por vezes incompleta e contraditória. Uma das contradições mais relevantes é a diferente resposta que a burocracia estatal dá às demandas sociais e individuais, calcada em uma atuação fragmentária, oscilatória e heterogênea, de modo que, alguns cidadãos, sem referências especiais, são tratados com rigidez e formalismo, enquanto outros recebem atendimento flexível e informal para os mesmos efeitos, naquela distorção do princípio democrático usualmente denominada "clientelismo".[259]

Ademais, também a legitimidade dos parlamentos é, no mínimo, controversa em Estados como o Brasil. Nestes, a baixa experiência democrática e os reduzidos níveis de formação crítica, aliados aos

---

internacional, concorrendo com grupos internos e externos auto-organizados, com os quais se lhe impôs manter uma relação dialógica. Para tanto, contribuíram o pluralismo e a interdependência internacional que esvaziaram o conteúdo soberano dos Estados (MATTEUCCI, Nicola. In. BOBBIO, Norberto *et al. Dicionário de Política*. Traduzido por Carmen C. Varriale *et al*. Coordenação da Tradução João Ferreira. Revisão geral João Ferreira e Luís Guerreiro Pinto Cascais. 5. ed. Brasília: Ed. UnB - São Paulo: Imprensa Oficial do Estado, 2000. v. II, p. 1187). Manuel Castells, depois de sinalizar que o Estado-nação, "parece estar perdendo seu poder, mas não sua *influência*", assevera que genericamente a crise parece decorrer da incapacidade ainda manifestada pelo Estado de equilibrar-se entre o poder das redes globais e o desafio imposto por identidades singulares. Para este autor, as redes integradas de produção e comércio montadas pelas grandes empresas multinacionais, impedem os governos de assegurar em seus territórios as bases produtivas geradoras de receitas, de sorte que, à medida que surgem novos paraísos fiscais no mundo, a contabilização do valor agregado dos custos atinentes a determinado espaço territorial estabelece uma nova crise fiscal no Estado, como "expressão de um contradição crescente entre a internacionalização do investimento, produção e consumo, por um lado, e a base nacional dos sistemas tributários, por outro". Além disso, fazendo uma estatística da crise fiscal do Estado na economia Global, representada pela medição de fatores como déficit público, dívida externa, empréstimos externos, receitas tributárias, etc., Castells, tendo como exemplo as três maiores economias do mundo, EUA, Japão e Alemanha, e o Reino Unido, Espanha e Índia, conclui que nas últimas décadas verificou-se *uma dependência crescente dos governos em relação aos mercados de capital global*, o que decorreria da permanência de um certo papel econômico do Estado a exigir financiamentos complementares à insuficiente receita tributária, provenientes de fontes diversas, gerando maior passivo financeiro. Assim, o pesquisador de Berkeley vê na globalização da produção e do investimento uma ameaça ao Estado de Bem-estar Social, que legitimou os Estados industrializados na segunda metade do Século XX, pois, torna-se "cada vez mais contraditória a idéia de que empresas tenham que atuar em mercados globalizados e integrados, tendo de arcar com grandes diferenciais de custo em termos de benefícios sociais, bem como trabalhar com diferentes níveis de regulamentação que variam de país para país". Assim, "uma vez que as empresas, por meio da tecnologia da informação têm condições de se estabelecer em diferentes locais e manter-se integradas a redes e mercados de produção global acabam desencadeando uma espiral descendente em termos de concorrência nos custos sociais". Deste modo, "somente um contrato social global (que diminua as diferenças, sem necessariamente equalizar as condições sociais e de trabalho) juntamente com acordos internacionais de tarifação, seria capaz de impedir a derrocada dos maiores Estados de bem-estar social" (CASTELLS, Manuel. *O Poder da Identidade*. 3ª Edição. São Paulo: Paz e Terra, ano 2001, p 288-97).

[259] Para Boaventura de Souza Santos, trata-se da caracterização de um Estado predador, no lugar onde deveria existir um Estado protetor. Nesta estatalidade predadora vigora uma racionalidade do tipo doméstica, baseada na maximização da afetividade entre as burocracias e seus clientes (clientelismo), em lugar de uma racionalidade cidadã, onde se operaria uma maximização da lealdade (SANTOS, Boaventura de Souza. *Pela Mão de Alice – O Social e o Político na Pós-modernidade*, p. 131.)

Direitos Fundamentais Sociais

recursos quase pirotécnicos das campanhas eleitorais, lançam dúvidas sobre os compromissos verdadeiros de boa parte dos parlamentares. Desde que se criou no Brasil uma Justiça Eleitoral independente, a legislação eleitoral brasileira vem tentando solucionar este déficit de legitimidade dos parlamentos mediante o combate ao abuso do poder econômico, exigências de prestações de contas dos partidos, fiscalização exercida pelo Ministério Público Eleitoral, etc, porém, a verdade é que,

> quando comparada à democracia de inspiração rousseauísta, com efeito, a participação popular nos Estados democráticos reais está em crise por pelo menos três razões: a) a participação culmina, na melhor das hipóteses, na formação da vontade da maioria parlamentar; mas o parlamento , na sociedade industrial avançada, não é mais o centro do poder real, mas apenas, freqüentemente, uma câmara de ressonância de decisões tomadas em outro lugar; b) mesmo que o parlamento ainda fosse o órgão do poder real, a participação popular limita-se a legitimar, a intervalos mais ou menos longos, uma classe política restrita que tende à própria autoconservação, e que é cada vez menos representativa; c) também no restrito âmbito de uma eleição *una tantum* sem responsabilidades políticas diretas, a participação é distorcida, ou manipulada, pela propaganda das poderosas organizações religiosas, partidárias, sindicais, etc. A participação democrática deveria ser eficiente, direta e livre: a participação popular, mesmo nas democracias mais evoluídas, não é nem eficiente, nem direta, nem livre. Da soma destes três déficits de participação popular nasce a razão mais grave da crise, ou seja, a apatia política, o fenômeno, tantas vezes observado e lamentado, da despolitização das massas nos Estados dominados pelos grandes aparelhos partidários. A democracia rousseauísta ou é participativa ou não é nada.[260]

Sem dúvida, há um consenso entre os pesquisadores de que, embora institucionalmente a democracia brasileira se encontre em um processo de consolidação, ela experimenta um déficit funcional que, mantido constante, "poderia pervertê-la em um sistema de procedimentos formalizados que venha a se fechar às demandas sociais". Para Luiz Werneck Vianna, este déficit decorre da predominância do Poder Executivo sobre o Legislativo, evidenciado pela edição de Medidas Provisórias de modo abusivo, sem respeito à cláusula constitucional da reserva de emergência, exigida no *caput* do art. 62 da Constituição de 1988. Deste modo, questões estratégicas da nação são tomadas sem discussão com a sociedade ou, por vezes, sequer debate parlamentar, revelando-se a assimetria entre os dois poderes tradicionalmente políticos. Conclui o citado pesquisador que "o fato de esta ultrapassagem se revestir de uma aparência consensual (...) apenas camuflaria os complexos mecanismos de cooptação com que o Executivo tem agido sobre grande parte de sua maioria parlamentar, concedendo a ela, em contrapartida ao seu silêncio obsequioso, a liberação de recursos para projetos de interesse de suas bases eleitorais".[261]

---

[260] BOBBIO, Norberto. *A Era dos Direitos*, p. 151.

[261] VIANNA, Luiz Werneck (org.). *A Democracia e os Três Poderes no Brasil* (apresentação). Belo Horizonte: UFMG; Rio de Janeiro: IUPERJ/FAPERJ, 2002, p. 08-9.

Surge, destarte, um ciclo vicioso que vai desde o vértice, onde entronizado o Poder Executivo, até as bases eleitorais, intermediadas por parlamentares com acesso a recursos orçamentários; conservando-se, deste modo, o clientelismo próprio de um Estado paternalista, que Immanuel Kant já identificava como o mais despótico de todos, porque impõe, aos súditos, benefícios ao gosto do soberano, sob a forma de benevolência de um "pai", em favor de "filhos" dele dependentes e eternamente gratos. A análise levada a termo pelo filósofo prussiano permite concluir que, em lugar de uma cidadania passiva, própria do "Estado paternalista", haveria que se implementar um modelo por ele denominado "Estado patriótico" e, embora seu foco de atenção estivesse centrado nas liberdades públicas próprias do Estado liberal, o modelo vaticinado por Kant pode também ser considerado o gérmen do contemporâneo Estado Democrático de Direito, isto porque em sua valiosa concepção, o "Estado patriótico" não deveria ser baseado em políticas clientelistas, em que benefícios de origem pública são outorgados como dádivas do soberano ao povo, mas sim na caracterização do homem comum, como sujeito de direitos, enquanto membro de uma comunidade, em meio à qual compete a cada um comportar-se de modo solidário e responsável para com os demais, inclusive para com as gerações futuras.[262]

Ocorre que este potencial cívico/patriótico da sociedade, já preconizado por Kant, pressupõe a existência de espaços públicos abertos à participação plural, onde a cidadania possa ser exercida alcançando máxima vitalidade. Entretanto, a gravitação do Legislativo em torno ao

---

[262] Ao seu tempo, inspirado nos ideais iluministas que preconizavam a "maioridade" do homem comum, Kant formulou ácidas críticas contra o Estado paternalista. Embora seu alvo fosse o Estado absolutista, suas razões são extremamente atuais quando se tem em mente Estados contemporâneos baseados no clientelismo, disfunção que já foi apontada como tendência do Estado Social e que deve ser corrigida no âmbito do Estado Democrático de Direito. Vale transcrever o escólio por sua oportunidade e primor: "um governo que se erigisse sobre o princípio da benevolência para com o povo à maneira de um *pai* relativamente a seus filhos, isto é, um governo *paternal (imperium paternale)*, onde, por conseguinte, os súditos, como crianças menores que ainda não podem distinguir o que lhes é verdadeiramente útil ou prejudicial, são obrigados a comportar-se apenas de modo passivo, a fim de esperarem somente do juízo do chefe de Estado a maneira como *devem* ser felizes, e apenas da sua bondade que ele também o queira – um tal governo é o maior *despotismo* que pensar se pode (constituição, que suprime toda a liberdade dos súditos, os quais, por conseguinte, não têm direito algum). Não é o governo *paternal*, mas um governo *patriótico (imperium, non paternale, sed patrioticum)*, o único concebível para homens capazes de direitos, ao mesmo tempo em relação com a benevolência do soberano. Com efeito, o modo de pensar é *patriótico* quando cada qual no Estado (sem exceptuar o chefe) considera a comunidade como o seio materno, ou o país como o solo paterno de que provém e no qual nasceu, e que deve deixar também / atrás de si como um penhor precioso para unicamente preservar os direitos do mesmo mediante leis da vontade comum, mas não para se sentir autorizado a dispor dele segundo seu capricho incondicional. – Este direito da liberdade advém-lhe, a ele que é membro de uma comunidade, enquanto homem, ou seja, enquanto ser que em geral é capaz de direitos" (KANT, Immanuel. Sobre a expressão corrente: isto pode ser correto na teoria, mas nada vale na prática, p. 75-6 – grifos no original).

Direitos Fundamentais Sociais

185

Executivo, afastando-se aquele de sua esperada conexão com os anseios sociais, deprecia a substância democrática do projeto de 1988, o que se agrava pela perceptível atitude do Executivo de tomar decisões monocráticas e vinculantes, sem base dialógica, nem respeito às conquistas sociais, arrogando-se a condição de intérprete exclusivo da vontade geral, a partir das opiniões da tecnoburocracia, diferindo a aprovação parlamentar de suas interpretações, através do mecanismo das medidas provisórias, confirmadas, por vezes, sem discussão congressual.[263]

Este estreitamento da esfera destinada ao exercício da soberania popular no âmbito do Legislativo e do Executivo, agravado, ainda, pela primazia por este último conferida ao sistema econômico e aos ajustes estruturais para inserção no mercado internacional, tem ocasionado o crescente movimento, de setores organizados da sociedade civil, minorias, ou até mesmo cidadãos, de recorrerem ao Sistema de Justiça para sustentarem pretensões contra ações ou omissões da administração, do Legislativo ou mesmo do mercado, em casos onde sua regulação pública não é suficiente a conter seus abusos.

Oportuniza-se, assim, através de mecanismos procedimentais, ora reforçados constitucionalmente, como o inquérito civil, a ação civil pública, a ação popular e o mandado de segurança coletivo, a defesa do cidadão e dos grupos sociais contra o próprio Estado e o poder econômico. Por outro lado, o controle judicial de atos legislativos foi incrementado pela Carta de 1988, quando o poder constituinte originário optou por aumentar substancialmente a comunidade de intérpretes do texto fundamental, admitindo novos legitimados ao controle concentrado de constitucionalidade perante o Supremo Tribunal Federal. Outrossim, além da ampliação do *judicial review*, o legislador constitucional incumbiu o Ministério Público da defesa da ordem jurídica, do regime democrático e dos direitos sociais e individuais indisponíveis. De sorte que, da conjugação desses e outros fatores, "tem sido possível criar um outro lugar de manifestação da esfera pública, decerto que ainda embrionário, na conexão do cidadão e de suas associações com o Poder Judiciário e que é capaz de atuar sobre o poder político".[264]

Não se está aqui a negar valor e importância ao sistema eleitoral e à escolha de administradores e parlamentares pelo voto direto. O

---

[263] Enfatiza Luiz Werneck Vianna que "o Executivo, nesta hipótese, estaria atuando, em particular quanto às matérias sistêmicas da economia e do aparelho administrativo, segundo o padrão decisionista, legitimando-se *ex post* quer em razão dos resultados obtidos, como ocorreu com o plano de estabilização monetária, quer pela ação de cooptação exercida pela ampla e capilar malha clientelista que tem nele o seu vértice, quer, ainda, por meio das redes de práticas assistencialistas com que se vincula a contingentes marginalizados da população" (VIANNA, Luiz Werneck (org.). *A Democracia e os Três Poderes no Brasil*, p. 10).

[264] VIANNA, Luiz Werneck (org.). *A Democracia e os Três Poderes no Brasil*, p. 11.

sufrágio universal é uma grande conquista da civilização e sabe-se quanto lutaram as classes populares, as mulheres e os jovens para alcançarem-na. Ademais, o melhor recurso contra a manipulação ideológica das campanhas é a educação e o incentivo à memória dos eleitores, o que já vem se mostrando eficaz, como dão conta diversos casos recentes, em que antigos figurões da política nacional, acabaram sendo rejeitados nas urnas, porque suas ações ímprobas e desleais não caíram no esquecimento dos eleitores. Todavia, há que se criticar o argumento, tantas vezes repetido, de que a legitimidade é decorrência exclusiva do voto popular. O desenvolvimento de uma cidadania ativa, baseada no incremento da participação comunitária nas decisões e na defesa de direitos, não dispensa a possibilidade de o povo ter acesso amplo ao Sistema de Justiça, mediante instrumentos processuais e organizações institucionais públicas e privadas de defesa de direitos individuais, coletivos e difusos. Como já se frisou, de nada adiantaria a elaboração de leis justas e socialmente avançadas, se sua execução ficasse ao exclusivo critério da administração pública e não se autorizasse aos beneficiários, a possibilidade de reclamarem-nas em juízo, individual ou coletivamente.

Sustentar a insuficiência da democracia representativa, levada a efeito pela eleição de representantes nos parlamentos e no Poder Executivo, é diferente de assegurar a imprestabilidade deste sistema. Ao apresentar-se críticas ao sistema da democracia direta, modo algum, estar-se-ia a advogar o solapamento da democracia representativa e o retorno aos períodos de despotismo que caracterizam a supressão das eleições em quaisquer níveis. Pretende-se apenas demonstrar que, no paradigma do Estado Democrático de Direito, a democracia representativa não basta, sendo imprescindíveis formas alternativas de exercício do poder pelo povo, inclusive para defesa de direitos das minorias. Uma dessas formas, como já anunciado, é o acesso real, e não meramente formal, ao Sistema de Justiça, sobretudo para tutela de direitos sociais.

Deste modo, instituições de representação e poder funcional, como o Ministério Público, o Poder Judiciário e organizações sociais reforçariam a representação política, em mecanismos de complementaridade, compensando o déficit democrático decorrente da intervenção legislativa do Executivo verificável nas últimas décadas. Ademais, novos institutos processuais garantidores dos direitos fundamentais, individuais e sociais, como a ação civil pública, o mandado de segurança coletivo e a ação popular facilitariam a criação do Direito a partir de sua abertura às demandas sociais, conectando o Sistema de Justiça aos sistemas sociais. Esta complementaridade entre representação funcional e eleitoral, a ser melhor analisada na seqüência deste trabalho, foi

Direitos Fundamentais Sociais

desejada pelo legislador que constitucionalizou instrumentos tendentes a oportunizá-la e, deste modo, contrabalançou sua histórica inferioridade em relação ao Executivo. Com efeito, vale transcrever escólio de Luiz Werneck Vianna:

> Tal complementaridade afastaria significativamente a experiência brasileira de processos de judicialização da política e das relações sociais prevalecentes em outros contextos nacionais, interpretados, em sua maioria, como uma invasão deletéria no papel do soberano por parte do ativismo judicial. Aqui, longe de se ter uma prática desse ativismo, na raiz da recente afirmação do Poder Judiciário está a intervenção do Legislativo no sentido de dotar a sociedade de novos instrumentos de defesa e de aquisição de direitos, instituindo a representação funcional como mais uma arena para a democracia brasileira. Por meio desse movimento, é de se registrar, o Legislativo tem conseguido, ao menos em parte, compensar sua situação atual de inferioridade quanto ao Poder Executivo, submetendo-o a procedimentos de *accountability* extraparlamentares.[265]

Deste modo, a garantia substancial do acesso amplo à Justiça, configura um novo espaço da cidadania, complementar aos clássicos mecanismos de democracia representativa. Mas, no tema da acessibilidade ao Sistema de Justiça também é preciso vencer fortes obstáculos, afinal, esta garantia foi inicialmente concebida tão-somente como garantia formal. Para a manutenção desse acesso meramente teórico, em muito contribuiu a formulação analítico-positivista do Direito que fechava o sistema jurídico para o seu interior, sem abertura cognitiva à realidade circundante.

4.1.1. O problema da garantia meramente formal de acesso à Justiça

Com efeito, enquanto a ciência do Direito esteve condicionada pelo positivismo jurídico, ficou restrita à idéia de que o estudioso do Direito deve considerar apenas a lei objetiva e sua interpretação tanto mais literal possível, alheando da Ciência Jurídica, qualquer análise acerca de fenômenos sociológicos, culturais, econômicos ou políticos existentes na sociedade. Tal matriz teórica levou o jurista a afastar-se de questões que outros estudiosos – historiadores, antropólogos, sociólogos – vinham fazendo, *v. g.*: como, para quem e a que custo o sistema judicial vem funcionando? Qual seu nível de eficiência em face das promessas da modernidade? Quais as razões da crise do Sistema de Justiça?

Consoante já salientado, este solipsismo do Direito tem uma razão histórica: nos Estados liberais dos Séculos XVIII e XIX, a Filosofia

---

[265] VIANNA, Luiz Werneck (org.). *A Democracia e os Três Poderes no Brasil*, p. 12. Registre-se, por oportuno, que sequer a cidadania brasileira vem utilizando, com intenso proveito, os instrumentos processuais postos à sua disposição para a tutela de direitos fundamentais, notadamente os de caráter social. Disso dá exemplo o tímido número de ações populares ajuizadas e o desuso quase absoluto do mandado de injunção, este mais ferido de morte, porquanto o Supremo Tribunal Federal veio a adotar a posição "não concretista", na qual apenas decreta a mora do poder omisso em legislar, mas não resolve a omissão.

essencialmente individualista então reinante, se contentava com uma garantia formal de acesso à justiça e não real. Como anota Mauro Cappelletti:

> (...) afastar a 'pobreza no sentido legal' – a incapacidade que muitas pessoas têm de utilizar plenamente a justiça e suas instituições não era preocupação do Estado. A justiça, como outros bens, no sistema do *laissez-faire*, só podia ser obtida por aqueles que pudessem enfrentar seus custos; aqueles que não pudessem fazê-lo eram considerados os únicos responsáveis por sua sorte. O acesso formal, mas não efetivo à justiça, correspondia à igualdade, apenas formal, mas não efetiva.[266]

À medida que os direitos fundamentais vão evoluindo de uma concepção formal e individual para outra democrática e substancial; na proporção em que o Direito começa a inter-relacionar-se com outras ciências sociais, como a Sociologia, a Ciência Política e a Economia, admitindo a existência de desigualdades que se fazem sentir no plano econômico, social, cultural e técnico; conforme o Estado foi abandonando aquele viés liberal abstencionista, evoluindo para um Estado gerador de políticas públicas niveladoras das desigualdades econômicas, geradoras de homogeneidade social, sem dúvida, a possibilidade de acesso efetivo à justiça firmou-se como direito fundamental do cidadão na perspectiva individual ou coletiva, que o Estado Democrático de Direito deve garantir, como decorrência inarredável do contrato social.

Para Boaventura de Souza Santos "o tema do acesso à justiça é aquele que mais diretamente equaciona as relações entre o processo civil e a Justiça Social, entre igualdade jurídico-formal e desigualdade socioeconômica".[267] A crise no acesso à Justiça pode ser avaliada pela discrepância entre procura e oferta de justiça, mas o problema revelou-se mais sério em face do paradigma constitucional do Estado Democrático de Direito, onde o foco de conflito acabou concentrando-se no Poder Judiciário. Segundo o jus-sociólogo português, a garantia constitucional dos novos direitos econômicos e sociais "transformou o direito ao acesso efetivo à justiça num direito charneira, um direito cuja denegação acarretaria a de todos os demais",[268] de modo que, negar instrumentos processuais de proteção, importaria em transformar os novos direitos sociais e econômicos em meras declarações político-programáticas. Ou seja, a garantia de acesso à justiça "é um direito altruísta, pois sua vocação é permitir a existência real dos demais direitos" não podendo compadecer-se com uma concepção formal, sem compromisso com a realidade.[269]

---

[266] CAPPELLETTI, Mauro; GARTH, Bryant. *Acesso à Justiça*. Porto Alegre: SAFE, 1988, p. 09.

[267] SANTOS, Boaventura de Sousa. Introdução à Sociologia da Administração da Justiça. In: FARIA, José Eduardo (org.). *Direito e Justiça – A Função Social do Judiciário*. 3. ed. São Paulo: Ática, [s.d.]. (Série Fundamentos), p. 45.

[268] Idem, ibidem.

[269] RODRIGUES, Geisa de Assis. *Ação Civil Pública e Termo de Ajustamento de Conduta*: Teoria e Prática, p. 33.

Direitos Fundamentais Sociais

4.1.2. A garantia de acesso à Justiça na Constituição brasileira de 1988.

A doutrina tradicional costuma asseverar que a Constituição brasileira sacramenta o direito de acesso à Justiça no art. 5º, inciso LXXIV, que determina ao Estado prestar serviço de assistência judiciária gratuita. Entretanto, em análise mais profícua, ver-se-á que a Carta de 1988, ampliou o acesso à Justiça de direitos individuais e coletivos, materiais e morais, em diversos dispositivos. Por exemplo, no inciso XXXV do art. 5º, consta que "a lei não excluirá da apreciação do Poder Judiciário lesão ou ameaça de direito". Trata-se do princípio da indeclinabilidade da jurisdição, segundo o qual a simples ameaça a um direito já outorga à pessoa, física ou jurídica, direito público e abstrato de ação. De outra parte, este princípio importa na dispensa do esgotamento das vias administrativas, usualmente denominado princípio da inexistência de jurisdição condicionada. Outro aspecto relevante é que o dispositivo, ao mencionar a palavra "direito", não a adjetivou, abrindo a possibilidade de que o "direito", cuja proteção é judicialmente perseguida, não seja necessariamente individual, mas difuso ou coletivo.

Além disso, no tocante aos direitos transindividuais ou à defesa coletiva de direitos, o inciso XXI do art. 5º da Carta Republicana preceitua que "as entidades associativas, quando expressamente autorizadas, têm legitimidade para representar seus filiados, judicial ou extrajudicialmente". Referida norma, embora possa ser interpretada restritivamente para admitir-se exclusivamente a defesa dos interesses individuais dos associados (o que já significa um avanço, sobretudo ao substituir as clássicas demandas-átomo por demandas moleculares), vem corroborar a legitimidade concorrente dessas entidades para demandas coletivas, já anteriormente alcançada a associações para proteção de interesses difusos – meio ambiente, consumidor, patrimônio cultural –, nos termos da Lei 7.347/85.

Registre-se, ademais, o inciso XXXII do art. 5º, da Carta constitucional, o qual determina ao Estado promover, na forma da lei, a defesa do consumidor. Este dispositivo está em consonância com o art. 170, V, que eleva a defesa do consumidor à altaneira condição de princípio geral da atividade econômica. É claro que esta defesa deve ser feita no âmbito das três funções estatais – legislativa, executiva e jurisdicional – e neste último caso, haverá que se facilitar o acesso do consumidor à Justiça, o que vem sendo efetuado pelas ações coletivas e pelos juizados especiais de pequenas causas, além das alterações inseridas pelo Código de Defesa do Consumidor (Lei 8.078/90) tendentes a proporcionar vantagens processuais ao consumidor mediante o reconhecimento de sua hipossuficiência a engendrar hipóteses de responsabilidade objetiva e inversão do ônus da prova.

Por outra, nos termos do inciso XXXIII, "todos têm direito a receber dos órgãos públicos, informações de seu interesse particular, ou de interesse coletivo ou geral, que serão prestadas no prazo da lei, sob pena de responsabilidade, ressalvadas aquelas cujo sigilo seja imprescindível à segurança da sociedade e do Estado". Em idêntico rumo, o inciso XXXIV garante a gratuidade de taxas para obtenção de certidões em repartições públicas, destinadas à defesa de direitos e esclarecimentos de situações de interesse pessoal. Tais dispositivos determinam às repartições públicas a colaboração com o cidadão ou associações, obrigando o fornecimento de certidões para defesa de interesses particulares, coletivos ou gerais, note-se que, ao impor a gratuidade das certidões, a palavra "direito", novamente, não é adjetivada, devendo ser entendida em sentido amplo, para estender-se aos direitos transindividuais.

Evidentemente, de um modo mais específico, a garantia de acesso à Justiça é também plasmada no inciso LXXIV do mesmo art. 5º, o qual estabelece que "o Estado prestará assistência jurídica integral e gratuita aos que comprovarem insuficiência de recursos". Com tal dispositivo, a norma constitucional busca assegurar o acesso à Justiça, através da criação de um sistema de advocacia pública e gratuita aos necessitados.

Em síntese, a garantia constitucional de acesso à justiça deve ser entendida sob vários aspectos: a) como a inafastabilidade do controle jurisdicional (garantida pelo art. 5º, inciso XXXV, da CF); b) como oferecimento de serviço público de advocacia gratuita aos necessitados (art. 5º, inciso LXXIV, da CF); c) como reconhecimento legal e viabilização processual de tutela dos direitos transindividuais, mediante mandado de segurança coletivo (art. 5º, inciso LXX, da CF), ação popular (art. 5º, inciso LXXIII); ação civil pública (art. 129, III, da CF, Lei 7.347/85 etc); d) como estímulo e reconhecimento a formas alternativas de realização do Direito e reformas processuais capazes de dar ao processo uma função instrumental que assegure a efetividade dos direitos substanciais.

Atualmente já não se fala em acesso à justiça como acesso ao Poder Judiciário estritamente, mas "acesso ao Direito" possível também nos tribunais administrativos e através do Ministério Público, que tem utilizado o inquérito civil e o compromisso de ajustamento como instrumentos de realização da justiça. Assim, faz-se referência a Sistema de Justiça em um sentido mais lato do que Poder Judiciário.

Maria Tereza Sadek, pesquisadora do IDESP, que há muito se dedica à pesquisa de campo sobre o Sistema de Justiça e seus diversos atores, bem salientou esta maior amplitude do Sistema de Justiça em relação ao Poder Judiciário, ao afirmar que,

> (...) o sistema de justiça é mais amplo que o poder judiciário. A rigor, o juiz é apenas uma peça de um todo maior. O sistema de justiça envolve diferentes agentes: o advogado, pago ou dativo;

Direitos Fundamentais Sociais

o delegado de polícia; funcionários de cartório; o promotor público e, por fim, o juiz. Uma controvérsia para transformar-se em uma ação judicial percorre um caminho que tem início em uma delegacia de polícia, ou na promotoria, ou por meio de um advogado. Cabe ao juiz examinar esta questão quando ela deixou de ser uma disputa entre particulares, ou entre particulares e órgãos públicos, ou entre diferentes órgãos públicos e transformou-se em uma ação. Daí a expressão: o juiz pronuncia-se sobre os autos e não sobre o que está fora deles.[270]

Esta idéia de Sistema de Justiça bem atende aos pressupostos teóricos da *teoria dos sistemas* analisada no segundo capítulo deste livro. Com efeito, o Sistema de Justiça contém diferentes atores que desempenham diversos papéis. Os papéis são protagonizados por operações comunicativas como a coleta de elementos investigativos no inquérito policial, realizado na polícia, ou no inquérito civil, efetuado no órgão do Ministério Público, de cujo resultado poderão ser elaboradas ações penais ou civis públicas que irão ao juiz. O advogado, por sua vez, também recolhe elementos de prova junto aos clientes e órgãos públicos para elaborar a petição inicial ou a contestação. Cada operação corresponde a uma fase do sistema e, como se vê, os personagens que operam nas fronteiras do sistema, com papéis ativos – polícia, Ministério Público e advogados – desempenham a função seletiva no entorno, realizando acoplamentos estruturais com outros sistemas e importando complexidade para dentro do Sistema de Justiça. É preciso compreender que esta seletividade de problemas do entorno, transformando-os em problemas do sistema se, de um lado, aumenta a complexidade do sistema, por outra é uma forma de adaptação sistêmica às perturbações externas, que agregam energia ao sistema (neguentropia) dando-lhe oportunidades de continuar operando. Assim, se o Sistema de Justiça não avançar sobre os novos conflitos sociais, sobretudo os de caráter difuso e coletivo, estará perdendo preciosa oportunidade de ocupar espaços de poder legítimo e, no mundo sistêmico, a perda de espaços e de poder, pode levar à diminuição da importância social e política que, no extremo, vaticina a dispensabilidade do subsistema, posto que diluído por outros mais eficazes.[271]

Deste modo, o futuro do Sistema de Justiça depende de sua capacidade de adaptação ao entorno, facilitando e não restringindo o

---

[270] SADEK, Maria Tereza. O Sistema de Justiça. In: SADEK, Maria Tereza (org.). *O Sistema de Justiça*. São Paulo: IDESP/Fundação Ford/Ed. Sumaré, ano 1999, p. 11.

[271] José Renato Nalini, Juiz do TACrim-SP e então diretor adjunto da Escola Nacional de Magistratura, em mesa redonda realizada no IDESP, para análise da pesquisa "O Ministério Público e a Justiça", revela sua preocupação pessimista com esta perda de importância da justiça oficial no Brasil contemporâneo: "a justiça seria descartável, e disso nós já estaríamos recebendo sinais muito contundentes, quando a sociedade procura resolver os seus conflitos por seus próprios meios, por não poder confiar na lentidão, na burocratização, no hermetismo, no conservadorismo e na imprevisibilidade das decisões judiciais. Então os grandes grupos, os grandes conglomerados, já submetem as suas controvérsias e conflitos à mediação, à arbitragem e também os excluídos não dependem da justiça a não ser pela sua face cruel, que é a justiça penal" (debate publicado em *O Ministério Público e a Justiça no Brasil*. In: SADEK, Maria Tereza (org.). São Paulo: IDESP/Ed. Sumaré, 1997, p. 39).

acesso dos novos direitos, que o momento histórico exige sejam protegidos. Para a implementação do direito fundamental ao acesso à justiça, impõe-se, destarte, uma ligeira análise sociológica acerca dos obstáculos ao acesso.

4.1.3. Alguns obstáculos ao acesso à Justiça no Brasil

Na análise do problema do acesso à justiça no Brasil, condição para a implementação dos direitos fundamentais, individuais e sociais, há que se identificar alguns dos mais evidentes obstáculos ao acesso à justiça. Um deles inicia antes mesmo das atividades legais ou jurisdicionais, e concerne à questão da "educação para o exercício da cidadania", isto é, à conscientização de todos os indivíduos e grupos de indivíduos acerca dos direitos que lhes são assegurados e os meios para exercê-los ou exigirem o seu cumprimento frente aos órgãos competentes.[272]

Deste modo, o reconhecimento da violação dos direitos depende do nível de educação dos sujeitos de direito, da agregação em torno de causas comunitárias, sociais, filantrópicas, e da eficiente prestação de serviço público de defensoria extra-judicial para consultas e assessoramento dos cidadãos. Mas além de a população não ter muita consciência dos seus direitos e de prevalecer uma visão individualista das pretensões, que não contribui para o aprimoramento da cidadania, ainda o que prejudica o acesso é o desconhecimento do próprio Sistema de Justiça enquanto estrutura e sistema operativo:

> Esse complexo sistema judicial é bastante desconhecido da população. O público, em geral, desconhece não apenas o seu funcionamento como também é incapaz de distinguir os papéis e as funções de cada um dos seus agentes. Pode-se afirmar que o grau de desconhecimento é universal, não havendo correlação positiva entre escolaridade e conhecimento. Ou seja, mesmo pessoas com grau universitário não possuem conhecimentos mínimos sobre o sistema de justiça e seus diferentes operadores. Não é raro que ignorem a existência de dois agentes inteiramente distintos como o são o juiz e o promotor. O delegado de polícia sequer é visto como pertencente ao sistema de justiça.[273]

Ou seja, o estudo dos direitos e mecanismos de justiça deveria ser melhor divulgado entre a população, até mesmo no ensino fundamental. Assim, vencida esta primeira etapa de conscientização cidadã, acerca do "direito a ter direitos", a possibilidade de ser representado

---

[272] PFEIFFER, Roberto Augusto Castellanos. Acesso do consumidor à justiça e a Advocacia Pública. *Revista de Direito do Consumidor*, São Paulo, v. 30, p. 49-65, abr.-jun. 1999. Salienta o autor que "para tornar verdadeira a frase 'o Poder Judiciário está igualmente aberto a todos' se faz necessário dotar todos os indivíduos da capacidade de a) reconhecer os seus direitos violados; b) poder constituir profissionais aptos a suscitar o controle jurisdicional e c) desempenhar sua atividade postulatória em igualdade de condições com a parte contrária, após acionada a tutela jurisdicional".

[273] SADEK, Maria Tereza. O Sistema de Justiça. In: SADEK, Maria Tereza (org.). *O Sistema de Justiça*. São Paulo: IDESP/Fundação Ford/Ed. Sumaré, 1999, p. 12.

Direitos Fundamentais Sociais

em juízo por profissionais tecnicamente aptos dependerá do bom nível profissional dos advogados existentes no mercado de trabalho, nas defensorias públicas, nas associações para defesa de interesses coletivos ou difusos e nos quadros do Ministério Público. Aqui reside o segundo obstáculo ao acesso à justiça: "a acessibilidade econômica", pois o litigante se vê na obrigação de ponderar acerca das custas processuais, do risco de ter de arcar com os ônus da sucumbência, os honorários advocatícios, periciais etc., exigências legais que inibem o indivíduo de ingressar na justiça, inclusive porque muitas vezes o resultado econômico perseguido não compensa os custos totais do processo.[274] Ademais, a verdade é que os serviços públicos de defesa judicial, especialmente os de defensoria pública, são notoriamente insuficientes para a demanda gerada.

Outro aspecto crucial a ser solvido para garantir a acessibilidade técnica à Justiça é a questão da "paridade de armas no processo". Com efeito, em geral, os órgãos públicos e as grandes empresas privadas têm, em suas estruturas organizacionais, competentes quadros de assessores jurídicos e procuradores judiciais que estão habituados ao litígio e são conhecedores dos meandros da atividade forense, ao passo

---

[274] Confiando-se em dados levantados pela Fundação IBGE, colhidos junto à população brasileira no período de 1983 a 1988, Maria Tereza Sadek anota que "a variável renda coloca outro problema igualmente importante quando se examina a procura por justiça. O acesso à justiça é, teoricamente, igual para todos. Entretanto, diferenciais de recursos econômicos podem explicar distintas motivações para ingressar na Justiça. Parece ser exatamente isto o que vem ocorrendo. Segundo dados da FIBGE, do total de pessoas que se envolveram em ações judiciais [no período pesquisado] 62% pagaram pelo serviço de justiça enquanto 38% o utilizaram gratuitamente". Para a pesquisadora, "o reduzido percentual daqueles que se utilizaram gratuitamente da prestação jurisdicional contribui para propagar a imagem popular que se tem da justiça – uma justiça cara, elitista, feita para os ricos, para os que têm posse. Esta representação de uma justiça desigual é ainda agravada pelo fato inquestionável de que é muito diferente o empenho dos advogados contratados daqueles dos advogados dativos (nomeados pelo Estado) ou da defensoria pública na defesa dos interesses dos seus representados. Daí a crença de que o rico não fica na cadeia, que presídios foram construídos para os pobres, para aqueles que não têm condições de pagar seus próprios advogados" (*O Sistema de Justiça*. Op. cit. p. 11.). Considerando as conclusões da socióloga, é preciso, contudo, fazer alguns reparos em suas observações: a) os dados pesquisados sobre uso da justiça gratuita terminam em setembro de 1988. Ocorre que apenas com a Lei 7510/86 houve modificação do *caput* do art. 4º da Lei 1060/50, estabelecendo a nova redação que "a parte gozará dos benefícios da assistência judiciária, mediante simples afirmação, na própria petição inicial, de que não está em condições de pagar as custas do processo e os honorários de advogado, sem prejuízo próprio ou de sua família." Esta facilitação formal, que dispensou comprovação documental da pobreza, facilitou a contar de 1986 a obtenção da assistência judiciária gratuita, acessibilidade que foi alentada com a Carta Constitucional de 1988, cujo art. 5º, inc. LXXIV, estabeleceu-a como direito fundamental; b) é compreensível que advogados dativos, normalmente, revelem menos interesse na defesa dos seus clientes, pois, como regra, o Estado não os remunera salvo após longa batalha judicial, mas a defensoria pública sofreu considerável melhora nos últimos anos, ao menos no Rio Grande do Sul, com a realização do primeiro concurso público e a paulatina organização da carreira. Anteriormente, os defensores públicos eram servidores do Estado, cedidos de outras carreiras e, por vezes, careciam de condições técnicas e de motivação para o trabalho, sem embargo de que, muitos deles, desempenharam notável serviço em favor dos desassistidos, mesmo à míngua de uma melhor estrutura de apoio.

que os indivíduos, no mais das vezes, são inexperientes e desestimulados para enfrentar a burocracia do processo judicial. Deste modo, impõe-se qualificar os quadros profissionais, especialmente das instituições capazes de litigar com grandes organizações públicas ou privadas.[275]

Ademais, não basta facilitar-se o acesso à justiça se o andamento posterior dos processos não for suficientemente ágil a proporcionar a prestação jurisdicional em tempo hábil. Com efeito, tem-se verificado que a "lentidão no andamento do processo", quando injustificada em face da complexidade ou peculiaridades da causa, é outra disfunção do sistema judicial que não contribui para a construção de um Estado de Justiça Social, pois, como regra, causa mais prejuízos à parte mais desfavorecida economicamente, a qual não tem tantas condições de aguardar o seu resultado e, não raro, submete-se a acordos nocivos para obter mais celeremente algum benefício, ainda que bem menor do que aquele a que fazia jus.

Por fim e certamente não menos importante, insta registrar que outra dificuldade de acesso à Justiça reside no anacronismo do sistema judiciário. Com efeito, Maria Tereza Sadek, após salientar que a insatisfação para com a prestação jurisdicional não é um problema recente, nem exclusivo do Brasil, enfatiza que, especialmente no caso brasileiro, as profundas mudanças econômicas, sociais e políticas que vêm marcando o país não têm provocado alterações, de igual ritmo e profundidade, no sistema judiciário, visivelmente incapaz de responder à crescente demanda por justiça, assumindo posturas até refratárias a qualquer modificação, permanecendo estático nos modelos oitocentistas, enquanto o país adentra o Século XXI. Tal quadro é agravado no panorama contemporâneo, mercê da redução do grau de tolerância social com a baixa efetividade do sistema judicial, que sai da confortável penumbra em que se manteve ao longo dos séculos, para o

---

[275] Nesse passo, de grande valia a seguinte observação de Adroaldo Furtado Fabrício: "... há mais, a imensa dificuldade de acesso individual dos lesados, em regra pobres, humildes e desinformados, aos órgãos jurisdicionais. E mesmo para os que superem essas limitações e cheguem a colocar à face do juiz a sua queixa, resta a monumental e desanimadora diferença de forças, meios e recursos que separa o litigante eventual do habitual. Aquele vai a Juízo, talvez uma ou duas vezes ao longo de toda a sua vida, nada sabe das coisas da Justiça; seu nível de informação sobre a máquina judiciária, com o imponente complexo de juizados, cartórios, advogados, é praticamente nulo. Este outro, o litigante habitual, bem ao contrário, está permanentemente à barra dos pretórios e tem com eles a maior intimidade. Tem a seu favor a experiência acumulada dos litígios passados e a preparação sempre mais aprimorada para os futuros, o 'saber de experiências feito', os quadros próprios e eficientes de assessoria jurídica e procuratório judicial; está melhor aparelhado à produção de provas do seu interesse: mais facilmente captará a simpatia do poder político, do econômico e da mídia – vantagens extraprocessuais estas últimas, sem dúvida, mas cuja importância seria ingênuo negligenciar." In: FABRÍCIO, Adroaldo Furtado. As Novas Necessidades do Processo Civil e os Poderes do Juiz. *Revista de Direito do Consumidor*, São Paulo, RT, v. 07, p. 30-6. 1993, p. 31.

Direitos Fundamentais Sociais

centro das atenções.[276] Sobre a importância do acesso à justiça na implementação do Estado Democrático de Direito, a pesquisadora argumenta:

> Ora, um dos supostos do Estado democrático é a igualdade de direitos. As desigualdades no acesso e na utilização da justiça acentuam as desigualdades econômicas e sociais. A democratização no acesso à justiça constitui-se em pauta fundamental para a efetivação dos direitos que formam a cidadania. Desta forma, o sistema de justiça opera não apenas como garantidor de direitos, mas também como um espaço no qual há a possibilidade de redução das iniqüidades decorrentes das desigualdades de renda e prestígio.[277]

Identificados, destarte, alguns dos principais obstáculos ao acesso à Justiça no Brasil – baixo nível cultural, subcidadania, dificuldades de acessibilidade técnica e econômica, anacronismo das estruturas judiciárias – na próxima subseção serão analisadas as propostas de superação destas barreiras, especialmente, aquelas formuladas por Mauro Cappelletti, em clássico estudo sobre o tema.

4.1.4. As três "ondas" sugeridas por Mauro Cappelletti como recursos de ampliação do acesso à justiça

É com a consciência destes obstáculos de acesso à justiça, que Mauro Cappelletti sugere três amplos conjuntos de mecanismos materiais e instrumentais ou "ondas" para sua superação. Em primeiro lugar, a necessidade de "facilitar assistência jurídica gratuita às pessoas carentes". No Rio Grande do Sul, a Defensoria Pública, que ainda não conta com número suficiente de profissionais para atender adequadamente à demanda social, recém inicia sua caminhada em direção à estruturação institucional, auspiciosa, contudo, em face da acenada autonomia administrativa e orçamentária. Felizmente, a deficiência vem sendo remediada pelo trabalho de escritórios modelos, vinculados a universidades públicas e privadas. O Ministério Público, historicamente, vem sendo órgão de acesso à Justiça de cidadãos de baixa inclusão social, pois legitimado à propositura de diversas ações na defesa de interesses individuais indisponíveis, sobretudo os ligados à área da infância e da adolescência (medidas de proteção, destituição do pátrio poder, colocação em família substituta, prestação de contas em tutela, investigação de paternidade, ação de alimentos), além de outras, como interdição, pedido de internação psiquiátrica compulsória, etc., valendo destacar que Hugo Nigro Mazzilli seleciona dezenas de hipóteses de ações propostas pelo Ministério Público, na defesa de direitos indisponíveis.[278]

---

[276] SADEK, Maria Tereza. Poder Judiciário: Críticas e Desafio. In: DORA, Denise Dourado (org.). *Direito e Mudança Social*. Rio de Janeiro: Renovar, São Paulo: Fundação Ford, 2003, p. 408-10.

[277] SADEK, Maria Tereza (org.). *O Sistema de Justiça*. Op. cit., p. 11.

[278] MAZZILLI, Hugo Nigro. *A Defesa dos Interesses Difusos em Juízo*, p. 14-9. Embora, nos últimos tempos haja uma tendência institucional de o Ministério Público repassar à Defensoria Pública,

A segunda onda de acesso à justiça diz com "a representação dos interesses transindividuais". A defesa destes interesses nos países do sistema jurídico romano-germânico encontrou muita resistência dos esquemas tradicionais de legitimação ordinária. Dispositivos como o do art. 6º do Código de Processo Civil[279] constituíram "camisas de força" para a proteção de direitos supra-individuais, porque somente a lei poderia estabelecer hipóteses de legitimação extraordinária. E, mesmo quando surgiram leis estabelecendo tal legitimidade (especialmente a Lei da Ação Civil Pública e o Código de Defesa do Consumidor), houve resistência da jurisprudência em estendê-la ao Ministério Público em algumas hipóteses de interesses coletivos e individuais homogêneos, optando, a maioria dos julgados, em um primeiro momento, por posturas excessivamente restritivas desta legitimação para a causa, reféns que foram do senso comum teórico que se prestava a restringir o acesso à justiça da imensa massa de cidadãos humildes e desorganizados socialmente.

Com efeito, a visão clássica do processo civil impõe dificuldades para instrumentalizar os novos direitos transindividuais. Por tal razão, Mauro Cappelletti, acerca desta *second wave* de mecanismos aptos a engendrar um maior acesso efetivo à Justiça, preconiza a tomada de nova postura diante de princípios básicos do Processo Civil, tais como: a legitimação para a causa, os efeitos *erga omnes* da coisa julgada, a citação, o direito de ser ouvido etc., de modo a abrir espaço para a defesa judicial dos direitos transindividuais. O esquema clássico do processo civil pode prosseguir para demandas que versem sobre direitos disponíveis e individuais, mas, em se tratando de direitos tuteláveis coletivamente, prega, o processualista italiano, uma verdadeira revolução no direito processual civil, introduzindo uma espécie de processo civil de interesse público ou processo civil coletivo ainda que mantido o processo civil tradicional.

---

ações de caráter mais individual, ainda que atinentes a direitos indisponíveis, como os pleitos favoráveis a crianças e adolescentes, pessoas portadoras de necessidades especiais e idosos, *v. g.*, guarda, alimentos, investigação de paternidade, é bom salientar que foi a solução deste tipo de problemas, via consensual ou judicial, que alçou a instituição ministerial à sobranceira dignidade de defensor do povo ou *ombudsman* brasileiro. Assim que, sobretudo naqueles locais em que a presença da Defensoria Pública não é plena, é conveniente que o *parquet* continue a desempenhar estas atividades, ainda que com eventual sacrifício de parte das tradicionais atividades de *custos legis*, por vezes menos relevantes do ponto de vista social. A legitimação do Ministério Público para estas demandas encontra guarida constitucional no inc. IX do art. 129 da Carta Magna, que recepcionou toda a legislação anterior relativa à legitimidade ativa do *parquet* para demandas em favor de interesses indisponíveis de partes desassistidas juridicamente, especialmente, crianças, pessoas especiais e idosos. Ademais, negar legitimidade concorrente ao Ministério Público para representar interesses individuais cuja tutela é socialmente reclamada, equivale a obstruir o acesso à justiça de tais pretensões identificadas com os valores eqüidade e fraternidade, demanda sócio-econômica hodierna, elevada, no plano ideológico/filosófico, à condição de direito humano de primeira grandeza.

[279] CPC, art. 6º - Ninguém pode vir a juízo, em nome próprio, pleitear direito alheio, salvo quando autorizado por lei.

Direitos Fundamentais Sociais

Vale, por fim, destacar, a terceira onda sugerida por Mauro Cappelletti que, baseado em pesquisa internacional, propõe uma série de "mudanças nos Tribunais e nos procedimentos tradicionais". Trata-se de substituir, no Sistema de Justiça, o Estado do *laissez faire* pela contemporânea visão de Estado Democrático de Direito. Sintetiza o jurista que "é o caso de construir um sistema jurídico e procedimental mais humano"[280] e, para tanto, cita, como exemplos de atitudes ensejadoras desta terceira onda de mecanismos facilitadores do acesso efetivo à Justiça, reformas importantes no direito processual e material bem como o oferecimento de outras instâncias capazes de produzir o Direito, dirimindo conflitos. Sugere, destarte, formas de superar o obstáculo dos altos custos processuais; tutela antecipada; especialização de juízos para demandas de interesse social, tais como as que versem sobre direito do consumidor, meio ambiente, patrimônio público, bem como procedimentos especiais para estes tipos de causas socialmente importantes.[281]

Mas, esta terceira onda, não é apenas o estabelecimento de instâncias de decisão alternativas, como também e principalmente uma mudança de atitude em relação a regras tradicionais que acabam por limitar o acesso à justiça. O direito substantivo deve sobrepor-se ao instrumental e ao aplicador do Direito compete romper, ao menos em parte e, diante de situações determinadas, com o processo civil clássico. As limitações de ordem formal que este costuma impor às partes devem ceder diante de litígios que versem sobre relevantes questões sociais, ou mesmo quando vierem em prejuízo de um litigante hipossuficiente. Vale lembrar que Mauro Cappelletti afirma a necessidade de a ciência jurídica buscar subsídios em outras ciências sociais, postura negada pelo positivismo jurídico.[282]

---

[280] Em palestra proferida no Plenário da Assembléia Legislativa do Estado do Rio Grande do Sul, Mauro Cappelletti caracterizou esta terceira onda como um conjunto de atitudes tomadas pelo legislador e pelos operadores do Direito "preocupadas com fórmulas para simplificação dos procedimentos, simplificação do direito processual e direito material; por exemplo, as pequenas causas que, normalmente, são impossibilitadas, porque demasiado caras. Seu custo é maior do que valor pretendido pelo autor. Nesses casos, há muitas tentativas e várias formas de simplificação de procedimentos, nas pequenas causas. (...) Além da simplificação processual e substancial, temos, também, recurso a formas quase-judiciárias ou não-judiciárias". (In: CAPPELLETTI, Mauro. *Conferência publicada na Revista do Ministério Público do Rio Grande do Sul.* Traduzido por Tupinambá Pinto do Azevedo. São Paulo: RT, ano 1995. v. 35, p. 47-53).

[281] Idem, ibidem.

[282] Este rompimento com a visão clássica do processo é muito enfatizado por Mauro Cappelletti, valendo transcrever os seguintes escólios que, por si só, traduzem suas razões e seu pensamento perfilado às teorias realistas dos direitos humanos, analisadas no Capítulo I, pois Cappelletti, a exemplo de Bobbio, está predominantemente preocupado com as garantias processuais e com a implementação dos direitos humanos. Ademais, o autor deixa claro sua tendência substancialista em matéria de direitos fundamentais: "nossas sociedades modernas, como assinalamos, avançaram, nos últimos anos, no sentido de prover mais direitos substantivos aos relativamente fracos – em particular, aos consumidores contra os comerciantes, ao público contra os poluidores, aos

Também quanto a esta terceira onda de mecanismos ensejadores do acesso amplo e efetivo à Justiça, que exige uma postura inovadora do aplicador do Direito, norteada por objetivos humanitários e sociais, além de instrumentos alternativos e instâncias extrajudiciais de geração do Direito, o Ministério Público vem desempenhando papel fundamental através do *inquérito civil*, procedimento investigatório inquisitorial de sua exclusiva atribuição, que, além de servir à apuração de diversas situações onde ocorram danos potenciais ou efetivos a interesses transindividuais ou individuais indisponíveis, também pode levar a soluções consensuais extrajudiciais, com maior presteza, mediante *compromisso de ajustamento às normas legais*, instrumento este posto à disposição do Ministério Público (e de outros órgãos públicos, especialmente aqueles com atribuições de proteção a interesses transindividuais), que se destina à obtenção de soluções conciliatórias, quando tais soluções sejam admissíveis e nos aspectos em que o forem.

Em síntese, ao abordar-se o tema do acesso à justiça não há como ignorar sua relação com o Ministério Público, que atua simultaneamente nas três ondas de acesso mencionadas por Cappelletti. Disso nos dá testemunho, mais uma vez, a pesquisadora Maria Tereza Sadek, que percorreu diversas cidades do Brasil, entrevistando operadores jurídicos, visitando foros e promotorias e observando o trabalho desses

---

locatários contra os locadores, aos empregados contra os empregadores (e os sindicatos) e aos cidadãos contra os governos. Embora reconhecêssemos que esses novos direitos precisam de maior desenvolvimento legislativo substancial, os reformadores processualistas aceitaram o desafio de tornar efetivos os novos direitos que foram conquistados". (....) "Os novos direitos substantivos das pessoas comuns têm sido particularmente difíceis de fazer valer no nível individual. As barreiras enfrentadas pelos indivíduos relativamente fracos com causas relativamente pequenas contra litigantes organizacionais – especialmente corporações ou governos – têm prejudicados o respeito a esses novos direitos. Tais indivíduos com tais demandas freqüentemente não têm conhecimento de seus direitos, não procuram auxílio ou aconselhamento jurídico e não propõem ações. Nem o movimento considerável e contínuo em defesa dos interesses difusos, nem as técnicas gerais de diversificação podem atacar as barreiras à efetividade desses importantes novos direitos, ao nível individual. A grande tarefa dos reformadores do acesso à justiça é, portanto, preservar os tribunais ao mesmo tempo em que afeiçoam uma área especial do sistema judiciário que deverá alcançar esses indivíduos, atrair suas demandas e capacitá-los a desfrutar das vantagens que a legislação substantiva recente vem tentando conferir-lhes. Já foi afirmado pelo professor Kojima que 'a necessidade urgente é de centrar o foco de atenção no homem comum – poder-se-ia dizer no homem pequeno – e criar um sistema que atenda suas necessidades (...). O reconhecimento dessa necessidade urgente reflete uma mudança fundamental no conceito de 'justiça'. No contexto de nossas cortes e procedimentos formais, a 'justiça' essencialmente a aplicação das regras corretas de direito aos fatos verdadeiros do caso. Essa concepção de justiça era o padrão pelo qual os casos eram avaliados. A nova atitude em relação à justiça reflete o que o Professor Adolf Homburger chamou de 'uma mudança radical na hierarquia de valores servida pelo processo civil'. A preocupação fundamental é, cada vez mais, com a 'Justiça Social', isto é, com a busca de procedimentos que sejam conducentes à proteção dos direitos das pessoas comuns. Embora as implicações dessa mudança sejam dramáticas – por exemplo, com relação ao papel de quem julga – é bom enfatizar, desde logo, que os valores centrais do processo judiciário mais tradicional – devem ser mantidos. O acesso à justiça precisa englobar ambas as formas de processo." (CAPPELLETTI, Mauro; GARTH, Bryant. *Acesso à Justiça*, p. 91-3).

Direitos Fundamentais Sociais

personagens do Sistema de Justiça. A pesquisadora atestou uma atividade do Ministério Público por ela designada como "fora do gabinete", que muitas vezes extrapolava suas atribuições específicas, mas que fazia dos promotores e procuradores autênticos "agentes de cidadania", pois se guiavam pelo princípio de que, qualquer tipo de demanda, merece algum tipo de resposta, como se a perceber que o público alvo de prestações civilizatórias do Estado não tem a obrigação de entender o complexo emaranhado de atribuições dos agentes públicos e que o Ministério Público está constitucionalmente encarregado de zelar pelo efetivo funcionamento dos serviços públicos tal como determina o art. 129, II, da Constituição da República. Neste caso, anota Sadek, "a instituição transforma-se em um espaço público para a solução de demandas e para a conversão de problemas em demandas" e, referindo-se, especialmente, às *ondas* de ampliação do acesso à justiça, conclui a pesquisadora:

> Nesta frente, pode-se sustentar, o Ministério Público, de uma só vez tem dado impulso às três ondas de ampliação do acesso à justiça referidas no clássico estudo de Cappelletti e Garth. Na primeira onda, é alargado o acesso à justiça, cuidando-se de providenciar assistência jurídica e informações sobre direitos, tanto substantivos como processuais. Por outro lado, navegando na segunda onda, são também caracterizadas e processadas demandas que se referem a interesses difusos. Por fim, alcançando a terceira onda, busca-se a solução dos conflitos a partir da simplificação de procedimentos e da implementação de canais extrajudiciais.[283]

De fato, protegida por garantias e servida por instrumentos processuais albergados no texto fundamental, esta instituição catalisa em si poderosas forças instituintes, manifestadas historicamente pelo poder constituinte originário de 1988, mas que já anteriormente vinham revelando-se no seu agir altivo e independente, como se demonstrou no capítulo anterior. A vontade do Constituinte de 1988, de transformar o Ministério Público em um instrumento do Estado Democrático de Direito e seus consectários, permanece em constante desenvolvimento no curso da história, manifestando-se nos preceitos e objetivos sociais que norteiam a instituição.

Qualquer instituição jurídica é um mecanismo que permite inscrever o Direito na duração, mas não uma duração estagnada e sim uma duração evolutiva, que cria incessantemente o novo. Trata-se de equilibrar duas idéias virtualmente antagônicas e necessárias à harmonia social: a estabilidade e a mudança. Deste modo, há uma dialética entre as forças instituintes, que moram no tempo social-histórico da ação política, e as formas instituídas, visíveis nas figuras estáveis das instituições, que, por natureza, se pretendem fora do tempo, imunes à sua alteração permanente. Entretanto, como a linguagem, as instituições sociais não param de se transformar elas próprias. Paradoxalmen-

---

[283] SADEK, Maria Tereza. Cidadania e Ministério Público. In: SADEK, Maria Tereza (org.). *Justiça e Cidadania no Brasil*. São Paulo: Sumaré/IDESP, 2000, p. 24.

te, "a vitalidade do seu saber adquirido, e a riqueza de suas tradições é que lhes garantem a possibilidade de acolher o novo". Eis o desafio que se antepõe ao Ministério Público brasileiro: libertar suas forças instituintes nas próprias formas da instituição, aparentemente imutáveis para que se possa romper com o passado, apoiando-se ao mesmo tempo nele e pensar as vias de abertura ao futuro em formas duráveis.[284]

Parte-se de uma premissa inquestionável: as instituições que não pagarem seu tributo ao tempo, pretendendo inscrever-se em um *status* imutável, estão fadadas à perda de energia (entropia) institucional, da qual poderá resultar a pura e simples substituição ou exclusão de atribuições, pelo que, em desejando conservar suas conquistas constitucionais, o Ministério Público brasileiro deve fazer por merecê-las, justificando-as cotidianamente através de um agir que, com os olhos em um futuro desejado socialmente, implemente ações no presente, capazes de ensejá-lo. Este tempo futuro virtual, escopo do agir institucional, deve ser aquele da concretização do novo paradigma do Estado Democrático de Direito, em cujos princípios desponta o tema do acesso à justiça como direito-chave, que permite o alcance de todos os demais direitos sociais.

Mas o acesso à justiça não se dá apenas no plano da justiça civil, se não que da criminal também, pois o âmbito da proteção dos direitos sociais também tem se manifestado através da tutela penal dos bens jurídicos transindividuais como a probidade administrativa, o meio ambiente, o consumidor, a infância e a adolescência, a proteção aos idosos, somente para citar alguns dos exemplos mais eloqüentes. Destarte, no campo da *persecutio criminis*, deve o Ministério Público dar

---

[284] Conforme OST, François. *O Tempo do Direito*, p. 226-7. O autor afirma que a estabilidade que o Direito persegue com a institucionalização não significa imobilismo, mas evolução contínua, transformação dominada. Destarte, "o tempo jurídico é 'virtualidade', isto é, um poder ainda não actualizado e, contudo, já possível que opera como uma alavanca transformadora do presente, pela representação que dele temos e pela projeção que dele fazemos. Como se o futuro – um futuro desejável e mobilizador – trabalhasse a própria matéria do presente e aí inscrevesse vias de acção possíveis" (*O Tempo do Direito*, p. 248). Este dilema entre tradição e inovação apresenta-se, atualmente, crucial ao Ministério Público brasileiro, pois, investido que foi da função de *custos legis* no CPC/73, a instituição depara-se agora com o auspicioso repto de atuar em outras frentes que, no momento histórico de redemocratização do país, emergem como de mais relevância coletiva. Há quem sustente que o perfil constitucional projetado em 1988 para o *parquet* é de uma instituição ativa, e não interventiva e, deste modo, alçado à elevada condição de defensor do regime democrático-republicano, não mais caberia ao Ministério Público a intervenção em demandas civis de pequena importância social. Destarte, as forças instituintes do *parquet* cobram-lhe uma atuação mais decisiva em questões que transcendem a órbita individual. De outro lado, há os que temem que o simples abandono de espaços já ocupados nas ditas promotorias ou procuradorias cíveis leve a instituição a uma perda maior de importância social. De qualquer modo, é indiscutível a necessidade de uma revisão das atribuições cíveis, privilegiando um agir ativo em detrimento da intervenção, que poderia ser seletiva para o agente do Ministério Público, todavia a retirada da instituição das atribuições cíveis há de ser feita com cautela, pois elas ainda se mostras necessárias como instrumento de tutela de interesses sociais ou individuais indisponíveis e ademais, é preciso compensar esta diminuição de atividades interventivas, com estável avanço na área das ações cíveis e penais.

Direitos Fundamentais Sociais

preferência ao enfrentamento de crimes que coloquem em cheque os objetivos da República,[285] redirecionando-se da atuação tradicional de tutela de bens jurídicos patrimoniais individuais, para a proteção penal prioritária de bens jurídicos socialmente relevantes, sobretudo aqueles relacionados à construção de uma sociedade mais livre, justa e solidária, tal como se dá no combate aos crimes relacionados à corrupção, sonegação e discriminação.[286]

Por outra, nas diversas áreas de atuação extrapenal, objeto preferencial deste trabalho, o Ministério Público, pretendendo-se instrumento de concretização e efetividade do Estado Democrático de Direito, deve priorizar sua atuação em áreas de importância social, como a defesa de interesses difusos, coletivos e individuais homogêneos que tenham repercussão comunitária. Deste modo, a instituição virá a constituir-se em importante meio de acesso à justiça de interesses sociais de grupos juridicamente desassistidos, ou mesmo daqueles interesses mais generalizados na sociedade, de pouca afetação privada, incapazes de ocasionar iniciativas individuais de proteção.

Mas neste novo paradigma, a atuação judicial e extrajudicial do Ministério Público é reiteradamente questionada sob acusação de ilegitimidade. Neste ponto, pode-se afirmar que há um teto e um piso de legitimidade do Ministério Público: no limite superior, questiona-se a legitimidade política da instituição para defesa de interesses que, na visão dos que a ela se opõem, estaria a ingressar na esfera das relações políticas, canalizando ao sistema judicial, problemas que estariam fora de sua atribuição. No limite inferior, quando os interesses a tutelar possuem alta concentração individual e pequena repercussão social, alega-se que a instituição, historicamente voltada à tutela do interesse

---

[285] CF88/Art. 3º. Constituem objetivos fundamentais da República Federativa do Brasil: I – construir uma sociedade livre, justa e solidária; II – garantir o desenvolvimento nacional; III – erradicar a pobreza e a marginalização e reduzir as desigualdades sociais e regionais; IV – promover o bem de todos, sem preconceitos de origem, raça, sexo, cor, idade e quaisquer outras formas de discriminação.

[286] Em percuciente análise Lenio Streck e Luciano Feldens sustentam que a Justiça Penal insiste em agir dentro de um modelo liberal-individualista, ignorando o novo paradigma do Estado Democrático de Direito, que caracteriza um Estado transformador da realidade em direção à Justiça Social. Deste modo, segue-se a orientação tradicional de enfrentamento dos conflitos interindividuais, sem que sejam engendradas as condições para o combate aos delitos de cariz transindividual, bem mais graves e dominantes no cenário atual da sociedade brasileira. Para os mencionados autores "urge, pois, um redimensionamento na hierarquia dos bens jurídicos como forma de adaptá-los à sua dignidade constitucional". Culminam por considerar que "desde o prisma de um Estado Social e Democrático de Direito, como o insculpido no texto constitucional brasileiro, não é ocioso situar os bens merecedores de tutela no terreno do social, uma vez que, diagnosticada sua primazia constitucional, apresentam-se como condições qualificadas de funcionamento e amálgama da sociedade. Necessariamente, essa consideração haverá de projetar reflexos na delimitação constitucional do bem jurídico penal" (STRECK, Lenio Luiz; FELDENS, Luciano. *Crime e Constituição* – A Legitimidade da Função Investigatória do Ministério Público, p. 20-7).

público, estaria banalizando sua função e intervindo indevidamente no interesse privado, ao tutelar verdadeiros direitos individuais, ainda que enfeixáveis coletivamente.[287]

As próximas seções destinam-se a abordar esta problemática. Em um primeiro momento, enfrentar-se-á a questão referente ao limite superior da legitimidade do Ministério Público, ou seja, o problema de sua legitimidade política, assim entendida como aquela em que o agir institucional culmina por protagonizar decisões que interferem no sistema político-administrativo e legislativo, demonstrando que o objetivo do legislador, especialmente o constituinte, era o de reforçá-lo institucionalmente para a tutela das grandes questões sociais, selecionando-as e endereçando-as ao sistema judicial, quando necessário. Esta vocação à defesa dos interesses sociais acabou incentivando uma espécie de voluntarismo político de promotores e procuradores, que também repercutiu no aumento de poder decisório do Judiciário.

Com efeito, se no início da modernidade liberal, a principal preocupação do constitucionalismo era limitar o poder do Estado, libertando a iniciativa privada, esta tendência começou a dar mostras de reversão quando o Estado liberal evolui para o Estado social e democrático, em cujo paradigma está inserida a instrumentalização do Estado como promotor da Justiça Social. A liberdade do mercado, então, deixa de ser o foco principal das Constituições que passam a albergar inúmeros dispositivos resultantes dos princípios da igualdade e solidariedade. Neste diapasão, questões da justiça distributiva acabaram ingressando no sistema jurídico sob proteção do *pacta sunt servanda*. Era como se um princípio próprio da justiça comutativa viesse reger a relação entre indivíduo e Estado. Além disso, a aquisição positiva de direitos pelas classes populares, e o conseqüente receio de sua perda futura, adubaram o solo da ciência jurídica com o princípio do não-retrocesso e reservaram "áreas de preservação permanente", blindadas contra a reforma constitucional: as chamadas "cláusulas pétreas".

Não é preciso dizer que uma tal blindagem inspirou a preocupação sobre a possibilidade de "a era dos direitos" coincidir com o fim da política, gestando a substituição da democracia deliberativa por democracias jurídicas, mais reguladoras, intangíveis e garantistas. Uma tal realidade importa em um certo esvaziamento das atividades políticas

---

[287] Precisamente sobre este duplo enfoque do Sistema de Justiça, mas referindo-se, mais especificamente ao Poder Judiciário, Maria Tereza Sadek corrobora a visão acima esposada ao afirmar que "o sistema de justiça, em geral, e o Poder Judiciário, em particular, podem ser enfocados a partir de duas dimensões: uma política, propriamente dita e outra relacionada à solução de conflitos de natureza não-política. A distinção entre estas duas dimensões permite apreender o Judiciário em suas funções básicas, ainda que existam áreas de intersecção entre elas: poder de estado e órgão público com a finalidade de arbitrar disputas e garantir direitos" (SADEK, Maria Tereza. Poder Judiciário: Críticas e Desafio, p. 413).

Direitos Fundamentais Sociais

tradicionais e perda de importância do homem político carismático, de sorte que as respostas que alguns setores da política nacional têm dado a tais dilemas traduzem-se em resistência contra este avanço institucional do Ministério Público e da expansão de poder dos tribunais nos meios políticos.[288] Os que antagonizam o "ativismo judicial" em oposição à clássica neutralidade jurídica, apresentam, como objeção principal, a ausência de legitimação política destes operadores jurídicos, posto não alçados ao poder pelo voto popular, circunstância que, em sua visão, seria a única a legitimar o uso do poder.[289] Na próxima seção,

---

[288] *"A senhora é candidata a quê?"* informa Sadek ser a pergunta de um senhor a uma promotora ao ser atendido em um projeto do Ministério Público do Pará, nominado, "O Ministério Público e a comunidade". Para a pesquisadora, "a população está pouco habituada a realizar seus direitos, defrontar-se com promotores que ouvem, encaminham e solucionam problemas é uma realidade com a qual têm dificuldades em lidar. Trata-se de uma relação inusitada que, se não provoca desconfiança, gera, ao menos, perplexidade e surpresa. Um diretor do Conselho de Moradores, que participa ativamente do projeto liderado pelo Ministério Público, sintetiza sua insatisfação com os políticos: 'não vamos aceitar que os políticos metam a mão nisso; durante muito tempo não fizeram nada; o Ministério Público está trabalhando com dignidade; estão botando em prática a função deles, que é ajudar a quem precisa ...'" (Cidadania e Ministério Público. In: SADEK, Maria Tereza (org.). *Justiça e Cidadania no Brasil*. São Paulo: Ed. Sumaré/IDESP, 2000, p. 30).

[289] À testa de tal sustentação político-filosófica estão autores como o americano John Hart Ely, o alemão Jürgen Habermas e o argentino Carlos Santiago Nino, que esposam as chamadas teses procedimentalistas da democracia liberativa, com ligeiras diferenças. De todos, sem dúvida, o mais conhecido e cujo pensamento foi e é mais universalizado, é Habermas. Para este filósofo, a soberania popular e direitos humanos são dois princípios cuja tensão já remontaria a Kant e Rousseau que não resolveram claramente as relações entre o princípio da moral (donde resultam os direitos humanos), do direito (que constitui a proteção desses direitos) e o princípio da democracia. Deste modo, Habermas propõe uma teoria da democracia deliberativa, capaz de harmonizar os dois princípios a partir do chamado princípio do discurso, pelo qual normas de conteúdo substancial somente serão válidas se extraídas de um processo público de participação coletiva, no qual todos possam participar como indivíduos livres e iguais, apresentando seus argumentos. Deste modo, é evidente a prevalência do princípio democrático, que legitima todos os resultados obtidos e que não pode ser restringido pelo constitucionalismo. Neste quadrante, à jurisdição constitucional restaria o diminuto papel de verificar a observância do procedimento legal fixado para as deliberações (sobre o tema e inclusive resumindo o pensamento dos demais filósofos antes citados, vide Capítulo I, seção 2, sob o título "O Procedimentalismo da Democracia Deliberativa", In: MELLO, Cláudio Ari. *Democracia Constitucional e Direitos Fundamentais*. Porto Alegre: Livraria do Advogado, 2004). Com efeito, preocupado com a racionalidade da jurisprudência, Habermas diferencia sua visão da de Luhmann, que define o direito como o sistema social parcial "especializado na estabilização das expectativas de comportamento" composto das comunicações sociais referentes ao direito, enquanto ele próprio concebe o direito como operativo em todas as interações sociais, "mesmo aquelas que não se orientam pelo direito". Assim, para que o direito possa instituir-se no sentido habermasiano, ele necessita da auto-aplicação através de normas secundárias que definem competências e procedimentos da legislação, execução e imposição do direito, correspondentes às funções legislativa, executiva e judicial do Estado. Para Habermas é, pois, crucial a divisão entre os poderes como pressuposto para a racionalidade da jurisprudência que, deste modo, contemplaria, a um só tempo, os dois objetivos da jurisdição: segurança jurídica e correção da decisão. Assim, é ele enfático em negar legitimidade ao Judiciário para decisões políticas quando assevera que "a prática de decisão está ligada ao direito e à lei, e a racionalidade da jurisdição depende da legitimidade do direito vigente. E esta depende, por sua vez, da racionalidade de um processo de legislação, o qual, sob condições da divisão de poderes no Estado de direito, não se encontra à disposição dos órgãos da aplicação do direito" (HABERMAS, Jürgen. *Direito e Democracia – entre Faticidade e Validade – Vol. I*. Tradução de Flávio Beno Siebeneichler. Rio: Tempo Brasileiro, 2003, cap. V e VI).

pretende-se abordar esta temática, revelando como transformações na Teoria do Direito, impuseram aquilo que vem sendo denominado "Direito principial" reforçando o controle judicial da discricionariedade administrativa e legislativa por parte do Poder Judiciário e de resto pelos demais agentes do Sistema de Justiça.[290]

Ademais, conforme já frisado no primeiro capítulo, a crise do Estado Social em países periféricos como o Brasil, coloca em perigo a concretização do Estado Democrático de Direito. Em seu lugar, o que se apresenta mais evidente é uma sociedade de insegurança social ou sociedade de risco social, caracterizada por um retorno das forças anárquicas e incontroláveis do mercado, submetendo novamente a comunidade em uma espécie de "estado de natureza econômico", de cuja configuração dão prova os seguintes fatores: a) as múltiplas formas de desregulamentação preconizadas no âmbito da globalização neoliberal que associam à insegurança econômica, uma insegurança jurídica; b) isolamento dos indivíduos que cada vez menos encontram na mediação de agentes coletivos, órgãos capazes de os representar, produzindo-se um processo de: c) atomização dos cidadãos que, quando excluídos, ficam expostos ao risco social, desagregados de representações coletivas.[291]

Deste modo, verificada a crescente ameaça de implantação de uma sociedade de risco securitário, não há como dispensar o Sistema de

---

[290] Gisele Cittadino, com precisão e seguindo clássico magistério de Bonavides, anota que "um dos principais temas do debate jurídico contemporâneo tem sido precisamente o papel que desempenham os princípios nos ordenamentos jurídicos atuais. Se para os positivistas a função dos princípios era meramente supletiva e subsidiária, nestes tempos pós-positivistas já se fala até em *concepção principial do direito*, de vez que muitas das constituições contemporâneas, ao incorporarem os princípios em seus textos, os transformaram em normas valores. Constitucionalizados, os princípios se tornam fundamento de toda ordem jurídica e critério de interpretação do próprio texto constitucional" (CITTADINO, Gisele. *Pluralismo, Direito e Justiça Distributiva*, p. 13).

[291] François Ost, abordando o tema, enfatiza que nesta sociedade atomizada e de risco social passa a haver apenas trajetórias individuais específicas que remetem para histórias singulares: desagregação dos lares sobreendividados, isolamento dos desempregados de longa duração, ruptura familiar das mães solteiras. Em tais condições, é impossível identificar uma categoria social estável susceptível de representação e de protecção 'abstrata e geral' pela via do Direito. Para este autor, na sociedade de risco estão ausentes as categorias sociais representativas dos excluídos, só resta a figura isolada da vítima, que, sem aspirar direitos, reclama apenas indenização por atos passados. Enfatiza o jurista belga que, "quando a justiça distributiva declina, só fica a justiça comutativa. Na ausência de poder aspirar a um título geral, um 'direito social', resta à vítima gritar a injustiça e pedir reparação ao juiz. Daí o aumento potencial correlativo da vítima, na sociedade do risco, em vez do agente social e do juiz como substituto do político. (...) Foi nos Estados Unidos que se desenvolveu mais esta alternativa individualista ao Estado Social: sabemos o lugar que aí tem o direito da responsabilidade civil, que é suposto assegurar a indenização das vítimas. (...) Mas, longe de assegurar para o futuro o reconhecimento de direitos abstractos e virtualmente universais, esta vitimização compensatória tem pelo contrário como efeito ligar as transferências sociais a situações cada vez mais individualizadas e necessariamente ligadas a situações passadas cujos danos importa indenizar. Longe de construir um futuro solidário, essa mudança de paradigma – próprio da 'sociedade de insegurança' de que fala M. Gauchet – remenda, caso a caso, os disfuncionamentos do passado" OST, François. *O Tempo do Direito*, p. 341- 2.

Direitos Fundamentais Sociais

Justiça de sua missão em defesa de direitos básicos já alcançados nos textos normativos, sobretudo, quando se verifica a omissão ou a ação nefasta dos outros poderes e a reprivatização das relações sociais dominadas pelo mercado, que escondem divergências graves e exclusão social, por trás de consensos apenas aparentes. Em tal contexto de crise social, possivelmente os agentes do Sistema de Justiça até preferissem permanecer no conforto das questões de justiça comutativa em vez de adentrarem na esfera de decisões de conteúdo político, relacionadas à justiça distributiva; é a própria pressão social, porém, que impõe a politização da Justiça. Com efeito, diante da descrença nos demais poderes republicanos, cidadãos e organizações da sociedade procuram o Ministério Público com grande expectativa de verem seus direitos atendidos pela interferência desta instituição. Até mesmo partidos políticos e parlamentares têm utilizado o Poder Judiciário para a tutela de interesses sociais, através do controle concentrado de constitucionalidade ou do fornecimento de dados e informações ao Ministério Público para propositura de ações civis públicas. Outrossim, a politização da justiça não é apenas um caminho deliberadamente buscado pelo Sistema Judicial; este, ao contrário, tem selecionado demandas sociais para resolvê-las em seu âmbito, como decorrência iniludível das próprias ineficiências e plúrimas distorções que vitimizam os poderes políticos clássicos – Legislativo e Executivo. Aberto cognitivamente a uma realidade social plena de insegurança e negação recorrente das promessas de justiça social, o Sistema de Justiça, tendo a missão de aplicar uma Constituição rígida e detalhada em direitos individuais e sociais e uma legislação do mesmo modo generosa para com a sociedade, transforma-se em protagonista de decisões de grande repercussão social, guiado pela mão dos múltiplos legitimados que o processo de facilitação do acesso à justiça alçou a tal prerrogativa.

4.2. Da legitimidade política do sistema de justiça

A definição dos pressupostos e limites da legitimidade político-processual do Ministério Público e do Poder Judiciário é exigência que se extrai do recente fenômeno de expansão do poder dos tribunais, cortes supremas, órgãos do Ministério Público e da Polícia, que problematiza o princípio da separação dos poderes e da histórica neutralidade da Justiça e inaugura um novo espaço público de poder, diverso das clássicas instituições político-representativas. Consoante já se afirmou, na base desta ampliação do controle normativo do Poder Judiciário sobre outras esferas de poder, que vem sendo denominado "ativismo judicial", está a pressão da sociedade organizada, perceptível tanto na

Europa como na América, que, mais consciente dos direitos conquistados, e com mais oportunidades de acesso à Justiça, tem deslocado o foco de tensões sociopolíticas dos poderes clássicos – Executivo e Legislativo para o Sistema de Justiça. Este deslocamento do *locus* conflitivo vem ocasionando um certo esgotamento do modelo clássico e estanque de separação dos poderes, substituindo-o por uma técnica distributiva de funções entre órgãos relativamente separados, mas interconectados entre si.[292]

Na visão liberal clássica, os direitos de primeira geração – direitos civis, liberdades públicas – eram preferencialmente tutelados pelo Poder Judiciário em face do normal agressor desses direitos, o Poder Executivo, cuja atividade policial é mais tendente a desrespeitar o direito à liberdade, o direito de reunião, de propriedade etc. Por sua vez, os direitos políticos estariam notadamente ao encargo do Poder Legislativo, principal responsável pelo seu exercício. Os representantes legislativos seriam eleitos pelo povo e corresponderiam à assembléia nacional no seu mister de propiciar a autonomia popular, na filosofia de Rousseau. Por fim, os direitos sociais deveriam vir implementados pelo Poder Executivo por ser o gestor do orçamento público e detentor dos recursos técnico-administrativos para a construção de obras públicas e prestação de serviços sociais.

Esta configuração ideal, entretanto, passou a sofrer alterações à medida que a sociedade foi se transformando cada vez mais rapidamente. O célere tempo socioeconômico, inspirado na concepção fordista da fábrica, passou a ultrapassar o lento tempo legislativo dos parlamentos. Os governos não admitiam mais aguardar as longas discussões assembleares, e o Poder Executivo foi, crescentemente, assumindo para si a atividade legislativa, pois detinha melhores informações técnicas e orçamentárias para a elaboração das leis, progressivamente mais complexas. Restaram, destarte, marginalizados os processos democrático-representativos e a produção legislativa já não tem bases na tradição do passado que é o tempo da certeza jurídica, o tempo da memória histórica e da experiência, mas, sobretudo, no

---

[292] Ver CITTADINO, Gisele. Judicialização da Política, Constitucionalismo Democrático e Separação de Poderes. In: VIANNA, Luiz Werneck (org.). *Democracia e os Três Poderes no Brasil*. Belo Horizonte: UFMG, 2002, p. 17-42. No mesmo sentido, Eduardo Ritt assinala que "o princípio [da separação dos poderes] deve ser visto, então e apenas, como uma técnica distributiva de funções distintas entre órgãos relativamente separados, em íntima cooperação, harmonia e equilíbrio, sem nenhuma linha que marque uma separação absoluta ou intransponível" (*O Ministério Público como Instrumento de Democracia e Garantia Constitucional*. Porto Alegre: Livraria do Advogado, 2002, p. 142). Outrossim, Antoine Garapon, justificando as razões pelas quais se percebe, na França, um crescente aumento do poder dos *petits juges*, também assevera que "o poder não deve ser dividido em três segmentos, cada um deles com a atribuição de funções específicas. Os poderes só podem manter o equilíbrio se partilharem as mesmas áreas. Em todos os Estados que adotam a separação de poderes, cada poder legisla, administra e julga" (*O Juiz e a Democracia – O Guardião das Promessas*. 2ª ed. Rio de Janeiro: Revan, 2001, p. 178).

Direitos Fundamentais Sociais

tempo presente e futuro, este marcado pelas características da indefinição e indeterminação: "legisla-se aos bocadinhos, sob a pressão da urgência ou dos meios de comunicação (...). Legisla-se sem visão de conjunto, sem filosofia, sem perspectiva (...) imprevisível e precária, a norma deixa de ser uma fonte de coesão social na medida em que está em discussão permanente".[293] O tempo do Direito torna-se um tempo sempre provisório e promitente, vive-se um "eterno presente" e, neste eclipse do Poder Legislativo, ao Judiciário, até então o menor dos três poderes nos países da *civil law,* passa a incumbir uma tarefa que lhe incrementa a importância social: suprir as lacunas técnicas e os abusos da legislação proveniente do Poder Executivo e garantir as promessas da modernidade. A classificação de Marshall torna-se vetusta, na medida em que o Sistema de Justiça é chamado a garantir os direitos sociais, tarefa tradicionalmente atribuída ao Poder Executivo.

4.2.1. O protagonismo político dos operadores jurídicos

O protagonismo judicial contemporâneo é favorecido nos países da *common law,* nos quais uma longa tradição facilita uma arquitetura constitucional que privilegia o Poder Judiciário, historicamente independente e protetor de direitos sociais. Já na tradição continental da *civil law* este novo papel do sistema judicial tem sido confrontado, sobretudo, pelo Poder Executivo. A origem do conflito é costumeiramente atribuída aos novos textos constitucionais, baseados na proposta do Estado Democrático de Direito cujos princípios e objetivos do Estado oportunizam interpretações construtivistas dos Tribunais, ampliadoras do seu poder de dizer o Direito, que, destarte, passa a ser mais judicial do que legal. Com efeito, preleciona Lenio Luiz Streck que:

> O Estado Democrático de Direito representa, assim, a vontade constitucional de realização do Estado Social. É nesse sentido que ele é um *plus* normativo em relação ao direito promovedor-intervencionista próprio do Estado Social de Direito. Registre-se que os direitos coletivos, transindividuais, por exemplo, surgem, no plano normativo, como conseqüência ou fazendo parte da própria crise do Estado Providência. Desse modo, se na Constituição se coloca o modo, é dizer, os instrumentos para buscar/resgatar os direitos de segunda e terceira geração, via institutos como substituição processual, ação civil pública, mandado de segurança coletivo mandado de injunção (individual e coletivo) e tantas outras formas, *é porque no contrato social – do qual a Constituição é a explicitação – há uma confissão de que as promessas da realização da função social do Estado não foram (ainda) cumpridas* [grifos no original].[294]

Sem dúvida que a constitucionalização do Estado e sua adjetivação como democrático importa deslocamento de poder do Estado para as organizações sociais que, titulares das vantagens daí decorrentes, passam a exigir a implementação dos direitos sociais, especialmente porque constitucionalizados. Se, no passado, podia-se conceber um

---

[293] OST, François. *O Tempo do Direito,* p. 367.

[294] STRECK, Lenio Luiz. *Hermenêutica Jurídica e(m) crise,* p. 37.

casamento entre um Legislativo generoso, que outorgava direitos, sem um compromisso maior com a sua concretização, e um Executivo que também não se comprometia com a implementação dos direitos legislados, desculpando-se no conceito providencial de discricionariedade administrativa, a abertura de acesso irrestrito ao Poder Judiciário de toda e qualquer lesão ou ameaça de direito, inclusive dos direitos transindividuais, é apanágio do Estado Democrático de Direito, que problematiza a histórica harmonia dos poderes públicos, impondo respeito ao direito legislado, inclusive e especialmente ao Direito Constitucional. É esclarecedora a seguinte relação entre os diferentes modelos estatais e os poderes proeminentes em cada um deles: a) o Estado Liberal tinha o Legislativo como centro decisório, pois guardava as liberdades individuais, tão caras àquele modelo estatal; b) o Estado Social, primava pelo Executivo, capaz de realizar políticas públicas e intervenções na economia tendentes à homogeneidade social; c) o Estado Democrático de Direito irá centrar sua tensão no Sistema Judiciário, pois, *"inércias do Executivo e falta de atuação do Legislativo passam a poder ser suprimidas pelo Judiciário, justamente mediante a utilização dos mecanismos jurídicos previstos na Constituição, que estabeleceu o Estado Democrático de Direito. (...)* As normas-programa da Lei Maior não estão sendo implementadas. Por isto, na falta de políticas públicas cumpridoras dos ditames do Estado Democrático de Direito, *surge o Judiciário como instrumento para o resgate dos direitos não realizados.* Daí a inexorabilidade desse *'sensível deslocamento'* antes especificado".[295]

Cláudio Ari Mello propõe-se à hercúlea análise do dilema entre constitucionalismo e democracia, duas finalidades distintas do Estado Liberal que, no entanto, se apresentam em antagonismo tanto pragmá-

---

[295] STRECK, Lenio Luiz. *Hermenêutica Jurídica e(m) crise*, p. 38 (grifos no original). Ademais, Maria Tereza Sadek, discorrendo sobre a dimensão política do Sistema de Justiça, enfatiza que "o desenvolvimento dos Estados Democráticos e suas políticas de bem-estar social forçaram mudanças na engenharia institucional e a transformação do Judiciário em um poder ativo". Para esta pesquisadora, o regime presidencialista favorece esta potencialidade do Judiciário, definindo-o como um poder independente e encarregado de exercer o controle da constitucionalidade das leis e dos atos dos demais poderes. A rigor, os três Poderes do Estado foram redefinidos: o Executivo aumentou sua capacidade legislativa; o Judiciário expandiu sua atividade política e o Legislativo chamou a si algumas atividades de julgamento e investigação através das CPIs. Deste modo, a tradicional teoria da separação estrita dos Poderes vem sendo substituída por uma versão mais flexível da relação entre as três funções mediada pelo princípio dos freios e contrapesos. Acrescenta, ainda, que o novo Constitucionalismo democrático favorece o processo de expansão do Judiciário, deferindo-lhe um papel ativo na vida coletiva que independeria do sistema normativo, *common law* ou *civil law*, tanto que experiências recentes na Europa, em países com sistemas jurídicos diversos, vêm revelando este "novo judiciário ativo", co-autor de políticas públicas. No Brasil, a Constituição de 1988 alargou a margem de atuação do Judiciário, como decorrência da extensa constitucionalização de direitos e liberdades, individuais e coletivos, sem precedentes em nossa história, de forma que "a Carta de 1988 pode ser vista como um ponto de inflexão, representando uma mudança substancial no perfil do Poder Judiciário, alçando-o para o centro da vida pública e conferindo-lhe um papel de protagonista de primeira grandeza" (SADEK, Maria Tereza. Poder Judiciário: Críticas e Desafio, p. 413-5).

Direitos Fundamentais Sociais

tico quanto teórico, constituindo o que vem sendo denominado "o problema de Rousseau",[296] o qual estaria "concentrado no chamado caráter contramajoritário da função de blindagem ou entrincheiramento de direitos individuais e valores fundamentais promovida pelo sistema constitucional em relação à democracia". Para o pesquisador gaúcho, há uma ambigüidade quando os dois princípios coexistem em um mesmo sistema político, pois ambos concorrem por espaços institucionais, de sorte que uma expansão do controle constitucional restringe o papel da democracia; ou, por outra, a ampliação da liberdade decisional democrática invade as cláusulas pétreas de um constitucionalismo garantista. Mello entende que a percepção da antinomia tem ocasionado o surgimento de movimentos teóricos com pretensão a harmonizar os dois princípios, porém, na maior parte dos casos, tais movimentos apenas subordinam um princípio ao outro, sem encontrar o equilíbrio necessário entre ambos que se constituem, em verdade, em conquistas da modernidade.[297]

Este antagonismo mais se evidencia quando se tem em mente a evolução do constitucionalismo desde as revoluções burguesas. As constituições liberais do século XIX, limitavam-se a organizar o Estado, distribuir competências e preservar a iniciativa privada contra a ingerência governamental, ao passo que, as constituições contemporâneas, propõem um modelo diferente do Estado liberal clássico. Conforme acentua Maurizio Fioravanti:

> En efecto, estas constituciones [as constituições contemporâneas] han reafirmado de nuevo el principio de soberania popular contra la tradición decimonónica que lo había desterrado – como hemos visto en el capítulo precedente – a favor del principio de soberanía del Estado. Han retomado de nuevo la tradición revolucionaria de las Declaraciones de derechos, expandiendo su objeto hacia los derechos sociales que, sólo de manera efímera, aunque relevante, habían sido afirmados en el curso de la revolución francesa. Y además, estas mismas constituciones se proponen, frente al estatalismo liberal decimonónico, como constituciones rígidas protegidas por procedimientos particulares de revisión y reforzadas por una difusión progresiva del control de constitucionalidad, organizado de manera distinta que el estadounidense difuso, pero operante también, por lo menos en buena medida, como *jurisdicción de las libertades*, que como tal presupone una decisión fundamental de tipo constituyente que ha incardinado las libertades en la constitución, de tal manera que las sustrae del posible arbitrio de los poderes constituidos (grifos no original).[298]

Para Fioravanti, depois da queda dos regimes totalitários e do fim da Segunda Grande Guerra mostrou-se insuficiente a declaração solene

---

[296] Explica o autor que, para Rousseau, o Estado teria basicamente dois objetivos: a) proteger os indivíduos e seu patrimônio; b) ao unir-se pelo contrato social, o indivíduo somente obedeceria leis por ele próprio produzidas, assumindo o conceito de liberdade como autonomia. A letra "a" supra corresponde ao constitucionalismo liberal que impunha limites ao poder absolutista do Estado até então predominante, ao passo, que a letra "b" está relacionada ao princípio democrático, pois para o reconhecimento da liberdade como autonomia, pressupõe-se a participação popular na elaboração das leis.

[297] MELLO, Cláudio Ari. *Democracia Constitucional e Direitos Fundamentais*. Porto Alegre: Livraria do Advogado, 2004, p. 15-16.

[298] FIORAVANTI, Maurizio. *Los Derechos Fundamentales*. Madrid: 2000, Trotta, p. 127.

dos direitos e liberdades em textos constitucionais frente às possíveis prevaricações do poder público. Em tal caso, a concepção liberal de Constituição, tão-somente como norma garantista contra o arbítrio estatal, necessitou ser reforçada pela sua compreensão como *norma diretiva fundamental* à qual devem submeter-se, em suas ações positivas tendentes à realização dos valores constitucionais, todos os poderes públicos e privados. Deste modo, exemplificando com a Constituição Italiana de 1948, Fioravanti menciona, como exemplo da concepção garantista, o art. 2º, que "reconhece e garante os direitos invioláveis do homem"; o qual, todavia vem seguido do art. 3º, que obriga a República a "remover os obstáculos de ordem econômica e social" que limitem a liberdade, a igualdade e os direitos políticos de participação dos cidadãos. Neste último dispositivo estaria a função diretiva fundamental das modernas constituições, endereçada, por exemplo, a dirigir os poderes privados e públicos a oportunizar o amplo acesso da população aos direitos sociais, como o direito à educação, subsistência e trabalho.

Deste modo, o novo constitucionalismo combina, a um só tempo, as duas funções constitucionais – garantista e diretiva – e, portanto, confronta duplamente o estatalismo liberal do Século XIX, pois, pela função garantista, renasce a idéia de controle da validade das normas infraconstitucionais em face da Constituição, de sorte que a simples correção procedimental na aprovação das leis, não supre a harmonização das regras com os valores substanciais inscritos na Carta que funda o sistema jurídico. Ademais, mediante sua função diretiva, recupera-se a idéia contratualista de soberania popular, que faz do Estado um *instrumento*, que "solamente existe *en función* de um objetivo a perseguir, de valores a realizar, de necesidades a satisfacer, como en el caso de los derechos sociales".[299]

Destarte, mediante o aporte para o Brasil da rica doutrina antes enunciada, que reúne o melhor pensamento em constitucionalismo europeu ocidental, a constitucionalização do Estado Democrático de Direito em nosso país, que acolhe e harmoniza a dupla função – garantista e diretiva – da Constituição, é uma das razões do fortalecimento do Sistema de Justiça em face de todos poderes públicos e privados da sociedade brasileira. A Constituição de 1988 assenta-se em objetivos de ampla atribuição axiológica, como a construção de uma sociedade livre, justa e solidária e a busca do desenvolvimento nacional, objetivos a serem alcançados através da erradicação da pobreza, da marginalização, das desigualdades sociais e regionais e da discriminação. Trata-se de uma Carta garantista individual e social e, simultaneamente, diretiva, pois pretende pôr-se à frente do sistema legal, impondo, conforme o conselho de Hesse, uma ordem de otimização dos seus princípios,

---

[299] Idem, p. 128-30.

Direitos Fundamentais Sociais

com reconhecido poder normativo. É uma Constituição essencialmente substancialista, pois, em que pese atenda sua função procedimentalista, ao distribuir competências, regular o processo legislativo e organizar o Estado, é rica em princípios e valores, aos quais, em momento algum, recusou poder normativo, para relegá-los a uma humilhante e inócua secundarização, que a doutrina da exclusiva programaticidade pretende sustentar. Ao contrário, concedeu aos direitos fundamentais individuais a condição de cláusulas pétreas,[300] imunizando-os contra tentativas de solapamento. Ademais, reforçou os direitos sociais, ao minudenciar a previsão nominal do art. 6º, ao longo dos Títulos VII e VIII , respectivamente, tangentes à "Ordem Econômica e Financeira" e à "Ordem Social". Em tal contexto, explanado ao longo deste trabalho, não é de estranhar o compreensível reequilíbrio, na balança da divisão tridimensional do poder político, que alçou o Sistema de Justiça, finalmente, à condição de igualdade com os demais poderes. Trata-se de decorrência natural, inclusive, da regra que proíbe a exclusão da apreciação judicial de qualquer lesão ou ameaça a direito, petrificada no inciso XXXV do art. 5º da Carta Republicana. Mas, este reforço do poder diretivo da Constituição, durante tanto tempo sublimado pelas teorias programáticas e procedimentais, é devedor hipotecário de uma nova concepção do positivismo jurídico na pós-modernidade, que vem sendo denominado neoconstitucionalismo pós-positivista.

4.2.2. O neoconstitucionalismo pós-positivista e a concepção principial do Direito[301]

No positivismo kelseniano, o princípio geral que norteava a atividade do jurista analítico era o princípio da legalidade – "ninguém

---

[300] Conforme art. 60, § 4º, inc. IV. Vale frisar que a Constituição de 1988 é classificada como uma carta em parte rígida e em parte imutável, pois, de um lado, impõe um processo legislativo específico e consideravelmente mais dificultoso para emenda à Constituição, conforme art. 60 e, de outro, estabelece, no § 4º deste dispositivo, matérias que não são passíveis de emenda durante sua vigência (vide MORAIS, Alexandre. *Direito Constitucional.* São Paulo: Atlas, 13ª Ed., 2000, p. 39. No mesmo sentido, TAVARES, André Ramos. *Curso de Direito Constitucional.* São Paulo: Saraiva, 2ª Ed. 2003. p. 68).

[301] Com a superação histórica do Jusnaturalismo, bem como, com o fracasso político do Positivismo Jurídico, que dissimulou, sob sua aparente neutralidade, regimes atrozes, abriu-se caminho para um novo e ainda inacabado conjunto de reflexões difusas acerca do Direito, sua função social e sua interpretação, que provisoriamente vem sendo designado "Pós-positivismo", no qual se inclui a análise das relações entre valores, princípios e regras tão caras à Nova Hermenêutica e à Teoria dos Direitos Fundamentais (conforme BARROSO, Luís Roberto. Fundamentos Teóricos e Filosóficos do Novo Direito Constitucional Brasileiro. In: Estudos de Direito Constitucional em Homenagem a José Afonso da Silva. São Paulo: Malheiros, 2003, p. 43). Também Paulo Bonavides em seu festejado Curso de Direito Constitucional, Cap. 08, utiliza largamente a expressão pós-positivismo, mas o Prof. Lenio Streck prefere o termo "neoconstitucionalismo", que, em sua visão insuperavelmente crítica, melhor distingue o constitucionalismo atual das versões precedentes perfiladas ao liberal-positivismo. Nesse sentido, assevera que a inovação do "neoconstitucionalismo" está em sua vocação à tarefa de constitucionalizar o direito sob o aspecto material, impondo "certas exigências da moral crítica na forma de direitos

está obrigado a fazer ou deixar de fazer alguma coisa senão em virtude de uma lei". O aplicador do Direito podia até duvidar pessoalmente acerca da legitimidade do ordenamento jurídico de seu país, podia concebê-lo subjetivamente como autoritário ou comprometido com valores ideológicos menores, mas, convicto da necessidade de encontrar premissas que o auxiliassem na decidibilidade dos conflitos, com um mínimo de perturbação social possível, o juspositivista partia da "crença na inegabilidade dos pontos de partida", isto é, dos dogmas. Diante do conflito, a premissa dogmática seria a lei e, quando encontrada a norma apta a solucioná-lo, desencadeava-se um processo de indagações dogmáticas tendentes a conceituar semanticamente seus diversos componentes, com o propósito de efetuar a integração entre a norma e a faticidade, partindo sempre de um mesmo ponto: o próprio ordenamento legal.

Buscando encontrar "objetivamente" o Direito, o normativista analisava-o, utilizando, para tanto, o método cartesiano de decomposição dos elementos integrativos da regra, estudo das partes distintas e posterior religação desses elementos em um todo que se pretende harmônico.[302] Assim, pela matriz normativo-analítica, método próprio ao positivismo jurídico, o jurista construía sistemas hierárquicos tendo em vista a decidibilidade dos conflitos. Para tanto, elaborava conceitos e classificações com função predominantemente operativa. Os conceitos mais gerais oportunizavam ao intérprete a ampliação ou construção de novas classificações, como é o caso dos conceitos de norma, direito, igualdade, liberdade, dignidade da pessoa humana etc.

Tal metodologia tem o inconveniente de isolar o Direito de ciências afins, tornando-o atemporal, desta forma, seus dogmas tendem a resistir às mudanças históricas e a assegurar a ordem estabelecida, mesmo diante da evolução social, principiando situações de crise e

---

fundamentais". "Em outras palavras", resume o constitucionalista gaúcho, "o Direito adquiriu uma forte carga axiológica, assumindo fundamental importância a materialidade da Constituição" que se opõe ao método do positivismo jurídico, marcadamente procedimentalista. Ademais, o neoconstitucionalismo, ao promover os princípios constitucionais à condição de normas jurídicas, faz irradiar uma nova hermenêutica produtora de um sentido de Constituição que enfatizou a importância da jurisdição constitucional em face dos demais poderes de Estado (Jurisdição Constitucional e Hermenêutica. Op. cit., p. 101-2).

[302] Tércio Sampaio Ferraz Júnior explica o procedimento analítico, inclusive, utilizando a expressão "diferenciação", mas com o sentido de decomposição, portanto, diverso daquele empregado na Teoria Sistêmica, onde a diferenciação importa mesmo na auto-organização do sistema em face de seu entorno. Segundo o mencionado autor, pode-se "dizer também que a análise envolve, genericamente, um procedimento de *diferenciação* e *ligações*. Diferenciação é um recurso analítico no sentido de decomposição, que consiste numa desvinculação de elementos que se manifestam como formando um todo ou, por suposição, um conjunto solidário. Já ligação é um recurso analítico que se refere ao sentido de procedimento regressivo e consiste na aproximação de elementos distintos, estabelecendo-se entre eles uma solidariedade, tornando-os compatíveis dentro de um conjunto" (grifos no original In: FERRAZ JÚNIOR, Tercio Sampaio. *Introdução ao Estudo do Direito*. 3. ed. São Paulo: Atlas, 2001, p. 94).

Direitos Fundamentais Sociais

de deslegitimação do Sistema Jurídico. No entanto, nem tudo no positivismo pode ser objeto de crítica, ao contrário, merece encômios sua reação contra o sociologismo ou positivismo sociológico que dominava a Teoria do Direito ao tempo de Kelsen, e que tinha o defeito de eclipsar o poder regulador do Direito sob a consideração de que toda a juridicidade pertenceria aos fatos. Em seu extremo, o sociologismo jurídico negava a capacidade normativa do Direito, tornando-o mero reflexivo da faticidade, de modo que o positivismo jurídico veio resgatar a capacidade de o Direito outorgar segurança jurídica, mas não chegou ao ponto de reivindicar-lhe um poder transformador da realidade, na medida em que, nesta matriz teórica, a Ciência Jurídica deve ser neutra, dela excluindo-se elementos ideológicos, próprios da ação política.

Em Kelsen, não só o Direito é neutralizado politicamente como o próprio Estado, porquanto este é reduzido a um sistema de normas, eliminando-se seu caráter político. A Política passa a ser a doutrina do Estado justo e ideal, distinguindo-se da Teoria do Estado cujo objeto será o Estado real que se identifica com o direito positivo. Para o corifeu da Teoria Pura do Direito, o antigo dualismo Estado e Direito tinha a função ideológica de justificar o Estado como pessoa jurídica diversa do Direito, o que não mais se justificava ao tempo do Estado de Direito liberal. Assim, na versão positivista-liberal do Estado de Direito, o Direito legitima o Estado porque constitui uma ordem oposta à natureza original deste, que é o poder. Sendo insuficientes as justificações metafísico-religiosas, esta teoria do Estado de Direito, tornou-se a alternativa racional para justificar o Estado, ou seja, "um conhecimento do Estado isento de elementos ideológicos, e, portanto, liberto de toda metafísica e toda a mística, não pode apreender a sua essência de outro modo que não seja concebendo esta figura social (...) como uma ordem de conduta humana. (...) Como organização política, o Estado é uma ordem jurídica".[303]

Entretanto, como o Direito deve acompanhar a evolução paradigmática do Estado. O perfil nitidamente intervencionista que caracterizou o Estado Social e que continua presente no atual estágio do Estado Democrático de Direito aponta para um Direito de conteúdo não apenas ordenador (Estado Liberal) ou promovedor (Estado Social), mas, sim, potencialmente transformador.[304]

Com efeito, se o positivismo jurídico parecia compatível com o Estado Liberal, meramente ordenador das condutas humanas, alguns aspectos aparentam estar mudando o Direito de viés normativista; sem,

---

[303] KELSEN, Hans. *Teoria Pura do Direito*. 1. ed. bras. São Paulo: Martins Fontes, 1985, p. 300-2.

[304] STRECK, Lenio Luiz; FELDENS, Luciano. *Crime e Constituição* – A Legitimidade da Função Investigatória do Ministério Público, p. 4-5 (grifos no original).

entretanto, desfigurá-lo como fonte de segurança social, mas acrescentando-lhe um condão transformador da realidade social, a saber: a) a constatação das dificuldades de atualização do ordenamento, que o normativismo-formalista ocasionava em uma sociedade de relações extremamente ágeis, vem incentivando a substituição do *locus* interpretativo das regras minudentes, para os princípios e cláusulas gerais; b) o centro do sistema jurídico nacional começa a transferir-se dos códigos para a Constituição, com a conseqüente constitucionalização do Direito material e processual comuns.

No tangente ao primeiro aspecto supra-referido, na era dos conflitos coletivizados e não mais apenas individualizados, observa-se que o novo Direito substitui a antiga preocupação com a segurança jurídica por uma preocupação maior com a segurança social, que poderia ser traduzida no máximo valor que o Direito deve perseguir, qual seja, a paz social.[305] A tendência atual de reassentar o Direito positivo, prioritariamente, em princípios abertos, mas com poder normativo, reconcilia Direito e Filosofia, naturalizando esta no mundo jurídico e mitigando o engessamento dogmático pela mais flexível atribuição significativa que os princípios comportam. Estes, discriminados ao tempo do positivismo jurídico, sob a acusação de alta abstração donde se lhes atribuía uma baixa densidade normativa, meramente supletiva, não engendram, necessariamente, insegurança jurídica como ordinariamente se lhes inculpa, ao contrário, a utilização sensata dos princípios, com atribuir-lhes sentido a partir de um *plus* de razões científicas e éticas, pode ser fator de segurança jurídica e social obtida precisamente pela sua elasticidade conceptual, vez que, a extrema rigidez de textos legislativos detalhados, em um mundo em constante devir, é que pode ocasionar, além de insegurança jurídica, a própria insegurança social, sua conseqüência mais desastrosa, na medida em que, na era dos conflitos coletivos, a inflexibilidade na aplicação do Direito capacita-se a germinar a resistência injurídica. Pode-se, destarte, afirmar que se vive uma época de aproximação entre as concepções idealistas e positivistas do Direito, facilitada pela revalorização dos princípios. Esta alegada incompatibilidade entre idealismo e normativismo já foi

---

[305] A "segurança social" aqui referida não tem o significado restrito, hoje normalmente empregado na mídia e nas estruturas de governo, de "segurança pública" com nítido caráter penal-repressivo. Com "segurança social" pretende-se fazer referência a um Estado que se oponha à sociedade de risco securitário, que se insinua como conseqüência da crise do Estado de Bem-Estar Social, e assuma um posicionamento jurídico-político "antropologicamente amigo". Trata-se de um modelo que pacifique os conflitos não através da repressão penal pura e simples, o que viria em oposição ao paradigma do Estado Democrático de Direito, mas que tenha o condão de trazê-los para o plano do debate político, convertendo resistências injurídicas em atividades construtivistas. Quando se fala em "paz" como objetivo maior do Direito tem-se bem presente que esta somente será alcançada com Justiça Social.

Direitos Fundamentais Sociais

contestada na Teoria do Direito como dá testemunho a seguinte transcrição:

> O antagonismo via de regra demonstrado entre essas abordagens parece inexato e nefasto, a menos que se pretenda impor uma determinada escolha ideológica com fins puramente militantes, independentemente de qualquer preocupação científica. Por si só, nenhuma das teses, idealista ou positivista, traz resposta suficiente à questão da definição do Direito. Em vez de opô-las para rejeitar uma ou outra, cumpre tentar conciliar idealismo e positivismo. Sua complementaridade prevalece sobre sua pretensa incompatibilidade. Para além de qualquer exclusão, a definição do Direito se abebera nas duas fontes a um só tempo.[306]

Se a amplitude significativa dos princípios permite-lhes servir de imbricação entre o positivismo jurídico e o jusnaturalismo, restabelecendo o papel da Filosofia do Direito, após longo ostracismo, impende relembrar a trajetória dos princípios gerais de Direito desde as especulações filosóficas até os textos constitucionais, porquanto longo foi o caminho percorrido para que se admitisse sua normatividade, conquista do neoconstitucionalismo pós-positivista, quando, finalmente, os princípios passam a ser tratados como Direito, possuindo uma função heurística, ou seja, são vistos como regras para a solução de problemas jurídicos, e não simplesmente para preencher lacunas. Ao resgatar o poder normativo dos princípios, o pós-positivismo não emerge como desconstrução do positivismo em todos os seus aspectos, mas como sua superação, pois embora guarde deferência ao ordenamento positivo, nele reintroduz as idéias de justiça e legitimidade.[307]

A aceitação da normatividade dos princípios, qualidade antes reservada exclusivamente às regras jurídicas, e sua inserção honrosa nos textos fundamentais colocaram as Constituições no ápice do Sistema Jurídico, valorizando-as como sistema de valores a inspirar e filtrar toda a interpretação do Direito. Para Paulo Bonavides, "os princípios são o oxigênio das Constituições na época do pós-positivismo. É graças a eles que os sistemas constitucionais granjeiam a unidade de sentido e auferem a valoração de sua ordem normativa".[308] O

---

[306] BERGEL, Jean-Louis. *Teoria Geral do Direito*, p. 09-10.

[307] BARROSO, Luís Roberto. Fundamentos Teóricos e Filosóficos do Novo Direito Constitucional Brasileiro, p. 44.

[308] BONAVIDES, Paulo. *Curso de Direito Constitucional*, p. 259. Com efeito, registra o festejado constitucionalista que "os princípios baixaram primeiro das alturas montanhosas e metafísicas de suas primeiras formulações filosóficas para a planície normativa do Direito Civil. Transitando daí para as Constituições, noutro passo largo, subiram ao degrau mais alto da hierarquia normativa". A seguir, na mesma obra, sintetiza com maestria todo o seu desenvolvimento: "Em resumo, a teoria dos princípios chega à presente fase do pós-positivismo com os seguintes resultados já consolidados: a passagem dos princípios da especulação metafísica e abstrata para o campo concreto e positivo do Direito, com baixíssimo teor de densidade normativa; a transição crucial da ordem jusprivatista (sua antiga inserção nos Códigos) para a órbita Juspublicística (seu ingresso nas Constituições); a suspensão da distinção clássica entre princípios e normas; o deslocamento dos princípios da esfera da jusfilosofia para o domínio da Ciência Jurídica; a proclamação de sua normatividade; a perda de seu caráter de normas programáticas; o reconhecimento definitivo de sua positividade e concretude por obra sobretudo das Constituições; a distinção entre regras e princípios, como espécies diversificadas do gênero norma, e, finalmente,

ilustrado constitucionalista brasileiro defende com veemência o caráter normativo dos princípios, sustentando que "quem os decepa, arranca as raízes da árvore jurídica". Para ele, o reconhecimento da normatividade plena dos princípios é que permitiu a substituição da idéia de Constituição programática por Constituição dirigente, como se vê do seguinte escólio:

> A proclamação da normatividade dos princípios em novas formulações conceituais e os arestos das Cortes Supremas no Constitucionalismo contemporâneo corroboram essa tendência irresistível que conduz à valoração e eficácia dos princípios como normas-chaves de todo o sistema jurídico, normas das quais se retirou o conteúdo inócuo de programaticidade, mediante o qual se costumava neutralizar a eficácia das Constituições em seus valores reverenciais, em seus objetivos básicos, em seus princípios cardeais.[309]

Em resumo, pontifica o emérito professor cearense:

> (...)colocados [os princípios] na esfera jusconstitucional, as posições se invertem: os princípios, em grau de positivação, encabeçam o sistema, guiam e fundamentam todas as demais normas que a ordem jurídica institui e, finalmente, tendem a exercitar aquela função axiológica vazada em novos conceitos de sua relevância.[310]

Conseqüência da positivação dos princípios gerais de Direito nos textos constitucionais e da vitória das teses que negam sua eficácia meramente programática, incumbindo-lhes imediata função heurística, é um aumento significativo do poder legiferante do Sistema de Justiça, pois a atribuição de sentidos concretos aos princípios passa a ser sua tarefa. Ademais, os princípios, alcançando máxima dignidade jurídica e perfilando-se àquela função garantística e axiológica da Carta, têm o condão de negar validade à legislação infraconstitucional, tanto quanto mais efetivo o controle de constitucionalidade, donde resulta o papel determinante da jurisdição constitucional, especialmente a que opera o controle concentrado, para a efetivação do Estado Democrático de Direito. De outra parte, ainda coopera com esta evolução, a colaboração do legislativo brasileiro que, na fase pós-constitucional, complementa-ra os princípios constitucionais com moderna e progressista legislação infraconstitucional a exemplo do Código de Defesa do Consumidor, Estatuto da Criança e do Adolescente, Lei dos Crimes Ambientais, Estatuto da Cidade, Lei da Reforma Agrária, Lei das Diretrizes e Bases da Educação e, agora, mais recentemente com o Estatuto do Idoso, somente para citar alguns dos mais conhecidos exemplos de legislação de interesse social.

Neste ponto entra em cena a segunda transformação do Direito na pós-modernidade: se os princípios assumiram normatividade máxima e se foram eles entronizados nas constituições modernas, então estas

---

por expressão máxima de todo esse desdobramento doutrinário, o mais significativo dos seus efeitos: a total hegemonia e preeminência dos princípios" (Idem, p. 264-5).

[309] Idem, p. 257.

[310] Idem, p. 263.

Direitos Fundamentais Sociais

217

finalmente assumem, de fato, posição superior, conformadora da ordem jurídica, mercê deste fenômeno de "naturalização da Filosofia no mundo do Direito", mediante positivação dos princípios jurídicos que resgata, em matéria de direitos humanos, a constatação de que eles nascem na Filosofia e nela encontram seus fundamentos. Isto pode ser percebido de forma muito clara no constitucionalismo contemporâneo, quando, por exemplo, no art. 1º da Constituição de 1988, são registrados, como fundamentos do Estado Democrático de Direito no Brasil, a dignidade da pessoa humana, a cidadania, a soberania, os valores sociais do trabalho e da livre iniciativa e o pluralismo político, conceitos abstratos, cuja maior concreção haverá de ser delimitada através da Hermenêutica Filosófica e das conexões da Teoria do Direito com ciências afins, como a Ciência Política, Economia Política, Sociologia etc.

Há todo um arcabouço de tradições culturais do Ocidente, que agregadas à vitória contra os totalitarismos e suas visões aristocráticas de raças superiores em detrimento dos "homens comuns", incorporaram aos textos constitucionais esses valores filosóficos, relacionados aos valores morais da liberdade, igualdade e fraternidade.[311] Surge uma categoria deôntica superior às regras jurídicas: os princípios, que, no seu extremo, se traduzem em valores supremos, verdadeiros imperativos categóricos vocacionados à universalização.[312] Deste modo, mesmo "a regra da maioria deveria estar condicionada à carta de direitos das Constituições modernas, súmula dogmática protegida pela instituição do *judicial review*, da qual o legislador ordinário não poderia se afastar".[313] Insta registrar que as conquistas de direitos, no curso da história, foram bandeiras levantadas por minorias excluídas do processo político, que se fizeram reconhecer como detentoras de parcelas da

---

[311] Conforme BARROSO, Luís Roberto. Fundamentos Teóricos e Filosóficos do Novo Direito Constitucional Brasileiro, p. 42-3. Salienta, ainda, o mencionado autor não haver dúvidas de que "o fetiche da lei e o legalismo acrítico, subprodutos do positivismo jurídico, serviram de disfarce para autoritarismos de matizes variados. A idéia de que o debate acerca da justiça se encerrava quando da positivação da norma tinha um caráter legitimador da ordem". Sendo assim, não surpreende que a decadência do Positivismo é associada à derrota do Fascismo e Nazismo da Segunda Grande Guerra, quando a idéia de um ordenamento jurídico indiferente a valores éticos e da lei como estrutura meramente formal já não tinha aceitação no pensamento esclarecido. Cappelletti refere ainda que, precisamente em razão dos abusos autoritários ocorridos em Alemanha, Itália, Áustria e no Japão conducentes à Segunda Guerra Mundial, é que as Cartas Constitucionais posteriores e modo especial nestes países, passaram a contemplar um catálogo de direitos fundamentais materiais a serem tutelados pela Justiça Constitucional (*Juízes Legisladores?* Tradução de Carlos Alberto Alvaro de Oliveira. Porto Alegre: SAFE, 1999, p. 62).

[312] Parece salutar o primeiro imperativo categórico de Kant: *age de acordo com uma máxima que você desejasse se transformasse em uma norma universal*. Com efeito, os princípios constitucionais são máximas vocacionadas à universalização, conforme se demonstrou no capítulo I deste trabalho, quando abordada a tendência dos direitos humanos à internacionalização.

[313] VIANNA, Luiz Werneck; BURGOS, Marcelo. Revolução Processual do Direito e Democracia Progressiva. In: *A Democracia e os três Poderes no Brasil*. Belo Horizonte: UFMG; Rio de Janeiro: IUPERJ/FAPERJ, 2002, p. 360.

cidadania e capazes de traduzir as causas que reivindicavam em causas gerais, como o caso das lutas das mulheres pelo direito de voto, das minorias raciais e religiosas, dos trabalhadores etc.

É preciso concluir, portanto, que os princípios constitucionais, desde os mais amplos até os mais minudentes; desde aqueles que constituem valores gerais ou direitos a prestações sociais até as liberdades individuais, todos eles são justiciáveis e, deste modo, sobretudo quando se trata de direitos sociais, constituem um ponto de intersecção entre direito e política, ou, na visão sistêmica, um ponto de acoplamento estrutural, de conexão seletiva entre o Sistema de Justiça e o Sistema Política. Longe de representar uma patologia nas sociedades contemporâneas, o fenômeno é simples conseqüência da história, que exigirá, ao longo do tempo uma reacomodação das funções estatais e suas relações entre si e com a sociedade. A alegada falta de legitimidade política direta dos operadores do Sistema Jurídico é um argumento apenas aparentemente sólido, que pode ser ilidido racionalmente como se verá na seqüência deste trabalho.[314]

4.2.3. O Neoconstitucionalismo e a "criação" do Direito pelos Tribunais na era do Estado Democrático e Social de Direito

Seguramente, a área jurisdicional que mais problematiza o princípio da separação dos poderes é a do controle de constitucionalidade de leis e atos administrativos, e embora não se pretenda, nos estreitos limites deste livro, adentrar modo profícuo no exame desta complexa e extensa temática, forçoso se torna tecer breves considerações para situar a questão no âmbito do recente fenômeno de judicialização da política.

Como já foi salientado, as modernas Constituições, além da tarefa tradicional de organizar o Estado, distribuir competências e estabelecer procedimentos legislativos, ainda são ricos catálogos de direitos fundamentais. É bem verdade que os direitos fundamentais mais prestigiados nas Constituições modernas, dentre as quais a Constituição brasileira de 1988, são os direitos fundamentais predominantemente individuais de dimensão liberal, como as liberdades públicas. Há quase um consenso de que tais direitos fundamentais individuais, exatamente por preservarem uma esfera de liberdade do indivíduo em face do Estado, devem ser protegidos integralmente pelo Poder Judi-

---

[314] Sobre o tema, vale conferir o trabalho de Cláudio Ari Mello, *Democracia Constitucional e Direitos Fundamentais, op. cit.,* onde o mencionado autor enfoca os limites entre jurisdição constitucional e democracia, decorrentes do trinômio – democracia, direitos fundamentais e jurisdição constitucional – que coexistem nas democracias constitucionais contemporâneas de forma contraditória e expõe métodos de auto-restrição judicial *(judicial self-restraint)* relacionados à limitação entre constitucionalismo e democracia, concernentes à proteção dos direitos fundamentais.

Direitos Fundamentais Sociais

219

ciário. Mas o neoconstitucionalismo substancialista e garantista social, perfilhado às correntes realistas, sustenta, com toda razão, que as Cartas contemporâneas, como a de 1988, também consignam direitos sociais que, por dizerem respeito à realização dos objetivos fundamentais da República e por estarem registrados como pretensões do gênero humano, em documentos internacionais, também devem ser considerados direitos fundamentais, a exemplo da universalização da saúde, da gratuidade da educação fundamental e secundária, do direito ao lazer, ao trabalho, à habitação, ao meio ambiente equilibrado, e aqueles interesses defluentes dos princípios gerais da atividade econômica. Nesta seara dos direitos sociais, entretanto, não há consenso sobre sua judiciabilidade. As correntes procedimentalistas, encabeçadas por Habermas, vão negá-la, argumentando com a necessidade de preservar a *democracia deliberativa e a soberania popular*, e, mesmo as correntes substancialistas liberais, lideradas por Dworkin, embora enfatizem a judiciabilidade dos direitos fundamentais de primeira dimensão – as liberdades públicas – em respeito ao cânone da *tripartição dos poderes*, também negam a imponibilidade judicial dos direitos sociais, que pertenceriam à programaticidade dos poderes políticos imediatos – Legislativo e Executivo. São, respectivamente, Rousseau e Montesquieu insistindo por sobrevida na voz de Habermas e Dworkin. Há, contudo, os que, empunhando a bandeira da supremacia da Constituição,[315] advogam incansavelmente a judiciabilidade dos direitos sociais, resgatando-os dos círculos mais ou menos inertes dos poderes políticos clássicos, para afirmarem sua imponibilidade judicial. Perfilhar-se a esta corrente substancialista importa, entretanto, em outro problema: é certo que a realização dos direitos sociais, no âmbito da justiça, transforma o papel do Sistema de Justiça, alçando-o a uma postura mais ativa e menos passiva do que a tradição liberal lhe houvera reservado; assim, ao dar substância concreta a abstratos princípios constitucionais, costurando justificativas entre lei, jurisprudência e teoria do Direito e da Justiça, o juiz, forçosamente, terá de *criar direito* também, tanto ou mais que o próprio legislador.

Eis outro ponto crucial para o debate acerca da judicialização da política: a indagação sobre os *limites do Poder Judiciário*, tradicionalmente concebido pelos qualificativos de neutro, inerte, imparcial, eqüidistante. Um juiz, que supre omissões legislativas e alcança prestações sociais com base em normas principiais, alegadamente programáticas, faz interpretações construtivistas, avança na aplicação dos princípios de justiça social, parecendo ser mais protagonista do que neutro, mais engajado do que inerte. A situação se problematiza ainda mais quando,

---

[315] Vide nossas considerações sobre o pensamento de Konrad Hesse, Mauro Cappelletti, Norberto Bobbio, Mauro Cappelletti e, entre nós, Paulo Bonavides e Lenio Streck.

decidindo, por exemplo, com supedâneo em princípios constitucionais, o julgador muitas vezes interfere na escolha político-legislativa ou político-administrativa, adentrando, supostamente, um campo que a tradição lhe vetara e reservara, exclusivamente, aos Poderes Legislativo e Executivo. De outra parte, ao proceder à interpretação das leis com uma filtragem hermenêutico-constitucional, excluindo parcelas da norma, harmonizando o sistema sob as diretrizes da Constituição, o julgador impõe o questionamento sobre sua prerrogativa de participar, em sentido amplo, da criação do Direito.[316]

Para responder a esta antiga e intrincada questão cumpre trazer à colação as considerações de Mauro Cappelletti, que, filiando-se ao "separatismo" entre o *princípio dispositivo em sentido substancial e em sentido formal*, conclui que o autor de uma ação dispõe, em um primeiro momento, da opção de pedir a tutela jurisdicional; trata-se, pois, do princípio dispositivo em sentido substantivo que, como regra, é disponível ao titular da pretensão jurídica. Vencido este passo, o princípio dispositivo manifesta-se nas operações endoprocessuais, pelas quais se escolhe o *iter* a trilhar, obedecendo a regras predominantemente públicas do processo.[317]

Contudo, enquanto nas situações jurídicas substanciais tipicamente privadas-disponíveis, a opção de ingressar ou não com a demanda é outorgada com liberdade ao autor; naqueloutras em que ocorre a tutela diferenciada dos novos direitos sociais (difusos, coletivos e individuais homogêneos), esta opção dispositiva substancial é mais ou menos completamente subtraída da disponibilidade dos legitimados ordiná-

---

[316] Mesmo Luhmann, alinhando-se à tese procedimentalista, reconhece que a sociedade complexa da pós-modernidade pressupõe um direito de baixa concretude e alta abstração, sendo que o conceito tradicional de segurança jurídica já não é viável em sociedades altamente complexas: "sociedades simples, por exemplo, possuem um direito tradicionalmente determinado, concebido em termos relativamente concretos. No decorrer do desenvolvimento social em direção à complexidade mais elevada, o direito tem que se abstrair crescentemente, tem que adquirir uma elasticidade conceitual-interpretativa para abranger situações heterogêneas, tem que ser modificável através de decisões, ou seja: tem que se tornare direito positivo. Nesse sentido, formas estruturais e graus de complexidade da sociedade condicionam-se reciprocamente" (LUHMANN, Niklas. *Sociologia do Direito I.* Tradução de Gustavo Bayer. Rio de Janeiro, 1983. Ed. Tempo Brasileiro, p. 15). Bem verdade que Luhmann usa este argumento para defender uma postura procedimentalista, pois, em sua visão, as teses substancialistas já não poderiam servir de base a uma sociedade em constante mutação de valores. Sustenta-se, aqui, todavia, o contrário: exatamente pela ausência de referenciais mais ou menos seguros nas complexas sociedades contemporâneas, os princípios, atualizados pela interpretação jurisprudencial, exercem este papel de reserva moral, de mandamentos heurísticos, e de limite contramajoritário extremo, dando norte material a sociedades que já não têm outras referências. Daí porque assiste razão a Garapon quando sustenta que o Direito é o equivalente contemporâneo da religião, pois não é apenas um recuo da política que explica o avanço do Direito, mas também o do religioso. Para o magistrado francês, "a justiça se coloca de maneira mais cotidiana como instância *moral à revelia*, e o direito como a última moral comum" (GARAPON, Antoine. *O Juiz e a Democracia – O Guardião das Promessas. Op. Cit., p. 182-4).*

[317] CAPPELLETTI, Mauro. *Juízes Legisladores?* Tradução de Carlos Alberto Alvaro de Oliveira. Porto Alegre: SAFE, 1999, p. 13-6.

Direitos Fundamentais Sociais

rios ou extraordinários do direito de ação, e esta supressão da disponibilidade substancial, indicativa do caráter público ou social do direito a ser tutelado, preserva íntima conexão com o comportamento jurisdicional em relação aos direitos tutelados. Deste modo, em se tratando destes novos direitos sociais, decorrentes da complexa sociedade capitalista de massa, proposta a questão pelos legitimados e, portanto, vencida a fase do princípio dispositivo em sentido substancial, o juiz não deve manter-se em posição de absoluta passividade (*adversary system*), mas de autêntico *law maker* e "operador social".[318]

Na realidade, como já se salientou alhures, esta expansão moderna do "Direito judiciário" ou do papel criativo do Sistema de Justiça é conseqüência do crescimento do Estado em todos os seus ramos, representando um contrapeso necessário, em um sistema democrático de *cheks and balances,* ao crescimento desordenado, por vezes autoritário, paternalístico e clientelista do Legislativo e Executivo. Para Cappelletti, há na atualidade um quadro de "orgia legislativa", em que "o único elemento que permite suportar os abalos traumatizantes infligidos ao corpo social pela moderna cirurgia legislativa é, justamente, a reserva de princípios acumulados progressivamente e o contínuo progresso da tradição jurisprudencial".[319] Ademais, não há dúvidas de que o crescimento da influência do Sistema de Justiça, a par de contrabalançar o crescimento dos demais Poderes, ainda serve de anteparo contra outros centros de poder não-governativos ou quase governativos.[320]

Destarte, não há antítese entre interpretação judiciária do direito e criatividade judicial, porque conforme exaustivamente analisado no Capítulo I, quando foram aduzidas considerações acerca da hermenêutica gadameriana, em toda interpretação judiciária do Direito legislativo está ínsito certo grau de criatividade por parte do jurista. O texto não existe por si mesmo, ele manifesta-se pelo discurso do intérprete-aplicador e este ato gnoseológico ocorre no interior de uma espiral hermenêutica em que a compreensão é resultado de um movimento circular e evolutivo (por isso em espiral) entre o texto e seu intérprete.[321] Um texto legislativo

---

[318] Idem, p. 17.

[319] Idem, p. 19, Nota 13.

[320] Idem, p. 107, aqui Cappelletti pode estar se referindo ao poder do mercado e das organizações não governamentais, muitas das quais vêm suprindo a atividade governamental em diversas áreas de alcance social.

[321] Menezes Cordeiro, introduzindo a edição portuguesa da obra de Canaris, preleciona que, no domínio das atuais perspectivas hermenêuticas, cabe referir o pensamento de Heidegger e Gadamer que, com raízes em Hegel, fundamentaram as sínteses hermenêuticas hoje em curso, com a preocupação evidente de superar o irrealismo metodológico. Pela síntese e precisão vale transcrever a lição do próprio autor lusitano: "a vontade livre pautada pelo Direito deriva a sua natureza apenas no quadro do Estado juridicamente organizado ou, se se quiser, no âmbito de um Direito pré-dado. Aberto ao exterior, o Homem apreende o Direito cuja existência reside na sua regular concretização. A hermenêutica adopta, a esta luz, o papel de motor do processo jurídico: ela é pressuposta, sempre, por qualquer discussão. A linguagem assume assim um

é uma mensagem plasmada em símbolos alfabéticos pelo legislador que precisa de um intérprete para ser revivido. Mas, quando revivificada, a mensagem já não será absolutamente igual àquela que o legislador imaginara ao promulgá-la, porque legislador e aplicador não são o mesmo homem, na mesma quadra histórica. Sem o intérprete e seu mundo dotado de pré-conceitos, o texto é, como dizia Lassale com relação à Constituição formal, apenas "folhas de papel". O verdadeiro problema que se nos antolha é outro, qual seja: até que grau esta criatividade ainda não representará invasão da atribuição legislativa ou executiva, e quais as razões, modos, limites, aceitabilidade e conseqüências da criação do direito por obra dos tribunais judiciários. [322]

Com sã consciência, ninguém poderá sustentar um absolutismo do Sistema de Justiça, tendente a uma indevida concentração de poder, capaz de engendrar uma espécie de totalitarismo judicial. Com apregoar que interpretar a lei demanda criatividade, não se está abrindo espaço para o arbítrio ou para uma espécie de *direito livre*, posto que o

papel constituinte mais profundo. A apreensão hermenêutica da realidade – para o caso da realidade jurídica – só é possível porque o sujeito cognoscente conhece de antemão a linguagem em jogo e o alcance da instrumentação nela usada. Há, pois, todo um conjunto de pré-estruturas do saber, a que se poderá chamar de pré-entendimento das matérias. Esta perspectiva, em si simples, põe em crise todos os modelos formais de discurso jurídico; não há, apenas, um entendimento da matéria: esta é o entendimento, confundindo-se com a linguagem que o suporta.Surge, assim, a idéia de círculo do entendimento transposta para a hermenêutica jurídica por FRIEDRICH MÜLLER e JOSEF ESSER e, mais tarde, por uma série de outros autores, com relevo para KARL LARENZ. Explica essa construção que, no Direito, há uma particular relação entre o problema e a resposta; na busca desta, recorre-se a normas que se tornam inteligíveis por utilizarem uma linguagem e uma conceituologia pré-conhecidas pelo intérprete aplicador; essas mesmas normas são procuradas pelo pré-julgamento sobre a ordenação e a própria solução que, para o problema, o mesmo intérprete aplicador tenha visualizado, num momento prévio. Surge, assim, a imagem do *círculo ou espiral hermenêutica: perante um problema, o intérprete terá de efectuar tantas idas e vindas entre o pré-entendimento e o entendimento em si quantas as necessárias para a sua integração* (grifo nosso em itálico, MENEZES CORDEIRO, Antônio Manuel da Rocha e. "Os Dilemas da Ciência do Direito no final do Século XX". Introdução à obra *Pensamento Sistemático e Conceito de Sistema na Ciência do Direito* de Claus-Wilhelm Canaris. Lisboa: Fundação Calouste Gulbenkian. Ano 1989. P. LIII – LVI).

[322] Ratificando as considerações aludidas sobre a *hermenêutica de cariz filosófico e a virada lingüística*, lançadas no primeiro capítulo, Cappelletti sustenta que, com ou sem consciência do intérprete, em toda interpretação, há sempre um certo grau de discricionariedade, vez que, "por mais que o intérprete se esforce por ser fiel ao seu 'texto', ele será sempre, por assim dizer, forçado a ser livre, porque não há texto musical ou poético, nem tampouco legislativo, que não deixe espaço para variações e nuances, para a criatividade interpretativa". Citando o juiz inglês Lord Radcliffe, em The Lawyer and His Times: "o juiz bem pode se empenhar na mais estrita adesão ao princípio de respeitar rigorosamente os precedentes; bem pode concluir toda tarde sua própria jornada de trabalho na convicção de não haver dito nem decidido senão em perfeita concordância com o que os seus predecessores disseram ou decidiram antes dele. Mas ainda assim, quando repete as mesmas palavras de seus antecessores, assumem elas na sua boca significado materialmente diverso, pelo simples fato de que o homem do século XX não tem o poder de falar com o mesmo tom do homem do século XVII, XVIII e XIX. O contexto é diverso; a situação referencial é diversa; e seja qual for a intenção do juiz, as sacras palavras que se tornam, quando repetidas na sua linguagem, moedas de nova cunhagem. Nesse sentido limitado, bem se pode dizer que o tempo nos usa a nós todos como instrumentos de inovação" (*Juízes Legisladores? Op. Cit.*, p. 22-3).

Direitos Fundamentais Sociais

223

juiz não está livre de vínculos materiais e substanciais, atinentes ao *grau, limite, modo e legitimidade* de sua criatividade. O ineditismo de cada nova situação em face do Direito legislado ou dos precedentes afasta a possibilidade de um resultado final mecanicamente predeterminado, mas, sempre existe um baluarte extremo, uma fronteira de bom senso, que se impõe na interpretação, ao menos porque também as palavras, freqüentemente, possuem um significado tão generalizadamente aceito que até o juiz mais criativo teria dificuldade em desconsiderá-lo.

Para Cappelletti, uma das primeiras causas da intensificação da criatividade jurisprudencial é a *revolta contra o formalismo*. Com efeito, o formalismo pressupunha a lógica pura e mecânica do processo, encobrindo a discricionariedade das escolhas sempre realizadas quando de uma decisão jurisdicional. É comum o uso do formalismo como meio de demonstrar um falso pragmatismo, lastreado em uma autonomia e, pior, numa supremacia injustificável do processo instrumental em face do direito material do qual deveria ser mero veículo, enfim, o formalismo, quando extravasa suas finalidades garantísticas, tais como as de assegurar o contraditório e a ampla defesa, na realidade encobre condutas omissivas e autênticas negações de justiça, sendo um dos mais lamentáveis recursos de que se servem operadores insensíveis para embaraçar o acesso à justiça.[323]

Porém, as transformações constitucionais e legislativas emergentes da substituição do Estado liberal pelo Estado de bem-estar social, impuseram, ao Estado, a obrigação de prestações sociais e intervenção na economia, sobretudo para refrear as externalidades negativas que o progresso industrial e o avanço do consumo vinham e vêm produzindo, conforme já se asseverou na análise da passagem dos direitos da primeira para a segunda e terceira dimensão de direitos humanos.[324]

A Legislação Social no *Welfare State* é diferente da legislação do Estado Liberal, porque, enquanto esta formulava apenas regras de conduta (proibição do trabalho de crianças, higiene nas fábricas etc.),

---

[323] Vide ARRUDA FILHO, Ney. *A Efetividade do Processo como Direito Fundamental*. Porto Alegre: Norton Editor, p. 115.

[324] Conclui Cappelletti que "este formidável crescimento do papel do Estado em geral, e da função legislativa em particular, parece constituir na verdade um fenômeno bem longe de estar concluído" (*Juízes Legisladores?* P. 35). Atualmente, mais de uma década após o professor italiano haver concluído esta obra, parece que o papel do Estado já não é tão grandioso como o fora no início do Estado de Bem-estar Social. Como decorrência das múltiplas crises do *Welfare State*, o gigantismo estatal cedeu espaço a outras formas de poder não estatais ou quase-estatais, impondo acoplamentos sistêmicos com organizações supranacionais e transnacionais e mesmo internas, dominadoras de grandes parcelas de poder. O Estado contemporâneo já não é o único protagonista do poder na arena nacional ou internacional. Isto, todavia, impõe, ainda mais, a necessidade de vínculos fortes do direito como gerador de identidades e segurança social.

quando se tornou necessário formular esquemas de segurança social e preservação da concorrência e finalidade social da propriedade, as leis foram adiante e estabeleceram competências institucionais, sobretudo do Executivo, impondo a tais entes minudenciar as regras de conduta em uma sociedade complexa, ou seja, o legislativo delegou poderes a outros órgãos, tanto para fiscalização das regras, como até mesmo para o seu detalhamento, o que se percebe em matéria de meio ambiente, produção e consumo, parcelamento do solo urbano etc. É, pois, indiscutível que o *État Providence* substitui as antigas funções de "proteção e repressão" próprias do direito liberal, por uma atividade de "promoção", desenvolvendo programas de desenvolvimento para execução gradual, os quais, ainda que pareçam direitos individuais, constituem direitos sociais, posto relacionados a prestações públicas como saúde, educação, proteção do consumidor etc.

Estes direitos sociais exigem intervenção ativa e prolongada do Estado, com vistas a financiar subsídios, remover barreiras sociais e econômicas, promover a realização dos programas sociais, de sorte que, nessas novas áreas do fenômeno jurídico, de importantíssimas implicações, impõe-se ao Sistema de Justiça um sensato ativismo, porquanto também integra o Estado enquanto instrumento de realização das promessas Constitucionais. Assim, quando estiver em face de uma legislação social que se limita, freqüentemente, a definir a finalidade e os princípios gerais, e diante de direitos sociais essencialmente dirigidos a gradual transformação do presente e formação do futuro, o Sistema de Justiça de determinado país terá, basicamente, duas escolhas: a) negar o caráter preceptivo, ou *self-executing*, de tais leis ou direitos constitucionalizados, mantendo-se fiel à tradição oitocentista de tripartição dos poderes; b) elevar-se politicamente ao mesmo nível dos demais poderes, assumindo-se como função de Estado, capaz de contrabalançar as inércias do Legislativo e Executivo, sempre que provocado legitimamente e dentro dos limites procedimentais impostos pela própria Constituição.

Decidindo-se pela primeira alternativa supra-referida, o Sistema de Justiça assume o risco de auto-impor-se uma crescente perda de importância em uma sociedade de massas que exige, cada vez mais, sua pronta intervenção. Em tal caso, não é de estranhar-se o crescimento de formas alternativas de justiça, até mesmo aquelas protagonizadas por segmentos da própria criminalidade organizada em áreas de evidente anomia oficial. Em contrapartida, optando pela segunda alternativa, o Poder Judiciário pode ampliar a área de influência do Sistema de Justiça para além de decisões da Justiça comutativa, ingressando em searas próprias da Justiça distributiva, ao mediar conflitos entre indivíduos e grupos de indivíduos contra setores do próprio

Direitos Fundamentais Sociais

Estado ou do mercado. Em tal opção, conforme já se salientou ao se tratar da teoria dos sistemas, o Sistema de Justiça capta energia, ganhando em importância social, através do atendimento de expectativas referentes às promessas de lealdade constitucional. Se, para Luhmann, a finalidade do direito é gerar congruência social, é preciso institucionalizar estas expectativas, inclusive através da exigibilidade judicial, para que, de fato, tornem-se expectativas dúplices (expectativas de expectativas, ou seja, os próprios poderes oficiais e extra-oficiais operem sempre com a expectativa de que a sociedade também tem expectativas em relação a eles).

Outro aspecto a considerar é que nas contemporâneas sociedades complexas ocorreu um *overload* do Poder Legislativo, o qual já não consegue dar conta da desmedida e aumentada demanda por legislação, abdicando de parte do Poder Legislativo em favor do Executivo e transformando o Estado social em Estado administrativo. Este concerto entre o Legislativo e o Executivo, que já não disfarça as suspeitas negociações sediadas na base da produção legislativa, tem levado a um descontentamento generalizado com estes poderes, substrato da crise de legitimidade do Estado. Assim, entra em cena um Sistema de Justiça com o mister de preservar os níveis de autoridade pública confiável em um quadro de gigantismo contestável dos poderes políticos tradicionais, suspendendo leis e atos administrativos que confrontem os valores constitucionais.

Há, ainda, outro fenômeno que tem sido anunciado pela Sociologia, qual seja, o processo de massificação das sociedades pós-modernas. A produção fabril fordista fomentou o crescimento de grandes empresas e, de outro lado, grandes massas de operários ligados por interesses similares. Ademais, outros interesses fluidos surgiram no panorama jurídico como o meio ambiente e o consumidor, cuja defesa é inviável para um homem isolado, desarmado e pouco estimulado a agir em defesa de interesses altamente fragmentados, contrariados por poderosas organizações públicas e privadas. Esta nova realidade impõe modificações em princípios do processo civil até então tidos como inabaláveis, *v.g.*, a legitimação ativa e passiva, os limites da coisa julgada, a prestação jurisdicional específica, autorizando-se associações e agências públicas, como o Ministério Público, à tutela de interesses transindividuais como partes ideológicas ou representantes adequados. Ocorre que no âmbito destes novos interesses coletivos *lato sensu* a atividade jurisdicional necessita ser criativa e imediata, antecipando-se muitas vezes à legislação, costumeiramente lenta em face dos novos desafios sociais. Assim, enquanto o Congresso ainda não havia regulamentado nada acerca dos transgênicos, os Tribunais foram chamados a pronunciar-se acerca do tema, com invocações tão largas de sentido quanto o princípio da precaução e temas atinentes a livre iniciativa econômica.

Entretanto, embora necessário reconhecer que tanto o processo legislativo como o judicial são processos de criação do Direito, é forçoso convir que há diferenças essenciais entre a atividade criativa em um e outro sistema, as quais impedem o aplicador do Direito de transformar-se em legislador. Tais diferenças não se apresentam no plano substancial, na medida em que todos os poderes do Estado devem respeitar os cânones materiais Constitucionais e legais; no plano processual, entretanto, é que tais diferenças são notórias, pois o modo de criar o Direito é diverso em ambos os poderes. Com efeito, o Judiciário opera dentro de um sistema mais amplo que tem sido aqui denominado de Sistema de Justiça. Neste sistema ocorrem peculiaridades que já foram chamadas de *virtudes passivas* da ação jurisdicional,[325] traduzíveis em uma limitação da atividade decisória aos casos apresentados pelas partes, de sorte que, sem provocação das partes, não há jurisdição, conforme o antigo aforisma *ubi non est actio, ibi non est jurisdictio* ou, em outras palavras, *nemo judex sine actore.* Outrossim, o juiz, ao apreciar estas controvérsias, deve manter uma postura de eqüidistância, jamais julgando-as se estiver diretamente interessado na lide *(nemo judex in causa propria)*, ouvindo ambas as partes *(audiatur altera pars)* e mantendo-se independente de quaisquer pressões. Conclui-se, destarte, que o processo judicial, ao contrário do legislativo, não inicia *ex officio* mas, uma vez iniciado, deve chegar ao fim, de acordo com trâmites que preservam sobretudo o direito de defesa, a bilateralidade da audiência e o duplo grau de jurisdição, já que ao juiz é vedado eximir-se de julgar. Deste modo, conclui-se que a *passividade jurisdicional* não pertine às questões substanciais a serem julgadas, mas apenas ao modo e forma com que atua a jurisdição, essencialmente diverso da legislatura.[326]

Por fim, cumpre salientar que seguramente a objeção mais forte contra o ativismo do Sistema de Justiça seja a possibilidade de decisões contramajoritárias e, portanto, antidemocráticas, visto que o julgador não aufere sua autoridade diretamente do voto popular. É exatamente neste ponto que reside a crítica dos procedimentalistas que vislumbram na jurisdição constitucional uma ameaça à democracia deliberativa. Esta questão, pela importância de que se reveste, será tratada na próxima seção.

---

[325] CAPPELLETTI, Mauro. *Juízes Legisladores?* Op. Cit. p. 76.

[326] Idem, p. 79.

Direitos Fundamentais Sociais

4.2.4. Implementação dos direitos fundamentais e juridicização da Política: as razões da legitimidade política do Sistema de Justiça

Justificados filosoficamente, o problema que ora se nos apresenta é o da implementação dos direitos fundamentais, como sustentam as teorias realistas que têm em Bobbio um de seus mais eminentes cultores. Esta implementação ficou a cargo do *Welfare State*, mais precisamente, do Estado-administração. Em alguns países, em que as condições administrativas e orçamentárias foram favoráveis e até enquanto o foram, o Estado-Providência conseguiu cumprir sua missão, é o exemplo da grande maioria dos países capitalistas europeus. Em matéria de direitos humanos, entretanto, consoante a feliz expressão do senador italiano, a evolução histórica, ao mesmo tempo em que oportuniza novos modos de dominação do homem pelo homem, cria novos remédios para suas indigências, através dos novos direitos. O Direito, deste modo, parece conseguir contrabalançar a aporia antes aludida entre democracia e capitalismo, corrigindo as distorções deste último que, sem o corretivo, jurídico, eliminariam o princípio democrático, conduzindo a dominação capitalista às suas conseqüências mais cruéis. Poder-se-ia arriscar a dizer que, se no sistema comunista ortodoxo, o Direito tem uma mera função de controle social rigoroso com revogação das liberdades e garantias mais elementares em homenagem a uma impositiva e absoluta igualdade material; no capitalismo, o Direito tem um potencial muito maior: servir de guardião das promessas da modernidade democrática, restringindo as tendências atrozes do capitalismo e, com isso, dando sobrevida à ideologia democrática.

Com efeito, sem querer alçar o espantalho dos totalitarismos e das eras bárbaras, é iniludível que elidida a força do direito democrático, revigorada pela normatividade dos direitos fundamentais, e desde que não implementados estes direitos fundamentais, individuais e sociais (inclusive, se necessário, mediante sua judicialização, generalizando, desta forma, as melhorias de qualidade de vida), as sociedades democráticas periféricas, incitadas pela crescente multidão dos excluídos, tenderão à dissolução na barbárie caótica e pré-jurídica ou em totalitarismos de direita ou esquerda, que, sob qualquer dos enfoques, significam a negação da dignidade da pessoa humana, dos direitos humanos, a guerra perpétua, enfim, um novo mergulho em uma idade das trevas.

E, efetivamente, é chegado o momento histórico em que fatores variados e concorrentes, como o incremento populacional, a concentração de renda mesmo em países ricos em recursos naturais, as migrações populacionais, a crise filosófica, administrativa e orçamentária do Estado Social começam a revelar um déficit de concretização das promessas constitucionais da modernidade, impondo uma separação entre Estado e sociedade e traçando um caminho inverso, em que o povo ativo e destinatário, não satisfeito apenas com as garantias de absenteísmo estatal, passa a querer regular o Estado, fazendo-lhe exigências de prestações civilizatórias.[327]

Ademais, como salientam Vianna e Burgos, com base em Gramsci, a sociedade contemporânea, inclusive a brasileira, experimenta grande mudança através dos fenômenos de massificação que vêm ocorrendo como decorrência da adaptação à vida social, da lógica fabril, onde a complexidade cada vez maior na produção em série, justifica o aumento da divisão e especialização de funções e da disciplina regulatória, em um fenômeno denominado "americanismo". Daí por que o crescimento da importância do Direito como instrumento de regulação da sociedade em detrimento dos aspectos político democráticos. Para os mencionados articulistas, a passagem do conceito de americanismo do mundo da produção para o das instituições jurídicas, deveria respeitar, porém, aos seguintes pontos críticos: a) a institucionalização do Direito contemporâneo significa uma "naturalização" da filosofia, que se positiva pelo Direito e influi nas ações sociais; b) o "mundo da vida" do homem massa – engendrado pela sociedade fabril – far-se-ia presente na produção do Direito tanto através da democracia representativa como por meio da adjudicação dos direitos; c) haveria uma geração espontânea do Direito e da vida estatal; sem quebrar, entretanto, a eticidade e integridade do Direito como súmula de princípios da vontade geral, e capaz de responder às demandas emergentes da vida social.[328]

Dentro desse quadro em que se vislumbram claramente as dificuldades do positivismo jurídico no mundo pós-moderno, Celso Fernandes Campilongo enfatiza que a crise de regulamentação do Estado de modo geral e, especialmente, do Estado-providência, restabelece o poder regulamentador de outras instâncias sociais como o mercado, a família, as corporações e as organizações sociais. Nesta perturbação do sistema social *omniabarcador* surge relevante a oportunidade epistemológica de uma teoria autopoiética que admita uma possibilidade de *self reproduction* ao Direito positivo, ou seja, uma produção do Direito não mais tendo como fonte apenas o Estado Legislador, que se encontra em

---

[327] Vide MÜLLER, Friedrich. *Quem é o Povo? A questão fundamental da democracia.* 3ª ed. São Paulo: Max Limonad, 2003. O autor analisa as várias concepções de "povo", seja como "povo ativo", como "instância global de atribuição de legitimidade", como "ícone" e como "destinatários de prestações civilizatórias". Neste último aspecto estaria englobada a totalidade do povo que está sobre um território, inclusive o povo não eleitor, como crianças, apátridas, condenados etc., todos eles, sem exclusão, com direitos negativos e positivos em face do Estado.

[328] VIANNA, Luiz Werneck; BURGOS, Marcelo. Revolução Processual do Direito e Democracia Progressiva, p. 359.

Direitos Fundamentais Sociais

crise, mas o próprio Poder Judiciário. Assim é que, preocupado com a sobrevivência da democracia e da regra da maioria, diante da redução do espaço político, que se observa no mundo contemporâneo, Campilongo assevera que "a auto-produção do sub-sistema jurídico atua como filtro seletivo no seu processo de comunicação com o ambiente", ou seja, "a versão expansiva da política, própria do 'Welfare State' e conducente à racionalidade material, é substituída por uma versão restritiva". No caso do sistema jurídico, Campilongo salienta que "a crise regulatória desloca as fontes de reprodução do Direito para novas sedes: do legislativo para os tribunais, para os arranjos corporativos e para a autonomia contratual".[329]

Neste ponto, assumem relevância, institutos como as ações coletivas (ações civis públicas, mandados de segurança coletivo, ações populares) e o controle judicial difuso e concentrado de constitucionalidade, porquanto ampliam o acesso à justiça, oportunizando um novo espaço para exercício direto do poder democrático. Entretanto, estes canais de ingresso no Sistema de Justiça, também fazem crescer a ação de instâncias não eleitas de regulação social, como o Poder Judiciário, a Defensoria Pública, o Ministério Público e inclusive Organizações não-governamentais com legitimidade ativa para ações coletivas, o que tem determinado ácidas críticas sob o fundamento de que tal fenômeno não é totalmente alvissareiro, pois, supostamente, reflete uma patologia das sociedades democráticas, onde a democracia representativa estar-se-ia esvaziando e desacreditando-se na mesma proporção de uma crescente perda do espírito público.[330]

A crítica mais mordaz ao *protagonismo* de juízes e promotores é a de falta de legitimidade política destes operadores, posto que seu poder não foi "ungido pelo voto popular". Assim, a intervenção do Sistema de Justiça em áreas da justiça distributiva importaria em quebra do princípio democrático. Objetivando ingressar nesta análise,

---

[329] CAMPILONGO, Celso Fernandes. *Direito e Democracia*. 2. ed. São Paulo: Max Limonad, 2000, p. 74-5. A impressão que fica das conclusões deste autor é a de que, substituindo-se a racionalidade do Estado-providência, uma forma estatal que pretende comportar em si toda a sociedade, por uma racionalidade fragmentária em que o Estado remanesce como um dos muitos sistemas em atividade no mundo globalizado, a compreensão do mundo torna-se mais eficiente através da Teoria dos Sistemas. Com o Direito não seria diferente, pois, parte-se da idéia de norma jurídica como comunicação instituinte para se compreender sua função estruturante do sistema social, geradora de expectativas normativas e, portanto, com potencial transformador e garantista. Compensa-se a diminuição do espaço político com o crescimento do espaço jurídico para exercício da soberania popular e proibição de retrocessos sociais. Ações e procedimentos, que veiculam direitos transindividuais, conexionam o entorno, formado pelas pretensões de caráter social, com o sistema jurídico, aumentando a complexidade deste, que efetua, então, novas e diferentes operações internas, rompendo com as operações tradicionais, compatíveis apenas com a justiça comutativa.

[330] Segundo Viana e Burgos citando como origem de tal entendimento o pensamento de Tocqueville e Garapon (Revolução Processual do Direito e Democracia Progressiva, p. 368)

há que se partir do próprio conceito de legitimidade, que comporta uma subdivisão em *legitimidade política e legitimidade processual*, esta usualmente denominada *legitimatio ad causam*. Um estudo profícuo da legitimidade ativa processual do Ministério Público, da Defensoria Pública e entidades sociais para demandas coletivas pressupõe uma prévia análise de sua legitimidade política para tutelar pretensões de caráter político, e do próprio Judiciário para decidi-las e impor suas decisões em face de redutos tradicionais e, pretensamente, exclusivistas do poder político.

Lucio Levi, referindo-se à *legitimidade do Estado*, preceitua que, na linguagem comum, legitimidade tem, aproximadamente, o sentido de justiça ou racionalidade, mas na linguagem específica pode ser definida como "um atributo do Estado, que consiste na presença, em uma parcela significativa da população, de um grau de consenso capaz de assegurar a obediência sem a necessidade de recorrer ao uso da força, a não ser em casos esporádicos". Por tal razão, o poder sempre busca o consenso, como forma de legitimar-se, transformando obediência em adesão.[331]

O problema deste conceito, que Levi sugere inicialmente, está na crítica, por ele mesmo aduzida: o consenso em relação ao Estado tende a ser forçado ou manipulado até mesmo nos países democráticos, pelo que não se pode caracterizar como legítimo nem um Estado Democrático de Direito nem um Estado tirânico, pelo só-fato de que em ambos há aceitação do regime. Para o articulista, como outros termos da linguagem política, *"legitimidade" deve significar, simultaneamente, "situação e valor"*: "a situação a que o termo se refere é a aceitação do Estado por um segmento relevante da população; o valor é o consenso livremente manifestado por uma comunidade de homens autônomos e conscientes".[332] Trata-se de expressão capaz de admitir um sentido dinâmico, e não estático, que veicula a idéia de uma situação jamais alcançada até agora, mas, como valor, sempre aspirada e buscada.

A esta concepção de legitimidade política, como valor a ser perseguido, deve ser agregada outra conceituação celebrizada em Max Weber, que, preocupado com a legitimidade do poder governamental, diferencia três tipos de legitimidade: tradicional, carismática e legal. Calha transcrever o escólio, por sua oportunidade e clareza:

> Primordialmente existem – e veremos aqui três razões internas que justificam a dominação, existindo, conseqüentemente, três fundamentos da legitimidade. Inicialmente, a autoridade do "passado eterno", ou seja, dos costumes santificados pela validez imemorial e pelo hábito, enraizado nos homens, de respeitá-los. Assim se apresenta o "poder tradicional", que o patriarca ou o senhor das terras exercia antigamente. Em segundo lugar, existe a autoridade que se

---

[331] LEVI, Lucio. In: BOBBIO, Norberto et al. *Dicionário de Política*. Verbete "Legitimidade", p. 675.

[332] Idem, p. 678.

Direitos Fundamentais Sociais

baseia em dons pessoais e extraordinários de um indivíduo (carisma) – devoção e confiança estritamente pessoais depositados em alguém que se diferencia por qualidades prodigiosas, por heroísmo ou por outras qualidades exemplares que dele fazem o chefe. Desse jeito é o poder "carismático", exercido pelo profeta ou – no domínio político – pelo dirigente guerreiro eleito, pelo soberano escolhido por meio de plebiscito, pelo grande demagogo ou pelo dirigente de um partido político. Em suma, *existe a autoridade que se impõe pela "legalidade"*, pela crença na validez de um estatuto legal e de uma "competência" positiva, estruturada em regras racionalmente estabelecidas ou, em outras palavras, a autoridade fincada na obediência, que reconhece obrigações concernentes ao estatuto estabelecido. Assim é o poder, tal qual o exerce o "servidor do Estado" atualmente e como o exercem todos os detentores do poder que dele se aproximam sob este aspecto [grifo nosso].[333]

Harmonizando a idéia de legitimidade como valor, com o pensamento de Max Weber, para quem o poder pode ser legitimado, não apenas na tradição ou no carisma, como também na lei, tem-se que esta legitimação, fulcrada na competência legal, somente existirá se a lei concedente for, ela própria, o resultado de um processo democrático, em cujo âmago o debate assentou-se em valores minimamente consensuais, inspirados na reta razão, no senso de justiça e nas tradições mais autênticas. Preenchidos estes requisitos, entretanto, ninguém poderá afirmar que legitimidade política só se apresente quando direta e exclusivamente haurida do sufrágio popular.

Com efeito, contemporaneamente, a legitimidade política não é exclusividade dos eleitos nem tampouco se pode afirmar decorra ela imediatamente da vitória nas urnas, porquanto a legitimidade do político verificar-se-á, em verdade, não no momento de anunciação dos resultados eleitorais, mas sim no seu efetivo engajamento com as causas sociais que prometera defender e que o alçaram ao triunfo eleitoral. Mostrando-se infiel ao seu programa, não há como se afirmar sua legitimidade pelo só fato de haver sido "ungido pelo voto popular", donde decorrer ser correto sustentar que a legitimidade dos eleitos não advém do voto em si, mas da medida em que cada um deles se torna digno do sufrágio recebido, pela efetiva militância em favor das causas que anunciara em campanha.

Não se trata de negar a legitimidade haurida nas urnas, mas de mostrar a sua insuficiência no mundo contemporâneo, em que o consenso pode ser manipulado por conta de eficientes recursos midiáticos e técnicas de propaganda política, habilitados a conduzir a *vox populi* para terrenos inimagináveis, surpreendentes e até terrificantes. A democracia eleitoral continua sendo uma conquista da modernidade e nem poderia ser substituída, constituindo um contra-senso negar seu valor nos domínios deste livro; o que se quer revelar, desde o início, porém, é que ela pode transformar-se sem perder sua essência, assumindo, destarte, formas mais complexas e completas, permitindo-se

---

[333] WEBER, Max. *Ciência e Política* – Duas Vocações. Traduzido por Jean Melville. São Paulo: Martin Claret, 2002, p. 61.

utilizar novos mecanismos de acesso direto ao poder com potencialidades garantidoras de perenes valores filosóficos, plasmados na positividade máxima das Constituições, ainda que em favor de minorias contra maiorias aleatoriamente constituídas.

Ademais, esta revisão ampliativa do conceito de democracia mostra-se mais relevante na hodierna realidade mundial, em que a economia globalizada apresenta-se hegemônica sobre a política, minando a soberania externa e interna de países periféricos como o Brasil. Em tal realidade, um quadro de resistência interna, democrática, forte e regulamentadora, mostra-se indispensável como freio aos efeitos nocivos da "turboglobalização". Friedrich Müller prega a militância de "democratas transnacionais" em favor dos direitos humanos e do constitucionalismo (que ele já sugere global, com base em documentos internacionais como a Carta das Nações Unidas de 1945 e Declaração Universal de Direitos Humanos, de 1948) e assevera que,

> sem um quadro político, a economia transnacional não pode reprimir por tempo ilimitado a pergunta pela sua aceitação – diante da maioria das pessoas afetadas, diante dos cidadãos, social e politicamente, ativos. Esses precisam reelaborar formas de ação coletiva, ramificadas e vinculadas, com mobilidade, para realizar uma democracia crescentemente participativa. *Se os eleitos não mais decidem e aqueles não eleitos, os que oferecem exemplos de resistência tampouco precisam ser 'eleitos' segundo os trâmites tradicionais do estado-nação. Num primeiro momento, eles se legitimam pelo seu engajamento e pelo caráter aberto da discussão que eles mesmos tanto valorizam* [grifo nosso].[334]

Cappelletti sustenta a legitimidade política do Poder Judiciário com base nos seguintes argumentos a seguir relacionados:

a) A idéia do consenso para sustentar decisões dos governantes é uma ilusão, pois, em sua maioria, a classe política move-se por interesses distanciados daqueles dos governados, decorrentes de alianças e negociações, por vezes, ilegítimas, trocas de partidos, fazendo cada vez mais sutil o fio que prende o voto dos governados às ulteriores decisões políticas dos governantes;

---

[334] MÜLLER, Friedrich. O Que a Globalização faz contra a Democracia e o que os Democratas podem fazer contra a Globalização, p. 74. Alain Touraine, preocupado com a submissão das democracias modernas ao sistema econômico globalizado e com a crescente perda de representatividade dos políticos, enfatiza que "inúmeros sinais levam-nos atualmente a pensar que os regimes chamados democráticos se enfraquecem, assim como os regimes autoritários, e estão submetidos às exigências do mercado mundial protegido e regulado pela potência dos Estados Unidos e por acordos entre os três principais centros do poder econômico (...). Tal recuo dos Estados – democráticos ou não – implica a diminuição da participação política e o que, justamente, foi designado por crise da representação política. Os eleitores deixaram de se sentir representados, e exprimem tal sentimento ao denunciarem uma classe política cujo único objetivo seria seu próprio poder e, por vezes, até mesmo o enriquecimento pessoal de seus membros. A consciência de cidadania enfraquece-se porque muitos indivíduos se sentem mais consumidores do que cidadãos e mais cosmopolitas do que nacionais ou, pelo contrário, porque alguns se sentem marginalizados ou excluídos da sociedade – com efeito, têm o sentimento de que, por razões econômicas, políticas, étnicas ou culturais, não chegam a participar dela" (*O Que é a Democracia?* 2ª Ed. Petrópolis: Vozes, 1996, p. 18).

Direitos Fundamentais Sociais

b) O Poder Judiciário não é totalmente desprovido de representatividade, posto que os Ministros das Cortes Supremas, entre nós, os Ministros do Supremo Tribunal Federal, são escolhidos pelo Presidente da República e aprovados pela maioria absoluta do Senado da República (art. 101, parágrafo único, da CF/88); da mesma forma que os membros do Superior Tribunal de Justiça (art. 104, parágrafo único, da CF/88). Da mesma forma, o chefe do Ministério Público Federal, um dos principais legitimados ativos ao controle concentrado da constitucionalidade, também é nomeado pelo Presidente da República, após aprovação da maioria do Senado para um mandato de dois anos (art. 128, § 1º, da CF). Nos Ministérios Públicos Estaduais a escolha do Governador deve recair sob lista triplica apresentada pela classe, também para um biênio (art. 128, § 3º, da CF).

c) As decisões do Poder Judiciário (*outputs* do Sistema de Justiça) devem forçosamente ser arrazoadas, de sorte que o caráter racional destas decisões, submetidas ao crivo das partes e do duplo grau de jurisdição, constitui um esforço por legitimação com base em valores substanciais.

d) A legitimidade das decisões do Sistema de Justiça ainda provém de razões procedimentais como a facilitação ampla do acesso à justiça e, provido este, da possibilidade que as partes têm de apresentar suas razões e suas provas, o que já não se verifica tão claramente no processo legislativo. Outrossim, o Sistema de Justiça somente se pronuncia em face de uma lide e nos seus limites, mantendo-se o julgado eqüidistante das partes, fator que empresta credibilidade e, portanto, legitimidade ao julgamento.

É com base nestes argumentos que se justifica a legitimidade funcional do Sistema de Justiça. Ela nasce da crítica à insuficiência democrática dos poderes políticos, somada à expectativa de que a arena judicial possa converter-se em um mecanismo de efetivação dos direitos de uma sociedade civil hipossuficiente, quando a esfera político-representativa vem se mostrando ineficiente para tal mister. Mas, por outra, é preciso desde logo afastar a idéia de que estas instituições possam converter-se na panacéia para todos os problemas sociais, pois isto geraria falsas expectativas que, com o tempo, desacreditariam também o Sistema de Justiça. Além disso, o aumento de legitimidade política do Ministério Público e do Poder Judiciário pressupõe um incremento da sua responsabilidade democrática, que deve crescer lado a lado com a judicialização da política.[335]

---

[335] Nesse sentido, Gisele Cittadino enfatiza que, "se por um lado, parece não restar nenhuma dúvida sobre a importância da atuação do Poder Judiciário no que diz respeito à garantia da concretização dos direitos da cidadania, é fundamental que o seu atual protagonismo seja compatível com as bases do constitucionalismo democrático" (CITTADINO, Gisele. Judicialização da Política, Constitucionalismo Democrático e Separação de Poderes, p. 19).

A solução, portanto, não está na substituição do *locus* democrático, mas na configuração de uma "soberania complexa", que agregue uma pluralidade das formas de soberania, através da democracia deliberativa, participativa e da atuação das organizações não-governamentais, oportunizando, ao lado da cidadania clássica dos ritos eleitorais, pudesse sobreviver uma "cidadania social". Neste escopo, salientam Vianna e Burgos:

> Paralelamente, verifica-se que a pluralidade da soberania tem coincidido com a ampliação dos níveis de representação, que passam a compreender, além dos representantes do povo por designação eleitoral, os que falam, agem e decidem em seu nome, como a magistratura e as diversas instâncias legitimadas pela lei, a fim de exercer funções de regulação. Pode-se, portanto, falar com Rosanvallon em uma dupla representatividade: a funcional, derivada das leis, sobretudo da Constituição; e a procedural, emanada diretamente do corpo eleitoral, a única reconhecida pela visão monista do político.[336]

Esta *"soberania complexa", ao combinar representação política (eleitoral) e funcional (constitucional ou legal),* expande a participação e a influência da sociedade no processo político através de todos os meios disponíveis, entre eles, o Sistema de Justiça. A representação funcional equivale a mecanismos de democracia direta, presentes na idéia de comunidade de intérpretes da Constituição, que influenciou a Constituição brasileira de 1988, a qual prevê a participação da sociedade civil organizada e do Ministério Público no controle de constitucionalidade das leis e na defesa dos direitos transindividuais, através, inclusive da ampliação dos legitimados ativos ao controle concentrado de constitucionalidade, conforme art. 103 da CF/88.

Deste modo, não ocorre uma substituição de lugar da democracia, desde as esferas político-representativas para aquelas de ordem funcional. Ao contrário, o que se dá é uma ampliação da representação democrática, pois, enquanto a *cidadania política*, ao menos teoricamente, dá ao homem comum o poder de participar do procedimento de "elaboração das leis", a *cidadania social* oportuniza-lhe acesso, através de ações individuais ou coletivas, ao procedimento de "aplicação das leis". A *soberania complexa* enseja ao cidadão as duas formas – política e social – de participação na vida pública.[337]

Para os efeitos deste trabalho, mais diretamente voltado à atuação política do Ministério Público, conclui-se que não há como negar legitimidade política a esta instituição para atuar autonomamente, procedendo a investigações em peças de informação ou inquéritos civis ou firmando compromissos de ajustamento às normas legais, ou, de outra parte, para carrear ao Poder Judiciário, questões de relevância

---

[336] VIANNA, Luiz Werneck; BURGOS, Marcelo. Revolução Processual do Direito e Democracia Progressiva, p. 370-1.

[337] Idem, p. 372. Em tese, a participação dos cidadãos nos processos de elaboração da lei seria possível através da iniciativa popular, referendos e plebiscitos.

Direitos Fundamentais Sociais

político-social, pois tal potencialidade decorre do conceito de legitimidade como valor a ser perseguido, e que se encontra plasmado no texto constitucional. Deste modo, quando o próprio texto fundamental, democraticamente promulgado e inspirado em valores de elevado nível social e humanitário, confere ao Ministério Público a tutela dos interesses sociais e transindividuais, outorgando-lhe legitimidade político-funcional para zelar pela efetividade dos direitos e garantias concedidos na Constituição de 1988, sua legitimidade não pode ser questionada sob a acusação de invasão de competência, na medida em que a própria Carta Constitucional colimou transformar seus integrantes em "agentes políticos da lei".[338]

Resta, deste modo, analisar a legitimidade processual do Ministério Público, em se tratando de ações em defesa de interesses transindividuais, incluindo a análise acerca dos nominados interesses individuais homogêneos. Para tanto, não se pode perder de vista um sentido: se a ampliação da legitimidade política do Ministério Público destina-se a justificar uma atuação crescentemente política da instituição, o que explica suas garantias constitucionais tão duramente conquistadas, já em se tratando dos limites inferiores de legitimidade processual, é preciso ter em conta que, a partir de uma verificação centrada geográfica e historicamente, a instituição deve evitar, tanto quanto possível, seu envolvimento em questões de pouca relevância social e grande concentração individual, ressalvadas as hipóteses de interesses individuais indisponíveis.

4.3. A legitimação do Ministério Público para a defesa dos interesses transindividuais e individuais homogêneos

Como já ressaltado no capítulo anterior, antes do ingresso em vigor da Lei 7.347/85, que instituiu a ação civil pública, houve reservas na doutrina quanto à legitimação processual do Ministério Público para a tutela de interesses transindividuais ou individuais homogêneos. Dentre os argumentos mais utilizados para contestar esta legitimidade estavam os seguintes:

---

[338] João Lopes Guimarães Júnior, sustentando ser o membro do Ministério Público um "agente da lei", aduz que "se a tarefa de elaborar leis é nitidamente política, a de dar efetividade a essas mesmas leis tem, necessariamente, igual dimensão política. Obrigado a zelar pela aplicação da lei, com todas as suas conseqüências, o *Parquet* é um órgão estatal cuja atuação repercute diretamente no exercício do poder por todos os atores políticos da sociedade. Como exemplo, lembramos que compete à Instituição coibir os abusos dos Poderes Legislativo e Executivo, através da ação direta de inconstitucionalidade, da fiscalização do patrimônio público e dos serviços de relevância pública, da representação para fins de intervenção, e do funcionamento perante o Tribunal de Contas" (GUIMARÃES JÚNIOR, João Lopes. *Papel Constitucional do Ministério Público*, p. 96).

a) por sua atuação já tradicional na área criminal, o Ministério Público não teria performance para atuar em casos de situações limite ou "quase delitos", ainda que estes tenham reflexos sobre toda a sociedade. Por sua índole pública e imparcial, a instituição teria sua idoneidade questionada caso fosse defender em juízo interesses de grupos determinados;

b) sendo muito ligado ao Executivo, faltar-lhe-ia independência, quando os próprios órgãos públicos fossem responsáveis por afronta a interesses tutelados via ação civil pública;

c) ao Ministério Público falta especialização e estrutura de investigação em áreas complexas referentes ao meio ambiente, qualidade de vida etc.[339]

Entretanto, a passagem do tempo e a experiência desmentiram os prognósticos antes apresentados e veio a demonstrar que o Ministério Público brasileiro revelou-se, entre os co-legitimados – outros órgãos públicos e associações – aquele que, de longe, mais lançou mão de sua legitimidade para proteção de direitos transindinviduais ou individuais indisponíveis, seja pela via administrativa, através do inquérito civil; seja judicialmente mediante a ação civil pública.[340] Nesse sentido, Rodolfo de Camargo Mancuso registrou que,

---

[339] GRINOVER, Ada Pellegrini. A tutela jurisdicional dos interesses difusos, p. 67-78.

[340] Daí a constatação feita por José Carlos Barbosa Moreira de que, no tocante a este tipo de ação, "tem predominado, de maneira notável, a iniciativa do Ministério Público". Com efeito, em estudo publicado na Revista Trimestral de Direito Público vol. 03, no ano de 1993, intitulado "Interesses Coletivos e Difusos" (p. 192), informa o processualista que, no Rio de Janeiro, em 100 ações civis públicas, apenas 10 haviam sido propostas por associações civis. Em São Paulo, no campo dos direitos do consumidor, havia 95 ações do Ministério Público e somente 10 de associações; no campo do meio ambiente, de 444 ações, apenas 4% *foram propostas* por entidades associativas. Vale ressaltar ainda que o número de ações civis públicas ajuizadas pelo Ministério Público reflete apenas parcialmente o empenho desta instituição em defesa dos interesses sociais, porquanto, sem dúvida, a maior parte dos casos é solucionada mediante compromisso de ajustamento no âmbito do próprio inquérito civil, sendo que, não raro, a só instauração do inquérito civil compele o investigado a adaptar sua conduta às exigências legais, é dizer, que grande parte da defesa de interesses sociais pelo Ministério Público dá-se no plano administrativo e interno da instituição; seguramente apenas um pequeno percentual dos casos mais graves, onde existe relutância dos investigados, acaba sendo objeto de ação civil pública. Apesar de elogiosos ao Ministério Público, os dados coletados por Barbosa Moreira, reveladores da predominância desta instituição no manejo das ações civis públicas, eles também indicam o quanto o exercício da cidadania no Brasil é incipiente. Ideal mesmo seria que as pessoas jurídicas de direito público interno e as associações referidas no art. 5º da Lei 7.347/85 lançassem mão do remédio processual ali previsto para a defesa de interesses difusos ou coletivos atinentes às suas finalidades institucionais, concorrendo mais paritariamente com as demandas propostas pelo Ministério Público, mas, ao contrário, o que se observa é que, quando não omissas as instituições co-legitimadas, o máximo que fazem é provocar a iniciativa do Ministério Público para a propositura da ação e, por vezes, ministrar-lhe informações, auxiliando na coleta de elementos de convicção, o que já vem a constituir um importante canal com a sociedade. Com efeito, a baixa organização social, reflete um estágio de cidadania de baixa intensidade no Brasil, em que é imprescindível reconhecer mais ampla legitimação ao Ministério Público para defesa de interesses sociais ao menos até que a sociedade se organize mais eficazmente e passe, diretamente, através dos entes associativos, a demandar, no Poder Judiciário, mais um canal de exercício da cidadania.

Direitos Fundamentais Sociais

(...) tais críticas, que podem quiçá ser válidas para outros países, não se aplicam, à evidência, ao Ministério Público em nosso País. As estatísticas demonstram a absoluta superioridade do número de ações civis públicas propostas pelo Ministério Público, em face daquelas propostas pelos outros co-legitimados. Isso sem falar dos Simpósios, Congressos, criação de órgãos específicos relacionados à tutela dos interesses difusos, tudo a indicar que o *Parquet* vem atuando nesta área de forma exemplar. Nem é por acaso que vários textos legais, além do art. 5º da Lei 7.347/85, outorgam poder de agir ao Ministério Público nesta matéria: a reparação do dano ecológico: art. 14, §1º, da Lei 6. 938/81; a promoção da ação civil pública, 'lato senso' (CF, art. 129, III) e em temas específicos, como, deficientes físicos (Lei 7.853/89, art. 3º); mercado de valores mobiliários (Lei 7.913/89, art. 1º); criança e adolescente (Lei 8.069/90, art. 210, I); consumidores (Lei 8.078/90, art. 82, I); comunidades indígenas (CF, art. 232).[341]

As restrições doutrinárias apontadas, que tiveram principal origem na doutrina estrangeira, inclusive em considerações feitas por Mauro Cappelletti com respeito, entretanto, ao Ministério Público de outros países, não têm procedência entre nós. O Ministério Público pátrio, a par de tradicional atuação na área criminal, também de longa data vem operando no processo civil, com ênfase na defesa de interesses públicos e individuais indisponíveis. Amplo espectro de leis autoriza-o ao ajuizamento de ações para defesa de interesses individuais indisponíveis ou interesses públicos em sentido amplo. Nesse sentido, Mazzilli relaciona sessenta e uma espécies de demandas cometidas à instituição, que poderiam receber o *nomen juris* de ações civis públicas.[342]

Ademais, em face das garantias da inamovibilidade, vitaliciedade e irredutibilidade de vencimentos, previstas no art. 128, § 5º, I, alíneas "a", "b" e "c", da Constituição Federal, bem como da sua autonomia funcional, administrativa e da possibilidade de fazer sua proposta orçamentária, o Ministério Público surge no cenário nacional como instituição independente que não está subordinada ao Poder Executivo ou qualquer outro poder constituído, embora possa atuar em coordenação com tais poderes, desempenhando seu mister de proteção dos interesses públicos imanentes à sociedade civil (interesse público primário).

Por derradeiro, a indigitada questão da falta de aparelhamento para investigação das violações de interesses difusos ou coletivos é uma realidade ainda constatável, que, no entanto, atinge todos os organismos aos quais se poderia confiar a tutela dos interesses difusos. Cumpre ao Estado e à sociedade civil dotar o Ministério Público dessa estruturação, capaz de permitir-lhe adequada averiguação de ocorrências que ensejem propositura de ações civis públicas. Nesse sentido, o inquérito civil, instrumento de sua exclusiva atribuição, vem se mostrando eficiente na apuração dos fatos e no embasamento de ações civis

---

[341] MANCUSO, Rodolfo de Camargo. *Ação Civil Pública*. 6. ed. São Paulo: Revista dos Tribunais, 1999, p. 92-3.

[342] MAZZILLI, Hugo Nigro. *A Defesa dos Interesses Difusos em Juízo*, p. 14-9.

públicas, inclusive através dos poderes requisitório e notificatório atribuídos ao Promotor de Justiça, bem como outros recursos a ele inerentes, *v. g.*, a determinação de perícias, vistorias, realização de oitivas e compromissos de ajustamento.[343]

O Ministério Público brasileiro e, especialmente, o Ministério Público do Rio Grande do Sul, sem embargo destas deficiências, vêm se empenhando na busca de uma melhor estruturação técnica para a investigação de agressões a interesses cuja tutela lhe caiba, e sua defesa administrativa, através do inquérito civil e do compromisso de ajustamento; ou judicial, mediante ação civil pública. Para tanto, são firmados convênios com universidades e organizações sociais destinadas à proteção de tais interesses. Em igual sentido, sincronizam-se ações em rede com outras instituições públicas com similares atribuições legais como os Conselhos Tutelares, Secretarias de Meio Ambiente, Conselhos de Meio Ambiente, Agências Reguladoras etc.

Outra iniciativa que vem sendo adotada é a formação de corpo interno de peritos inclusive com recursos tecnológicos básicos à dispo-

---

[343] O inquérito civil, previsto no art. 8º, § 1º, da Lei 7.347/85, é procedimento administrativo posto à disposição exclusivamente do Ministério Público para apuração de fatos que digam respeito a interesses sociais (difusos ou coletivos) individuais homogêneos ou individuais indisponíveis, onde se justifique a atuação daquele órgão. Consagrando o texto da Lei da Ação Civil Pública (LACP), a Constituição da República pontificou constituir função do Ministério Público "promover o inquérito civil e a ação civil pública para proteção do patrimônio público e social, do meio ambiente e de outros interesses difusos e coletivos". Posteriormente, o instrumento veio consagrado na Lei Orgânica do Ministério Público que lhe comete "instaurar o inquérito civil e outras medidas e procedimentos administrativos pertinentes" (Lei 8.625/93, art. 26). O inquérito civil guarda simetria com o inquérito policial, pois, enquanto este tem por fim a apuração de infrações penais, aquele se destina à investigação de fatos ou situações que estejam na órbita de proteção institucional do *Parquet*, como agressões ou danos ao meio ambiente natural e artificial (paisagístico), aos direitos dos consumidores, ao patrimônio cultural, questões de improbidade administrativa, interesses indisponíveis (incapazes, infância e adolescência, etc.), direitos da populações indígenas, etc. Trata-se de procedimento administrativo com função instrumental, porquanto constitui "atividade-meio" para coleta de elementos de convicção do Promotor de Justiça. Hugo Nigro Mazzilli assim o conceitua: "o inquérito civil é uma investigação administrativa prévia a cargo do Ministério Público, que se destina basicamente a colher elementos de convicção para que o próprio órgão ministerial possa identificar se ocorre circunstância que enseje eventual propositura de ação civil pública ou coletiva. De forma subsidiária, o inquérito civil também se presta para colher elementos que permitam a tomada de compromisso de ajustamento ou a realização de audiências públicas e emissão de recomendações pelo Ministério Público; contudo, mesmo nesses casos, não se afasta a possibilidade de servir de base para a propositura da correspondente ação civil pública" (MAZZILLI, Hugo Nigro. *Inquérito Civil*. São Paulo: Saraiva, 1999, p. 46). A função do inquérito civil não é a de concorrer com o inquérito policial, mas, como é curial, nada impede que a coleta de elementos de convicção destinados a supedanear ações civis, também se prestem a embasar ações criminais propostas pelo Ministério Público, pois, quando da instauração de um inquérito civil, não se sabe ao certo quais as conseqüências da investigação, nem tampouco, se pode sustentar que tal investigação, a cargo do Ministério Público, seja proibitiva no âmbito criminal, isto porque, a missão de tutelar os interesses sociais e individuais indisponíveis, cometida pela Carta de 1988 ao *parquet*, aspira a que tal proteção se dê do modo mais amplo e profícuo possível, através das esferas penal, civil e administrativa e, implicitamente, outorga ao Ministério Público todos os instrumentos necessários a tal mister.

Direitos Fundamentais Sociais

sição para dar apoio técnico aos Promotores de Justiça, auxiliando-os na realização de vistorias, auditorias contábeis, laudos preliminares para instruir pedidos cautelares, formulação de quesitos a peritos oficiais, e para colaborarem na análise de outros laudos científicos e elaboração de compromissos de ajustamento.

A crítica da falta de especialização dos quadros institucionais em face dos novos direitos tem, contudo, parcial procedência e deve merecer melhor análise da instituição. O Ministério Público atribuiu-se a si, tradicionalmente, a imagem de uma instituição de bacharéis em Direito. No entanto, suas novas atribuições institucionais na tutela de interesses muito específicos, além daqueles já aludidos, como matéria ambiental natural e cultural e questões consumeristas, aporta agora na questão da criminalidade organizada, das finanças públicas, da moralidade administrativa etc. Isto deve conduzir à reflexão sobre uma mudança de perfil dos órgãos agentes do Ministério Público, fazendo crer que, se a instituição pretende afastar-se de suas funções tradicionais de parecerismo no cível e de uma atuação burocrática na esfera penal em face dos crimes tradicionais, sem uma incursão nas razões da criminalidade, então terá de substituir as políticas de concursos, dando realmente ao seu corpo profissional mais ativos e especializados setores técnicos em suas variadas áreas de atuação. No futuro próximo já não será possível permanecer na dependência de outras instituições especializadas, mormente do Poder Executivo, que vêm demonstrando esgotamento de suas possibilidades de atuação em face da crescente demanda social.

Por fim, a objeção da falta de especialização do Ministério Público pode ser mitigada pela criação de promotorias e procuradorias especializadas na defesa de novos direitos, centros de apoio diferenciados e conselhos de promotores, bem como pela realização de congressos, cursos e seminários, alguns já ocorrentes de modo tradicional. Sem falar na criação de Organizações não Governamentais que associam juízes e promotores em torno de temas relacionados a direitos transindividuais, como já vem sucedendo em matéria ambiental e na área da infância e juventude.

A legitimidade constitucional do Ministério Público para defesa dos interesses sociais e individuais indisponíveis, sacramentada no art. 127, *caput*, da Carta de 1988, vem complementada na legislação infraconstitucional, especialmente, nos arts. 5º e 21 da Lei da Ação Civil Pública (Lei 7.347/85) e arts. 81, 82 e 90 do Código de Defesa do Consumidor (Lei 8.078/90) onde se prevê a possibilidade de tutela de interesses transindividuais e individuais homogêneos, mediante inquérito civil e ação civil pública. Porém, o alcance de tal legitimidade, apesar das observações antes feitas, ainda não é pacífico em setores da doutrina e da jurisprudência. Sobretudo nos pretórios, ainda persistem vacilações, especialmente, nas hipóteses de interesses coletivos e individuais homogêneos. A esse respeito é possível apontar o surgimento de três entendimentos:

1ª) O Ministério Público está sempre legitimado para a defesa dos interesses difusos, coletivos e individuais homogêneos, conforme interpretação literal dos arts. 81 e 82 do Código de Defesa do Consumidor, endereçados também à Lei 7.347/85;

2ª) O Ministério Público tem legitimação para defender em juízo os interesses difusos e coletivos, mas não os individuais homogêneos, porque estes não foram referidos no art. 129, III, da Constituição Federal;

3ª) O Ministério Público pode defender interesses difusos, coletivos e individuais homogêneos, porém com algumas restrições quanto a estas duas últimas categorias, norteadas pela necessária presença de pertinência entre o interesse e a destinação constitucional da instituição.[344]

A seguir será efetuada uma ligeira análise de cada uma desses entendimentos, na ordem em que acima expostos, mencionando os principais argumentos favoráveis e contrários, para melhor compreensão das hipóteses levantadas e sua análise crítica.

4.3.1. A tese da ampla legitimidade do Ministério Público para a tutela de interesses transindividuais e individuais homogêneos

Esta proposição busca corroborar a literalidade dos textos da legislação ordinária acerca do tema, com uma interpretação abrangente da Constituição de 1988. Deste modo, defende-se a ampla legitimidade processual do Ministério Público para todos os interesses tuteláveis mediante ação civil pública, sem atentar para a natureza substancial dos direitos. Sustenta-se que, embora a Constituição Federal, no art. 129, III,[345] ao traçar a legitimação institucional para o inquérito civil e a

---

[344] Com respeito à conceituação de interesses difusos, coletivos e individuais homogêneos, ver o tema no capítulo II. Por outra, embora admita-se que existam variações dentro dessas correntes, a opção por sintetizar as diversas possibilidades em três hipóteses tem por escopo a finalidade didática de facilitar a compreensão do assunto. Com efeito, há uma forte orientação jurisprudencial no sentido de admitir a ação do Ministério Público em matéria de interesses individuais homogêneos, apenas quando estes estiverem relacionados a direito do consumidor, em obediência à previsão expressa dessa legitimação ativa no CDC. Tal orientação, com a devida vênia, desconsidera que o CDC e a Lei 7.347/85, formam, em conjunto, um microssistema de direito processual coletivo, que transcende a temática substancial do direito do consumidor. Em realidade, o novo sistema, que conecta reciprocamente CDC e LACP, endereça-se a todas as ações coletivas e, pretendendo a tutela de interesses sociais, deve ter uma interpretação ampliativa, com o que se atende ao princípio da otimização do texto constitucional. Assim, é interpretação desarrazoada ao sistema jurídico brasileiro, aquela que restringe a tutela de direitos individuais homogêneos pelo Ministério Público, exclusivamente, às causas que versarem sobre matéria consumerista.

[345] Art. 129. São funções institucionais do Ministério Público: I – (...) II - (...) III - promover o inquérito civil e a ação civil pública, para a proteção do patrimônio público e *social*, do meio ambiente e de outros interesses difusos e coletivos;

Direitos Fundamentais Sociais

241

ação civil pública, tenha se referido apenas a "outros interesses difusos e coletivos", silenciando acerca de "interesses individuais homogêneos", é no amplo conceito de "interesse social", constante do art. 127 da Carta Constitucional, que se situa a defesa coletiva de interesses individuais homogêneos. É como dizer que a relevância social decorre da defesa mediante ação coletiva, porque a sociedade tem interesse em evitarem-se "demandas átomo", quando possível o ajuizamento de "demandas moleculares" que venham a favorecer diversos interessados. Trata-se de um modo de facilitar o acesso à justiça, homenagear o princípio da economia processual e afastar a possibilidade de soluções contraditórias entre ações que versem sobre idênticos fundamentos.

Com efeito, considerando a sobrecarga de trabalho no Poder Judiciário, há grande interesse social na defesa coletiva dos interesses individuais disseminados entre membros de grupos quantitativamente significativos de cidadãos, ainda que tais interesses possam ter maior concentração individual, que o grupo possa ser determinado e seus componentes identificados. Nesse ponto, vale citar magistério de Ada Pellegrini Grinover, onde dita autora frisa a importância social da defesa coletiva de interesses transindividuais:

> Também o Poder Judiciário foi beneficiado pelos processos coletivos, em termos de projeção e racionalização do trabalho. A sobrecarga dos tribunais e a sensação de inutilidade das decisões individualizadas eram agravadas pela freqüente contradição dos julgados e pela demora na solução das controvérsias. A finalidade social da função jurisdicional, que é de pacificar com justiça, perdia-se diante da fragmentação e pulverização dos conflitos, sempre tratados a título individual. A substituição de decisões atomizadas (na expressão de Kazuo Watanabe) pelo tratamento molecular das controvérsias, levando à solução do Judiciário, de uma só vez, conflitos que envolvem milhares ou milhões de pessoas, significou tornar o juiz a peça principa na condução de processos de massa que, por envolverem conflitos de massa, têm sempre relevância política e social. Graças aos processos coletivos, o Judiciário, saindo de uma posição freqüentemente distante e remota, tornou-se protagonista das grandes controvérsias nacionais.[346]

A posição doutrinária e jurisprudencial que amplia a legitimação do Ministério Público tem incomensurável importância, na medida em que possibilita capturar a defesa de interesses individuais homogêneos à legitimação processual do Ministério Público. Entretanto, é bem verdade que o fato de não haver referência expressa na Constituição Federal a esta hipótese legitimante não impede, mesmo ausente tal racional elocubração, que lei complementar ou ordinária venha a ampliar esta legitimação; primeiro, porque o art. 129, IX, autoriza o Ministério Público a exercer outras funções que lhe forem conferidas, desde que compatíveis com sua finalidade; e segundo, porquanto ao ampliar a legitimidade institucional em questões que versem sobre o interesse social, o legislador infraconstitucional estaria laborando em

---

[346] GRINOVER, Ada Pellegrini. A ação civil pública refém do autoritarismo. *Revista de Processo*, São Paulo, v. 24, n. 96, p. 28-36, out.-dez. 1999, p. 29.

consonância com o universo programático do texto constitucional que colima alentar a defesa dos interesses fundamentais de cidadania. Não haveria, pois, nem mesmo implicitamente, qualquer inconstitucionalidade. Todavia, como se verá mais adiante, antes de avaliar a legitimidade do Ministério Público, levando em conta apenas a classificação subsuntiva dos interesses em face dos escassos conceitos legais de interesses difusos, coletivos e individuais homogêneos, parece mais conveniente verificar-se a natureza dos direitos envolvidos, tendo em conta a relevância social que os qualifica.

4.3.2. A tese da legitimação restrita aos interesses difusos e coletivos

O segundo entendimento opta por afastar do Ministério Público qualquer legitimidade para a defesa judicial de interesses classificáveis como individuais homogêneos. O argumento mais utilizado é o de que, se no art. 129, III, da Constituição Federal, consta ser função institucional do Ministério Público "promover o inquérito civil e a ação civil pública, para proteção do patrimônio público e social, do meio ambiente e de 'outros interesses difusos e coletivos'", nada referindo o texto legal sobre a categoria dos interesses individuais homogêneos, sua defesa por esta instituição seria inconstitucional. Assentam-se os paladinos desta corrente doutrinária na assertiva de que a legitimação constitucional do Ministério Público, limitada aos interesses difusos e coletivos, não pode ser ampliada por lei infraconstitucional para os interesses individuais homogêneos. Para eles não é razoável a extensão da ação civil pública à proteção de "direitos individuais homogêneos, assim entendidos os decorrentes de origem comum", pois, não há dúvida que, em se tratando de "direitos individuais" (ou, por outras palavras, de direitos subjetivos) não assiste ao Ministério Público competência para substituir os indivíduos na defesa de seus direitos, numa "totalização da ação pública" incompatível com o princípio da autonomia individual. Se um consumidor entende estar sendo lesado em seu "direito individual homogêneo", a ele cabe defendê-lo em juízo, dispensada a ação tutelar do *Parquet*, o que revelaria, a inconstitucionalidade do art. 117 do Código de Defesa do Consumidor ao ampliar a competência desta instituição no concernente à propositura da ação civil pública.

Razões variadas revelam o equívoco desta interpretação que, aliás, ainda que sem perceber, agride outros princípios constitucionais de grande relevância, tais os que estabelecem ser obrigação do Estado incrementar a defesa do consumidor (art. 5º, inc. XXXII, e art. 170, V, da CF) e o acesso à Justiça (art. 5º, XXXV e LXXIV da CF).

De início, cumpre registrar que talvez o constituinte de 1988 não tenha incluído na atribuição tutelar do Ministério Público os direitos

---

Direitos Fundamentais Sociais

243

individuais homogêneos, porquanto àquele tempo não existia ainda na doutrina uma clara definição desses interesses, isto porque, os autores recém haviam logrado isolar conceitualmente interesses difusos e coletivos, ao passo que a categoria dos interesses individuais homogêneos, não estava bem identificada e não raro era confundida como espécie do gênero "coletivo". A dificuldade conceitual era tão grande que o Código de Defesa do Consumidor, utilizando técnica legislativa pouco comum e até pouco recomendável, optou por conceituar as três categorias em seu Artigo 81.

Tal entendimento de que os interesses individuais homogêneos constituem subespécie do gênero interesses coletivos, é aqui registrado, apenas com o escopo de demonstrar que é bem possível fosse essa a razão pela qual o legislador constituinte referiu, no texto do art. 129, III, da CF, apenas a expressão "outros interesses difusos e coletivos". Ademais, serve para indicar a necessidade de uma interpretação ampliativa do texto constitucional, em face da insofismável similitude entre as categorias de interesses coletivos e individuais homogêneos.[347]

Mesmo à parte deste entendimento, e ainda que as categorias de interesses coletivos *stricto senso* e individuais homogêneos sejam tidas como não abrangentes entre si, conforme a conceituação legal e doutrinária moderna, a verdade é que, em ambos os casos, os interessados

---

[347] Assim que, lastreado em histórica decisão do Ministro Maurício Corrêa (que pôs fim a antiga controvérsia pretoriana, reconhecendo a legitimidade do Ministério Público para tutela coletiva de interesses de estudantes de determinado educandário no tangente a opor-se a ilegal reajustamento das mensalidades escolares), o Juiz José Guilherme de Souza, da 6ª Vara Cível do Distrito Federal, em brilhante decisão que acolheu a legitimidade do Ministério Público para ação movida em favor de adquirentes de imóveis e contra empresa Incorporadora, em face de ilegal cobrança de resíduos inflacionários decorrentes de contratos de compra e venda, sustentou que "com efeito, em primeiro lugar é importante fixar, dentro desta temática, que, fundamentalmente, os direitos e interesses dos cidadãos devem dividir-se, na realidade, em duas grandes categorias, ou gêneros, os direitos e interesses difusos e os direitos e interesses coletivos. É o que se depreende sem sombra de dúvida, do teor da ementa (e do próprio corpo do acórdão) relativa ao julgamento, pela Suprema Corte, do *leading case* sob n.º 163231-3SP, de que foi relator o Ministro Maurício Corrêa. Eis alguns trechos do aresto: Interesses difusos são aqueles que abrangem número indeterminado de pessoas unidas pelas mesmas circunstâncias de fato e coletivos aqueles pertencentes a grupos, categorias ou classes de pessoas determináveis, ligadas entre si ou com a parte contrária por uma relação jurídica base. (...) A indeterminidade é a característica fundamental dos interesses difusos e a determinidade a daqueles interesses que envolvem os coletivos. (...) Quer se afirme interesses coletivos ou particularmente interesses homogêneos, *stricto sensu*, ambos estão cingidos a uma mesma base jurídica, sendo coletivos, explicitamente dizendo, porque são relativos a grupos, categorias ou classe de pessoas, que conquanto digam respeito às pessoas isoladamente, não se classificam como direitos individuais para o fim de ser vedada a sua defesa em ação civil pública, porque sua concepção finalística destina-se à proteção desses grupos, categorias ou classes de pessoas. (...) Por tal disposição vê-se que se cuida de uma nova conceituação no terreno dos interesses coletivos. Donde se extrai que interesses homogêneos, em verdade, não se constituem como um *tertium genus*, mas sim como uma mera modalidade peculiar, que tanto pode ser encaixado na circunferência dos interesses difusos quanto na dos coletivos" (SOUZA, José Guilherme de. Sentença no Processo nº 53.738, da 6ª Vara Cível do Distrito Federal. *Revista de Direito do Consumidor*, "Sentenças", São Paulo, v. 28, p. 194-216, out.-dez. 1998, onde há preciosa pesquisa doutrinária do prolator).

são determináveis, ao contrário dos interesses difusos, gênero no qual há indeterminação e indeterminabilidade dos interessados. O que diferencia o interesse coletivo dos interesses individuais homogêneos é que, no primeiro caso, os membros do grupo são ligados entre si ou com a parte contrária por uma relação jurídica base (art. 81, parágrafo único, II, do CDC), enquanto, no segundo caso, os interesses individuais são decorrentes de origem comum donde resulta sua homogeneidade (art. 81, parágrafo único, III, do CDC). O outro ponto de distinção é a circunstância de que, no interesse coletivo, o direito postulado é indivisível entre os membros do grupo, enquanto, nos interesses individuais homogêneos, o pedido pode ser dividido, isto é, ocasionar conseqüências diversas entre os interessados.

Na realidade, estas distinções não são tão acentuadas quanto parecem. O fato de o interesse coletivo *stricto senso* ter objeto indivisível decorre mesmo da prévia relação jurídica comum entre os membros do grupo ou destes com a parte contrária, hipótese esta mais rotineira, como no caso de alunos de uma escola ou membros de um grupo de consórcio ou plano de saúde. Se os alunos ou os consorciados, representados extraordinariamente pelo Ministério Público, em face da relação de consumo, buscam a anulação de um reajuste indevido nas mensalidades ou nas prestações, trata-se de objeto indivisível, pois a decisão terá de ser uma só para todos. Entretanto, se pedissem a devolução de parcelas pagas com tal acréscimo percentual ilegal, o pedido poderia ser dividido, pois seria necessário que cada um demonstrasse o efetivo pagamento das parcelas. Nesse caso, mesmo um interesse coletivo, porque decorrente de prévia relação jurídica básica, teria objeto relativamente divisível.

De outro modo, se a ação fosse decorrente, *v. g.*, de acidente de consumo, tal como a explosão do Osasco Shopping Center, cuja ação para reparação de danos pessoais das vítimas lesionadas e familiares das vítimas mortas foi ajuizada pelo Ministério Público. Nesse caso, estar-se-ia a tratar de interesses individuais homogêneos, porque decorrentes de origem comum, uma situação de fato e não uma prévia relação jurídica formal. Neste último caso, o pedido formulado pelo Ministério Público foi o seguinte:

> – sejam os réus condenados nos exatos termos do art. 95 do CDC, a reparar todos os danos morais e/ou patrimoniais sofridos por todas as vítimas em decorrência do acidente ocorrido aos 11/06/96 no Osasco Plaza Shopping, ressarcindo as vítimas, respectivos cônjuges, sucessores e dependentes, mediante indenização, *cuja extensão deverá ser apurada em liquidação de sentença, a ser promovida pelos interessados legitimados* (art. 97 do CDC); bem como a pagar todas as verbas da sucumbência (Grifo nosso).[348]

---

[348] LOBO, Ana Lúcia da Silva Cardoso Arrochela. Petição inicial de ação civil pública para reparação de danos morais e materiais de todas as vítimas da explosão no Shopping Center de Osasco ocorrida em 11/06/96. *Revista de Direito do Consumidor*, São Paulo, v. 21, p. 195-225, jan.-mar. 1997

A ação coletiva, movida pelo Ministério Público, como legitimado extraordinário busca uma condenação genérica do dever de indenizar todos os interessados. A liquidação da sentença, como previsto no art. 97 do CDC, poderá ser proposta pelas vítimas e seus sucessores. Mas, em se atentando bem, é fácil perceber que a condenação a ser proferida nesta sentença coletiva, em face da eficácia declaratória que dela deriva, e considerando a extensão subjetiva da coisa julgada, é na realidade indivisível também, pois, na liquidação da sentença, já estará definida a obrigação de indenizar, obrigação que é única para todos os interessados, bastando os liquidantes demonstrarem sua condição de prejudicados e a extensão de seu prejuízo ou o daqueles a quem sucedem.[349]

Na esteira do acima exposto, vem a segunda razão que descortina o equívoco da corrente anunciada no pórtico desta subseção que busca negar *legitimatio ad causam* ao Ministério Público em demandas tutelares de interesses individuais homogêneos. Com efeito, os defensores de tal posicionamento doutrinário afirmam que a tutela destes interesses pelo Ministério Público, atenta contra o princípio da autonomia da vontade, pois algum interessado pode não querer defender o seu direito e nesse caso o Ministério Público o faria, como substituto processual, contra a vontade do titular do direito.

Ainda que existissem, no mundo real, pessoas tão resignadas, tão conformadas com sua sorte, que não quisessem ver seus interesses defendidos pelo Ministério Público ou, por outro lado, que receassem uma atuação negligente deste órgão, preferindo fazê-lo individualmente, o argumento antes referido não resiste às seguintes razões: 1ª) pelo disposto no art. 97 do CDC, aplicável a todo o microssistema dos direitos transindividuais e individuais homogêneos, a liquidação da sentença e sua execução cabem à iniciativa do interessado individual;[350] 2ª) como previsto no art. 103 do CDC, há independência entre as ações coletivas e as individuais, sendo que uma não induz litispen-

---

[349] Márcio Flávio Mafra Leal escreveu que "por conta dessa variedade no montante a ser indenizado, diz-se que o objeto é divisível, pois cada membro do grupo experimentou um prejuízo distinto, embora com fundamento comum (v.g., um fato de consumo ou ambiental, ou uma cláusula contratual abusiva com efeitos financeiros). Contudo, já se afirmou a pouca acuidade dessa classificação em divisível e indivisível nesse contexto, porquanto a coisa julgada que se forma reconhecendo a responsabilidade civil do réu é de natureza declaratória e, portanto, indivisível". Grifos no original (LEAL, Márcio Flávio Mafra. *Ações Coletivas*: História, Teoria e Prática. Porto Alegre: SAFE, 1998, p. 199).

[350] Ainda que, na omissão dos interessados, viesse o substituto processual legitimado pelo art. 82 do CDC, a promover esta liquidação ela teria que ser necessariamente individualizada, isto é, deveria demonstrar "em contraditório pleno e cognição exauriente", a existência dos diversos danos pessoais e "o nexo etiológico com o dano globalmente causado". Assim, a realidade é que se a parte não quiser ver cobrados seus direitos contra o responsável já condenado basta que se omita não promovendo a liquidação, nem alcançando ao substituto processual os elementos de prova necessários à habilitação de seu crédito.

dência em relação à outra. Ademais, no caso de ação coletiva para defesa de interesses individuais homogêneos, a sentença fará coisa julgada *secundum eventum litis,* ou seja, somente terá efeito *erga omnes* no caso de procedência do pedido, para beneficiar todas as vítimas e seus sucessores, donde se concluir que, no caso de improcedência, por qualquer motivo, restará preservada a possibilidade de iniciativa individual.

Além disso, como já salientado anteriormente, o art. 129, inc. IX, da Constituição de 1988, autoriza o Ministério Público a "exercer outras funções que lhe forem conferidas, desde que compatíveis com sua finalidade, sendo-lhe vedada a representação judicial e a consultoria jurídica de entidades públicas". Destarte, a lei pode conferir-lhe outras atribuições, tal como o fez o Código de Defesa do Consumidor ao deferir-lhe a defesa dos interesses individuais homogêneos, norma que foi importada pela Lei 7.347/85, por força do seu art. 21, inexistindo nisto qualquer inconstitucionalidade.[351] Neste ponto, vale ressaltar que a Lei 7.347/85 ao importar para seu âmbito de aplicação as regras do CDC, admitiu a tutela de interesses individuais homogêneos de qualquer natureza, mesmo aqueles não relativos diretamente ao direito do consumidor.

4.3.3. A tese da legitimação ampla, mas condicionada à verificação da pertinência do interesse frente à destinação institucional do Ministério Público

O terceiro entendimento, a ser apresentado a seguir, é ora assumido como aquele que efetivamente atende aos preceitos constitucionais caracterizadores da natureza institucional do Ministério Público, e o que concorre a facilitar o acesso efetivo à justiça, através da tutela dos interesses sociais.

Como já salientado no segundo capítulo deste trabalho, com a superação da clássica dicotomia público – privado, restaram juridicamente amparados interesses intermediários situados, ora mais próximos do interesse público primário ou interesse geral, ora nas cercanias do interesse privado. Esta proximidade às vezes é tão grande que alguns interesses transindividuais são autênticos interesses gerais, como os que concernem à proteção do patrimônio natural e cultural, ou à proteção contra propaganda enganosa ou abusiva. Outras vezes, os interesses tutelados estão tão concentrados individualmente que significam apenas o enfeixamento litisconsorcial de aspirações privadas, como, por exemplo, o prejuízo de um grupo de importadores de

---

[351] Art. 21 - Aplicam-se à defesa dos direitos e interesses difusos, coletivos e individuais, no que for cabível, os dispositivos do Título III da Lei n° 8.078, de 11 de setembro de 1990, que instituiu o Código de Defesa do Consumidor.

veículos ou de associados de um clube de golfe etc.[352] Há interesses que ficam bem eqüidistantes entre o público e o privado, como o de empregados de uma empresa em relação à segurança ou salubridade do ambiente de trabalho; neste caso, ainda que não se trate de um interesse geral, inegável a relevância social, o fluido público que o permeia, pois concernente à dignidade da pessoa humana, um dos fundamentos do Estado brasileiro (art. 1º, inc. III, da CF), ademais, a condição de subordinados faz exigir uma tutela pública dos empregados, inibidos ante sua frágil condição de, eles próprios, fazerem exigências ao empregador sob o risco de se verem demitidos.

Com certeza é incorreto negar legitimidade ao Ministério Público para a tutela de interesses individuais homogêneos por falta de expressa previsão constitucional com relação a esta categoria de interesses. E tal incorreção pode ser demonstrada pelas razões antes aludidas, nas subseções anteriores. Entretanto, imperioso concluir que nem todo feixe de interesses individuais homogêneos será passível de defesa por esta instituição. Não é a classificação legal ou doutrinária dos interesses – difusos, coletivos ou individuais homogêneos – que deve legitimar o Ministério Público, mas a presença de relevância social e do escopo de realização dos objetivos fundamentais da República, avaliados concretamente. Eis a base teórica desta terceira corrente doutrinária e a hipótese sustentada neste trabalho. Tal posicionamento doutrinário e jurisprudencial postula legitimação ampla ao Ministério Público para defesa de interesses coletivamente defensáveis, mas pondera a necessidade de se identificar, no conjunto de interesses a serem defendidos, menos relevante a quantidade de interessados individuais, uma dimensão política e social, que altere a clássica noção de processo como instrumento de solução de litígios intersubjetivos, transformando-o em meio de acesso dos mais vulneráveis ao poder, ou recurso pedagógico contra lesão ou ameaça de lesão a interesses cuja defesa seja de conveniência comunitária, em síntese, que faça do Direito um instrumento de transformação social.

Nesse caso, se todos os interesses difusos são interesses gerais ou públicos, o que decorre de sua natureza, o mesmo não se pode dizer em relação aos interesses coletivos *stricto sensu* e individuais homogêneos. Com efeito, vale frisar que essa filtragem dos interesses sob o aspecto da relevância social não deve incidir somente sobre a categoria dos individuais homogêneos, mas, da mesma forma, sobre a dos coletivos *stricto senso*, pois que a estes também pode faltar o qualificativo

---

[352] As exemplificações casuísticas, em que pese de regra esclarecedoras, são sempre perigosas na medida em não permitem ver os contextos. A proposta aqui defendida é a de que a verificação da relevância social deve ser feita sempre no caso concreto, em face das suas circunstâncias, como se verá melhor no curso de nossa abordagem.

referido, quando, em dadas circunstâncias concretas, apenas enfeixam um grupo de interesses de pessoas determinadas, interesses puramente individuais sem reflexo na esfera social. José Roberto dos Santos Bedaque, analisando a legitimidade do Ministério Público, especialmente, no tocante aos interesses individuais homogêneos, sustenta que não é o mero fato de admitir defesa coletiva que transforma o interesse em social, pois há inúmeros casos em que está configurado o caráter individual homogêneo do interesse sem que presente qualquer conotação pública ou socialmente relevante. Nessa medida, sustenta que,

> (...) parece mais adequada a linha de pensamento segundo a qual é necessário compatibilizar a idéia de interesse individual homogêneo com a função institucional do Ministério Público. A minha posição é esta. Não se deve excluir a legitimidade do Ministério Público pelo simples fato de se tratar de um direito individual homogêneo, porque ele a possui, muitas vezes, para a defesa de interesses tipicamente individuais, desde que eles tenham uma conotação pública, social. Há inúmeras previsões na legislação ordinária a respeito.
>
> Nós temos de extrair essa mesma conclusão e aplicá-la aos interesses individuais homogêneos, ou seja, aos processos coletivos versando interesses individuais. Toda vez que nós pudermos identificar um aspecto de interesse público, uma conotação social naquele interesse, evidentemente que, segundo as regras citadas (CDCC, art. 82; LACP, art. 21) e à luz dos arts. 127 e 129 da CF, não me parece legítimo excluir a legitimidade do Ministério Público para essas demandas.[353]

Na seqüência, José Roberto Bedaque afirma não advogar a legitimidade do Ministério Público para defesa de quaisquer interesses individuais homogêneos, porque tal posição acabaria por reduzir a importância social da instituição e, sem dúvida, assiste-lhe integral razão, pois, conforme exaustivamente analisado nos capítulos anteriores, dentro do Estado Democrático de Direito, o Ministério Público lutou por conquistar a elevada função de defensor da sociedade e de agente político da lei, ainda que para agir contra os demais poderes governamentais ou contra iniciativas privadas que gerem riscos àqueles interesses gerais. A instituição, assim, não é apenas indispensável à função jurisdicional do Estado, mas imprescindível à própria concepção moderna de Estado Democrático. Como tantas vezes se sustentou, a destinação constitucional do Ministério Público é:

a) a "defesa da ordem jurídica", assim entendida a ordem constitucional em que se assenta o restante do sistema jurídico;

b) "do regime democrático", que tem supedâneo na democracia representativa e, mais recentemente, na concepção de democracia participativa e, para tanto, a dimensão política que o processo toma com a defesa de interesses de extensão social, o constitui em portal de acesso à Justiça, de interesses derivados de uma litigiosidade de massa ou de conflitos de importância comunitária; e

c) "dos interesses sociais e individuais indisponíveis".

---

[353] BEDAQUE, José Roberto dos Santos. Legitimidade Processual e Legitimidade Política. In: *Interesse Civil e Interesse Público*. São Paulo: Co-edição APMP e RT, 2003, p. 108.

Destarte, partindo-se do desenho que a Constituição de 1988 outorgou ao Ministério Público, resulta certo estar ele legitimado à defesa de interesses difusos, coletivos e individuais homogêneos. Entretanto, a instituição, em face de suas elevadas atribuições, só pode patrocinar interesses coletivos e individuais homogêneos, quando qualificados por sua relevância social, ou seja, quando tais interesses tiverem pertinência com a destinação constitucional do Ministério Público.[354]

Outrossim, para além das missões consagradas pela Constituição ao Ministério Público como indicativas de sua vocação institucional, há que se destacar o significado das relevantíssimas garantias que lhe foram atribuídas pelo texto fundamental. Resulta certo que seus integrantes lutaram pelas garantias institucionais da independência funcional, inamovibilidade, vitaliciedade e irredutibilidade de vencimentos, quando historicamente se lhes reconhecia apenas a garantia da estabilidade no serviço público. Conseguiram alcançar estas prerrogativas graças ao reconhecimento social das relevantes atividades desenvolvidas ao longo de sua história; mas, agora, fazer mau uso delas pode ser razão para perdê-las também. As garantias protegem o sistema institucional de influências externas, porém devem ser manejadas para um aumento de sua eficiência operativa e para geração de resultados sociais cada vez mais efetivos e não para solipsismo individual ou institucional que não permita uma visão cognitiva da realidade externa com a qual lhe cabe interagir.

Conclui-se que as garantias institucionais têm uma função teleológica: devem ser utilizadas para o desempenho das atividades funcionais do Ministério Público em favor de interesses mais relevantes da sociedade, onde seu escudo protetor contra poderosas influências possa ser mais necessário. São garantias outorgadas no interesse comunitário mais amplo e por isso não se justificariam para defesa de

---

[354] Em tal rumo, vale transcrever magistério de Kazuo Watanabe, que bem sintetiza o problema exposto: "nesse importante mister, tem papel saliente o Ministério Público, não somente em razão de sua função institucional (art. 129, III, da CF), o que faz supor melhor preparo de seus membros, como também em virtude da efetiva liderança que vem assumindo na prática do ajuizamento de ações coletivas. É preciso evitar que o *parquet* perca a importância de sua função institucional por eventual vedetismo de qualquer de seus membros, que faça do inquérito civil ou das ações coletivas instrumentos de sua projeção pessoal ou até mesmo de alguma pressão irrazoável ou em virtude ainda da incorreta conceituação dos interesses eminentemente privados, sem qualquer relevância social (...) (como os de condôminos de um edifício de apartamentos contra o síndico ou contra terceiros, ou os de um grupo de uma sociedade contra outro grupo da mesma sociedade, a menos que esteja inequivocadamente presente, por alguma razão específica, o interesse social), sob pena de amesquinhamento da relevância institucional do *Parquet*, que deve estar vocacionado, por definição constitucional, à defesa da 'ordem jurídica, do regime democrático e dos interesses sociais e individuais indisponíveis' (art. 127 da CF). (WATANABE, Kazuo. *CDC Comentado pelos Autores do Anteprojeto*. 5. ed. Rio de Janeiro: Forense Universitária, 1997, p. 639.)

interesses menores, sem relevância social e plenamente disponíveis. Nesse sentido, com razão, preleciona Hugo Nigro Mazzilli:

> A finalidade dos predicamentos e garantias institucionais não é constituir uma casta favorecida de servidores públicos, nem criar ou manter uma instituição privilegiada, que exista para só lutar pelo aumento ou manutenção das próprias vantagens; as garantias só têm sentido e só serão mantidas se os predicamentos dos agentes se destinarem à garantia da instituição, os desta, para garantia do seu ofício e os deste para garantia de efetiva defesa da coletividade. Senão serão meros e vulgares privilégios, que serão cortados mais cedo ou mais tarde, pela justa pressão da sociedade.[355]

Sustenta-se, destarte, que a Constituição de 1988 quis reservar ao Ministério Público a defesa de interesses mais caros à sociedade, mesmo que coletivos *stricto sensu* ou individuais homogêneos. Para Donaldo Armelin, o problema continuará em aberto, gerando insegurança jurídica, até que o Supremo Tribunal Federal pacifique a jurisprudência a respeito ou que advenha uma lei que especifique as hipóteses em que a legitimidade em causa seja definitivamente ampliada em favor do Ministério Público.[356] O mesmo articulista, entretanto, menciona voto do Ministro Sepúlveda Pertence que, em julgamento na Corte Suprema, entendeu se devesse buscar o conceito de interesse social, em casos de interesses individuais homogêneos, nos objetivos estabelecidos no art. 3º da Constituição Federal, especialmente, onde aponta, como metas da República, constituir uma sociedade livre, justa e solidária, erradicar a pobreza e reduzir as desigualdades sociais e regionais.[357]

De qualquer sorte, os objetivos fundamentais da República constituem verdadeiros princípios, dotados de um caráter aberto, cuja amplitude de sentido permite precisamente atualizar a relação entre Direito e faticidade, renovando a legitimidade da norma e diminuindo o grau de tensão social. Nesse sentido, poder-se-ia sempre objetar que não há um critério seguro para definir o que seja interesse social a justificar a ação do Ministério Público na tutela de interesses coletivos *stricto senso* ou individuais homogêneos e, ao que parece, contrariando Armelin que entende necessária a pacificação legal ou jurisprudencial do problema, jamais poderá haver, neste tema, parâmetros rígidos, pois

---

[355] MAZZILLI, Hugo Nigro. Independência do Ministério Público. In: *Ministério Público*: Instituição e Processo. São Paulo: Atlas, 1999, p. 110.

[356] ARMELIN, Donaldo. Ação Civil Pública: Legitimidade Processual e Legitimidade Política. In: *Processo Civil e Interesse Público* – O Processo como Instrumento de Defesa Social. São Paulo: Co-edição APMP e RT, 2003, p. 124.

[357] CF/Art. 3º - Constituem objetivos fundamentais da República Federativa do Brasil: I - construir uma sociedade livre, justa e solidária; II - garantir o desenvolvimento nacional; III - erradicar a pobreza e a marginalização e reduzir as desigualdades sociais e regionais; IV - promover o bem de todos, sem preconceitos de origem, raça, sexo, cor, idade e quaisquer outras formas de discriminação.

Direitos Fundamentais Sociais

que conceitos como *relevância social e interesse público* têm também uma função pragmática, permitindo ao direito "filtrar valores em confronto na sociedade, alcançando uma idéia de fechamento e acabamento lógico daqueles valores majoritariamente reclamados por parte da sociedade". Entende José Eduardo Faria que conceitos como "interesse público" "têm a finalidade de dar ao direito um acabamento lógico e de despertar na sociedade a certeza de que os valores por ela reclamados acabam, de alguma maneira, sendo consagrados pelo Direito". Para este autor, expressões como "interesse público" e "bem comum", apesar de ambíguas, "despertam um sentido de lealdade, de apoio, que conseguem funcionar como um mecanismo de catalisação de uma obediência espontânea por parte da sociedade".[358]

Uma conhecida tentativa de explicitação mais minuciosa das hipóteses de legitimação processual do Ministério Público em defesa de interesses individuais homogêneos restou pontificada na Súmula 7 do Conselho Superior do Ministério Público de São Paulo transcrita a seguir:

O Ministério Público está legitimado à defesa de interesses individuais homogêneos que tenham expressão para a coletividade, como:

a) os que digam respeito à saúde ou à segurança das pessoas, ou ao acesso das crianças e adolescentes à educação;

b) aqueles em que haja extraordinária dispersão dos lesados;

c) quando convenha à coletividade o zelo pelo funcionamento de um sistema econômico, social ou jurídico.

Destarte, a legitimação do Ministério Público à ação civil pública, efetivamente abrange interesses difusos, coletivos e individuais homogêneos, porém, quanto a estas duas últimas categorias, imprescindível se verifique uma harmonização entre os direitos a serem tutelados e a destinação institucional do Ministério Público, que tanto lutou para adquirir uma configuração legal e constitucional que o autorizasse à ação em prol de direitos mais amplos da sociedade, representando desvirtuamento de sua função o patrocínio de interesses individualistas, sem repercussão comunitária.

Todavia, há que se averiguar mais proficuamente esta legitimação do Ministério Público, traçando-lhe um paralelo com aquela da própria sociedade civil organizada. Deve-se partir do pressuposto de que a sociedade civil não é igualmente organizada no tempo e no espaço. Há épocas e locais onde ela está mais ou menos apta a tutelar seus interesses. Na mesma proporção e pela mesma razão, a legitimidade do Ministério Público não pode ser aferida abstrata e genericamente, mas diante das peculiaridades espaço-temporais em que situado o agente institucional.

---

[358] FARIA, José Eduardo. *A Definição do Interesse Público*, p. 79-80.

4.4. Ministério Público e sociedade civil: propostas para uma crescente aproximação

Como já salientado no Capítulo III, na história recente do Ministério Público brasileiro prevaleceram esforços institucionais tendentes a alcançar sua legitimação na defesa do interesse público, desde o Código de Processo Civil de 1973 até a Constituição de 1988. No período que precedeu à elaboração da atual carta constitucional, marcado pela redemocratização e pela desconfiança em relação ao Estado-administração, ganhou força uma concepção ampliativa do interesse público, a partir do aporte conceitual da relevância social. Mas, paradoxalmente, a legitimidade do Ministério Público encontrou suporte na aparente deficiência da sociedade para defender seus interesses e na indisponibilidade desses novos direitos.

De início, portanto, o Ministério Público concorreu com a sociedade organizada, no que concerne à idéia original de favorecer a legitimidade processual das associações no tangente à defesa dos direitos sociais. Deste modo, esforçou-se por resguardar para si uma fatia privilegiada nas novas atribuições jurídicas e, com efeito, conseguiu posição vantajosa, sobretudo em face de duas razões:

1ª) a exigência de representatividade adequada, ou seja, pertinência entre a causa de pedir e as finalidades estatutárias das associações e prazo de um ano de atividade para que estas pudessem legitimar-se ativamente à defesa processual de interesses transindividuais;[359]

2ª) a prerrogativa que tem o Ministério Público, como órgão estatal, de instaurar inquérito civil com amplo poder requisitório,[360] inclusive sob pena de imputação criminal para a desobediência,[361] e a possibilidade de firmar compromissos de ajustamento de conduta às exigências legais, com o agressor do interesse transindividual.[362]

---

[359] Lei 7347/85, Art. 5º - A ação principal e a cautelar poderão ser propostas pelo Ministério Público, pela União, pelos Estados e Municípios. Poderão também ser propostas por autarquia, empresa pública, fundação, sociedade de economia mista ou por associação que: I - esteja constituída há pelo menos um ano, nos termos da lei civil; II - inclua, entre suas finalidades institucionais, a proteção ao meio ambiente, ao consumidor, à ordem econômica, à livre concorrência, ou ao patrimônio artístico, estético, histórico, turístico e paisagístico.

[360] Lei 7347/85, Art. 8º - Para instruir a inicial, o interessado poderá requerer às autoridades competentes as certidões e informações que julgar necessárias, a serem fornecidas no prazo de 15 (quinze) dias. § 1º - O Ministério Público poderá instaurar, sob sua presidência, inquérito civil, ou requisitar, de qualquer organismo público ou particular, certidões, informações, exames ou perícias, no prazo que assinalar, o qual não poderá ser inferior a 10 (dez) dias úteis.

[361] Lei 7347/85, Art. 10 - Constitui crime, punido com pena de reclusão de 1 (um) a 3 (três) anos, mais multa de 10 (dez) a 1.000 (mil) Obrigações do Tesouro Nacional - OTN, a recusa, o retardamento ou a omissão de dados técnicos indispensáveis à propositura da ação civil, quando requisitados pelo Ministério Público.

[362] Lei 7347/85, Art. 5º - (...) § 6º - Os órgãos públicos legitimados poderão tomar dos interessados compromisso de ajustamento de sua conduta às exigências legais, mediante cominações, que terá eficácia de título executivo extrajudicial.

Direitos Fundamentais Sociais

Tal posição vantajosa do Ministério Público, somada à tradicional passividade da sociedade civil brasileira e à perda de espírito público, possivelmente em face dos rotineiros períodos de repressão autoritária e da cultura capitalista, tornou-o a instituição mais ativa na defesa dos interesses transindividuais. Com efeito, este absenteísmo judicial das associações decorreria também de uma razão sociopolítica, qual seja, a fragilidade de nossa democracia revelada pela incipiente organização da sociedade civil, crise educacional, baixa consciência política e exercício da cidadania, sentimento generalizado de impotência diante da impunidade, etc.

Para Rogério Arantes, a Lei 7.347/85, infelizmente, não logrou maior organização da sociedade civil com vistas à atuação através do processo para tutela de interesses transindividuais, e acabou sinalizando que o caminho mais fácil seria procurar o Ministério Público, onde os custos dos reclamantes individuais ou mesmo grupalmente organizados seriam menores, reforçando, em suma, o princípio tutelar tradicional no Brasil.[363] Em sentido oposto, Carlos Alberto de Sales salienta que os direitos coletivos caracterizam-se pela sua "indivisibilidade" e "publicidade", pois o seu aproveitamento por um homem não impede o dos demais, posto que insuscetíveis de apropriação privada. Nesse caso, a concentração de interesse individual em torno desses bens é muito pequena para estimular as pessoas a defendê-los, máxime levando-se em conta os custos políticos e processuais de tal mister. Há, pois, um impulso natural à imobilização para aguardar que outrem tome a iniciativa, numa espécie de efeito carona ou *free riding* inerente à natureza dos interesses difusos e coletivos, pois aqueles que não participam da sua tutela são beneficiados por outros que o fazem e não dividem os custos. Para Salles, a Lei 7.347/85 resolveu e não agravou o problema, pois reduziu os custos do acesso coletivo à Justiça pela via do fortalecimento do Ministério Público inclusive para tutela antimajoritária, naquelas hipóteses em que a sociedade se posiciona contra um interesse social ou sem motivos suficientes para defendê-lo, o que justificaria ainda mais a necessidade de um poder independente da maioria para protegê-lo.[364]

Em sistemas de defesa privada dos interesses transindividuais, como no caso dos Estados Unidos, o Direito incentiva as *class actions* através da condenação de elevados valores de honorários advocatícios que constituem fontes de renda de entidades ambientalistas e de defesa dos direitos civis, servindo de desestímulo ao "efeito carona". No

---

[363] ARANTES, Rogério Bastos. *Ministério Público e Política no Brasil*, p. 75-6.

[364] SALLES, Carlos Alberto de. A Proteção Judicial de Interesses Difusos e Coletivos – Funções e Significados. In: *Processo Civil e Interesse Público*. São Paulo: Revista dos Tribunais e Associação Paulista do Ministério Público, 2003, p. 131-7.

modelo brasileiro, enquadrado como de tutela mista, pois admite proteção pública e privada, os altos custos do processo, especialmente, laudos periciais, têm sido um dos obstáculos ao ajuizamento de demandas por parte de associações legitimadas, que preferem representar ao Ministério Público para que este tome as iniciativas cabíveis, isto, porém, transfere à instituição o problema dos custos com a preparação do processo e as intrincadas discussões sobre legitimidade. "Nesse sentido, a grande fronteira do Ministério Público hoje, se pretender continuar desempenhando essas funções, é abrir novos canais de legitimação da sua atuação. Na construção de sua legitimidade política está a necessidade de se abrir para a sociedade civil, para que ela possa participar de seus processos internos de decisão, levando ou não à propositura de uma determinada ação civil pública e ajudando a definir suas prioridades de investigação".[365]

Destarte, o Ministério Público, que possui legitimação legal e funcional para a tutela de interesses transindividuais qualificados pela relevância social, deve incrementar sua legitimação política através de procedimentos que o ponham em contato com a sociedade, autênticas conexões sistêmicas com atores organizacionais, possível, *v. g*, mediante as audiências públicas, o atendimento ao público, as palestras comunitárias e o esforço para auxiliar a própria organização social e a reinserção de solidariedade no meio social.

Com tal escopo, cumpre registrar que, na mesma proporção da crescente crise do Estado Social, no mundo contemporâneo ocorre um avanço da tendência de privatização dos serviços sociais, sobretudo, nas áreas de saúde, educação, previdência e segurança. Parte desses serviços é da iniciativa privada, como os seguros de saúde, a previdência privada, as escolas e universidades particulares e as empresas de segurança particular, mas outra parte, outrora prestada pelo Estado, vem sendo assumida por organizações não governamentais sem fins lucrativos, criadas e mantidas mediante prestação voluntária e dedicadas à filantropia, caridade, incentivo às artes e à cultura, proteção dos direitos humanos, etc. Tais instituições, hoje integrantes do denominado *terceiro setor*, formam-se na esteira de um incremento da cidadania em um mundo onde as possibilidades estatais mostram-se esgotadas diante de novas e crescentes demandas. Ronaldo Porto Macedo Jr. avalia a atividade final das Organizações não-governamentais, brindando-nos com a seguinte observação:

> Por fim, resta lembrar que as Organizações não governamentais desempenham hoje um importante papel de representação de interesses de grupos e minorias que, desta forma, encontram um canal de participação democrática e influência na definição de políticas sociais,

---

[365] SALLES, Carlos Alberto de. A Proteção Judicial de Interesses Difusos e Coletivos – Funções e Significados, p. 135.

por meio de sua articulação com grupos de pressão, *lobbies* e também sua freqüente proximidade e origem nos movimentos sociais. Contudo, diferentemente dos movimentos sociais, marcados por sua origem episódica e baixo grau de institucionalização e permanência, as ONGs são instituições que permanecem e se integram na dinâmica social e econômica de maneira não contestatória, antes complementando tarefas tradicionalmente desempenhadas pelo Estado. Neste sentido, são mais operativas e menos contestatórias, na medida em que executam diretamente serviços em vez de simplesmente organizarem as demandas sociais perante o Estado. [366]

Há importantes semelhanças entre o "terceiro setor" e o Ministério Público. A primeira delas é a relativa autonomia em face do Estado-administração e do mercado que os caracteriza. Em segundo lugar, está a circunstância de que, modernamente, o Ministério Público já não desempenha exclusivamente uma atividade repressiva ou coercitiva, mas também relevantes atividades promocionais em suas áreas de atuação em defesa de interesses sociais, com o que se identifica com as ONGs que atuam nestas mesmas áreas. Em terceiro lugar, Ministério Público e ONGs já vêm estreitando parcerias, atuando a instituição pública na condição de uma verdadeira assessoria jurídica daquelas, recebendo suas denúncias, aprofundando investigações com seus recursos inquisitoriais propiciados pelo inquérito civil, utilizando perícias elaboradas por técnicos engajados, aproveitando o poder de mobilização das ONGs e suas relações com a imprensa. Ademais, ONGs organizam cursos, congressos e seminários dos quais participam, em grande parte, membros do Ministério Público. Algumas importantes ONGs já tem sido formadas por integrantes da magistratura e do *parquet*.

Deste modo, considerando sua potencialidade na formação de *capital social*, mediante redes de solidariedade e atendimento de demandas sociais, o terceiro setor tem uma agenda comum com o Ministério Público brasileiro, vislumbrando-se miríades de oportunidades de contato entre os respectivos sistemas, na geração de um círculo virtuoso de defesa de interesses sociais em face dos processos nocivos de recolonização que se insinuam no mundo pós-moderno.

Sustenta-se, pois, que, em lugar de assumir, progressivamente, mais atribuições, deve o Ministério Público rever sua postura tutelar da sociedade civil, esforçando-se notadamente no sentido de fomentar a organização e a responsabilidade social para que ela própria, através de grupos organizados, atinja sua "maioridade", tornando-se capaz de tutelar suas aspirações, existencializando o Estado Democrático de Direito, um paradigma que pressupõe o fortalecimento da sociedade. Situado geográfica e historicamente, o "agente da lei" deve ser sensível

---

[366] MACEDO JÚNIOR, Ronaldo Porto. O Quarto Poder e o Terceiro Setor. O Ministério Público e as Organizações Não Governamentais sem fins Lucrativos – Estratégias para o Futuro. In: *Ministério Público II – Democracia*. São Paulo: Atlas, 1999, p. 253.

ao grau de organização social de sua região, de modo que, onde este nível de emancipação é incipiente, justifica-se, e mesmo impõe-se, uma maior legitimação política e processual do Ministério Público, como decorrência do princípio tutelar; mas, em tal caso, seus esforços também devem ser direcionados a fomentar a organização social, usando seu poder de persuasão e mobilização. Por outra, naqueles locais em que a organização social é mais evoluída, o Ministério Público não deve concorrer com a sociedade civil, mas reservar suas energias institucionais para atuações mais difusamente relevantes ou onde ainda se verifique maior omissão do poder público ou da sociedade organizada. Nesse caso, a instituição auxiliará mais a sociedade, se canalizar a força das entidades sociais para atuações coordenadas, ou seja, redes de proteção de direitos sociais, como a infância e juventude, idosos, meio ambiente, saúde pública etc., sincronizando suas atividades com a destes grupos e com outros setores do Estado.

Deste modo, não é possível generalizar uma regra de legitimidade política e processual do Ministério Público; isto seria arriscado demais, pois poderia significar o desamparo de interesses relevantes socialmente, ou a excessiva intervenção institucional na esfera de interesses privados sem repercussão comunitária. Ninguém melhor que o próprio Promotor de Justiça para, diante do caso concreto, das circunstâncias reais em que inserido e dos princípios institucionais, avaliar esta legitimidade. Há que se respeitar sua deliberação, salvo se evidentemente irrazoável. Neste ponto, tanto o Poder Judiciário como os Conselhos Superiores do Ministério Público devem homenagear a afirmação ou negação de legitimidade efetuada pelo agente de execução, não ignorando que este tem melhores condições para aquilatar, em sua comunidade, todos os aspectos sociais que justificam sua decisão.

Considerações Finais

1. Para Boaventura de Sousa Santos,[367] a matriz da modernidade idealizava a transformação da sociedade pré-moderna em sociedade moderna, a partir de um equilíbrio entre seus dois pilares mestres: *regulação e emancipação*. O pilar da regulação vem estribado em três princípios básicos: o princípio do Estado (Hobbes), o princípio do mercado (Locke) e o princípio da comunidade (Rousseau). Já a coluna da emancipação é constituída pela articulação entre três dimensões da racionalização e secularização da vida coletiva: a racionalidade moral-prática do Direito moderno; a racionalidade cognitivo-experimental da ciência e da técnica modernas; e a racionalidade estético-expressiva das artes e literatura modernas.

2. Mas à medida que a trajetória da modernidade, enquanto ideologia, foi sendo subjugada pela trajetória da modernidade, enquanto sistema capitalista, o pilar da regulação foi predominando sobre o pilar da emancipação, e, diante disso, este último veio a sofrer desequilíbrios variados, fazendo com que, internamente, a dimensão cognitivo-experimental da ciência e da técnica modernas, dimensão que se mostrava mais identificada com os interesses expansionistas do capitalismo, prevalecesse sobre as demais, colonizando a arte e o Direito, sendo este último reduzido de uma riquíssima tradição jusfilosófica, sociológica e política, a uma ciência jurídica dogmática e legalista.

3. Com efeito, a coluna regulatória do projeto liberal, dominado por uma orientação sistemático-capitalista, subjugou a coluna emancipatória, especialmente suas dimensões tidas por supérfluas na lógica capitalista, isto é, aquelas que não serviam a um objetivo expansionista da dominação mercantil. Este fenômeno é bem observável na arte e no Direito, quando se verifica o empobrecimento da cultura de massa, cada vez mais voltada a objetivos meramente comerciais, e quando se vê, no âmbito do Direito, uma cultura jurídica de reprodução de conceitos, própria dos códigos comentados e anotados, em detrimento da produção de novos horizontes de sentido; uma dogmática que

---

[367] SANTOS, Boaventura de Sousa. *Pela Mão de Alice – O Social e o Político na Pós-modernidade.*

estigmatiza a Filosofia, expulsando-a do Direito, por prejulgá-la confusa e inapta à solução rápida, repetitiva e automatizada dos conflitos interpessoais; enfim, aplica-se ao Direito a prática fordista da produção serial. Aliás, a lógica da rapidez vem se impondo neuroticamente sobre os operadores do Direito, pelo que a acusação de ineficiência dos tribunais decorre deste descompasso entre a velocidade dos processos judiciais e a velocidade dos processos econômicos, como se Justiça, para ser justa, não houvesse de ser, ao menos, contemplativa e reflexiva das diferentes razões que permeiam um debate sobre relevantes valores humanos.

4. Mas o desequilíbrio é observável ainda no pilar da regulação entre suas próprias subdivisões: Estado, mercado e comunidade. Nesta coluna da modernidade, observou-se também o desenvolvimento hipertrofiado do princípio do mercado em detrimento do princípio do Estado e de ambos em detrimento do princípio da comunidade. Ainda que tal processo histórico não tenha sido linear, observa-se nas sociedades capitalistas uma fase inicial de hipertrofia total do mercado, própria do capitalismo liberal do Século XIX, seguida de uma segunda fase de maior equilíbrio entre mercado e Estado, sob pressão da viga comunitária, que caracterizou o período do capitalismo organizado do Estado-Providência; e, "por último, uma fase de re-hegemonização do princípio do mercado e de colonização, por parte deste, do princípio do Estado e do princípio da comunidade, de que a *reaganomics* e o thatcherismo são chocantes manifestações".[368]

5. Assim, diante desta aparente derrocada do Estado Social e sem se saber ao certo se o Estado Democrático de Direito prevalecerá efetivamente, vive-se uma época de incertezas em que se apresenta um prognóstico sombrio de submissão de todos os valores à lógica mercadológica, que traz em si o vaticínio escatológico do fim das utopias aliado à presença concreta de uma sociedade de risco social – risco ambiental, risco securitário, risco alimentar etc.

6. O individualismo liberal, levado ao seu extremo na atualidade, desumaniza o outro e neutraliza as tendências solidárias, conduzindo a sociedade ao atomismo e ao medo hobbesiano. Nos seus aspectos mais perversos, a globalização apenas econômica, sob a égide de princípios liberais, multiplica e generaliza os efeitos do individualismo extremado, revogando direitos fundamentais, especialmente os de viés social, opondo-se à sua universalização e, paradoxalmente, enquanto elimina diferenças culturais entre os povos, padronizando a cultura, aumenta as diferenças socioeconômicas, posto dimensionar, planetariamente,

---

[368] SANTOS, Boaventura de Sousa. *Pela Mão de Alice* – O Social e o Político na Pós-modernidade, p. 237.

os potenciais monopolizadores do capital.[369] Em lugar do Estado Social, destarte, insinua-se uma sociedade de risco, e o constitucionalismo que surgiu sob inspiração liberal, como viabilizador do Estado de Direito, pois que centro emanador do ordenamento jurídico, e que "começou o Século XX encarado como sinônimo de segurança e legitimidade, delimitando o exercício dos mecanismos de violência monopolizados pelo Estado, institucionalizando seus procedimentos decisórios, legislativos e adjudicatórios, estabelecendo as formas de participação política e definindo o espaço soberano da palavra e da ação em contextos sociais marcados pelo relativismo ideológico e em cujo âmbito o poder do Estado depende de critérios externos aos governantes para ser aceito como válido", passa a ser encarado "como entrave ao funcionamento do mercado, como freio da competitividade dos agentes econômicos e como obstáculo à expansão da economia".[370]

7. É dentro deste contexto, que ao neoconstitucionalismo pós-positivista apresenta-se a missão de resgatar valores autênticos em meio a gerações já nascidas em um ambiente de valores ilusórios. Cabe-lhe constituir pré-compreensões que restabeleçam sentidos prévios, reascendendo velhas utopias em meio ao novo momento histórico de pensamento unidirecionado. Impõe-se agora, mais do que nunca, fazer com que as regras puras da força e do poder sejam contingenciadas por uma racionalidade ética, capaz de engendrar um mundo civilizado e socialmente justo. Não basta codificar as regras do jogo, como preconizam as teses procedimentalistas. Em países onde as promessas da modernidade não foram cumpridas, é preciso assegurar-se de que estas regras, efetivamente, atendam a imperativos categóricos de justiça e eqüidade, impondo mecanismos metamórficos da realidade social.

8. Embora se possa aduzir que a justiça ideal se constitua em um estado nunca atingido, e, ainda que se acoime ingênuo efetivamente atingi-lo, o que entusiasma o Direito é sua busca incessante. Assim,

---

[369] José Eduardo Faria, prefaciando o livro de Gisele Cittadino, *Pluralismo, Direito e Justiça Distributiva*, sintetiza com maestria a crise de paradigmas, resultante dos esforços substitutivos do Estado Social pela sociedade neoliberal. Para ele, "crescimento da produção, pleno emprego e difusão de benefícios por meio do Estado, princípios correntes entre o pós guerra e os anos 70, acabam, como se vê, sendo postos em xeque nas décadas finais deste século. A idéia de justiça viabilizada por instrumentos fiscais, por exemplo, é substituída pela condenação sistemática dos tributos progressivos. Os gastos sociais, fundamentais para a correção das desigualdades, são atingidos mortalmente por discursos canonizadores da austeridade monetária. Os mecanismos de proteção ao trabalho são submetidos a um processo de flexibilização, deslegalização e desconstitucionalização. A revogação dos monopólios públicos e os programas de privatização convertem obrigações do Estado e direitos dos cidadãos em negócio empresarial. A transferência de serviços essenciais da esfera governamental para a iniciativa privada leva seus beneficiários a serem tratados como simples consumidores. E atividades como educação, saúde e previdência tornam-se produtos redutíveis ao conceito de mercadoria, passando a ser objeto de contratos privados de compra e venda" (FARIA, José Eduardo (prefácio). In: CITTADINO, Gisele. *Pluralismo, Direito e Justiça Distributiva*. 2. ed. Rio de Janeiro: Lumen Juris, 2000, p. XVII).

[370] Idem, p. XV.

Direitos Fundamentais Sociais

mesmo quando sentimentos pessimistas parecem neutralizar todo o entusiasmo, há que se olhar para trás e contabilizar tudo quanto já se alcançou de positivo, *v. g.*, preciosas elaborações teóricas que dão aos direitos humanos títulos de legitimidade quando plasmados em relevantes documentos legislativos nacionais e internacionais; arquiteturas constitucionais do novo paradigma estatal legitimado democraticamente, que faz do Estado instrumento de realização de justiça social; normas e instrumentos de proteção nacional e internacional dos direitos humanos; especificação dos direitos humanos das crianças, dos idosos, dos consumidores etc.

9. Todavia o caminho entre a previsão legal e a implementação real é longo e penoso. É perceptível ao observador menos atento que, na jovem democracia brasileira, nem mesmo os direitos de primeira dimensão já contam com uma proteção segura e tradicional, e as prestações sociais de saúde, educação, previdência e segurança, são cotidianamente ameaçadas por alegadas insuficiências orçamentárias, corroboradas pela propaganda anti-constitucional. É este precipício abissal entre as promessas constitucionais e a implementação dos direitos fundamentais individuais e sociais, ameaçados até mesmo em sua existência formal, que principia a crise de paradigmas entre os modelos de Estado. A Constituição de 1988 proclama ser o Brasil um Estado Democrático de Direito, mas as elites econômicas pretendem-no um Estado Liberal; em meio à disputa, nem sequer as promessas do Estado Social foram atingidas de modo satisfatório.

10. Trata-se de uma autêntica crise constitucional, revelada pelo distanciamento entre a constituição formal e a constituição material. Com efeito, de um lado, há uma carta fundamental moderna que pretende trazer o país à contemporaneidade do Estado Democrático de Direito, proclamando seus princípios basilares, de outro, uma prática cotidiana que oculta o sentido de Constituição, fazendo com que o modelo liberal-individualista remanesça intocável. A Constituição de 1988 ainda não se revelou fenomenicamente, seus postulados continuam sendo afastados na prática jurídico/político/legislativa, com base em preconceitos anteriores ao paradigma que pretendeu instituir.

11. No turbilhão da crise, a impotência ou recalcitrância do Executivo em garantir as novas exigências sociais que a Constituição de 1988 veio positivar, vem sendo remediada no âmbito do Sistema de Justiça, destacando-se o Ministério Público, seja na atuação extrajudicial, mediante inquéritos civis e compromissos de ajustamento, seja na esfera judicial, sede na qual vem obtendo decisões vinculativas, que impõem à administração pública o atendimento de interesses sociais constitucionalizados, por vezes, com base em princípios, cuja normatividade foi historicamente contestada sob a imputação de abstrativida-

de e generalidade. O fortalecimento dos princípios e sua transposição de uma função suplementar na infraconstitucionalidade para uma heurística concretizadora e uma posição diretiva do ordenamento jurídico desde os cumes constitucionais e supraconstitucionais, naturalizou a Filosofia e a Ética em meio ao Direito, podendo constituí-lo em poderoso contraforte em defesa da sociedade contra a dominação econômica e monopolizadora dos capitais financeiros e, para além disso, fazer do Direito aríete a quebrantar as resistências à transformação social, no sentido de humanizar o ambiente social, garantindo a implementação generalizada dos direitos fundamentais, especialmente, os de caráter prestacional.

12. Sem dúvida que a intervenção ativa do Sistema de Justiça nesta seara ocasiona intenso debate e oposição. Não era de se esperar o contrário em um país com tradição patrimonialista em que o poder político, historicamente amestrado pelas oligarquias econômicas, foi desde sempre utilizado para alimentar um clientelismo eleitoral que beneficia os amigos e persegue os inimigos. Quando o Judiciário adjudica direitos sociais não se trata de benesses que justifiquem gratidão eleitoral, mas de prestações sociais redistributivas a que se tem direito, independentemente do resultado das urnas. Daí por que a inserção do Sistema de Justiça em uma esfera historicamente reservada aos poderes políticos clássicos, fulmina pretensões clientelistas, o que se agrava mais, quando a própria política passa a ser criminalizada, como vem ocorrendo na repressão penal à corrupção e nas demandas cíveis pela aplicação de sanções judiciais em face de atos de improbidade administrativa.

13. Não se trata, contudo, de anatematizar os poderes políticos tradicionais – Executivo e Legislativo – e exaltar o Sistema Jurídico como "salvador da pátria", atitude que só poderia advir de desconhecimento das crises do Estado. A Política, inspirada nos dogmas constitucionais do Estado Democrático de Direito e voltada à promoção da dignidade humana e social não merece oposição alguma, ao contrário, sua relação com o Direito jamais será de oposição, mas sim de complementaridade. Ademais, a resistência ao processo de judicialização da política não parte integralmente dos demais poderes, senão que de alguns de seus setores mais prejudicados com a substituição de uma democracia carismática e pessoal por uma democracia legitimada legalmente e, por conseguinte, menos clientelista. Outrossim, é preciso convir que boa parte da oposição à função social do Direito provém de agentes do próprio Sistema de Justiça ainda embalados no conforto do *habitus dogmaticus* que aprofunda a crise de paradigmas. Tais atores insistem em aplicar um Direito de cunho liberal individualista em meio a uma sociedade massificada, demandando, desesperadamente, a implementação de suas grandes conquistas sociais.

Direitos Fundamentais Sociais

14. É dentro de um tal contexto de crise que se impõe a superação do velho paradigma liberal, inserindo o Brasil na contemporaneidade que a Constituição de 1988 intenta efetivar quando proclama o princípio do Estado Democrático de Direito. O Ministério Público assume, nesta empreitada, missão decisiva como guardião da cidadania e defensor do povo. Com efeito, ao autêntico *ombudsman* brasileiro, o constituinte de 1988 incumbiu a defesa da ordem jurídica, do regime democrático e dos interesses sociais e individuais indisponíveis (art. 127, *caput*, da CF). Para tanto, outorgou-lhe as garantias da inamovibilidade, vitaliceidade e irredutibilidade de vencimentos (art. 128, § 5º, I, alíneas "a", "b" e "c", da CF) e instrumentos processuais e administrativos como a ação penal pública, a ação civil pública, o inquérito civil e o compromisso de ajustamento às normas legais.

15. Ademais, com a coletivização dos interesses e na medida em que a sociedade civil ultrapassa o marco regulatório do próprio Estado, inaugurando um processo de diferenciação em relação a este, a noção de interesse público, que outrora albergava exclusivamente as aspirações da administração pública, passa a alcançar pretensões sociais em uma zona interseccional que se pode denominar de esfera dos interesses transindividuais. O interesse público primário será, pois, o interesse da sociedade, que deve ser tutelado pelo Estado enquanto instituição ideal, destinada a servir ao social; a administração eventual, porém, pode fazer leituras ideológicas do interesse público, que se distanciem de seus princípios mais autênticos, ou que sejam inspiradas em práticas clientelistas ou coações de origem diversa. Considerando-se, pois, o estágio de evolução da sociedade brasileira ainda carecedora de organização em torno a ideais comuns, incumbe ao Ministério Público a tutela, administrativa e judicial, dos interesses sociais mais relevantes, posto que indisponíveis enquanto persistir o quadro de dificuldade de agregação social para autodefesa.

16. Destarte, capacita-se o Ministério Público à elevada função sistêmica de captador dos conflitos sociais coletivos, solucionando-os diretamente mediante inquéritos civis em que tomados compromissos de ajustamento, ou encaminhando-os à solução judicial através de ações civis públicas.

17. Efetivamente, não teria sentido tantas e tão relevantes atribuições, garantias e instrumentos processuais outorgados ao Ministério Público, para, em seguida, cassar-lhe a legitimidade, a pretexto de que estaria havendo invasão da esfera política, uma vez que qualquer decisão judicial ou atividade do Ministério Público que verse sobre direitos com relevância social – direitos difusos, coletivos e até individuais homogêneos – será uma decisão política, caracterizada pelo escopo de promoção do bem comum. Não há racionalidade lógica no

vetusto argumento de que a política é privilégio apenas dos Poderes Executivo e Legislativo, pois que todos os poderes de Estado derivam da soberania popular que é essencialmente política. Se a soberania popular é una, como justificar que, na tripartição de suas funções, o apanágio político tocasse exclusivamente ao Legislativo e Executivo, e não ao Judiciário? Como compreender que o ato de criação das leis seja um ato político e o de aplicá-las não o seja? Como explicar que a Constituição garante o acesso à justiça e a inafastabilidade da jurisdição, e que o Poder Judiciário, efetivamente, seja o poder de mais fácil acesso no Brasil, e se lhe pretenda negar a possibilidade de decidir as causas que lhe são trazidas pelos legitimados coletivos, especialmente o Ministério Público, sob a escusa de que tal importa em judicialização da política?[371]

18. Contudo, para que o Sistema de Justiça ingresse na órbita das decisões de efeitos políticos, o que em realidade já vem ocorrendo há tempo, deverá ele próprio buscar legitimar-se politicamente através do diálogo com a sociedade e com os outros poderes. Não é possível, para tal tarefa, servir-se das regras formais do processo civil liberal, destinado à solução de conflitos individuais. A nova realidade globalizada e massificada, que contrapõe grupos e macro-interesses, exige, do operador, sensibilidade humana, vontade de dialogar com a sociedade, e atenção para os princípios superiores do Direito, que engendram reflexões filosóficas e teóricas hábeis a alcançar soluções efetivamente promotoras de justiça e transformação social, na medida em que, por mais boa vontade que tenha o legislador, o caráter complexo da sociedade pós-moderna não permite crer seja possível que leis gerais logrem prever todas as multifárias hipóteses fáticas a apresentarem-se na cotidianidade.

19. Assim, mercê de movimentos jurídico-filosóficos denominados sinteticamente Pós-positivismo ou Neoconstitucionalismo, que exaltam a importância da crítica ao Direito e a nova hermenêutica concretizadora, e que se embasam na força normativa dos princípios e no caráter solidário da política, não há como negar legitimidade ao

---

[371] Na verdade, o que ocorre é que decisões em demandas de grande repercussão social, por versarem sobre feixes de interesses – demandas moleculares e complexas, e não mais demandas-átomo – produzem efeitos políticos relevantes. A decisão que fecha uma fábrica até que regularize seus procedimentos de proteção do meio ambiente natural ou do ambiente de trabalho, e que não tivera suas portas cerradas antes pelas autoridades administrativas, é uma decisão com efeitos sociais relevantes e pejorativamente se lhe acusará ocasionar desemprego e queda na arrecadação de impostos; ignora-se, porém, quantos empreendedores corretos do ponto de vista ecológico e das condições laborais não tiveram suas oportunidades impedidas pela ação do mau empresário, nem tampouco se atenta para o mais importante: a saúde dos empregados e a proteção ambiental. No mesmo sentido, a decisão que afasta um prefeito do cargo, por realizar licitações fraudulentas, afronta até mesmo a escolha popular em eleições livres, mas quem negaria a validade e mesmo a necessidade deste afastamento em uma sociedade sitiada pela corrupção?

Direitos Fundamentais Sociais

Ministério Público para canalizar ao Poder Judiciário, questões que digam respeito aos interesses transindividuais, obedecidas as regras de competência fixadas na própria Constituição.

20. Porém, sua legitimidade, alçada constitucionalmente ao nível do protagonismo político, a ponto de transformar seus membros em agentes políticos da lei, não pode descender a tal grau que conduza a instituição à tutela de interesses altamente individualizados, sem relevância social. Nesta quadra, impõe-se já uma crescente deslegitimação, na mesma medida em que a sociedade se organiza para ela própria defender-se através de suas organizações não-governamentais. A legitimidade legal do Ministério Público, somente se justifica quando o interesse a ser tutelado guardar pertinência temática com sua vocação institucional, alinhavada constitucionalmente.

21. Embora não de modo exclusivo, o Ministério Público aceitou um desafio incomensurável – guardar as promessas constitucionais de Justiça Social – isto impõe à instituição uma obrigação de lealdade, cuja etimologia remete à idéia de lei, donde concluir que o Direito tutela promessas de lealdade. Se a lealdade sempre foi um apanágio dos contratos, como resultante do *pacta sunt servanda*, não caracterizaria também uma promessa de lealdade e de boa-fé quando se trata da justiça distributiva?

22. A resposta impositiva se impõe. O Ministério Público também fiscaliza a lealdade constitucional dos demais poderes oficiais e sociais. Isto não significa ser ele o único a jurar fidelidade à Carta Fundamental, mas, no caso de afrontas ou omissões, cabe-lhe por determinação do próprio poder constituinte originário, solucionar a reclamação, seja diretamente através dos instrumentos administrativos que conquistou, seja através da judicialização do conflito, ainda que com repercussões importantes nos outros poderes. Maria Tereza Sadek salienta que este desafio apresenta riscos: os holofotes levarem os agentes da lei a agirem como militantes em busca de votos e popularidade. Mas, "apesar desses riscos, é possível afirmar que este é um preço que uma sociedade em busca de maior respeito aos direitos, da diminuição da distância entre a legalidade e a realidade e de instituições mais transparentes e sujeitas ao controle terá de pagar".[372]

23. Por fim, cumpre salientar a função da nova hermenêutica de caráter filosófico e lingüístico que emprega esforços para deixar vir à presença o novo paradigma do Estado Democrático de Direito, abrindo clareiras em meio às concepções liberais-individualistas, paradoxalmente, elitizantes e marginalizadoras a um só tempo, que fazem do Direito simples instrumento de dominação social. É neste contorno que o Direito assume uma missão que, para além da clássica função

---

[372] SADEK, Maria Tereza. *Poder Judiciário*: Críticas e Desafio, p. 449.

controladora e repressora, pretende alcançar o objetivo de transformação da sociedade em direção à Justiça Social própria do Estado Democrático de Direito. E assumindo-se como indispensável este potencial sociometamórfico do Direito, inegável incumbir-lhe uma função política. Mesmo que seja um objetivo utópico, e o destino/razão das utopias é transformar-se em realidade, o encantamento do Direito está em perseguir obstinadamente este fim, pois nele já se entrevê a redução das desigualdades sociais e o conseqüente aumento da homogeneidade comunitária. Eis o repto do novo Direito, o desafio que se apresenta a instituições do porte constitucional do Ministério Público: transformar a sociedade, oportunizando maior igualdade material e, conseqüentemente, neutralizando o efeito marginalizante que a colonização mercadológica dos poderes sociais vem engendrando, através dos processos de exclusão e distinção econômica crescente entre ricos e pobres. Ora, ainda que sob o título de judicialização da política, tais desideratos somente serão alcançados através da implementação dos direitos fundamentais, já plasmados em textos de grande poder normativo. Neste ponto, Direito e Política, longe de se excluírem, se encontram no âmbito colossal e auspicioso do Estado Democrático de Direito.

Direitos Fundamentais Sociais

Referências bibliográficas

ALMEIDA, Gregório Assagra de. *Direito Processual Coletivo Brasileiro*. São Paulo: Saraiva, 2003.

ANDRADE, Régis de Castro. Kant: A liberdade, o Indivíduo e a República. In: WEFFORT, Francisco C. (org.). *Os Clássicos da Política*. São Paulo: Ática, 1989.

ARANTES, Rogério Bastos. *Ministério Público e Política no Brasil*. São Paulo: Educ: Sumaré: Fapesp, 2002. (Série Justiça).

ARENDT, Hannah. A Tradição Revolucionária e seu Tesouro Perdido. In: *Sobre a Revolução*. Lisboa: Relógio D'água, 2001.

ARISTÓTELES. Ética a Nicômacos. In: MORRIS, Clarence (org.). *Grandes Filósofos do Direito*. Traduzido por Reinaldo Guarany.São Paulo: Martins Fontes, 2002.

———. *Ética a Nicômacos*. Traduzido por Maria da Gama Kury. Brasília: UnB, 1985-1999.

ARMELIN, Donaldo. Ação Civil Pública: Legitimidade Processual e Legitimidade Política. In: *Processo Civil e Interesse Público* – O Processo como Instrumento de Defesa Social. São Paulo: Co-edição APMP e RT, 2003.

ARRUDA FILHO, Ney. *A Efetividade do Processo como Direito Fundamental*. Porto Alegre: Norton Editor, ano 2005.

AXT, Günter. *Ministério Público no Rio Grande do Sul* – Evolução Histórica. Projeto Memória. Porto Alegre: Procuradoria-Geral de Justiça, 2001.

AZEVEDO, Plauto Faraco de. *Justiça Distributiva e Aplicação do Direito*. Porto Alegre: SAFE, 1998.

BARBOSA MOREIRA, José Carlos. Interesses Coletivos e Difusos. *Revista Trimestral de Direito Público*, v. 03, 1993.

BARROSO, Luís Roberto. Fundamentos Teóricos e Filosóficos do Novo Direito Constitucional Brasileiro. In: *Estudos de Direito Constitucional em Homenagem a José Afonso da Silva*. São Paulo: Malheiros, 2003.

———. *O Direito Constitucional e a Efetividade de suas Normas*. Rio de Janeiro: Renovar, 2002.

BEDAQUE, José Roberto dos Santos. Legitimidade Processual e Legitimidade Política. In: *Interesse Civil e Interesse Público*. São Paulo: Co-edição APMP e RT, 2003.

BERCOVICI, Gilberto. A Constituição Dirigente e a Crise da Teoria da Constituição. In: *Teoria da Constituição* – Estudo sobre o lugar da Política no Direito Constitucional. Rio de Janeiro: Lumen Juris, 2003.

BERGEL, Jean-Louis. *Teoria Geral do Direito*. Traduzido por Maria Ermantina Galvão. São Paulo: Martins Fontes, 2001.

BOBBIO, Norberto *et al. Dicionário de Política*. Traduzido por Carmen C. Varriale *et al.* Coordenação da Tradução João Ferreira. Revisão geral João Ferreira e Luís Guerreiro Pinto Cascais. 5. ed. Brasília: Ed. UnB - São Paulo: Imprensa Oficial do Estado, 2000.

———. *A Era dos Direitos*. Traduzido por Carlos Nelson Coutinho. 15. tir. Rio de Janeiro: Campus, 1992.

———. *Direito e Estado no Pensamento de Emanuel Kant*. Brasília: Universidade de Brasília, 1984.

BONAVIDES, Paulo. *Curso de Direito Constitucional*. 7. ed. São Paulo: Malheiros, 1997.

CALMON DE PASSOS, Joaquim José. A Função Social do Processo. In: *Revista Trabalho & Doutrina*, n° 14, set. 1997.

CAMPILONGO, Celso Fernandes. *Direito e Democracia*. 2. ed. São Paulo: Max Limonad, 2000.

———. Os Desafios do Judiciário: Um enquadramento teórico. In: FARIA, José Eduardo (org.). *Direitos Humanos, Direitos Sociais e Justiça*. São Paulo: Malheiros, 2002.

CANOTILHO, Joaquim José Gomes. *Direito Constitucional e Teoria da Constituição*. 5. ed. Coimbra: Almedina, [s.d.].

CAPPELLETTI, Mauro. *Conferência publicada na Revista do Ministério Público do Rio Grande do Sul*, p. 47-53. Traduzido por Tupinambá Pinto do Azevedo. São Paulo: RT, ano 1995. v. 35.

———. Formações Sociais e Interesses Coletivos diante da Justiça Civil. *Revista de Processo*, São Paulo: Revista dos Tribunais, n. 05, p. 129-59, jan.-mar. 1977.

———. Formações sociais e interesses coletivos diante da Justiça Civil. *Revista de Processo*, São Paulo, n. 5, p. 129-59, jan.-mar. 1977.

———; *Juízes Legisladores?* Tradução de Carlos Alberto Alvaro de Oliveira. Porto Alegre: SAFE, 1999

———; GARTH, Bryant. *Acesso à Justiça*. Tradução de Ellen Grace Northflett. Porto Alegre: SAFE, 1988.

CARVALHO, José Murilo de. *Cidadania no Brasil – O Longo Caminho*. Rio de Janeiro: Civilização Brasileira, 2003.

CASTELLS, Manuel. *A Sociedade em Rede*. 6ª ed. São Paulo, Rio de Janeiro: Ed. Paz e Terra. Ano 2002.

———. *O Poder da Identidade*. 3ª ed. São Paulo: Paz e Terra, ano 2001.

CITTADINO, Gisele. Judicialização da Política, Constitucionalismo Democrático e Separação de Poderes. In: VIANNA, Luiz Werneck (org.). *Democracia e os Três Poderes no Brasil*. Belo Horizonte: UFMG, 2002.

———. *Pluralismo, Direito e Justiça Distributiva*. Rio de Janeiro: Lúmen Júris, 2000.

CLÈVE, Clèmerson Merlin. A Teoria Constitucional e o Direito Alternativo. *Homenagem a Carlos Henrique de Carvalho*. São Paulo: RT, 1995.

COULANGES, Fustel de. *A Cidade Antiga*. 2ª ed. São Paulo: Edipro.

COMPARATO, Fábio Konder. *A Afirmação Histórica dos Direitos*. São Paulo: Saraiva, 2001.

CORNACCHIONI, Paulo Sérgio. Uma Visão Crítica (e Autocrítica) da Dicotomia Cível – Crime. In: FERRAZ, Antônio Augusto Mello de Camargo (coord.). *Ministério Público – Instituição e Processo*. 2. ed. São Paulo: Atlas, 1999.

DIAS, Mário. *Ministério Público Brasileiro* (Instituição, atribuições, processo). Rio de Janeiro: Livraria Jacintho, 1942.

DINAMARCO, Cândido Rangel. *A Instrumentalidade do Processo*. 11ª ed. São Paulo: Malheiros, 2003.

FABRÍCIO, Adroaldo Furtado. As Novas Necessidades do Processo Civil e os Poderes do Juiz. *Revista de Direito do Consumidor*, São Paulo, RT, v. 07, p. 30-6. 1993.

————. As novas necessidades do processo civil e os poderes do juiz. *Revista de Direito do Consumidor*, São Paulo, v.7, p. 30-6 , jul.-set. 1993.

FARIA, José Eduardo (prefácio). In: CITTADINO, Gisele. *Pluralismo, Direito e Justiça Distributiva*. 2. ed. Rio de Janeiro: Lumen Juris, 2000.

————. A Definição do Interesse Público. In: SALLES, Carlos Alberto de (org.). *Processo Civil e Interesse Público*. São Paulo: Associação Paulista do Ministério Público e Editora Revista dos Tribunais (co-edição), 2003.

FEDOZZI, Luciano. *Niklas Luhmann* – A Nova Teoria dos Sistemas. In: NEVES, Clarissa Eckert Baeta; SAMIOS, Eva Machado Barbosa (org.). Porto Alegre: Universidade/UFRGS, Goethe – Institut/ICBA, 1997.

FERRAZ JÚNIOR, Tercio Sampaio. *Introdução ao Estudo do Direito*. 3. ed. São Paulo: Atlas, 2001.

FERRAZ, Antônio Augusto Mello de Camargo. Interesse Público, Interesse Difuso e Defesa do Consumidor. *Revista JUSTITIA*, São Paulo, v. 49(137), p. 49-56.

FLEINER, Thomas. *O que são Direitos Humanos?* São Paulo: Max Limonad, 2003.

FUNARI, Pedro Paulo. A cidadania entre os romanos. In: PINSKY, Jaime; PINSKY, Carla Bassanezi. *História da Cidadania*. São Paulo: Contexto, 2003.

GAARDER, Jostein. *O Mundo de Sofia*. São Paulo: Companhia das Letras, 1996.

GADAMER, Hans-Georg. *Verdade e Método*. Traduzido por Flávio Paulo Meurer 4. ed. Petrópolis: Vozes, 2002.

GARAPON, Antoine. *O Juiz e a Democracia – O Guardião das Promessas*. 2ª. ed., Rio de Janeiro: Revan, 1999, 2001.

GOMEZ, José María. *Política e Democracia em Tempos de Globalização*. Petrópolis: Vozes, 2000.

GOULART, Marcelo Pedroso. *Ministério Público e Democracia* – Teoria e Práxis. Leme – São Paulo: Ed. de Direito, 1998.

GRAU, Eros Roberto (apresentação). *Canotilho e a Constituição Dirigente*. Rio de Janeiro, São Paulo: Renovar, 2003.

GRINOVER, Ada Pellegrini. A ação civil pública refém do autoritarismo. *Revista de Processo*, São Paulo, v. 24, n. 96, p. 28-36, out.-dez. 1999.

————. A tutela jurisdicional dos interesses difusos. *Revista Forense*, Rio de Janeiro, v. 75, n. 268, p. 67-78, out.-dez. 1979.

————. As garantias constitucionais do processo nas ações coletivas. *Revista de Processo*, São Paulo, v. 43, p. 19-30, jul.-set. 1986.

GRONDIN, Jean. *Introdução à Hermenêutica Filosófica*. Traduzido por Benno Dischinger São Leopoldo: Ed. Unisinos, 1999.

GUIMARÃES JÚNIOR, João Lopes. Papel Constitucional do Ministério Público. In: FERRAZ, Antônio Augusto Mello de Camargo (coord). *Ministério Público – Instituição e Processo*. São Paulo: Atlas, 1999.

HEIDEGGER, Martin. *Ser e Tempo*. 6. ed. Petrópolis: Vozes, 1997.

HESSE, Konrad. *A Força Normativa da Constituição*. Trad. Gilmar Ferreira Mendes. Porto Alegre: SAFE, 1991.

HOBBES, Thomas. Leviatã. In: MORRIS, Clarence (org.). *Os Grandes Filósofos do Direito*. Traduzido por Reinaldo Guarany. São Paulo: Martins Fontes, 2002.

KANT, Immanuel. *Os Grandes Filósofos do Direito*. In: MORRIS, Clarence (org). Traduzido por Reinaldo Guarany. São Paulo: Martins Fontes, 2002.

————. Sobre a expressão corrente: isto pode ser correto na teoria, mas nada vale na prática. In: *A paz perpétua e outros opúsculos*. Lisboa: Ed. 70, 1995.

KELSEN, Hans. *Teoria Pura do Direito*. Traduzido por João Baptista Machado. São Paulo: Martins Fontes, 1985.

LAFER, Celso. *A Reconstrução dos Direitos Humanos*. Um diálogo com o pensamento de Hannah Arendt. São Paulo: Companhia das Letras, 1998.

LASSALE, Ferdinand. *A Essência da Constituição*. Rio de Janeiro: Lumen Juris, 1998. (Coleção Clássicos do Direito).

LEAL, Márcio Flávio Mafra. *Ações Coletivas*: História, Teoria e Prática. Porto Alegre: SAFE, 1998.

LEVI, Lucio. In. BOBBIO, Norberto *et al. Dicionário de Política*. Traduzido por Carmen C. Varriale *et al*. Coordenação da Tradução João Ferreira. Revisão geral João Ferreira e Luís Guerreiro Pinto Cascais. 5. ed. Brasília: Ed. UnB - São Paulo: Imprensa Oficial do Estado, 2000. v. II.

LOBO, Ana Lúcia da Silva Cardoso Arrochela. Petição inicial de ação civil pública para reparação de danos morais e materiais de todas as vítimas da explosão no Shopping Center de Osasco ocorrida em 11/06/96. *Revista de Direito do Consumidor*, São Paulo, v. 21, p. 195-225, jan.-mar. 1997.

LOCKE, John. *Segundo Tratado do Governo Civil*. Traduzido por Alex Martins. São Paulo: Martin Claret, 2002.

LOPES, José Reinaldo de Lima. A Definição do Interesse Público. In: SALLES, Carlos Alberto de (org.). *Processo Civil e Interesse Público*. São Paulo: Associação Paulista do Ministério Público - Revista dos Tribunais (co-edição), 2003.

LORENZETTI, Ricardo. A Superação da Dicotomia entre Direito Público e Privado. In: *Curso de Direitos Coletivos e o Estado Contemporâneo*: o Direito do Consumidor e o Direito Ambiental, proferida em 05 de Abril de 2003, Escola Superior do Ministério Público. Porto Alegre, 2003.

LUHMANN, Niklas; TORRES NAFARRANTE, Javier. (coord.). *Teoría de la Sociedad*. Traduzido para o espanhol por Miguel Romero Perez e Carlos Villalobos. Jalisco, México: Universidade de Guadalajara, 1993.

LYRA, Roberto. *Teoria e Prática da Promotoria Pública*. 2. ed. Porto Alegre: Escola Superior do Ministério Público, SAFE, 1989.

MACEDO JÚNIOR, Ronaldo Porto. Ministério Público Brasileiro: Um Novo Ator Político. In: VIGLIAR, José Marcelo Menezes; MACEDO JÚNIOR, Ronaldo Porto (coord.). *Ministério Público II*. São Paulo: Atlas, 1999.

————. O Quarto Poder e o Terceiro Setor. O Ministério Público e as Organizações Não Governamentais sem fins Lucrativos – Estratégias para o Futuro. In: VIGLIAR, José Marcelo Menezes; MACEDO JÚNIOR, Ronaldo Porto (coord.). *Ministério Público II – Democracia*. São Paulo: Atlas, 1999.

MANCUSO, Rodolfo de Camargo. *Ação Civil Pública*. 6. ed. São Paulo: Revista dos Tribunais, 1999.

MARSHALL, T. H. *Cidadania, classe social e "status"*. Rio de Janeiro: Zahar, 1967.

MATTEUCCI, Nicola. In. BOBBIO, Norberto et al. *Dicionário de Política*. Traduzido por Carmen C. Varriale et al. Coordenação da Tradução João Ferreira. Revisão geral João Ferreira e Luís Guerreiro Pinto Cascais. 5. ed. Brasília: Ed. UnB - São Paulo: Imprensa Oficial do Estado, 2000. v. II.

MAZZILLI, Hugo Nigro. *A Defesa dos Interesses Difusos em Juízo*. 10. ed. São Paulo: Saraiva, 1998.

————. Independência do Ministério Público. In: FERRAZ, Antônio Augusto Mello de Camargo (coord.). *Ministério Público*: Instituição e Processo. São Paulo: Atlas, 1999.

————. *Inquérito Civil*. São Paulo: Saraiva, 1999.

————. *Manual do Promotor de Justiça*. São Paulo: Saraiva, 1991.

————. Ministério Público e Defesa do Regime Democrático. In: VIGLIAR, José Marcelo Menezes; MACEDO JÚNIOR, Ronaldo Porto (coord.). *Ministério Público II*. São Paulo: Atlas, 1999.

————. *O Ministério Público na Constituição de 1988*. São Paulo: Saraiva, 1989.

MELLO, Cláudio Ari. *Democracia Constitucional e Direitos Fundamentais*. Porto Alegre: Ed. Livraria do Advogado, 2004.

MENEZES CORDEIRO, Antônio Manuel da Rocha e. "Os Dilemas da Ciência do Direito no final do Século XX". Introdução à obra *Pensamento Sistemático e Conceito de Sistema na Ciência do Direito* de Claus-Wilhelm Canaris. Lisboa: Fundação Calouste Gulbenkian. Ano 1989.

MIRANDA. Jorge. *Manual de Direito Constitucional*. Direitos Fundamentais. Coimbra: Coimbra, 1998. t. IV.

————. *Teoria do Estado e da Constituição*. Rio de Janeiro: Forense, 2002.

MONTESQUIEU. O Espírito das Leis. In: MORRIS, Clarence (org.). *Os Grandes Filósofos do Direito*. Traduzido por Reinaldo Guarany. São Paulo: Martins Fontes, 2002. Livro I, cap. I.

MORAIS, Jose Luis Bolzan de. *Do Direito Social aos Interesses Transindividuais*. Porto Alegre: Livraria do Advogado, 1996.

————. Revisitando o Estado. In: *Anuário do Programa de Pós-Graduação em Direito - Unisinos*. São Leopoldo: EdUnisinos, 2000.

MOREIRA, José Carlos Barbosa. Interesses coletivos e difusos. *Revista Trimestral de Direito Público*, São Paulo, v. 3, p. 188-98, 1993.

MÜLLER, Friedrich. O Futuro do Estado-nação e a nossa luta contra a turboglobalização. In: PETERSEN, Nikolai; SOUZA, Draiton Gonzaga de (orgs). *Globalização e Justiça*. Porto Alegre: Edipuc, 2002.

————. O Que a Globalização faz contra a Democracia e o que os Democratas podem fazer contra a Globalização. In: PETERSEN, Nikolai; SOUZA, Draiton Gonzaga de (orgs). *Globalização e Justiça*. Porto Alegre: Edipuc, 2002.

————. *Quem é o Povo? A questão fundamental da democracia*. 3ª ed. São Paulo: Max Limonad, 2003.

NEDEL, José. A ética da responsabilidade de Hans Jonas. *Revista da Ajuris*, Porto Alegre, v. 82, t. 01, p. 128-42, jun. 2001.

NEVES, Clarissa Eckert Baeta. Niklas Luhmann. In: ————; SAMIOS, Eva Machado Barbosa (org.). *A Nova Teoria dos Sistemas*. Porto Alegre: Universidade/UFRGS, Goethe – Institut/ICBA, 1997.

OLIVEIRA, Manfredo Araújo. *Reviravolta Lingüístico-pragmática na Filosofia Contemporânea*. São Paulo: Loyola, 1996.

OST, François. *O Tempo do Direito*. Traduzido por Maria Fernanda Oliveira. Lisboa: Instituto Piaget, [s. d.].

PEREZ LUÑO, Antonio Henrique. *Derechos Humanos, Estado de Derecho y Constituición*. 5. ed. Madrid: Tecnos, 1995.

PERTENCE, José Paulo Sepúlveda (prefácio). In: ALMEIDA, João Batista de. *Aspectos controvertidos da Ação Civil Pública*. São Paulo: Revista dos Tribunais, 2001.

PFEIFFER, Roberto Augusto Castellanos. Acesso do consumidor à justiça e a Advocacia Pública. *Revista de Direito do Consumidor*, São Paulo, v. 30, p. 49-65, abr.-jun. 1999.

PRADE, Péricles. *Conceito de Interesses Difusos*. 2. ed. São Paulo: Revista dos Tribunais, 1987.

Direitos Fundamentais Sociais

REALE, Giovanni; ANTISERI, Dario. *História da Filosofia*. Traduzido por Ivo Storniolo. São Paulo: Paulus, 2003. v. I.

ROBLES, Gregório. *Los Derechos Fundamentales y la Ética en la Sociedade Actual*. Madrid: Civitas S.A., 1992.

ROCHA, Leonel Severo. Direito, Cultura Política e Democracia I. *Anuário do Programa de Pós-Graduação em Direito - Unisinos*. São Leopoldo: EdUnisinos, 2000.

————. *Epistemologia Jurídica e Democracia*. São Leopoldo: EdUnisinos, 1998.

————. O Direito na Forma de Sociedade Globalizada. *Anuário do Programa de Pós-Graduação em Direito - Unisinos*. São Leopoldo: EdUnisinos, 2001.

RODRIGUES, Geisa de Assis. *Ação Civil Pública e Termo de Ajustamento de Conduta*: Teoria e Prática. Rio de Janeiro: Forense, 2002.

ROSANVALLON, Pierre. *A Crise do Estado Providência*. Traduzido por Joel Pimentel de Ulhôa. Revisão da Tradução Estela dos Santos Abreu. Goiânia: UNB e UFG, 1997.

ROUSSEAU, Jean-Jacques. O Contrato Social. In: MORRIS, Clarence (org.). *Os Grandes Filósofos do Direito*. Traduzido por Reinaldo Guarany. São Paulo: Martins Fontes, 2002.

RUSSEL, Bertrand. *História do Pensamento Ocidental*. Tradução de Laura Alves e Aurélio Rebello. Rio de Janeiro: Ediouro, 2004.

SADEK, Maria Tereza. Poder Judiciário: Críticas e Desafio. In: DORA, Denise Dourado (org.). *Direito e Mudança Social*. Rio de Janeiro: Renovar, São Paulo: Fundação Ford, 2003.

———— (org.). *O Ministério Público e a Justiça no Brasil*. São Paulo: Sumaré/IDESP, 1997.

————. O Sistema de Justiça, In: SADEK, Maria Tereza (org.). *O Sistema de Justiça*. São Paulo: Sumaré/IDESP/ Fundação Ford, 1999.

————. Cidadania e Ministério Público. In: SADEK, Maria Tereza (org.). *Justiça e Cidadania no Brasil*. São Paulo: Sumaré/IDESP, 2000

SALLES, Carlos Alberto de. A Proteção Judicial de Interesses Difusos e Coletivos – Funções e Significados. In: *Processo Civil e Interesse Público*. São Paulo: Revista dos Tribunais e Associação Paulista do Ministério Público, 2003.

————. Entre a Razão e a Utopia: A Formação Histórica do Ministério Público. In: VIGLIAR, José Marcelo Menezes; MACEDO JÚNIOR, Ronaldo Porto (coord.). *Ministério Público II* – Democracia. São Paulo: Atlas, 1999.

————. Processo Civil de Interesse Público. In: *Processo Civil e Interesse Público*. São Paulo: Revista dos Tribunais e Associação Paulista do Ministério Público, 2003.

SANTOS, Boaventura de Souza. Introdução à Sociologia da Administração da Justiça. In: FARIA, José Eduardo (org.). *Direito e Justiça* – A Função Social do Judiciário. 3. ed. São Paulo: Ática. S.A. [s.d.]. (Série Fundamentos)

SANTOS, Boaventura de Sousa. *Pela Mão de Alice* – O Social e o Político na Pós-modernidade. 8. ed. São Paulo: Cortez, 2001.

SARLET, Ingo Wolfgang. *A Eficácia dos Direitos Fundamentais*. Porto Alegre: Livraria do Advogado, 1998.

SINGER, Paul. A Cidadania para Todos. In: Jaime Pinsky *et al* (org.). *História da Cidadania*. São Paulo: Contexto, 2003.

————. Os Direitos Fundamentais Sociais na Constituição de 1988. In: *O Direito Público em Tempos de Crise, Estudos em Homenagem a Rui Ruben Ruschel*. São Paulo: Revista dos Tribunais, 1999.

SIEYÈS, Emanuel Joseph. *A Constituinte Burguesa* – Qu'est-ce que le Tiers État. 3. ed. Traduzido por Norma Azeredo. Rio de Janeiro: Lúmen Júris, 1997.

ILHO, José Carlos Moreira da. *Hermenêutica Filosófica e Direito* – O Exemplo ↑egiado da Boa-Fé Objetiva no Direito Contratual. Rio de Janeiro: Lumen Juris, 3.

UZA, José Guilherme de. Sentença no Processo nº 53.738, da 6ª Vara Cível do Distrito Federal. *Revista de Direito do Consumidor*, "Sentenças", São Paulo, v. 28, p. 194-216, out.-dez. 1998.

STEIN, Ernildo (apresentação). In: STRECK, Lenio Luiz. *Jurisdição Constitucional e Hermenêutica.* Rio de Janeiro: Forense, 2004.

STRECK, Lenio Luiz. A Crise da Hermenêutica e a Hermenêutica da Crise: A Necessidade de uma Nova Crítica do Direito (NCD). In: SAMPAIO, José Adércio Leite (org.). *Jurisdição Constitucional e Direitos Fundamentais.* Belo Horizonte: Del Rey, 2003.

———. A Hermenêutica e o Acontecer (*ereignen*) da Constituição: a Tarefa de uma Nova Crítica do Direito. *Anuário do Programa de Pós-Graduação em Direito - Unisinos.* São Leopoldo: EdUnisinos, 2000.

———. *Hermenêutica Jurídica e(m) crise.* Porto Alegre: Livraria do Advogado, 1999.

———. *Jurisdição Constitucional e Hermenêutica.* Rio de Janeiro: Forense, 2004.

———; FELDENS, Luciano. *Crime e Constituição* – A Legitimidade da Função Investigatória do Ministério Público. Rio de Janeiro: Forense, 2003.

TÁCITO, Caio. Do Direito Individual ao Direito Difuso. *Revista de Direito Administrativo*, Rio de Janeiro, 157:1-13, jul.-set. 1984.

TOURAINE, ALAIN. *O Que é a Democracia?* 2ª Ed. Petrópolis: Vozes, 1996.

TRINDADE, Antônio Augusto Cançado. *A Proteção Internacional dos Direitos Humanos e o Brasil.* 2. ed. Brasília: Universidade de Brasília, 2000.

VIANNA, Luiz Werneck (org.). *A Democracia e os Três Poderes no Brasil* (apresentação). Belo Horizonte: UFMG; Rio de Janeiro: IUPERJ/FAPERJ, 2002.

———; BURGOS, Marcelo. Revolução Processual do Direito e Democracia Progressiva. In: *A Democracia e os três Poderes no Brasil.* Belo Horizonte: UFMG; Rio de Janeiro: IUPERJ/FAPERJ, 2002.

VIGLIAR, José Marcelo Menezes; MACEDO JÚNIOR, Ronaldo Porto (coord.). *Ministério Público II – Democracia.* São Paulo: Atlas, 1999.

VITOR HUGO. *Os Miseráveis.* Tradução de Frederico Ozanan Pessoa de Bairros. Comentários de Renato Janine Ribeiro. Rio de Janeiro: Casa da Palavra; São Paulo: Cosac&Naify, 2002.

WATANABE, Kazuo. *CDC Comentado pelos Autores do Anteprojeto.* 5. ed. Rio de Janeiro: Forense Universitária, 1997.

WEBER, Max. *Ciência e Política* – Duas Vocações. Traduzido por Jean Melville. São Paulo: Martin Claret, 2002.

Impressão:
Evangraf
Rua Waldomiro Schapke, 77 - P. Alegre, RS
Fone: (51) 3336.2466 - Fax: (51) 3336.0422
E-mail: evangraf.adm@terra.com.br